DAS GROSSE KRÄUTERBUCH

Arabella Boxer & Philippa Back

Gondrom

Aus dem Englischen übertragen von
Dr. Renate Zeltner und Maria Thürmer

WICHTIG

Falls Sie auf Hautpräparate allergisch reagieren, sollten Sie sich medizinischen Rat holen, bevor Sie irgendeines der hier empfohlenen Mittel verwenden.
Wir empfehlen, alle Kräuteraufgüsse und -präparate zur medizinischen oder kosmetischen Anwendung nur frisch oder innerhalb von 12 Stunden nach Herstellung zu verwenden.

Lizenzausgabe für Gondrom Verlag GmbH & Co. KG, Bindlach 1991
Titel der Originalausgabe: The Herb Book

Satz: GaßnerGmbH, München

Covergestaltung: Graphik Design Studio Mielau, Wiesbaden
ISBN 3-8112-0883-7

INHALT

Of the Cornell tree.
Of herbe Iue.
The properties of the
Of herbe Iue.
Tr.

Die Geschichte der Kräuter

Schon in vorgeschichtlicher Zeit verwendeten die Menschen Kräuter zur Zubereitung von Speisen und Arzneimitteln. Im Laufe vieler Jahre lernte man, daß manche Pflanzen gut zu essen sind, während andere Vergiftungen hervorrufen und sogar zum Tode führen können. Herauszufinden, welche Pflanzen brauchbar sind, mußte die Erfahrung lehren, und das hatte sicherlich manchmal verheerende Folgen. So entstanden schon in frühester Zeit Mythen und Legenden um die Kraft der Kräuter. Phantastische Visionen von Menschen, die einige Blätter oder Beeren einer halluzinogenen Pflanze gegessen hatten, verstärkten den Glauben an die magischen Eigenschaften der Kräuter. Dieser Aberglaube wurde von Zauberpriestern und Medizinmännern zu ihrem eigenen Vorteil am Leben erhalten.

In biblischer Zeit schätzten die Hebräer Kräuter als gesunde und schmackhafte Kost. Für medizinische Zwecke wurde nur die Alraune genutzt, die vor allem zur Schmerzstillung eingesetzt wurde. Obwohl sich die Hebräer der heilenden Kraft vieler Pflanzen durchaus bewußt waren, glaubten sie lange, der Mensch dürfe nicht in Widerstreit zu den Entscheidungen des allmächtigen Gottes geraten, indem er versuchte, sich selbst zu heilen. Aber langsam änderte sich diese Einstellung. Die späteren Propheten verkündeten, daß die Kraft, Krankheiten zu heilen, den Ärzten von Gott als Dank für ihre Gebete verliehen sei. Die meisten Kräuter kamen ursprünglich aus dem Mittleren Osten. Thymian, Salbei, Pfefferminze und Majoran wuchsen ebenso im Orient wie Rosmarin und Ysop. Koriander und Kreuzkümmel kamen aus Ägypten.

Ungefähr um 2000 v. Chr. wurden in Babylon Kräuter erstmals in einem Bericht urkundlich erwähnt. Er beschrieb erprobte und überprüfte medizinische Verwendungsmöglichkeiten von Kräutern und führte viele Kräuter auf, die auch heute noch allgemein bekannt sind, wie Lorbeer, Thymian und Koriander. Außerdem enthielt er Anweisungen, wie Kräuterheilmittel hergestellt und angewendet werden.

Die alten Ägypter importierten viele Kräuter, Gewürze und aromatische Öle aus Babylon und aus dem fernen Indien und lernten manche überlieferte Anwendung dieser Substanzen durch den Handel kennen. Es bestand unter anderem große Nachfrage nach Anis, Kümmel, Bockshornklee, Opium, Thymian und Safran zur Herstellung von Nahrung, Medikamenten, Kosmetika und Parfüms. Kräuter wurden außerdem auch zum Färben und Desinfizieren, sowie in der hochentwickelten Kunst des Einbalsamierens verwendet. Auf diesem in Jahrhunderten zusammengetragenen Wissen

bauten dann die Griechen auf und erweiterten es beträchtlich. Hier sind die Schriften des Arztes und Lehrers Hippokrates, des »Vaters der Medizin«, besonders hervorzuheben. Um 400 v. Chr. lehrte er seine Schüler, welchen Wert Kräuter bei der Linderung von Schmerzen und der Heilung von Krankheiten haben. Seine Lehre und seine praktischen Methoden wurden zum Vorbild für die moderne Medizin.

Im ersten Jahrhundert n. Chr. katalogisierte der griechische Arzt Dioskurides in seinem Werk »Materia Medica« die medizinischen Eigenschaften von über 500 Pflanzen. Jahrhundertelang war dieses Buch das Standardwerk zu diesem Thema. Es bildete die Grundlage der Kräutermedizin, wie sie später von den christlichen Orden im mittelalterlichen Europa praktiziert wurde.

Ein Jahrhundert später schrieb der römische Arzt Galenus eine Reihe medizinischer Lehrbücher, die in den folgenden 1500 Jahren sozusagen Standardwerke waren. Der Begriff ›galenisch‹, der bestimmte medizinische Präparate bezeichnet, ist von seinem Namen abgeleitet. Viele der von ihm empfohlenen Behandlungen basieren auf der Verwendung von Kräutern, teils als Tropfen zum Einnehmen, teils zur äußerlichen Anwendung.

Die Römer, die nahezu ganz Europa eroberten, brachten ihr umfassendes Wissen über Kräuter mit. Ihr Vertrauen in die Kraft der Kräuter, Krankheiten zu heilen und die Gesundheit zu erhalten, war so groß, daß sie Kräutersamen und -pflanzen überallhin mitnahmen, um sie anzupflanzen und zu verwenden. Mehr als 200 verschiedene Kräuter wurden so von den römischen Truppen auch im Norden des Reiches eingeführt, darunter Fenchel, Borretsch und rote Betonie, Petersilie, Rosmarin und Thymian. Während der 400 Jahre andauernden römischen Besetzung wurden viele dieser Kräuter in Germanien heimisch und wuchsen nun auch wild.

Nach der Etablierung der christlichen Kirche wurden zahlreiche Klöster gegründet. Die von den Römern eingeführten und inzwischen heimisch gewordenen Pflanzen bildeten die Grundlage der Heilkräutergärten, die die Mönche anlegten, um sich mit Rohstoffen für Arzneimittel zu versorgen. Die Klöster entwickelten sich zu Zentren der Heilkunde und wurden durch ihre Heilmethoden berühmt, wäh-

Ein typischer Kräutergarten aus dem 16. Jahrhundert: Das Bild zeigt, wie Männer und Frauen Kräuter pflücken und sie zum Destillieren ansetzen. Die Nachfrage nach Kräutern war offensichtlich so groß, daß zwei Destillierapparate gebraucht wurden.

Mittelalterliche Darstellung eines gepflegten, gut angelegten Heilkräutergartens. Die Gärtner sammeln Kräuter für den Apotheker auf der anderen Straßenseite. Aus »Le Livre Rustican«, einem französischen Buch des 15. Jahrhunderts.

rend in den Städten und Dörfern vor allem Volksweisheiten über den Umgang mit Kräutern in Umlauf waren.

In dieser Zeit wurde wenig über Kräuter und ihre Verwendung aufgeschrieben, das Wissen wurde mündlich weitergegeben. Die Kräuterbücher des 11. Jahrhunderts basierten vorwiegend auf den Schriften der Griechen und Römer und verwendeten dieselbe umständliche Klassifizierung der Pflanzen und botanischen Namen. Im 16. und 17. Jahrhundert kamen einige bemerkenswerte Schriften zur Kräuterkunde in England heraus. 1551 veröffentlichte Steven Mierdmann den ersten Teil von William Turners »New Herball«, in dem 238 englische Pflanzen beschrieben sind; dieses Buch war die erste wissenschaftliche Untersuchung über Pflanzen. Die beiden bekanntesten englischen Kräuterbücher stammen jedoch von John Gerard und Nicholas Culpeper.

Gerard, ein Apotheker Jacobs I., schrieb 1597 sein bekanntes Buch »Herball«. Es basierte auf einer Arbeit des flämischen Arztes Dodoens und behandelte neben den Kräutern seines eigenen Gartens auch Pflanzen aus dem neuen Kontinent, Amerika, so z. B. die Kartoffel und die Tomate; letztere nannte er »Apfel der Liebe«.

1653 gab der Arzt Culpeper ein Kräuterbuch heraus, in dem er in vielen Punkten von Gerard und anderen Botanikern abweichende Ansichten vertrat. Er stellte stark übertriebene Behauptungen bezüglich der medizinischen Wirksamkeit von Kräutern auf. Außerdem verknüpfte er Kräuterkunde und Astrologie in einem solchen Ausmaß, daß seine Arbeit – obwohl diese Verbindung damals recht beliebt war – in den Augen der Schulmediziner an Glaubwürdigkeit verlor.

Das erste amerikanische Kräuterbuch wurde 1569 von dem

Porträt von John Gerard, einem der einflußreichsten englischen Botaniker des 16. Jahrhunderts. Er sammelte auf der ganzen Welt Pflanzen, um sie in seinem Garten in London zu züchten.

spanischen Arzt Nicholas Monardes veröffentlicht. Er beschrieb darin die Kräuter, die die frühen Siedler in Amerika vorgefunden hatten. Der lateinische Name der Pferdeminze »Monarda didyma« erinnert an ihn.

Unter den wenigen Habseligkeiten, die diese ersten amerikanischen Siedler mit sich führten, wurden die Samen und Wurzeln der bevorzugten Kräuter besonders geschätzt. Viele Kräuter gediehen schnell in ihrer neuen Umgebung und wurden dort heimisch; zu diesen gehörten Seifenkraut, Schwarzwurz und Schafgarbe, Kamille und Huflattich. Am Ende der langen Seereise brauchten die Siedler dringend frische Rohkost, und so pflanzten sie meist kurz nach ihrer Ankunft Salatgemüse wie Sauerampfer, Petersilie und Guten Heinrich. Die Indianer zeigten den neuen Bewohnern viele einheimische Pflanzen, die als Nahrung oder Medizin von Wert waren. Die bekanntesten unter ihnen ist die Pferdeminze, aus deren Blättern die Indianer den sogenannten Oswegotee kochten.

Der Anbau von Kräutern erreichte in Amerika im 18. Jahrhundert seinen Höhepunkt mit dem Auftreten der »Shaker«, die wegen ihrer religiösen Tänze so genannt wurden. Die Shaker waren eine kleine religiöse Sekte, deren Mitglieder sich zur Ehelosigkeit verpflichtet hatten. Ein einfacher Lebensstil war Kernpunkt ihres Daseins und sie glaubten fest daran, daß Schönheit auf Nützlichkeit beruhe; was den höchsten Nutzen einbrachte, war also gleichzeitig das Schönste. Ökonomische Grundlage ihres Lebens war die Landwirtschaft: die Shaker waren Amerikas erste professionelle Botaniker, die ersten, die in großem Stil medizinische Kräuter anbauten und verkauften. Sie bauten eine große Zahl verschiedener Pflanzen an, insgesamt etwa 150 Arten, und waren bald für deren gute Qualität bekannt. Die Shaker handelten u. a. mit Basilikum, Borretsch, Majoran, Rainfarn, Salbei, Andorn, Ysop und Thymian. Außerdem verarbeiteten sie Kräuter zu Salben, Balsam, Medikamenten aller Art und Pulvern.

Oben: *Rote Pferdeminze* (Monarda didyma).

Links: *Der Arbeitsraum eines Apothekers, in dem die Kräuter getrocknet oder frisch zu Arzneimitteln verarbeitet wurden. Hier hat man die Kräuter gewogen, gemischt, gehackt und mit dem riesigen Stößel im Mörser verkaufsfertig zerrieben. Heilsalben und Tropfen, Sirup und Lotionen wurden auf dem Herd zubereitet.*

Diese Darstellung zeigt Mitglieder der Sekte der Shaker beim Abfüllen von Wurzelextrakt in Flaschen.

Der Einfluß der Shaker dauerte über 100 Jahre an, und als ein Resultat davon blieb in Amerika das Interesse an Kräutern ohne Unterbrechung erhalten. In Europa dagegen war der Brauch, Kräuter für den Hausgebrauch selber anzupflanzen, Mitte des 19. Jahrhunderts nahezu ausgestorben. Während der Industriellen Revolution strömten die Menschen auf der Suche nach Arbeit in die Städte. Und die engen Wohnungen in den schnell wachsenden Städten boten keinen Raum für Gärten. Das Wissen über die Verwendung von Kräutern beim Kochen und zur Herstellung einfacher Arzneien sank auf das Niveau von populären Patentrezepten und Speisezutaten ab. In weniger von der Industrialisierung betroffenen Ländern wie Frankreich und Italien ist allerdings die Tradition, Kräuter insbesondere beim Kochen zu verwenden, nie unterbrochen worden.

In Mitteleuropa, wo viele Kräuter wild wuchsen, waren das Sammeln und der Anbau weitgehend kommerzialisiert. Die medizinischen Pflanzen wurden billig aus Großbritannien importiert. Es waren zwar auch einige Sorten getrockneter Speisekräuter erhältlich, aber ihre Qualität war schlecht und nach einiger Zeit hörten die Leute auf, mehr als die bekanntesten Sorten, nämlich Schnittlauch, Thymian, Salbei, Petersilie und Rosmarin zu verwenden.

Der wissenschaftliche Fortschritt im 20. Jahrhundert ermöglichte den Wissenschaftlern, die chemischen Bestandteile der Pflanzen zu isolieren und ihre Wirkstoffe künstlich herzustellen. Das bedeutete, daß genau bestimmbare Mengen eines Wirkstoffs verabreicht werden konnten und fertige Medikamente aus der Apotheke für jedermann erhältlich wurden. Synthetische Geschmacksstoffe, die in kleinen Flaschen verkauft wurden, waren beim Kochen einfach zu verwenden. Moderne Produktionstechniken brachten der bis dahin florierenden Kräuterindustrie, die sich vor allem in England etabliert hatte, nun aber zu teuer produzierte, den wirtschaftlichen Ruin. Dennoch hat in England auf dem Lande, aber vor allem in den Mittelmeerländern, das Wissen über den Gebrauch von Kräutern überlebt.

Während der letzten zwanzig Jahre lebte das Interesse an Kräutern vehement wieder auf. Durch Massenproduktion und Einsatz von Konservierungsmitteln haben die Nahrungsmittel an natürlichem Geschmack, Farbe und Aroma verloren. Der Gaumen ist von den künstlichen Wirkstoffen abgestumpft. Viele Menschen wollen jetzt wieder mit Kräutern kochen, um die delikaten natürlichen Geschmacksstoffe zu genießen und sich gesünder zu ernähren, und interessieren sich auch für Kräuterkochbücher. Andere sind mißtrauisch gegenüber möglichen gefährlichen Nebenwirkungen synthetischer Stoffe geworden und suchen nach Möglichkeiten, Kräuter für ihre tägliche Kosmetik und zur Behandlung leichter Erkrankungen zu verwenden. Der Wert der Kräuter und der Genuß, den sie bieten können, sind so glücklicherweise wieder ins Bewußtsein der Menschen gelangt.

Der Kräutergarten

Kräuter sind keine anspruchsvollen Pflanzen. Sie lassen sich leicht im eigenen Kräutergärtchen ziehen und brauchen wenig Pflege. Obwohl sie nicht wählerisch sind, was Boden und klimatische Verhältnisse angeht, gedeihen sie natürlich, wie alles was lebt, am besten, wenn man ihnen viel Aufmerksamkeit widmet und sie mit Liebe pflegt.

Früher war es Sache der Hausfrau, sich um den Kräutergarten zu kümmern, und sie traf auch die Entscheidung darüber, welche Kräuter gepflanzt und wo sie angebaut wurden. Sie bepflanzte, jätete, goß die Beete und brachte im Laufe des Jahres die Kräuterernte ein. Kräuter wurden zum Kochen, zur Weinherstellung, für Stärkungsmittel und als Heilmittel benutzt. Man trocknete sie für Kräuterkissen und duftende Kräuterbeutel und -sträuße, um mit ihnen im Haus ein feines Aroma zu verbreiten. Weil die Hausfrau einen großen Teil des Tages in der Küche beschäftigt war, lag der Kräutergarten meist so nah wie möglich neben der Küche.

Mehrere wichtige Faktoren sind zu berücksichtigen, wenn man entscheidet, wo ein Kräutergarten angelegt werden soll. Die meisten Kräuter brauchen in der Wachstumszeit sehr viel Sonne. Viele hatten ihre Vorfahren in wärmeren Ländern; damit sie ihren vollen Geschmack und ihr feines Aroma entfalten, muß man ihnen so weitgehend wie möglich diese ursprünglichen Bedingungen schaffen.

Wenn davon die Rede ist, daß eine Pflanze einen sonnigen Standort haben sollte, dann ist gemeint, daß die Pflanze täglich etwa 7 Stunden Sonne braucht. Einer Pflanze, die Halbschatten verlangt, genügen bis zu vier Stunden täglich. Es gibt auch einige wenige Pflanzen, die am besten in völligem Schatten wachsen. Gerade die Waldkräuter, wie zum Beispiel Waldmeister, bekommen in ihrer natürlichen Umgebung mittags etwas durch Bäume gefilterten Sonnenschein und gedeihen im Kräutergarten am besten im Schatten größerer Pflanzen.

Kräuter müssen vor kaltem Wind geschützt werden, der ihnen meist mehr schadet als niedrige Temperaturen. Eine Mauer, eine Hecke oder ein natürlicher Abhang können solchen Schutz bieten. Sind sie nicht vorhanden, sollte man, bevor man die ersten Kräuter pflanzt, irgendeinen einfachen Zaun oder eine Matte aufstellen. Ist der Garten einmal bewachsen, werden zwar die großen Pflanzen den kleinen einen gewissen Schutz bieten, aber eine Schutzwand irgendwelcher Art sichert ihnen doch besseres und kräftigeres Wachstum.

Wenn Sie die Anlage eines Kräutergartens planen, ist es sehr wichtig, daß Sie sich vorher ausrechnen, wieviel Platz Sie für jede Pflanze brauchen. Ein Kräutergarten muß gar nicht sehr groß sein. Auf relativ wenig Raum kann eine große Zahl von Pflanzen wachsen. Sie können einen separaten Kräutergarten anlegen oder die Kräuter mit anderen Pflanzen umgeben. Für welche Form Sie sich auch entscheiden, denken Sie daran, daß der Zugang zum Kräutergarten oder zur Kräuterecke wichtig ist. Sie haben sicher keine Lust, allzu weit zu gehen, um ein paar Salatkräuter zu pflücken; auch wollen Sie bestimmt nicht durch nasses Gras noch durch ein frisch gegrabenes Beet stapfen, um an die Kräuter heranzukommen. In Schrittlänge ausgelegte Steine oder ein kleiner Weg können das Problem lösen.

Wenn Sie sich dann entschieden haben, welche Pflanzen

Sie in ihrem Garten haben möchten, ist es ganz einfach, das Kräuterbeet zu planen und anzulegen.

KRÄUTEREINFASSUNGEN. Kräuter können als Einfassungen für Beete verwendet werden; dazu eignen sich Petersilie, Frauenmantel, Ringelblume, Majoran, Zitronenthymian und Bibernelle. Einige können Sie auch zusammen in einem Blumenbeet gruppieren, wie z. B. Zitronenmelisse, Minze, Kerbel und Estragon. Als rückwärtige Einfassung pflanzen Sie Angelika, Liebstöckl und Fenchel, also hohe Kräuter, die anderen Schutz bieten und einen schönen Hintergrund bilden. Kräuter, deren Stiele verholzen, sind gute Heckenpflanzen, müssen aber immer kräftig zurückgeschnitten werden, wie Gartenraute, Salbei, Ysop, Lavendel und Rosmarin oder sogar Winter-Bohnenkraut, obwohl es ziemlich langsam wächst.

DER STEINGARTEN. Pflanzen Sie kleinwüchsige Kräuter, wie Zitronenthymian, Schnittlauch und Majoran mitten in einen Steingarten. Jedes dieser Kräuter kommt mit den anderen Pflanzen des Alpinums gut aus.

DER KLEINE GARTEN MITTEN IN DER STADT. Wenn wenig Platz ist, wird das Aufziehen von Pflanzen natürlich zum Problem.

Kräuter sind auf engstem Raum noch am leichtesten zu ziehen und am besten zu verwenden. Wo der Garten nur eine Art Hinterhof ist, sollten Sie ihn in einen spanischen Patio verwandeln. Die Erde in solchen Gärten ist oft nährstoffarm und sauer. Sie muß deshalb meist erneuert werden, bevor man beginnt, die Kräuter zu pflanzen.

Wenn Sie sich einen Plan machen, wie Sie den verfügbaren Platz nutzen wollen, sehen Sie Wege aus Platten, Ziegeln oder Kopfsteinpflaster vor, um alles leicht zugänglich zu machen und um einen Rahmen für den Kräutergarten zu schaffen. Man kann auch eine Art Terrasse anlegen und so den Eindruck der Weiträumigkeit vermitteln.

Ein flaches Dach, einen Balkon oder Blumenkästen gibt es überall. Wie klein der Platz auch ist und wie Sie ihn auch immer verwenden wollen, die folgenden Vorschläge können Ihnen bei der Planung Ihres Kräutergartens sicher behilflich sein.

In einem Hof pflanzen Sie die Kräuter, die Sie oft verwenden wollen, z. B. in einen alten Ausguß, den Sie in der Nähe Ihrer Tür auf Ziegel stellen. Die Bepflanzung kann aus ein- und mehrjährigen Pflanzen bestehen, wie zum Beispiel Petersilie, Schnittlauch, Dill, Bohnenkraut und Thymian.

Streichen Sie die umliegenden Wände weiß an, um durch die Reflexion die optimale Lichtausbeute für die Pflanzen herauszuholen. Bringen Sie an den Wänden Spaliere aus Holz oder Draht an, um den Kletterpflanzen, die in Kübeln vor den Wänden gedeihen, das Ranken zu erleichtern.

Stellen Sie eine einfache hölzerne Pergola auf und pflanzen Sie Hopfen oder Geißblatt zum Hochklettern oder lassen Sie eine wohlriechende Buschrose für Schatten sorgen.

Entfernen Sie ein oder zwei Platten im Hof, erneuern Sie die Erde darunter und pflanzen Sie auf diesen Fleck niedrigwachsende immergrüne Kräuter. Unter Umständen ist es günstig, in einer sonnigen Ecke ein paar höhergelegene Beete anzulegen. Sie können terrassenförmig angeordnet sein.

Man kann auch große Töpfe oder Schalen verwenden, in die man Petersilie und ein paar häufig gebrauchte mehrjährige Pflanzen, wie Schnittlauch, Salbei, Lavendel und Thymian setzt und dazu Rosmarin oder einen Zitronenstrauch. Stellen Sie einen Lorbeerbaum in einen separaten Topf. Auch die Schatten liebende Minze bekommt einen Kasten für sich, wo sie jedes Jahr erneuert werden kann. Als Behälter eignet sich eine flache Keramikschale, die man immer leicht in den Schatten tragen kann. Ein hölzerner Trog, ein alter Waschzuber oder ein altes Faß sind der richtige Behälter für größere Pflanzen. Wenn Sie ein solches Gefäß auf Räder stellen, können Sie es bei Bedarf in die Sonne fahren. Pflanzen Sie Angelika oder Fenchel oder einjährige Pflanzen hinein, wie Kerbel, Dill und Basilikum. Wenn viel Sonne in den Hof kommt, können Sie es auch mit Kümmel und Anis versuchen.

Auf einer Terrasse legen Sie am besten ein schmales, etwas höher gelegenes Beet als Einfassung an. Bepflanzen Sie es mit wohlriechenden Kräutern. Setzen Sie Pfosten in die Ecken, um das Ranken der Kletterpflanzen zu unterstützen, die man in Töpfe am Fuße der Pfosten anpflanzt. Die farbenfrohe Kapuzinerkresse z. B. wächst schnell und ist ein guter Kletterer.

An den Wänden hängen Sie flache Drahtkörbe auf, die Sie z. B. mit Moos auskleiden und mit üppigen Kräutern wie Basilikum, Salbei, Thymian und Majoran bepflanzen können.

Auf einem Flachdach oder Balkon könnte es Gewichtsprobleme geben, deshalb benutzen Sie dort leichte Plastiktöpfe oder nicht zu schwere Holzkästen in hübschen Formen.

Kleine Plastiktröge, die auf Ablaufblechen stehen, können mit jeweils fünf Pflanzen gefüllt werden. Pflanzen in Plastikbehältern halten die Feuchtigkeit besser als die in Tontöpfen. Trotzdem brauchen sie regelmäßig Wasser.

Um das Wachstum von wuchernden Pflanzen unter Kontrolle zu halten, bauen Sie ein festes korbartiges Drahtnetz, das auf den Topf gestülpt wird. Setzen Sie das Kraut in den Behälter und stellen Sie das Drahtnetz darüber. Hopfen und Kapuzinerkresse werden bald das Netz überdecken, aber doch gebändigt. Auch Rosmarin kann man auf diese Art zügeln.

Ein hängender Korb, gefüllt mit Kräutern, ist nicht nur schön anzuschauen, sondern auch nützlich. Hängen Sie ihn mit Draht an einen Haken oder ein Eisengestell, das fest in die Wand eingelassen ist. Körbe aus Draht mit Mooseinlage sind am besten und halten 3–4 Kräuter aus. Wenn Majoran, Thymian und Salbei erst einmal angewachsen sind, wuchern sie bald über den Rand hinunter.

Linke Seite: *Beinwell, Bronzefenchel und Schnittlauch.*

Unten: *Ein bezaubernder Kräutergarten, gestaltet unter Einbeziehung von Fensterkästen, Hängekörben und Pflanzkübeln.*

Im Blumenkasten am Fenster wachsen Kräuter ebenfalls gut, wenn sie 4–5 Stunden Sonne am Tag bekommen. Bepflanzen Sie den Kasten mit allen für Sie notwendigen Küchenkräutern. Zusätzlich können Sie auch noch Kräuter mit farbenfrohen Blättern pflanzen, wie purpurfarbenen Salbei, der rosa-weiß gestreifte Blätter hat, Silberthymian, Goldthymian mit goldgefleckten Blättern und Goldminze. Alle diese Formen können genauso wie ihre grünen Varietäten zum Kochen benutzt werden. Eine andere Möglichkeit ist, den Kasten mit wohlriechenden Kräutern zu bepflanzen, die, wenn man das Fenster öffnet, den Raum mit ihrem Duft erfüllen. Pflanzen Sie Salbei, Zitronenthymian, Zitronenmelisse und Majoran.

Im Haus wachsen die meisten Kräuter bei guter Pflege, und wenn man ihnen etwas Aufmerksamkeit zuwendet, auch ganz gut. Sie brauchen Licht, Sonne, Wasser und viel frische Luft. Setzen Sie einen Kasten mit Kräutern auf die Küchenfensterbank. Die wohlriechenden Kräuter, wie Rosmarin und Zitronenmelisse verbreiten einen feinen Duft und können deshalb auch im Wohnzimmer stehen.

Welche Kräuter soll man pflanzen?

Wenn Sie entschieden haben, wo Sie Ihre Kräuter pflanzen wollen und wieviel Platz Sie dafür haben, müssen Sie darüber nachdenken, welche Kräuter Sie anbauen wollen und woher Sie sie bekommen können. Wollen Sie sie nur als Küchenkräuter verwenden, so genügt eine kleine Auswahl. Vielleicht aber interessieren Sie sich auch für Kräuter, die zusätzlich für kosmetische Zwecke oder für die Zubereitung erfrischender Kräutertees geeignet sind. Oder wollen Sie sogar Heilmittel für leichte Erkrankungen und gegen allerlei Beschwerden selber herstellen? Dann kann man nämlich auch Kräuter auswählen, die allen diesen Anforderungen auf einmal genügen. Kleine Sträußchen Rosmarin geben dem Lammbraten einen köstlichen Geschmack; ein starker Rosmarinaufguß als Haarspülung verleiht dunklen Haaren Glanz und frischt die Farbe auf; als Tee lindert Rosmarin Kopfschmerzen und beruhigt; und getrockneter Rosmarin ergibt ein wunderschönes Duftkissen.

Um eine Vorstellung von der vielfältigen Verwendbarkeit der Pflanzen zu bekommen, lesen Sie bitte im Kapitel »Die 50 bekanntesten Kräuter« nach.

Beschäftigen Sie sich mit den Wachstumsgewohnheiten der Kräuter, mit ihrem Aussehen und ihrem Geruch, z.B. indem Sie Gärtnereien oder spezielle Kräutergärten besuchen; verbringen Sie gelegentlich ein paar Stunden im Botanischen Garten, wo Sie gewiß ein breites Spektrum von Kräutern finden. Notieren Sie sich Höhe und Durchmesser der ausgewachsenen Pflanzen; das ist für Ihre Gesamtplanung wichtig.

Bevor Sie den Platz für Ihre Kräuter im Garten vorbereiten und Pflanzen oder Samen kaufen, machen Sie sich am besten einen Übersichtsplan, der auf einem der folgenden Vorschläge basieren könnte.

KRÄUTER FÜR DAS BOUQUET GARNI. Eine der einfachsten Zusammenstellungen von Kräutern ist das Bouquet garni. Es ist praktisch, vielseitig verwendbar und braucht nur wenig Platz.

Das traditionelle Bouquet garni ist ein Gewürz-Sträußchen aus drei beliebten aromatischen Kräutern, die zu einem Strauß zusammengebunden werden. Das Sträußchen wird zu Suppen, Braten, Saucen und Eintöpfen gegeben, mitgekocht und vor dem Servieren wieder herausgenommen. Die drei Kräuter sind Petersilie, Thymian und Lorbeer. Das Mengenverhältnis der drei hängt von dem Gericht ab, zu dem sie verwendet werden. Unterschiedliche Gerichte verlangen kleine, mittlere oder große Bouquets garnis. Die Petersilie aber sollte eigentlich immer dominieren, denn Thymian und Lorbeer überdecken leicht den Eigengeschmack von Fleisch oder Fisch, wenn man sie in zu großen Mengen verwendet. Für spezielle Gerichte kann ein Bouquet garni auch Rosmarin, Kerbel und Estragon enthalten.

Wählen Sie einen hübschen Behälter für die Kräuter aus, doch denken Sie daran, daß die Pflanzen darin genügend Platz haben müssen.

Eine andere Möglichkeit ist, die drei Kräuter in einzelne Töpfe zu pflanzen und diese dicht nebeneinander zu stellen. Der Lorbeerstrauch kann dann ungestört von den andern wachsen, und auch Petersilie und Thymian haben jeweils ihr eigenes Gefäß. Sie können aber auch alle drei Kräutertöpfe in einen trogartigen Behälter stellen, der wenigstens 30 Zen-

Kräuter für das Bouquet garni werden in Töpfen und Kübeln gezogen. Von links nach rechts: Thymian, Lorbeer und Petersilie in Töpfen; Petersilie, Lorbeer und Thymian in einer dekorativen Holzkiste; Kerbel, Rosmarin und Bibernelle in einer Wanne.

Kräuter gleich neben der Hintertür. Links: Estragon, Thymian, Minze und Rosmarin; rechts: Lorbeer, Fenchel, Salbei und Majoran.

Unten: *Eine hübsche Zusammenstellung von Kräutern in einem Fensterkasten. Von links nach rechts: Schnittlauch, Dill, Ringelblumen, Minze, Bohnenkraut, Basilikum.*

timeter breit und ebenso tief sein muß. Plazieren Sie Petersilie und Thymian so, daß sie genügend Sonne bekommen und nicht zu sehr vom Lorbeer beschattet werden.

Eine zweite Bouquet-garni-Zusammenstellung können Sie in einen ausgedienten Fischtopf oder einen ähnlich geformten länglichen Behälter pflanzen, der groß genug ist, drei oder vier Kräuter aufzunehmen. Stellen Sie entweder einzelne Töpfe mit Kräutern hinein oder pflanzen Sie sie direkt in den Kasten.

KRÄUTER FÜR DEN KÜCHENGARTEN. Der ideale Platz für einen Küchengarten ist natürlich gleich neben der Hintertür. Wenn er auch noch sonnig ist, werden hier die Kräuter prächtig wachsen und viel Grünes zum Kochen und Würzen liefern. Wenn Sie Petersilie in einen großen Topf und Rosmarin oder Lorbeer in einen zweiten pflanzen und die beiden rechts und links von der Tür plazieren, brauchen Sie nicht einmal hinauszutreten, wenn Sie Kräuter holen wollen; was natürlich besonders bei nassem Wetter angenehm ist. Pflanzen Sie andere Kräuter, wie Salbei, Thymian, Estragon, Majoran, Fenchel und Minze gleich neben diese beiden; dazu können Sie zum Beispiel einen oder zwei Steine aus Ihrer Terrasse herausnehmen und ein kleines Beet neben der Haustür anlegen.

Ihr Küchenkräuterbeet läßt sich aber auch einen Weg entlang pflanzen. Es sollte jedoch nicht breiter sein, als Ihre Arme reichen, es sei denn, Sie legen Trittplatten oder Steine in das Beet. Setzen Sie die Minze in den schattigsten Teil Ihres Gartens. Stecken Sie um sie herum Dachziegel in die Erde oder pflanzen Sie sie in einen versenkten Eimer, damit ihre unterirdischen Triebe die anderen Pflanzen nicht stören.

Fensterkästen. Es gibt eine große Auswahl von praktischen Pflanzkästen auf dem Markt, die von schönen Holzkästen und Fieberglasmodellen bis zu ganz einfachen, billigen Plastikkästen reichen. Letztere sind leicht und über viele Jahre haltbar, doch sehen die aus Holz schöner und natürlicher aus. Nur von Metallkästen ist abzuraten, da das Metall die Hitze so stark absorbiert, daß die Wurzeln leicht vertrocknen.

Der Kasten, für den Sie sich entscheiden, sollte unten Löcher haben und wenigstens 25 Zentimeter tief sein. Bei Holzkästen muß der Boden eine Mindeststärke von 2 Zentimetern haben. Nehmen Sie wenn möglich einen Kasten, der genau auf Ihr Fensterbrett paßt und stellen Sie ihn auf ein Ablaufblech, um zu verhindern, daß das Gießwasser an den Wänden herunterläuft oder die Nachbarn unter Ihnen

Ein farbenfrohes Beet mit Heilkräutern. Hintere Reihe: Eibisch, Rosmarin, Beinwell und Fenchel. Mittlere Reihe: Salbei, Eisenkraut, Zitronenmelisse und Knoblauch. Vordere Reihe: Thymian, Ringelblumen und Petersilie.

belästigt. Sorgen Sie auch dafür, daß der Kasten gut befestigt ist, bevor Sie Pflanzen hineinsetzen.

In einen Kasten für Salatkräuter, die Sie den ganzen Sommer über brauchen, pflanzen Sie Basilikum, Dill, Kerbel, Schnittlauch und Bohnenkraut. Kräuter für den Winter, mit denen Sie Braten, Eintöpfe und Fischgerichte verfeinern, sind Thymian, Salbei, Rosmarin und auch Petersilie.

Wenn Sie für einen weiteren Kasten Platz an einem schattigen Ort haben, können Sie ihn mit den verschiedenen Minzearten füllen, jede in ihrem eigenen Behälter, damit das Wachstum der Wurzeln unter Kontrolle bleibt. Ob Pfefferminze, Grüne Minze oder Poleiminze, alle haben einen feinen Duft und würzigen Geschmack.

DER HEILKRÄUTERGARTEN. In einem solchen Garten sollen nach dem Wunsch und Willen des Besitzers Heilpflanzen gegen möglichst viele Krankheiten und Beschwerden gedeihen. Die meisten Kräuter können zu verschiedenen medizinischen Zwecken genutzt werden. Dennoch ist es gar nicht so leicht, eine Auswahl zu treffen; denn alle in Frage kommenden Kräuter enthalten in mehr oder weniger großen Mengen für die Gesundheit wertvolle Stoffe. Die einen wirken gegen Verdauungsstörungen oder Blähungen, andere sind Stärkungsmittel, wieder andere Mittel gegen Erkältungskrankheiten.

Ein Kräuterbeet mit 12 verschiedenen Pflanzen bietet schon vielerlei Möglichkeiten, sich Heilmittel selber herzustellen. Hier ein Vorschlag für die Kräuterauswahl:

BEINWELL, *Symphytum officinale*; Höhe 60–90 cm. Pflanzen Sie Beinwell an den hinteren Rand des Beetes und lassen Sie ihm viel Platz zum Wachsen. Verwenden Sie Wurzeln und Blätter.

FENCHEL, *Foeniculum vulgare*; Höhe 1–2 m. Pflanzen Sie ihn ebenfalls an den hinteren Rand. Er braucht mehrere Jahre, um seine volle Höhe zu erreichen. Verwenden Sie die ganze Pflanze.

KNOBLAUCH, *Allium sativum*; Höhe 60 cm. Verwenden Sie die knollige Wurzel.

ZITRONENMELISSE, *Melissa officinalis*; Höhe 45–60 cm. Verwenden Sie die Blätter.

RINGELBLUME, *Calendula officinalis*; Höhe 45 cm. Verwenden Sie alle überirdischen Pflanzenteile.

EIBISCH, *Althaea officinalis*; Höhe 90 cm. Vor allem eine Pflanze für den hinteren Teil des Kräuterbeets. Verwenden Sie die ganze Pflanze.

PETERSILIE, *Petroselinum crispum*; Höhe 15–20 cm. Als Randbepflanzung geeignet.

PFEFFERMINZE, *Mentha peperita*; Höhe 60 cm. Braucht den schattigsten Platz des Beets. Verwenden Sie die Blätter.

ROSMARIN, *Rosmarinus officinalis*; Höhe bis zu 2 m, langsam wachsend. Verwenden Sie die Blätter.

SALBEI, *Salvia officinalis*; Höhe 45 cm. Verwenden Sie Blätter und Blüten.

THYMIAN, *Thymus vulgaris*; Höhe 15–45 cm, Randpflanze. Verwenden Sie die Blätter.

EISENKRAUT, *Verbena officinalis*; Höhe 45 cm. Verwenden Sie Blätter und Blüten.

DER KOSMETIK-KRÄUTERGARTEN. Für die Zusammenstellung kosmetisch wirksamer Kräuter hier ein Vorschlag von 12 verschiedenen Pflanzen, unter denen Sie wählen können. Die Kräuter können zur Pflege von Haut, Händen, Haaren,

Eine hübsche Auswahl niedrigwüchsiger Pflanzen für den Steingarten. Obere Reihe: Kriechende Minze, Zwerglavendel, lavendelblättriger Rosmarin und Poleiminze. Mittlere Reihe: Goldmajoran, Crocus sativus, Frauenmantel, Petersilie und Schnittlauch. Untere Reihe: Portulak, Gaultheria procumbens, Winterbohnenkraut und Goldthymian.

Nägeln, Augen, Zähnen und Füßen dienen. Pflanzen Sie für jeden Zweck eines oder zwei, damit Sie möglichst verschiedene Rezepte ausprobieren können, um herauszufinden, welche sich für Sie am besten eignen.

Wenn Sie sowohl ein- als auch mehrjährige Pflanzen setzen, haben Sie das ganze Jahr über die Grundstoffe für Ihre kosmetischen Rezepturen zur Hand. Die Kräuter, die im Winter verschwinden, können aber im Sommer oder Herbst geerntet und getrocknet und für den Winter gelagert werden.

Holunder ist besonders wertvoll für die Hautpflege; er reinigt und macht die Haut zarter und weißer. Außerdem hilft er gegen Sommersprossen und ergibt ein linderndes Augenbad. Wegen seiner Größe ist er in den folgenden Vorschlägen nicht berücksichtigt, doch wo genügend Platz im Garten ist, lohnt es sich allemal, diesen hübschen Heckenstrauch zu setzen.

KAMILLE, *Matricaria chamomilla*; Höhe 15–20 cm. Verwenden Sie die Blüten.

DILL, *Anethum graveolens*; Höhe 45–60 cm. Für Augen und Nägel.

AUGENTROST, *Euphrasia officinalis*; Höhe 15–20 cm. Für die Augen. Verwenden Sie alle Pflanzenteile über dem Boden.

FRAUENMANTEL, *Alchemilla vulgaris*; Höhe 10–50 cm. Für die Haut. Verwenden Sie alle oberirdischen Pflanzenteile.

LAVENDEL, *Lavandula spica*; Höhe 30–50 cm. Für Haut und Füße. Verwenden Sie Blüten und Blätter.

RINGELBLUME, *Calendula officinalis*; Höhe 45 cm. Für Haut, Füße und Augen. Verwenden Sie alle oberirdischen Pflanzenteile.

ROSMARIN, *Rosmarinus officinalis*; ausgewachsen 2 m hoch. Für Haare und Haut. Verwenden Sie die Blätter.

SALBEI, *Salvia officinalis*; Höhe 45 cm. Für Zähne, Haare und Haut. Verwenden Sie Blätter und Blüten.

BIBERNELLE, *Poterium sanguisorba*; Höhe 30 cm. Für die Haut. Verwenden Sie die Blätter.

EBERRAUTE, *Artemisia abrotatum*; Höhe 1 m. Für das Haar. Verwenden Sie die Blätter.

SCHAFGARBE, *Achillea millefolium*; Höhe 60 cm. Für Haare und Haut. Verwenden Sie alle Pflanzenteile über der Erde.

Ein Kosmetik-Kräutergarten auf einem kleinen Beet. Hinten: Eberraute. Zweite Reihe: Dill, Lavendel, Rosmarin. Dritte Reihe: Salbei, Ringelblumen, Schafgarbe, Kamille und Frauenmantel. Im Vordergrund: Augentrost und Veilchen.

KRÄUTER FÜR DEN STEINGARTEN. Es gibt viele Zwergarten, die gut geeignet sind für den Steingarten, entweder alleinstehend oder gruppiert zwischen andere Pflanzen. Die meisten sind nicht nur wohlriechend, sondern auch hübsch anzusehen; man kann sie zum Würzen, für kosmetische Zwecke und als Heilkräuter verwenden.

Portulak ist eine einjährige Pflanze und müßte jedes Jahr neu gesät werden. Wenn man aber die Blütenstiele, sobald sie erscheinen, wegschneidet und die Pflanze im Winter gut abdeckt, kann sie durchaus überwintern.

Legen Sie den Steingarten an einem sonnigen und vor allem windgeschützten Platz an und versuchen Sie es mit einigen der folgenden Pflanzen:

ZWERGROSMARIN, *Rosmarinus lavandulaceus*.
WINTERBOHNENKRAUT, *Satureia montana*; 20–25 cm.
GOLDTHYMIAN, *Thymus citriodorus »Aureus«*; 7 cm.
SCHNITTLAUCH, *Allium schoenoprasum*; 30 cm.
LAVENDEL, *Lavandula spica*; Zwergart.
GOLDMAJORAN, *Origanum vulgare aureum*; 15 cm.
Calamintha acinos; 10 cm.
SCHEINBEERE, *Gaultheria procumbens*; 7–15 cm.
KORSISCHE MINZE *Mentha requienii.*
Thymus herba-barona; 5–10 cm.

Ein ganzes Beet mit Kräutern, die jedes mehr als einem Zweck dienen können. Vom Weg aus in Uhrzeigerrichtung: Lorbeer, Buschbasilikum, Schnittlauch, Petersilie, Dill, Estragon, Minze, Gartenbohnenkraut, Knoblauch und Thymian; in der Mitte Rosmarin.

SAFRAN, *Crocus sativus*; 10 cm.
PORTULAK, *Portulaca oleracea*; 10–15 cm.
POLEIMINZE, *Mentha pulegium*; 15 cm.
PETERSILIE, *Petroselinum crispum*; 15 cm.
FRAUENMANTEL, *Alchemilla alpina*; 20 cm.

DER VIELZWECK-KRÄUTERGARTEN. Wenn er seinen Zweck erfüllen soll, muß dieser Kräutergarten wenigstens einige Kräuter enthalten, die auf die verschiedenste Weise genutzt werden können.

Man fängt an mit den wichtigsten Kräutern, nämlich mit denen, die man in der Küche zur Verfeinerung der Speisen braucht. Wenn man dann mit dem Gebrauch der Kräuter zum Kochen und Würzen erst einmal vertraut ist, kann man sich auch mit anderen Verwendungsmöglichkeiten beschäftigen.

Man kann die unten beschriebenen Kräuter leicht in zwei Blumenkästen anpflanzen, wo sie bei einem minimalen Platzverbrauch ein Maximum an Nutzen bringen. Jedes der hier angeführten Kräuter bietet sich außer zum Gebrauch in der Küche noch für mindestens zwei weitere Anwendungsgebiete an.

BASILIKUM, *Ocimum minimum*; Höhe 15 cm. Im Topf winterfest.
LORBEER, *Laurus nobilis*; mehrjährige Pflanze, die Sie durch Zurückschneiden in Zaum halten müssen.
SCHNITTLAUCH, *Allium schoenoprasum*; Höhe 30 cm. Mehrjährige Pflanze.
DILL, *Anethum graveolens*; Höhe 60 cm. Dill ist eine einjährige Pflanze.
KNOBLAUCH, *Allium sativum*; bis zu 60 cm hoch. Mehrjährige Pflanze, wird aber jedes Jahr ausgegraben, weil nur die knollige Wurzel verwertet wird.
SOMMERMAJORAN, *Origanum majorana*; Höhe 20 cm. Einjährige Pflanze.
GRÜNE MINZE, *Mentha spicata*; Höhe 45 cm. Mehrjährige Pflanze.
PETERSILIE, *Petroselinum crispum*; Höhe 15–20 cm. Zweijährige Pflanze, aber wie einjährig zu behandeln.
ROSMARIN, *Rosmarinus officinalis*; bis 2 m hoch. Mehrjährige Pflanze.
SALBEI, *Salvia officinalis*; Höhe 30–60 cm. Mehrjährige Pflanze.
BOHNENKRAUT, *Satureia hortensis*; Höhe bis 30 cm. Einjährige Pflanze.
ESTRAGON, *Artemisia dracunculus*; Höhe bis 1 m. Mehrjährige Pflanze.
THYMIAN, *Thymus vulgaris*; Höhe 15–45 cm. Mehrjährige Pflanze.

DER ZIER-KRÄUTERGARTEN. Die Nützlichkeit der Kräuter steht meist so sehr im Vordergrund, daß man vergißt, wie dekorativ sie sein können. Kräuter verdienen durchaus einen Platz als Zierpflanzen innerhalb einer Rabatte. Sie erfreuen uns durch ihr Laub, ihre Blüten und ihren herrlichen Duft. Viele der gängigen Kräuter haben verschiedene Varietäten, die besonders schöne und farbenprächtige Blüten haben. So gibt es neben dem Echten Salbei auch den Muskateller-Salbei mit violetten, weißen oder roten Blüten und grau behaarten Blättern; den Silbersalbei mit seinen rosaroten Blüten und den spinnwebartig behaarten Blättern; den Klebrigen Salbei mit den großen hellgelben Blüten oder auch den prachtvollen Scharlachsalbei, dessen Blüten rosarot oder purpur-

farben sind. Sie alle sind als niedrige Heckenpflanzen oder Bodendecker bestens geeignet.

Auch graublättrige Kräuter bringen einen interessanten Akzent in den hochsommerlichen Kräutergarten, zum Beispiel das aromatische Zypressenkraut mit seinen silberweißfilzigen Blättern und kugelförmigen gelben Blütenköpfen oder Lavendel mit blauen, weißen oder rosa Blüten.

Nicht weniger attraktiv sind die verschiedenen Minze- oder Majoranarten mit beinahe goldfarbenen Blättern.

Auch die leuchtenden Blüten zahlreicher anderer Kräuter stechen ins Auge; Ysop-Blüten etwa können weiß, rosarot oder blau sein; die strahlendblauen Borretsch-Blüten blühen über Monate.

Nachstehend eine Auswahl solcher Zierkräuter, die alle mehrjährig sind:

PFERDEMINZE, *Monarda didyma*; Höhe ca. 60 cm; hellrote Blüten.

BORRETSCH, *Borago officinalis*; Höhe 60 cm; blaue Blüten.

ZIEGENRAUTE, *Galega officinalis*; Höhe 1 m; weiße oder blaue Blüten.

GOLDMAJORAN, *Origanum vulgare aureum*; Höhe 15 cm; goldfarbene Blätter.

GOLDTHYMIAN, *Thymus citriodorus »Aureus«*; Höhe 10 cm; goldfarbene Blätter, Zitronenduft.

YSOP, *Hyssopus officinalis*; Höhe 60 cm; blaue, rosa oder weiße Blüten.

HIMMELSLEITER, *Polemoneum coeruleum*; Höhe 75 cm; blaue oder weiße Blüten.

FRAUENMANTEL, *Alchemilla mollis*; Höhe 30–45 cm; schmutziggelbe Blüten.

LAVENDEL, *Lavandula spica*; Höhe ca. 50 cm; blaue, rosa oder weiße Blüten.

SCHWERTLILIE, *Iris florentina*; Höhe 60 cm; blaue, weiße oder gestreifte Blüten.

GARTENRAUTE, *Ruta graveolens*; Höhe 60 cm; grünblaue Blätter.

SEIFENKRAUT, *Saponaria officinalis*; Höhe 60 cm; große rosa Blüten.

SILBERTHYMIAN, *Thymus citriodorus* »Silver Queen«; Höhe 10 cm; silbrige Blätter, duftende lila Blüten.

SALBEI, *Salvia spp.*; Höhe 45 cm; Blätter in verschiedenen Farben, blaue Blüten.

Rechts: *Kräuter und andere Pflanzen in reizvoller Zusammenstellung; die Pflanzen überwuchern schon teilweise den Steinweg.*

Links: *Ein dekorativer Kräutergarten. Im Hintergrund: Geißraute: Zweite Reihe: Borretsch, rote Pferdeminze, Ysop und Gartenraute. Dritte Reihe: Schwertlilien, Seifenkraut, Himmelsleiter und Strohblumen. Im Vordergrund: Frauenmantel, dreifarbiger Salbei, Goldthymian, Lavendel, Goldmajoran und Silberthymian.*

Vorbereitung der Pflanzung

Um gute Ergebnisse und Erträge bei der Kräuteraufzucht zu bekommen, lohnt es sich, auf die Vorbereitung des Beetes einige Mühe zu verwenden, ganz gleich, ob es sich um ein Gartenbeet oder um Kübel oder Blumenkästen oder Töpfe handelt. Dort wo Sie Ihre Kräuter anbauen wollen, die ja fast alle unterschiedliche Wachstumsbedingungen haben, können Sie auf die besonderen Bedürfnisse Ihrer Schützlinge erst eingehen, nachdem die allgemeinen Vorbereitungen getroffen sind.

Als erstes beschäftigen Sie sich mit dem Boden. Er sollte normalerweise für den Kräuteranbau leicht alkalisch sein. Es gibt nur wenige Böden, die so schlecht sind, daß man sie nicht auf irgendeine Weise verbessern kann. Am besten ist ein nicht zu schwerer Lehmboden, der nicht zu naß und nicht zu trocken ist. Er sollte aus einem wasserdurchlässigen Gemisch von Sand, Ton, Kalk und Humus bestehen, natürlich alles im richtigen Verhältnis.

Es ist hier nicht der Platz, im einzelnen die Beschaffenheit der verschiedenen Bodentypen und die spezielle Behandlung eines jeden zu beschreiben. Leider gibt es keine Zauberformel, nach der man dem Boden, den man vorfindet, die gewünschte Qualität geben kann. Aber durch Entwässern, Umgraben, oder besser Rigolen, und Düngen läßt sich jeder Boden verbessern; die folgenden Ratschläge sollen Ihnen dabei helfen.

ENTWÄSSERUNG. Um herauszufinden, ob eine Entwässerung Ihres Bodens angebracht ist, graben Sie am tiefsten Punkt ein zwei Spaten tiefes Loch und lassen es ein paar Tage offen stehen, um zu sehen, ob und wieviel Wasser sich darin sam-

melt. Wenn in dem Loch Wasser zusammenfließt, ist der Boden schlecht entwässert, und die Pflanzen würden in einem solchen Boden nicht gedeihen, weil um die Wurzeln nicht genügend Luft vorhanden wäre.

Um Ihren Boden besser zu entwässern, müssen Sie ihn unbedingt umgraben. Eine andere Möglichkeit ist, eine Sickergrube zu bauen. Graben Sie dazu ein 1 Meter tiefes Loch, das 60 Zentimeter im Quadrat mißt. Füllen Sie es mit zerbrochenen Ziegeln oder Steinen bis 30 Zentimeter unter der Oberfläche auf. Darüber kommt Erde, bis das Loch gefüllt ist.

Drainage-Rohre zu verlegen ist eine teure Angelegenheit und lohnt sich beinahe nur, wenn Sie die Kräuteraufzucht berufsmäßig betreiben wollen.

GRABEN. Eine der besten Methoden, einen Boden zu verbessern, ist, ihn vor Frosteinbruch tief umzugraben. Damit lockert man den Boden, verbessert zugleich seine Struktur und fördert die Entwässerung. Die Luft kann nun leichter in den Boden eindringen. Gleichzeitig wird auch die Bildung von Humus beschleunigt, die wertvollste Pflanzennahrung.

DÜNGUNG. Humus ist nur einer der lebenswichtigen Nährstoffe, die ein Boden braucht; ein weiterer ist Kalk, der in gewissen, genau bemessenen Mengen dem Boden zugegeben werden sollte, um seinen Kalziumgehalt zu verbessern. Kalk ist besonders günstig für saure Böden. Der dritte Dünger ist Flüssigdünger, den man auf den Boden gießt und der als Pflanzennahrung wirkt. Alle drei zusammen sind notwendig, wenn Sie optimale Ergebnisse erzielen wollen. Ihre Kräuter werden Ihnen die Mühe danken durch kräftigen Wuchs, feinen Geschmack und volles Aroma.

Humus nennt man die verrotteten organischen Bestandteile des Bodens; er ist normalerweise in mehr oder weniger großen Mengen im Boden vorhanden. Wo der Boden aber stark beansprucht war, wird er ausgelaugt sein, so daß man humusbildendes Material dazugeben muß. Humus kann auf verschiedene Weise angereicht werden, wobei tierischer Dung, pflanzlicher Dung und Kompost die wichtigsten sind.

Gut verrotteter Tierdung ist einer der besten Humusbilder. Man arbeitet ihn im Herbst in den Boden ein und braucht auf 10 Quadratmeter Fläche ca. eine Schubkarre voll.

Pflanzliche Düngungsmittel, die neuerdings auch in kleineren Mengen für Hausgärten angeboten werden, haben den Vorteil, daß ihre Mischung auf die unterschiedlichsten Gartenverhältnisse abgestimmt sind. Sie bestehen vorwiegend aus einigen Kleearten, Lupinen, Wicken etc.

Kompost besteht aus einem Gemisch von verrotteten organischen Stoffen. Ein Komposthaufen im Garten ist der billigste Weg, für gute Bodendüngung zu sorgen. Richtig aufgesetzter Kompost ist ein vollwertiger Ersatz für Tierdung oder Gründung und kann auf die gleiche Weise verwendet werden.

Kompost bereitet man aus weggeworfenen Pflanzenteilen, wie abgemähtem Gras, alten Blättern und Unkraut; dazu kommen noch die Küchenabfälle. Bakterien wandeln allmählich das Ganze in nährstoffreichen Humus um.

DER KOMPOSTHAUFEN. Es gibt gut geeignete Kompostbehälter in verschiedenen Formen auf dem Markt. Sie können aber natürlich auch selbst einen solchen Behälter bauen und ihn in einer Ecke des Gartens aufstellen. Wenn Ihr Kompostbehälter zum Beispiel die Form eines Rechtecks (90 x 120 cm) haben soll, schlagen Sie an allen vier Ecken Pfosten in die Erde. Dazwischen nageln Sie Holzplatten oder -bretter, oder Sie ziehen ein Drahtnetz. Der Behälter muß nicht höher als 1 Meter sein.

Es ist günstiger, auch bei kleinen Gärten statt eines großen zwei kleinere Komposthaufen anzulegen. Sie haben dann früher brauchbaren Kompost. Wenn der kleine Behälter voll ist, nehmen Sie das Gestell ab, die vier Pfosten werden herausgezogen, und stellen es daneben für den neuen Komposthaufen wieder auf.

Um die Entwässerung im Komposthaufen zu verbessern, streuen Sie vorher eine Lage Stroh oder Farn auf den Boden. Darüber kommen die Gartenabfälle, dann abgemähtes Gras, Unkraut, Blätter und alles nicht verholzte Pflanzenmaterial. Vom Küchenabfall können Sie Obst- und Gemüseschalen, Teeblätter und Eierschalen verwenden; auch Kräuterabfälle kommen hinein; Abfälle von Beinwell sind übrigens besonders wertvoll, weil sie die Zersetzung beschleunigen.

Für einen kleinen Garten in der Stadt oder einen Hof sollte man einen Behälter fertig kaufen; man kann auch einen Zusatz verwenden, um die Abfälle so schnell wie möglich zum Verrotten zu bringen.

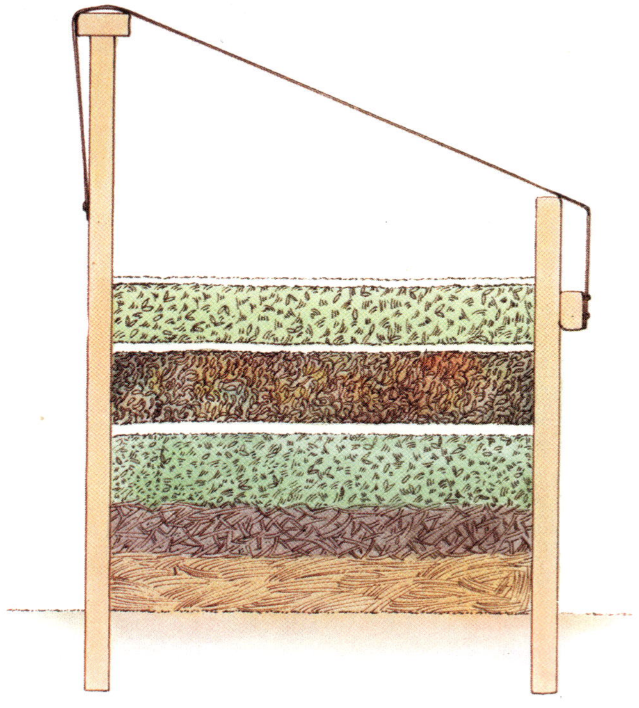

Wenn der Kompostbehälter kein Müllplatz werden soll, gibt man bestimmte Abfälle besser nicht hinein, keine kranken Pflanzen, kein abgemähtes Gras, das mit Unkrautvernichter behandelt wurde, keine mehrjährigen Unkräuter, wie zum Beispiel die Winde, keine immergrünen Blätter. Auch Kohlstrünke, abgeschnittene Heckenzweige und Holzäste gehören nicht in den Kompost, weil sie viele Monate bis zu ihrer Zersetzung brauchen.

Ist der Kompostbehälter fast voll und, entsprechend der Gebrauchsanweisung, jeweils nach einer Schicht von 15 Zentimetern der oben erwähnte Zusatz hineingestreut worden, braucht man ihn nicht mehr umzusetzen. Oben auf den Kompost kommt eine Schicht Erde. Schauen Sie hin und wieder nach, ob der Kompost nicht zu trocken ist. Wenn ja, bohren Sie mit einem Stock Löcher und gießen Wasser hinein. So bleibt er ungefähr 4 Monate liegen, bevor Sie den Kompost benutzen können.

Kräuterauswahl und Kräuterkauf

Die endgültige Auswahl der Kräuter, die er in seinen Garten pflanzen will, trifft natürlich der Gartenbesitzer selbst, aber es gibt ein, zwei Dinge, die er dabei unbedingt berücksichtigen sollte.

DIE ZAHL DER KRÄUTER. Überschätzen Sie nicht die Anzahl der Kräuter, die in einem Topf, einer Schale oder einem Beet Platz haben. Machen Sie sich eine Liste aller Kräuter, die Sie pflanzen wollen und gehen Sie diese vor dem Einkauf noch einmal sorgfältig durch. Behalten Sie dabei Größe und Platzbedarf der Pflanzen im Auge. Zuwenig Licht und Platz für die Wurzeln, verursacht durch wild wuchernde Nachbarkräuter, beeinträchtigen Aroma und Geschmack eines Krauts.

Wenn Sie viele mehrjährige Kräuter ausgesucht und in entsprechendem Abstand voneinander gesetzt haben, können Sie – solange diese noch jung und klein sind – einjährige Kräuter dazwischenpflanzen. Diese Art der Bepflanzung gibt Ihnen die Möglichkeit, Kräuter wie Kerbel, Kümmel und Dill zu ernten, bis die anderen, zum Beispiel Rosmarin, Salbei oder Eberraute ihre volle Größe erreicht haben.

KRÄUTER FÜR ANFÄNGER. Wenn Sie noch nie einen Kräutergarten oder ein Kräuterbeet gehabt haben, sollten Sie mit einfach zu ziehenden Kräutern, wie Thymian, Schnittlauch, Dill und Bohnenkraut anfangen. Dann werden Sie nicht durch das langsame Wachstum und oft zunächst recht kümmerliche Aussehen mancher schwer zu ziehenden Pflanzen entmutigt. Zu letzteren gehören zum Beispiel Basilikum und Anis, wenn Sie nicht gerade in einer sehr warmen und sonnigen Gegend wohnen. Auch Petersilie wächst mancherorts so langsam, daß man als Anfänger Schwierigkeiten mit ihr hat.

SAMEN ODER PFLANZEN. Ob Sie Samen kaufen oder ganze Pflanzen, hängt vor allem davon ab, welche Kräuter Sie endgültig ausgewählt und wieviel Zeit und Mühe Sie für Ihren Kräutergarten übrig haben. Auch die Kosten können ein Grund sein, sich ein wenig zu beschränken. Wenn man sofort einen kompletten Garten haben will und alle Pflanzen kauft, ist das natürlich teurer, als wenn man sie aus Samen selber zieht. Manche Kräuter aber, wie französischer Estragon, manche Salbeiarten oder Eberraute produzieren unter unseren klimatischen Bedingungen meist gar keinen Samen, d. h. man muß mit kleinen Pflanzen anfangen. Das empfiehlt sich auch bei Rosmarin, Lavendel und Lorbeer. Wenn die Pflanze erst einmal angewachsen ist, kann man sie durch Stecklinge vermehren.

Sehr viele Pflanzen aber lassen sich aus Samen ziehen und wachsen zu kräftigen Pflanzen mit vielen Blättern für die Kräuterernte heran. Wenn Sie Samen kaufen, nehmen Sie keine Packungen mit gemischten Kräutern; es ist für Anfänger schwierig, sie später zu identifizieren.

Linke Seite, links: *Selbstgemachter Kompostbehälter mit Abdeckung.*

Linke Seite, rechts: *Schnitt durch einen richtig aufgesetzten Komposthaufen mit Abdeckung.*

Rechts: *Ein erhöhtes Beet vor einer Mauer ist der richtige Rahmen für den leuchtendblauen Borretsch; Blätter und Blüten kann man in der Küche verwenden.*

QUALITÄT. Kaufen Sie nur Samen, bei dem auf der Packung die Gebrauchsanweisung genau und leicht verständlich aufgedruckt ist. Machen Sie Ihre Einkäufe in einem guten Fachgeschäft; Pflanzen sollten Sie in einer speziellen Kräutergärtnerei erwerben. Mehrjährige Pflanzen in Töpfen sind das ganze Jahr über zu bekommen, einjährige sind ab Frühsommer zu haben. Achten Sie beim Kauf der Pflanzen auf reichliche Bewurzelung, die Wurzeln sollen möglichst unten aus dem Topf herauswachsen; die Pflanzen können klein, aber sie müssen kräftig sein.

Kräuteranbau im Garten

Nachdem Sie den Platz für das Beet vorbereitet haben, lassen Sie sich den Boden ein paar Wochen lang setzen, bevor Sie mit dem Pflanzen beginnen. Während dieser Zeit können Sie sich alle Kräuter, die Sie säen und pflanzen wollen, besorgen. Vielleicht haben aber auch Ihre Freunde oder Bekannten schon einen Kräutergarten; dann bekommen Sie sicherlich allerlei Ableger oder ganze Pflanzen geschenkt.

PFLANZEN. Wenn Sie mit Ihren frisch erstandenen Schätzen zu Hause ankommen, stellen Sie sie zunächst an einen geschützten Platz. Lassen Sie sie aber nicht zu trocken werden.

Im Topf oder Pflanzbehälter gezogene Pflanzen können jederzeit ausgesetzt werden. Achten Sie nur darauf, daß es zur Pflanzzeit nicht kalt ist und schon gar nicht schneit oder friert. Stellen Sie die Pflanzen in Wasser, bevor Sie sie setzen und lassen Sie sie über Nacht darin stehen. Am günstigsten ist es, an einem warmen und feuchten Tag zu pflanzen. Graben Sie genügend tiefe Löcher und nehmen Sie die Pflanze vorsichtig aus dem Topf. Versuchen Sie möglichst, keine Wurzelballen zu beschädigen, besonders wenn die Pflanzen noch jung sind. Ziehen Sie die Wurzeln vorsichtig auseinander, die sich im engen Topf meist zusammengedreht haben. Achten Sie darauf, daß Sie die Pflanzen mit der Oberkante ihrer Wurzelballen genau unter die Erde setzen. Füllen Sie das Loch rundherum mit lockerer Erde an und drücken Sie die Pflanzen mit beiden Händen fest.

Mehrjährige Pflanzen, die im Winter verschwinden, brauchen ein Namensschild, damit Sie nicht vergessen, wohin Sie sie gepflanzt haben.

Wenn Sie verholzte Gewächse, wie Lorbeer oder Lavendel, verpflanzen, achten Sie auf die Erdmarkierung am Stamm.

Die Pflanze wird aus dem Topf genommen.

Bis zu dieser Markierung müssen die Pflanzen wieder in die Erde kommen. Graben Sie ein Loch, das tief genug ist und geben Sie Laub oder Kompost hinein; lösen und entwirren Sie die Wurzeln der Pflanze, bevor Sie sie in das Loch setzen. Dann wird mit Erde aufgefüllt und fest angetreten. Die Pflanze muß sofort gewässert werden.

AUSSAAT IN TÖPFEN UND KÄSTEN. Wenn Sie Kräuter im Haus ziehen, können Sie früher mit einer Ernte rechnen. Außerdem besteht keine Gefahr, daß die kleinen Pflänzchen ver-

Die äußeren Wurzeln werden vorsichtig entwirrt.

Der Ballen muß knapp unter die Erdoberfläche kommen.

Der Boden um die Pflanze wird fest angedrückt.

Rechts: *Wenn der Boden für das Aussäen im Freien noch nicht vorbereitet und es draußen noch zu kalt ist, können Sie im Treibhaus bereits mit der Aussaat beginnen. Gesät wird in Schalen und Töpfen; später müssen die kleinen Pflanzen vereinzelt und schließlich an ihrem endgültigen Standort gepflanzt werden.*

Links: *Umsetzen einer Pflanze mit verholztem Stamm. Der Wurzelballen muß so tief im Boden sein, daß die Erdmarkierung am Stamm bedeckt ist.*

sehentlich weggehackt werden, weil man sie für Unkraut hält.

Bereiten Sie eine saubere Schale oder einen Blumentopf oder -kasten vor, deren Löcher im Boden Sie mit Tonscherben oder Kieselsteinen bedecken. Die Saatschale wird bis anderthalb Zentimeter unter den Rand mit guter Blumenerde gefüllt, die man in Gärtnereien oder Baumschulen bekommt. Normale Gartenerde enthält zuviel Unkrautsamen, der allzu schnell wächst und die Kräuter erdrückt. Die Erde wird leicht angedrückt, gewässert und bleibt dann einen Tag stehen, damit sie sich erwärmt. Am nächsten Tag säen Sie den Samen dünn und gleichmäßig aus und bedecken ihn leicht mit einer Schicht Erde. Der Samen von Bohnenkraut und Majoran sollte mit feinem Sand gemischt werden, bevor man ihn sät; er wird nur ganz leicht in die Erde gedrückt. Legen Sie eine Glasplatte und Zeitungspapier über die Schale, damit der Samen geschützt und dunkel steht. Entfernen Sie aber die Glasplatte jeden Tag für einige Stunden, damit sich an der Unterseite kein Kondenswasser bildet.

Um schnelles Keimen zu erreichen, lassen Sie die Schale am besten bei einer Temperatur von ca. 13° stehen. Nach etwa einer Woche, wenn der Samen keimt, entfernen Sie Glas und Zeitungspapier und stellen die Schale ins Licht; sie darf aber nicht direkter Sonnenbestrahlung ausgesetzt werden. Die Erde wird am besten mit einem Wasserzerstäuber feucht gehalten.

Wenn die Sämlinge 4 Blätter haben, werden sie vereinzelt (ca. 5 cm Abstand). Die Abhärtung beginnt, sobald die jungen Pflänzchen gut angewachsen sind; dann werden sie jeden Tag etwas länger ins Freie gestellt. Nach etwa 10 Tagen kommen die Pflanzen an ihren endgültigen Standort im Garten. Denken Sie beim Pflanzen an den notwendigen Abstand. Solange sie kräftig wachsen, muß man sie regelmäßig und reichlich gießen.

Zarte Kräuter, wie Basilikum oder Portulak, halten sich nur ein paar Monate und verschwinden mit dem ersten Frost. Schützen Sie sie mit einer Folie, um den Boden warm zu halten und die Wachstumszeit zu verlängern.

PFLEGE. Es ist gewiß keine große Mühe, im Laufe des Sommers öfters ein Auge auf die Pflanzen zu haben. Für die wenigen notwendigen Arbeiten, die gemacht werden müssen, wird man ja reichlich belohnt mit einem gesunden, farbenfrohen, duftenden Kräuterbeet.

Halten Sie den Kräutergarten vor allem frei von Unkraut. Jäten Sie mit der Hand, weil die Kräuter zum Teil sehr klein sind und beim Hacken die Wurzeln leicht beschädigt werden. Später im Jahr hacken Sie dann die Oberfläche 5 cm tief auf. Das lockert den Boden, vertreibt Unkraut und bringt Luft in den Boden; dann wird er auch bei trockenem Wetter nicht hart. Bei Trockenheit müssen Sie regelmäßig gießen und dabei besonders auf feuchtigkeitsliebende Pflanzen, wie Angelika, Petersilie, Kerbel und Minze achten.

Um zu verhindern, daß allzu viel Unkraut wuchert und der Boden austrocknet, streuen Sie am besten Torf rund um die Pflanzen. Das ist besonders wichtig bei schwerem Boden. Sie können aber auch schwarze Polyäthylen-Matten auslegen, um das Unkraut zu unterdrücken und den Boden warm

Der Samen wird mit einer dünnen Erdschicht bedeckt.

Bedeckung der Saatschale mit Glas und Zeitungspapier.

Um den Boden feucht zu halten, wird er regelmäßig besprüht.

zu halten; das hilft vor allem den zarten einjährigen Kräutern und allen Pflanzen, die erst spät im Jahr ausgesät wurden.

Pflücken Sie Blätter und Blüten für den sofortigen Gebrauch die ganzen Sommermonate hindurch.

Um den Geschmack und das Aroma der Kräuter, von denen man nur die Blätter verwendet, konzentriert zu erhalten, schneiden Sie die Blüten ab, sobald sie erscheinen.

Pflanzen Sie die Sämlinge an ihren endgültigen Standort.

Am Ende der Wachstumsperiode werden strauchartige mehrjährige Kräuter um die Hälfte zurückgeschnitten, damit sie kräftig und buschig werden. Bevor der erste Frost kommt, schneiden Sie weichstielige Pflanzen ab und trocknen die Blätter für den Winter. Im Herbst oder im frühen Frühjahr streuen Sie Dünger auf den Boden und hacken ihn leicht ein. Dünger ist konzentrierte Pflanzennahrung, der in kleinen Mengen für das Kräuterbeet wichtig ist. Zuviel Dünger verhilft zwar zu schnellerem Wachstum, aber die Pflanzen haben dann nur wenig Geschmack und Aroma. Für den Winter kann man viele Kräuter in Töpfe umpflanzen und ins Haus bringen. Für Rosmarin, Estragon und Thymian ist es leichter, im Haus zu überwintern. Manche Salbeiarten müssen an einem geschützten Platz überwintern, weil sie in unseren Breiten nur halbwegs winterfest sind und bis zum Spätherbst noch blühen. Wenn man Estragon im Winter draußen läßt, muß man ihn durch eine Abdeckung von Blättern und Stroh schützen, die am besten durch ein in die Erde gestecktes Drahtnetz festgehalten wird.

VERMEHRUNG. Wenn mehrjährige Kräuter erst einmal angewachsen sind, wollen Sie sie gewiß bald vermehren, statt neue teure Pflanzen zu kaufen. Für die Vermehrung gibt es verschiedene Möglichkeiten.

Ableger. Wurzeln schlagen zu lassen ist die einfachste Methode, um sowohl verholzte als auch weichstielige Pflanzen wie Eberraute, Salbei, Rosmarin, Minze, Majoran und Zitronenmelisse zu vermehren. Wählen Sie einen kräftig gewachsenen, nicht zu starren Stiel nahe am Boden aus. Wenn er dick ist, machen Sie an der Unterseite einen schrägen Einschnitt, ca. 25 cm vom Hauptstiel entfernt. Bestreichen Sie die Schnittstelle mit Anwachs- oder Pflanzhilfe und biegen Sie den Ast soweit hinunter, daß Sie sie in die Erde stecken können, wobei nur die obersten Blätter herausstehen sollen. Mit einer alten Wäscheklammer oder mit einem Stück Isolierdraht wird der Stiel in dieser Stellung festgehalten. Dann lassen Sie ihn 4–6 Wochen so stehen. In dieser Zeit bilden sich Wurzeln. Sie können nun die neue Pflanze vorsichtig von der alten abschneiden und sie an ihren endgültigen Platz bringen.

Stecklinge kann man während der ganzen Wachstumsperiode von kräftigen Pflanzen abschneiden. Wählen Sie starke Stiele mit viel Laub, die etwa 10 cm lang sein sollen, und entfernen Sie die unteren Blätter. Füllen Sie eine Saatschale oder einen flachen Blumentopf mit Sand oder einem Gemisch aus Sand und Blumenerde. Die Stecklinge werden zuerst gewässert, dann in Pflanzhilfe getaucht und schließlich in den Sand gesetzt. Halten Sie den Boden feucht und stellen Sie die Schale nicht in die pralle Sonne. Stecklinge von Minze oder Thymian bewurzeln sich innerhalb von 4–5 Wochen, Rosmarin, Lavendel und Lorbeer aber brauchen viel länger.

Wurzelteilung kann man nur vornehmen, wenn keine Frostgefahr besteht. Im Herbst oder im frühen Frühjahr, zu einer Zeit also, wenn die Vegetationsperiode vorbei ist, graben

Die Hälfte des Jahreswachstums wird bei verholzten Kräutern zurückgeschnitten.

Die Unterseite eines kräftigen Zweigs wird schräg eingeschnitten.

Mit einem Pinsel wird Anwachshilfe aufgetragen.

Der Zweig wird fest in die Erde gesteckt und befestigt.

Sie die Pflanze aus und ziehen oder schneiden den Wurzelballen in der Mitte auseinander. Sobald sie getrennt sind, sollte man die Pflanzenteile wieder einsetzen und gut wässern, bis sie angewachsen sind.

SCHUTZ VOR UNGEZIEFER UND KRANKHEITEN. Zum Glück gibt es nur wenige Schädlinge und Krankheiten, die Kräuter befallen, aber um den Befall auf jeden Fall zu verhindern, sollten Sie ein paar Vorsorgemaßnahmen treffen. Sie ersparen sich damit unter Umständen viel Ärger. In nassen Jahren gibt es eine Menge Schnecken, in trockenen kommen die grünen Blattläuse. Bei großer Kälte werden die Pflanzen durch Frost und Schnee beeinträchtigt.

1. Sorgen Sie für guten, durchlüfteten Boden, damit die Pflanzen kräftig werden; kräftige Pflanzen wehren einen Angriff leichter ab als schwache.
2. Kaufen Sie die besten Pflanzen, die Sie finden können; sie sollen klein, aber kräftig sein und viele Wurzelfasern haben. Verwenden Sie jedes Jahr guten, frischen Samen.
3. Versuchen Sie zur besten Zeit des Jahres zu säen oder zu pflanzen, damit die Kräuter gut anwachsen und schon verwurzelt sind, bevor die Zeit der Krankheiten und des Ungeziefers kommt. Besondere Vorsicht ist auch geboten, wenn Sie Pflanzen aus Samenschalen oder Töpfen zu anderen als den üblichen Zeiten einpflanzen.
4. Denken Sie daran, daß Pflanzen Nahrung brauchen. Geben Sie ihnen im Sommer alle 2 Wochen Flüssigdünger.

Eine Krankheit, die im Kräutergarten häufig vorkommt, befällt die Minze. Der Minzrost wird von Pilzen verursacht, deren Sporen im Winter auf der Erdoberfläche liegen. Im Frühjahr erscheinen dann bei den Minzen dicke, mißgestaltete Triebe, bedeckt mit orangefarbenen Sporenwarzen. Die Blätter werden gelb, vertrocknen und fallen schließlich ab. Um diese Krankheit zu bekämpfen, muß man alle kranken Triebe entfernen und verbrennen, sobald sie erscheinen. Im Winter, wenn die Blätter abgestorben sind, streuen Sie Stroh über das Minzebeet und zünden es an. Das wird die Sporen abtöten. Die Krankheit und auch ihre Behandlung schädigt die unterirdischen Ausläufer nicht. Man kann von ihnen Stecklinge schneiden und anderswo anpflanzen.

Mehltau befällt Kräuter wie Minze und Estragon; diese Krankheit tritt besonders bei nassem Wetter auf und wenn die Pflanzen zu dicht beieinander stehen. Zur Beseitigung von Mehltau sollten Sie Brennesselbrühe sprühen.

Wenn Saatschalen zu voll sind oder Kräuter in schwerem, feuchtem Boden gezogen werden, kann es passieren, daß sie in Bodenhöhe zusammenfallen. Diese Krankheit wird von Organismen im Boden ausgelöst.

Kübel, Pflanzkästen, Hängekörbe

Wenn Sie Kübel, Töpfe, Pflanzkästen oder Hängekörbe für Ihre Kräuter auswählen, müssen Sie berücksichtigen, daß diese Behälter mit Erde gefüllt werden, also achten Sie darauf, daß sie in jedem Fall stark genug sind. Nehmen Sie vor allem nicht zu schwere Hängekörbe, weil sie schlecht zu handhaben und aufzuhängen sind. Füllen Sie den Behälter mit guter Blumenerde, selbst wenn diese teurer als der Behälter selbst ist. Kaufen Sie nicht zu große oder unhandliche Schalen, Tröge oder Körbe. Nutzen Sie zwar den Platz darin gut aus, aber machen Sie sie nicht zu voll.

Die unteren Blätter eines Ablegers werden abgeschnitten.

Zuerst in Wasser, dann in Anwachshilfe eintauchen.

Ableger werden in Sand oder Kompost gesetzt.

Welche Art Erde Sie einfüllen, ist abhängig von Größe und Gewicht des Behälters. Denken Sie daran, daß auch eine relativ kleine Menge Erde sehr schwer wird, wenn sie naß ist. Das kann zum Problem werden, wenn Sie einen Blumenkasten an der Wand befestigen, Kübel auf dem Balkon aufstellen, oder Körbe mit Kräutern aufhängen wollen. Für diese besonderen Zwecke gibt es leichte, torfähnliche Kompostarten.

Für die Füllung von Behältern, bei denen das Gewicht keine Rolle spielt, können Sie jede auf dem Markt erhältliche Blumenerde verwenden. Wenn Sie größere Mengen Erde für viele Kübel, Kästen und Wannen brauchen, ist es günstiger, sie mischen sich ihre Erde selbst; vorausgesetzt Sie haben genügend Platz und bekommen alle Bestandteile, die sie dafür brauchen. Das hört sich schlimmer an als es ist. Sie können die richtigen Mengen mit einem alten Plastikeimer abmessen. Die Größe des Eimers spielt keine Rolle, das Gemisch muß nur im richtigen Verhältnis zusammengestellt werden.

Waschen Sie, bevor Sie anfangen, alle Behälter, ob alt oder neu, mit einer schwachen Bleichsoda-Lösung aus.

Um Ihre Pflanzerde herzustellen, brauchen Sie Torf, Sand, Lehmboden oder gesiebten Gartenkompost in folgendem Verhältnis: 7 Teile Lehmboden, 3 Teile Torf, 1 Teil Sand; dazu 4 Eßlöffel Dünger und 1 Eßlöffel Kalk. Mischen Sie alles auf einem großen Bogen Papier, den Sie auf eine Bank oder einen Tisch legen, oder auch auf das Ablaufbrett in der Küche, wenn es sich um kleinere Mengen handelt, gut durch. Sie können aber auch einen Eimer oder einen Plastiksack nehmen, aber achten Sie darauf, daß die Mischung tatsächlich richtig ist.

DAS FÜLLEN DER BEHÄLTER. Große Holz- oder Plastikwannen sollte man auf Ziegelsteine stellen, damit die Luft rundherum zirkulieren kann und bei hölzernen Trögen oder Töpfen verhindert wird, daß sie faulen. Fensterkästen sollten auf Abtropfblechen stehen, und einzelne Töpfe stellt man am besten mit einer Schale oder Untertasse darunter auf die Fensterbank. Setzen Sie alle großen Behälter sofort an ihren endgültigen Platz, noch bevor sie Tonscherben oder Kies unten hineinlegen und die Erde darüber füllen. Wenn sie nämlich mit Erde voll sind, kann man sie nicht mehr transportieren.

Die Kübel, Töpfe und Wannen sollten möglichst viele Löcher haben, die man, wie gesagt, mit Tonscherben oder Kies bedeckt, um die Erde frisch zu halten. Wenn die Behälter sehr tief sind, müssen Sie mehr Scherben hineinfüllen, etwa eine Schicht von 5 cm.

Füllen Sie die Behälter zur Hälfte mit Kompost und drükken sie ihn fest zusammen. Darüber kommt, bis 2,5 cm unter dem Rand, Erde. Auch sie wird festgedrückt. Dann steht ein Rand von etwa 5 cm über, Platz genug also für die Erde, die Sie beim Pflanzen noch brauchen und für Dünger während der Wachstumszeit. Auch kann nichts überlaufen, wenn Sie Ihre Pflanzen gründlich wässern.

Nun muß sich die Erde 8–10 Tage setzen, besonders bei großen Kübeln und Wannen. In dieser Zeit werden auch ein paar Unkräuter gewachsen sein, die Sie noch vor dem Pflanzen leicht entfernen können. Wässern Sie die Erde gut und warten Sie nochmals 24 Stunden, bevor Sie die Pflanzen einsetzen oder mit dem Säen beginnen.

Ein Hängekorb wird, bevor er mit Erde gefüllt wird, am besten mit Torfmull ausgelegt, damit keine Erde durchfällt. Wässern Sie Torfmull und Erde sehr gut, ehe Sie die Pflanzen hineinsetzen. Dazu stellen Sie den ganzen Korb ins Wasser, bis die Blumenerde überall gleichmäßig naß ist.

Ein gut bestücktes Kräuterbeet. Die Pflanzen in den Töpfen können auch ins Beet einbezogen werden.

Ein hübscher Anblick: Weißer Ysop und hochstrebende rote Pferdeminze.

DAS PFLANZEN. Wenn Sie mehrere Kräuter in denselben Topf setzen wollen, müssen Sie Pflanzen auswählen, die in etwa die gleichen Bodenverhältnisse brauchen, und auch dieselbe Menge Sonnenlicht und Wasser. Die beste Zeit, Ihre Behälter zu bepflanzen, ist das Frühjahr. Der genaue Zeitpunkt ist allerdings von Pflanze zu Pflanze unterschiedlich. Vorausgesetzt, das Wetter ist nicht zu kalt, können Sie die im Topf gezogenen buschigen Pflanzen, wie Rosmarin, Lorbeer, Lavendel und Bohnenkraut, jederzeit in Behälter umpflanzen. Der günstigste Zeitpunkt ist natürlich auch für sie der Spätherbst, wenn die Vegetationsperiode beendet ist. Andere mehrjährige Pflanzen, die im Winter verschwinden, wie Liebstöckl, Süßdolde, Minze, Pferdeminze, können Sie im Frühherbst pflanzen, damit sie angewachsen sind, bevor das kalte Wetter kommt. Zitronenthymian oder Zitronenmelisse sind halb winterfeste Pflanzen und sollten stets im Frühjahr gepflanzt werden.

Die meisten Samen der einjährigen Kräuter können im Frühjahr direkt in Töpfe und andere Behälter gesät werden. Auch die Pflanzen von Einjährigen setzt man im späten Frühjahr. Säen Sie zweijährigen Kerbel und zweijährige Petersilie sowohl im Herbst als auch im Frühjahr, dann haben Sie auch im Winter und Vorfrühjahr schon frische Blätter zum Würzen.

Wenn Sie Ihre Pflanzen in der Gärtnerei kaufen, achten Sie auf 3 Dinge: erstens auf starke Bewurzelung mit vielen Fasern, die unten aus dem Topf herauswachsen sollten; zweitens darauf, daß die Pflanzen klein, aber kräftig sind, nur diese sind nämlich gut angewachsen und leiden nicht zu sehr unter dem Umpflanzen, sie gedeihen dann auch bei begrenztem Platz besser; drittens sollten Sie möglichst keine Pflanzen nehmen, die gerade blühen, weil die Pflanze einen großen Teil ihrer Kraft auf die Blüte verwendet.

Wässern Sie die Kräuter gut und lassen Sie sie ein paar Stunden stehen, bevor Sie sie umpflanzen. Nehmen Sie die Pflanzen aus ihrem Topf oder aus ihrer Schale, ohne die Wurzeln allzu sehr zu beschädigen. Machen Sie ein Loch in die Erde des Pflanzbehälters, das etwas größer als der Wurzelballen ist und setzen Sie den Ballen so tief hinein, daß die Oberfläche des Wurzelballens gerade bedeckt ist. Drükken Sie die Erde fest und gießen Sie mit wenig Wasser an. In den ersten Tagen vertragen die Pflanzen Wind und Sonne noch nicht. Das gilt besonders für Hängekörbe, die an einem kühlen, schattigen Ort bleiben sollten, bis die Kräuter angewachsen sind.

DAS GIESSEN. Regelmäßiges Gießen ist für Pflanzen im Behälter wichtiger als für die, die draußen wachsen, weil durch die Wände des Topfes viel Wasser verdunstet. Auch bei heißem Wetter muß die Erde feucht, darf aber nicht naß sein. Kontrollieren Sie also täglich Ihre Pflanzenbehälter daraufhin. Schieben Sie mit dem Finger die Erde etwas weg. Wenn sie bis zu einer Tiefe von 2,5 cm trocken ist, braucht die Pflanze Wasser. Falls die Töpfe nicht zu schwer sind, stellen Sie sie in eine Schale mit Wasser, bis auch die obersten Erdschichten wieder feucht sind. Eine andere Möglichkeit ist, die Pflanze mit einem Sprenger zu wässern. Auf dem Höhepunkt der Wachstumszeit brauchen viele Kräuter, vor allem einjährige, aber auch andere feuchtigkeitsliebende Pflanzen, täglich Wasser. Erst wenn die Erde durch und durch feucht ist oder Wasser aus den Löchern heraussickert, hat die Pflanze genügend Feuchtigkeit. Lassen Sie sie nie ganz austrocknen, denn die Pflanze nimmt dann Schaden, wenn Sie sie wieder gießen. Sie sollten sich das regelmäßige Gießen und Nachschauen also wirklich zur Gewohnheit machen.

Verlassen Sie sich nicht darauf, daß der Regen Ihren Pflanzen genug Feuchtigkeit liefert. Von buschigen Pflanzen mit großen Blättern läuft nämlich der Regen ab, ohne die Erde um die Wurzeln zu erreichen. Hängende Körbe brauchen besonders viel Wasser, weil sie sehr schnell austrocknen. Die Erde darf auf keinen Fall klumpen. Leichtes Sprengen bei heißem Wetter kann das verhindern. Einmal in der Woche nehmen Sie den Korb ab und stellen ihn in reichlich Wasser. Lassen Sie ihn gut abtropfen, bevor Sie ihn wieder aufhängen.

PFLEGE DER CONTAINERPFLANZEN. Es ist wichtig, die Behälter von Unkraut frei zu halten, weil kein Kraut, das auf einem begrenzten Raum wächst, seinen Platz mit unwillkommenem Unkraut teilen will. Wenn man die Oberfläche frei von Unkraut hält und den Boden lockert, ist er besser durchlüftet. Dadurch werden die Nährstoffe im Boden freigesetzt. Pflanzen, die sehr hoch werden, wie Dill, Himmelsleiter oder Estragon, brauchen vor allem, wenn der Behälter an einem zugigen Platz steht, eine Stütze.

Kräuter, die in Containern wachsen, verlangen einen etwas stärker nährstoffhaltigen Boden als freiwachsende Pflanzen. So ist während der Wachstumszeit regelmäßiges Düngen notwendig. Am besten gießt man die Pflanzen alle 10–14 Tage mit Flüssigdünger.

Wenn Sie die Kräuter nicht wegen ihrer Blüten und Samen ziehen, sollten Sie die Blütenköpfe, sobald sie erscheinen, abschneiden, damit das ganze Aroma in den Blättern konzentriert wird. Entfernen Sie regelmäßig alle abgestorbenen Blätter und Pflanzenteile, damit die Kräuter auch hübsch aussehen. Kräuter in Behältern scheinen weniger anfällig für Schädlinge und Krankheiten zu sein, werden aber, wenn man nicht aufpaßt, leicht von grünen Blattläusen befallen.

Solange es nur wenige sind, können Sie sie mit der Hand entfernen, andernfalls behandeln Sie die Pflanze mit einer schwachen Spülmittellösung oder mit Seifenwasser. Die Blattläuse fallen dann ab. Minzen bekommen leicht Minzrost, wenn sie häufig starken Temperaturschwankungen ausgesetzt sind. Das führt zur Bildung von braunen Flecken auf den Blättern, die dann absterben und abfallen. Die einzige Möglichkeit ist, die Pflanze zu vernichten. Verwenden Sie nie Insektizide zur Behandlung der Kräuter, weil Sie sie damit ungenießbar machen.

Kräuterhaltung im Haus

Kräuter, die in Töpfen, Balkonkästen oder in Kübeln wachsen, kann man während des Winters hereinholen. Wenn Sie aber keine Möglichkeit haben die Pflanzen draußen zu ziehen, können Sie sie das ganze Jahr über im Haus behalten. Kräuter im Haus verlangen eine ganz andere Behandlung; doch im Allgemeinen wachsen die Kräuter, die draußen in Töpfen gedeihen, auch drinnen. Dabei kommt es allerdings auf die Licht- und Raumverhältnisse an. Stellen Sie die Töpfe in kleine Schalen mit Kies. Dann kann das überflüssige Wasser abfließen und die Pflanze steht in feuchter Umgebung.

Im Haus gehaltene Kräuter brauchen besondere Pflege. Sie gedeihen natürlich nur, wenn Licht, Luft, Wasser und Nährstoffe zur Verfügung stehen. Wichtig ist auch, daß die Töpfe Löcher haben und groß genug sind.

LICHT. Kräuter brauchen Licht zum Wachsen und sollten wenn möglich auf einer sonnigen Fensterbank stehen. Doch stellen Sie die Kräuter weg, wenn die Sonne durch die Scheibe brennt. Sie versengt sonst die Blätter und läßt die Pflanze austrocknen. Drehen Sie die Töpfe jeden Tag ein bißchen, damit alle Seiten gleichviel Licht und Luft bekommen. Wenn Sie keine Fensterbank haben, benutzen Sie einen Tisch, den Sie so nahe wie möglich ans Fenster rücken. Für ganz eifrige Kräutergärtner gibt es spezielle Fluoreszenzleuchten, unter denen man auch in dunklen Souterrains und in Lauben Kräuter halten kann. Diese Leuchten haben den Vorteil, daß man sie überall da verwenden kann, wo man sie gerade braucht. Die Kräuter sollten etwa 15 Stunden täglich damit beleuchtet werden, wobei die Lampe 40–50 cm über den Pflanzen hängen muß. Sie sind dann lohnend, wenn die Kräuterzucht von berufswegen betrieben wird.

LUFT. Kräuter brauchen eine gewisse Luftzirkulation, und wenn es das Wetter erlaubt, sollte man ein Fenster offen lassen. Achten Sie darauf, daß die Pflanzen nicht im Zug stehen und nicht von einem plötzlichen Windstoß umgeworfen werden können. Bei warmem Wetter sollten Sie die Pflanzen wenn möglich auf den Sims stellen, doch müssen die Töpfe, wenn sie draußen auf dem Fenstersims stehen, gesichert sein. Ein vom Sims oder aus einem Fenster fallender Topf wird zur Gefahr, wenn unten Leute vorbeigehen. Falls Sie nur wenige Kräuter in Töpfen haben und diese nicht zu schwer sind, können Sie sie auch dann und wann nach draußen in die frische, warme Luft bringen. Kräuter, die ständig in der dunstigen Küchenluft stehen und von denen man besonders oft erntet, sind besonders dankbar für diese erholsame Abwechslung.

WASSER. Gießen Sie im Haus stehende Kräuter sehr vorsichtig. Sie werden leicht krank und sterben ab, wenn die Wurzeln nicht genug Wasser bekommen oder umgekehrt in zu nasser Erde stehen; dann gehen sie nämlich an Luft- und Nährstoffmangel zugrunde. Einige Kräuter wollen öfter gegossen werden als andere. Lassen Sie ihre Gießkanne immer voll mit Wasser stehen, damit es Zimmertemperatur hat, wenn Sie die Pflanzen damit gießen. Wasser direkt aus dem Hahn ist zu kalt für die Kräuter. Am besten ist es, wenn Sie von oben gießen und darauf achten, daß das Wasser in die Erde eindringt und nicht oben stehen bleibt. Auch die Blätter müssen regelmäßig abgesprüht werden, damit sich nicht zuviel Staub auf ihnen absetzt.

TEMPERATUR UND FEUCHTIGKEIT. Es ist wichtig, daß die Luft in dem Raum, in dem die Kräuter stehen, nicht zu trocken ist. Das ist vor allem bei Zentralheizung oft der Fall. Um das zu verhindern, stellen Sie am besten eine kleine Schale mit Wasser neben die Töpfe oder Schalen, um die Luft um die Pflanzen herum feucht zu halten. Optimal wäre eine Lufttemperatur von 16° C. Kräuter vertragen große Temperaturschwankungen nicht gut. Achten Sie darauf, daß der Raum mit den Kräutern möglichst gleichmäßig warm ist.

NÄHRSTOFFE. Pflanzennährstoffe sind für Zimmerpflanzen sehr wichtig. Deshalb sollten Sie ihnen alle 10 Tage Flüssigdünger geben.

ERNTE. Sie können während der ganzen Wachstumszeit Blätter ernten, aber Sie sollten nie mehr als ein Fünftel der Blätter abpflücken, weil sonst die Pflanzen nicht überleben können. Wenn Sie öfters große Mengen eines bestimmten Krauts brauchen, sollten Sie sich mehrere Pflanzen dieser

Kräuter in Töpfen und Hängekörben. Die Körbe müssen mit einer dicken Schicht Moos ausgelegt sein, damit das Gießwasser nicht durchtropft.

Kräftige, gut gepflegte Pflanzen auf einer Fensterbank.

Art ziehen. Sie könnten in einen großen Behälter zum Beispiel je 6 Töpfe mit Kerbel, Petersilie und Dill stellen. Das sind die Kräuter, die man im Sommer am häufigsten braucht; im Winter machen Sie dasselbe mit Thymian und Majoran. Schnittlauch und Winterzwiebeln können auf einmal ganz abgeschnitten werden, ohne die Pflanze zu schädigen; sie wächst wieder nach. Aber wenn Sie das öfters machen wollen, brauchen Sie mehrere Pflanzen dieser Art.

Im Kapitel der einzelnen Kräuter finden Sie viele, die Sie auch im Haus ziehen können, sogar die größeren, wie Rosmarin und Lorbeer. Solche Pflanzen bringen das ganze Jahr über Duft und Grün ins Haus, aber sie wachsen sehr langsam und dürfen deshalb nur sparsam verwendet werden.

VERMEHRUNG. Wenn Sie einmal herausgefunden haben, wie vergleichsweise einfach es ist, Kräuter im Haus zu ziehen, dann möchten Sie Ihre Pflanzen gewiß auch vermehren, um noch mehr Kräuter zum Ernten zu haben. Kräuter wie Thymian und Zitronenmelisse teilt man im Frühjahr. Bereiten Sie die notwendige Zahl von Töpfen vor und nehmen Sie die Pflanzen vorsichtig aus ihrem bisherigen Gefäß. Entfernen Sie die Erde und ziehen Sie die Wurzeln auseinander oder schneiden Sie sie in soviele Teile wie möglich; achten Sie darauf, daß jeder Teil genügend Wurzeln hat. Setzen Sie die Pflanzen in ihre Töpfe und gießen Sie sie an. Die Pflanzen müssen nun von der Sonne ferngehalten werden, bis sie sich erholt haben.

Eine andere Möglichkeit der Vermehrung ist das Schneiden von Stecklingen im Frühjahr. Kräuterpflanzen, die sich dafür eignen, sind zum Beispiel Bohnenkraut, Estragon und Rosmarin. Nehmen Sie nur kräftige Triebe mit Blättern. Schneiden Sie 10–15 cm lange Stecklinge und zupfen Sie die Blätter am unteren Teil ab. Dann kommen die Stecklinge zuerst ins Wasser, anschließend in Pflanzhilfe. Schütteln Sie das überflüssige Pulver ab und setzen Sie die Stecklinge in eine Schale, die mit Blumenerde oder Sand gefüllt ist. Drücken Sie sie fest an und wässern Sie gut. Das versiegelte Ende des Stecklings kommt in die Erde, damit er dort wurzelt und nicht fault. Um das Anwurzeln zu beschleunigen, decken Sie die Schale oder den Topf mit Folie ab. Achten Sie darauf, daß sie die Stecklinge nicht berührt. Stellen Sie die Stecklinge ins Licht, aber nicht direkt in die Sonne. Wenn sie leuchtend grün werden, wissen Sie, daß sie angewachsen sind. Das kann allerdings Wochen dauern.

Seien Sie vorsichtig, wenn Sie die neuen Pflanzen umsetzen. Die Erde rund um die Wurzeln kommt mit in den Topf. Wenn der Steckling austreibt, können Sie ihn in die Sonne stellen und feucht halten.

SCHÄDLINGE UND KRANKHEITEN. Das einzige Ungeziefer, das Zimmerpflanzen im Sommer befällt, ist die grüne Blattlaus. Sie klebt an den Stielen und an den Unterseiten der Blätter. Wenn nur einzelne Läuse da sind, nehmen Sie sie mit den Fingern ab. Treten sie aber in großen Mengen auf, dann tauchen Sie die Blätter in schwaches Seifenwasser; dabei müssen Sie Boden und Pflanze festhalten.

Zimmerpflanzen müssen öfter umgepflanzt werden als draußen wachsende, weil die Erde schneller ausgelaugt ist. Die Kräuter werden also jedes Jahr in frische Erde gesetzt. Kräuter wie Rosmarin, Zitronenmelisse und Lorbeer werden es Ihnen danken und prächtig gedeihen. Wenn Sie Kräuter umpflanzen, sollten Sie die Töpfe vorher mit Desinfektionsmittel reinigen, bevor Sie neue Erde hineinfüllen. Geben Sie stark gewachsenen Pflanzen einen größeren Topf, damit sich die Wurzeln besser ausbreiten können. Wenn die Wurzeln unten aus dem Loch herauswachsen, ist der Zeitpunkt gekommen, sie in ein größeres Gefäß zu pflanzen. Keine Pflanze sollte in ihrem Raum eingeengt sein. Das passiert aber, wenn die Wurzeln üppig sind und zusammengedrückt werden. Das Ergebnis ist, daß die Pflanze langsamer wächst, weil sie an Nährstoffmangel leidet. Außerdem braucht sie mehr Wasser als gewöhnlich. Dann wird es Zeit, sie in einen größeren Topf mit frischer Erde umzupflanzen.

Ernte und Konservierung von Kräutern

Die beste Erntezeit für Kräuter ist von Pflanze zu Pflanze unterschiedlich. Beobachten Sie ihre Kräuter genau, damit Sie den richtigen Zeitpunkt nicht verpassen. Ein wichtiger Faktor ist das Wetter; es muß auf jeden Fall trocken sein, bei Feuchtigkeit kann man nicht ernten. Sammeln Sie die Kräuter, nachdem der Tau getrocknet, aber bevor die Sonnenhitze zu stark ist.

Kräuter sollten unmittelbar vor der Blüte, wenn die Blüten noch geschlossen sind, geerntet werden. Das Aroma ist dann in den Blättern konzentriert; wenn die Pflanze erst einmal Samen produziert hat, ist viel vom guten Geschmack dahin. Viele Kräuter, wie Dill und Fenchel haben kaum noch Blätter nach der Blüte, sie tragen dann flache Samenköpfe auf langen kahlen Stielen.

Zwicken oder schneiden Sie nur die Spitzen der Äste ab. Gleichzeitig versuchen Sie der Pflanze eine hübsche, kompakte Gestalt zu geben. Schneiden Sie alle toten oder kranken Blätter ab.

Die alte und traditionsreiche Methode, Kräuter zu trocknen, ist sicher die malerischste. Dabei werden Bündel zusammengestellt, klein genug, daß die Luft hindurchziehen kann. Dann hängt man sie auf ein Gestell, das sich meist über dem Ofen befindet. Dort bleiben sie ein paar Tage, bevor sie in Papier verpackt und in einer dunklen Schublade gelagert werden können.

Heute trocknet man Kräuter meist auf einem großen Tablett oder Gestell. Sie werden in nur einer Schicht ausgelegt und mit Mull abgedeckt, damit sie nicht verstauben. Gestelle oder Tabletts werden dann für 24 Stunden an einen trockenen Ort gestellt, zum Beispiel in die Nähe des Ofens, aber nicht in den Ofen.

Die Kräuter müssen knisternd trocken, aber noch grün sein. Wenn sie braun werden, war die Hitze zu groß und der Geschmack ist beeinträchtigt. Es lohnt sich, einen Platz zum Trocknen zunächst nur mit einer kleinen Menge auszuprobieren, bevor man die ganze Jahresernte riskiert.

Wenn die Kräuter getrocknet sind, sollten sie so schnell wie möglich an ihrem endgültigen Platz gelagert werden. Sie dürfen in der Zwischenzeit auf keinen Fall mit Feuchtigkeit in Berührung kommen, weil sie diese aufnehmen und dann modrig werden. Zerreiben Sie die Kräuter zwischen den Händen auf einem Stück Papier. Geben Sie sie dann in kleine Gläser und verschließen Sie diese dicht. Wenn die Gläser aus durchsichtigem Glas sind, müssen sie in einem dunklen Schrank aufbewahrt werden, weil Licht eine Beeinträchtigung des Geschmacks zur Folge hat. Am besten bewahrt man die Kräuter in Gläsern aus dunklem Glas auf.

Früher war das Trocknen der einzige Weg, Kräuter für den Winter zu konservieren. Heute gibt es auch andere Möglichkeiten, vor allem, wenn Sie eine Gefriertruhe haben. Ihre Lieblingskräuter, von denen Sie viel brauchen, können Sie auf mehrere Möglichkeiten aufbewahren. Meiner Meinung nach sind es nur wenig Kräuter wert, getrocknet zu werden. Zu ihnen gehören: Rosmarin, Salbei, Lorbeer, Minze, Liebstöckl, Thymian, Majoran, sie alle lassen sich gut trocknen. Aber viele andere werden beim Trocknen fast zu Staub. Die vielen kleinen Gläser, die man auch überall kaufen kann, sind ihr Geld nicht wert. Petersilie zum Beispiel verliert beim Trocknen völlig ihren guten Geschmack; von Fenchel und Dill hebt man am besten die Samen auf, sie lassen sich besser lagern als Blätter, weil sie schon von Natur aus trocken sind. (Legen Sie frisch gesammelten Samen an einen trockenen Platz, bedecken Sie ihn mit Papier und lassen Sie ihn 10–14 Tage liegen, bevor Sie ihn in Gläser abfüllen.) Von den Minzearten ist die Grüne Minze am besten zum Trocknen geeignet; sie läßt sich wirklich hervorragend lagern. Im mittleren Osten wurde getrocknete Minze oft der frischen vorgezogen; ähnlich ist es bei Oregano in Griechenland, wo sogar im Sommer, wenn die Pflanze frisch und grün ist, mit getrocknetem Oregano gewürzt wird. Die Blütenblätter der Ringelblume lassen sich ebenfalls sehr gut trocknen und behalten sogar etwas von ihrer Farbe.

Wohlschmeckende Kräuter, wie Kerbel, Basilikum, Dillblätter und Estragon halten sich am besten tiefgefroren. Dabei gibt es verschiedene Methoden, die alle gut funktionieren. Bei Basilikum zum Beispiel sollten nur die Blätter ohne Stiele in kleine Plastiksäckchen gefüllt werden. Von Estragon, Kerbel, Fenchel und Dill pflückt man kleine Büschel, verpackt und friert sie dann ein. Auch Sauerampfer läßt sich gut einfrieren. Man sollte ihn aber, wenn man große Mengen hat, wie Spinat blanchieren. Schwarze Johannisbeerblätter kann man wie Basilikum einfrieren und daraus im Winter köstliche Sorbets bereiten, wenn die Blätter auf dem Strauch nicht mehr jung und zart sind. Petersilie wird gehackt und zum Einfrieren in kleine Tütchen aus Folie gepackt. Sie taut sehr schnell auf und ist für jeden Zweck sofort gebrauchtsfertig.

Kräuter in Töpfen, Schalen und Holzbehältern auf einem Innenhof: Rose, Zitronenmelisse, Estragon, Ysop, verschiedene Minzen, Süßdolde, Basilikum, Thymian, Petersilie und Pfefferminze.

Kleine Bündel Lavendel werden mit hübschen Bändern zusammengebunden und auf einem Tablett getrocknet. Sie sind auch ein hübsches Mitbringsel.

Eine andere Möglichkeit, Kräuter einzufrieren, ist die Blätter klein zu hacken, mit Wasser zu mischen und in Eiswürfelschalen zu füllen. Wenn sie gefroren sind, nimmt man die Schale heraus und füllt die einzelnen Würfel in Plastiksäckchen. Dann kann man jeweils so viele Würfel schmelzen, wie man gerade braucht.

Sehr günstig ist es auch, sich in der Gefriertruhe einen Vorrat von verschiedenen Sorten Kräuterbutter anzulegen.

Kräuterbutter läßt sich sehr leicht einfrieren und kann den ganzen Winter über gebraucht werden als eine schnelle Beilage zu gegrilltem oder gekochtem Fleisch, zu Nudeln und zu gekochtem oder gedünstetem Gemüse. Pistou, die berühmte Sauce der Mittelmeerküche aus Basilikum und Pinienkernen, läßt sich wunderbar einfrieren und ist im Winter in Gemüsesuppen oder auf Spaghetti eine köstliche Rarität.

Wenn Sie keinen Gefrierschrank haben, sollten Sie eine ältere Konservierungsmethode probieren und die Kräuter einsalzen. Dazu eignet sich vor allem Basilikum. Zupfen Sie die Blätter von den Stielen und legen Sie sie in ein weites Glas oder in eine Plastikschale und bedecken sie mit grobem Salz. Darüber kommt die nächste Schicht Blätter und darüber wieder das Salz und so weiter, bis der Behälter voll ist. Gießen Sie Olivenöl darüber, bevor Sie die Schale dicht verschließen. Der Behälter kann viele Wochen im Kühlschrank aufgehoben werden. Das Öl, wie auch die Basilikumblätter, werden zu Salaten, aber auch zu anderen Gerichten verwendet.

Kräuter sammeln im Freien

Viele Pflanzen und Kräuter muß man gar nicht in seinem Garten selbst ziehen, man braucht sie nur zu ernten. Die Natur stellt sie jedermann kostenlos zur Verfügung. Aber auch beim Sammeln von Kräutern sollten Sie bestimmte Regeln beachten. Das gleiche gilt für die Aufbewahrung und Konservierung wildwachsender Kräuter. Das Wichtigste ist, daß Sie immer nur ganz frische und gesunde Pflanzen nach Hause bringen. Achten Sie auf die Umgebung; Kräuter, die am Rand einer belebten Straße wachsen oder an Bahngeleisen oder in der Nähe von Fabriken sind für die Verwendung in der Küche oder gar zu Heilzwecken gewiß nicht geeignet. Auch wo Äcker und Wiesen mit Schädlingsbekämpfungsmitteln oder Kunstdünger behandelt wurden, sollten Sie keine Kräuter sammeln. Ihre Jagdgründe sind vor allem der Wald, Wiesen, die Umgebung von sauberen Bächen und Teichen. Die Pflanzen oder Pflanzenteile selbst

Hier trocknen Kräuter in einem Vorratsraum, wie ihn heute kaum noch jemand hat. Jedes einzelne Kraut ist separat gebündelt, mit einem Etikett versehen und aufgehängt. So können die einzelnen Pflanzen auch nach dem Trocknen, wenn sie nicht mehr so leicht auseinanderzuhalten sind, nicht verwechselt werden. Allerdings verlieren Kräuter, wenn sie zu lange ungeschützt hängen, den größten Teil ihres feinen Aromas und Geschmacks. Man sollte sie deshalb besser in Blechdosen oder geschlossenen Gläsern aufbewahren.

sollten einwandfrei, also nicht von Schnecken angefressen oder von Schimmel oder sonstigem Gartenungeziefer befallen sein.

Achten Sie darauf, daß Sie die einzelnen Kräuter nicht miteinander vermischen, Sie ersparen sich damit zu Hause das mühsame Aussortieren. Zum Kräutersammeln eignet sich am besten ein Korb; gänzlich ungeeignet sind Plastiktüte oder -behälter, weil die Pflanzen darin dunsten.

Sammeln Sie Kräuter nicht an Regentagen oder bei Nebel; sie sollen auch nicht mehr vom Tau benetzt sein, wenn sie geerntet werden. Deshalb ist die beste Sammelzeit am späteren Vormittag oder mittags. Nur Wurzeln sollte man morgens sammeln.

Schließlich und endlich sollten Sie daran denken, daß es geschützte Pflanzen gibt, die nicht abgepflückt werden dürfen. Nehmen Sie auch nie mehr Pflanzen oder Pflanzenteile mit, als Sie wirklich brauchen und gleich verarbeiten können. Zu Hause müssen die gesammelten Pflanzen dann sofort sortiert werden. Sie dürfen weder in der Sonne noch zu nah am Ofen trocknen. Auch soll der Trockenplatz nicht zugig sein. Am besten geeignet ist ein trockener Dachboden oder ein gut belüfteter Kellerraum. Trocknen Sie wildwachsende Kräuter wie Ihre Gartenkräuter bundweise zusammengelegt auf großen Tabletts.

Wenn die Pflanzen trocken sind, werden sie in Gläsern, Dosen oder Pappschachteln aufbewahrt; man sollte sie nicht zu lange offen liegen lassen, weil sie sonst verstauben.

Ein Rat zum Schluß: Nehmen Sie nie Kräuter mit nach Hause, die Sie nicht ganz genau und hundertprozentig identifizieren können. Die Verwechslungsgefahr ist zu groß. Sie wollen schließlich Ihrer Gesundheit einen Dienst und keinen Bärendienst erweisen.

FENCHEL
Foeniculum vulgare
MELISSE
Melissa officinalis
ESTRAGON
Artemisia dracunculus
GRÜNE MINZE
Mentha spicata
ROSMARIN
Rosmarinus officinalis
MAJORAN
MINZE
Mentha rotundifolia

Die 50 bekanntesten Kräuter

Auf den folgenden Seiten finden Sie die bekanntesten Würzkräuter, aber auch solche, deren Namen man zwar kennt, die aber heute nicht mehr allzu häufig gebraucht werden. Die Auswahl umfaßt sowohl Kräuter, die vorwiegend in der Küche Verwendung finden, als auch Kräuter für hauptsächlich medizinische Zwecke. Es sind also die Kräuter mit den häufigsten Verwendungsmöglichkeiten, und da Sie gewiß nicht alle in ihrem Kräutergarten anpflanzen wollen, können Sie aus dieser Liste eine Auswahl treffen. Von den meisten kennt man vor allem ihren kulinarischen Wert, nicht aber ihre Heilwirkung und schon gar nicht die Möglichkeit, sie für die eigene Schönheitspflege zu nutzen.

Wenn Sie Überlegungen darüber anstellen, welche Kräuter Sie in ihrem Garten anbauen sollten, müssen Sie sich zuerst über den gewünschten Verwendungszweck klar werden. Wollen Sie sie nur als Würzkräuter verwenden? Haben Sie die Absicht, sich ein Heilkräuterbeet einzurichten, um natürliche Heilmittel oder Kräutertees selbst herstellen zu können? Vielleicht möchten Sie aber auch vorwiegend die duftenden farbenfrohen Kräuter ziehen, die sich für kosmetische Zwecke so gut verwenden lassen.

Alle in diesem Abschnitt beschriebenen Kräuter sind vergleichsweise leicht im Garten zu halten. Wenn sie erst einmal in ihrem Beet oder Kasten angewachsen sind, brauchen sie nur noch wenig Pflege. Sollte es Ihnen nicht gelingen, sie aus Samen selbst zu ziehen, dann finden Sie die meisten in einer Gärtnerei oder Baumschule. Einige der Kräuter, wie Holunder, Schafgarbe und Eibisch wachsen wild und sind überall leicht zu finden. Sie können also den Samen in der richtigen Jahreszeit von den Pflanzen abnehmen.

Um die wildwachsenden Kräuter vor dem Aussterben zu schützen, dürfen Sie allerdings nur den Samen sammeln. Auch ist es notwendig, die wildwachsende Pflanze genau zu identifizieren, bevor man den Samen abnimmt. Bei den meisten Pflanzen ist das nicht schwer, aber es gibt auch gelegentlich Kreuzungen und Zweifelsfälle, wo Aussehen, Geruch und Geschmack nicht eindeutig sind. Wenn Sie sich über das Aussehen einer bestimmten Pflanze nicht sicher sind, gehen Sie in einen Kräuterladen oder eine Baumschule. Dort bekommen Sie außerdem Anregungen, wie sich eine bestimmte Pflanze am besten in Ihren Garten einpassen läßt.

Wenn Sie den Plan haben, einen Kräutergarten anzulegen, notieren Sie sich alle Kräuter, die Sie anpflanzen wollen, ihre Höhe, ihren Wuchs und wie Sie sie verwenden wollen. Auf diese Weise bekommen Sie eine beträchtliche Auswahl von Kräutern und eine genaue Vorstellung davon, wie Sie sie am besten verwenden können. Viele Kräuter haben ganz bestimmte traditionelle Verwendungszwecke; dabei liegt das Hauptgewicht vor allem im kulinarischen Bereich; von den meisten anderen Verwendungsmöglichkeiten wird dagegen kaum Gebrauch gemacht. Dabei gibt es eine Unmenge Kräuter, die auch für kosmetische Zwecke geeignet sind, was bei den ständig steigenden Preisen für Kosmetika sicher nicht uninteressant ist.

FAMILIE: BORAGINACEAE

BORRETSCH

Botanischer Name: *Borago officinalis*

Borretsch ist eine einjährige Pflanze von hohem Wuchs mit behaarten Blättern und strahlend blauen sternförmigen Blüten. Sie blüht praktisch bei jedem Wetter und das mehrere Monate im Jahr. Sowohl Blüten als auch Blätter haben einen frischen Geruch nach Gurken.

Borretsch stammt aus Südeuropa, wo er als Stärkungsmittel verwendet wird; ihm wird eine anregende Wirkung zugeschrieben. Borretsch ist eine der traditionellen Pflanzen des Kräutergartens und wächst inzwischen überall in Europa auch wild.

ANBAU UND VERMEHRUNG. Borretsch läßt sich sehr gut aus Samen ziehen, aber nicht gern verpflanzen. Er bevorzugt einen hellen, trockenen Standort und ziemlich anspruchslosen Kalk- oder Sandboden. Wegen seiner langen Pfahlwurzel ist er als Topfpflanze nicht geeignet. Säen Sie Borretschsamen 5 cm tief vom Frühjahr bis zum Sommer. Junge Pflanzen brauchen 60 cm Abstand voneinander. Die Saat keimt ziemlich schnell, und die Pflanze ist in 5 bis 6 Wochen ausgewachsen. Borretsch sät sich selber aus und kommt jedes Jahr wieder.

VERWENDUNG. Die jungen Borretschblätter werden fein gehackt und zu grünem Salat oder rohem Gemüsesalat gegeben. Verwenden Sie die Blätter auch, um sauren Gurken oder Mixed-Pickles einen kräftigen Gurkengeschmack zu geben; ebenso gut schmeckt Borretsch zu Erbsen- oder Bohnensuppe. Legen Sie Blätter und Blüten in Wein oder Obstsaft und lassen Sie sie eine Stunde durchziehen, bevor Sie sie durchseihen. Aus Borretsch lassen sich auch kalte Erfrischungsgetränke und heiße Getränke herstellen, denen man Zitronensaft und Zucker zusetzt. Die Blüten sind eine hübsche Dekoration, die man kandieren und als Verzierung von Kuchen und Eistorten benutzen kann. Getrocknete Blüten lassen sich auch zur farbigeren Gestaltung von Trockenblumen-Arrangements verwenden.

FAMILIE: BORAGINACEAE

BEINWELL

Botanischer Name:
Symphytum officinale

Eine hohe, mehrjährige Pflanze, die ziemlich viel Platz braucht. Sie hat große, rauhe, grüne Blätter. Die herunterhängenden Blüten sind blau oder cremefarben. Die Pflanze steht den ganzen Sommer über in Blüte. Beinwell wird 60–90 cm groß.

Seit Jahrhunderten ist Beinwell eine wichtige medizinische Heilpflanze, die sowohl innerlich, als auch äußerlich angewendet werden kann. Heilkräftig ist vor allem die Wurzel, die am besten im Frühjahr noch vor der Blüte geerntet wird. Aus ihr bereitet man hochwirksame Breiumschläge. Frisch gepflückte Beinwellblätter werden auf Schnittwunden, Prellungen und offene Wunden gelegt, um die Heilung zu fördern.

ANBAU UND VERMEHRUNG. Säen Sie den Beinwellsamen im frühen Frühjahr und dünnen Sie die Pflänzchen soweit aus, daß sie 30–45 cm Abstand haben. Die Pflanze wächst auf fast jedem Boden und besonders gut an feuchten Stellen.

Beinwell läßt sich im Garten vor allem als Hintergrundpflanze und als Sichtschutz verwenden. Er sät sich selber wieder aus. Wegen seines großen Wurzelballens ist er nicht als Topfpflanze geeignet. Auch braucht er in der Wachstumszeit große Mengen Wasser. Man kann Beinwell auch durch Teilung des Wurzelballens im Frühjahr vermehren.

VERWENDUNG. Frische Beinwellblätter können wie Spinat als Gemüse geerntet werden. Schmackhafter sind die Blätter, wenn sie mit einer Holländischen Sauce zubereitet werden und man geriebenen Käse darüberstreut. Auch zu grünem Salat passen ein paar gehackte Beinwellblätter. Eine andere Möglichkeit sind fritierte Beinwellblätter. Tauchen Sie die ganzen Blätter in Eierkuchenteig und fritieren Sie sie in reichlich Fett. Zum Kochen sollten nur junge Blätter verwendet werden.

Eine Abkochung von Beinwellwurzeln und -blättern bringt Erleichterung bei Husten und anderen Erkrankungen der Bronchien. Man sollte aber immer nur eine kleine Menge davon auf einmal zubereiten, weil sich der Tee nicht gut aufheben läßt. Aus den Wurzeln und Blättern lassen sich auch Breiumschläge oder Salben herstellen, mit denen man Prellungen, Gichtknoten und rheumatische Beschwerden behandeln kann.

FAMILIE: CANNABINACEAE

HOPFEN

Botanischer Name: *Humulus lupulus*

Die weiblichen Zapfen der Hopfenpflanze, die die Blüten und die unreifen Früchte enthalten, werden getrocknet als einer der Rohstoffe bei der Bierherstellung benutzt. In Deutschland wird Hopfen seit dem 8. Jahrhundert angebaut. Er ist für seine nervenberuhigende Wirkung bekannt. Hopfengefüllte Kissen sollen eine gute Wirkung bei Schlaflosigkeit haben.

Hopfen ist eine kräftige, mehrjährige Kletterpflanze, die an Büschen und Hecken hochrankt. Aus der weiblichen Blüte entwickelt sich der grünlich-gelbliche, eiförmige Zapfen, während die männlichen Blüten in lockeren Rispen herabhängen.

ANBAU UND VERMEHRUNG. Hopfen braucht Anlehnung; pflanzen Sie ihn deshalb an einen Zaun, ein Spalier oder an eine Mauer in nährstoffreichen, gut bearbeiteten Boden, wo er der prallen Sonne ausgesetzt ist. Säen Sie den Samen im späten Frühjahr und versetzen Sie die kleinen Pflänzchen im Abstand von 15–30 cm. Hopfen kann auch so angebaut werden, daß er in offenem Gelände um eine Stange oder einen Baumstumpf rankt. Er bildet dann einen besonders attraktiven Sichtschutz. Bei trockenem Wetter müssen die Pflanzen gut gewässert werden. Schneiden Sie die Spitzen der Pflanzen im Frühjahr ab. Im Frühherbst ernten Sie die weiblichen Blüten zum Trocknen. Im Spätherbst wird der Hopfen stark zurückgeschnitten. Man kann Hopfen auch vermehren, indem man im Frühjahr die Wurzeln teilt.

VERWENDUNG. Im Sommer können Sie die jungen Schößlinge weich kochen und mit geschmolzener Butter und etwas Zitrone servieren. Verwenden Sie Hopfen zusammen mit anderen Blattgemüsen für eine sommerliche Suppe. Tee aus Hopfenzapfen hilft gegen Schlaflosigkeit. Er wird vor dem Schlafengehen getrunken.

FAMILIE: CAPRIFOLIACEAE

HOLUNDER

Botanischer Name: *Sambucus nigra*

Der schwarze Holunder wird bis zu 10 Meter hoch, die Äste wachsen meist direkt aus der Wurzel. Die Verwendung von Holunder ist schon aus frühgeschichtlicher Zeit bekannt.

Die gelblich-weißen Blüten stehen in flachen Trugdolden; der Strauch blüht ca. 2 Monate im Frühsommer.

Die Blüten strömen einen starken, nicht jedermann angenehmen Duft aus. Die Früchte des Holunders sind normalerweise im Spätsommer reif und hängen viele Wochen an den Ästen, wenn sie nicht von Vögeln gefressen werden. Vor allem Amseln mögen die glänzenden schwarzen Beeren.

Holunder wird wegen der großen Zahl von Anwendungsmöglichkeiten, die er bietet, in jedem Kräuterbuch erwähnt. Er ist nicht nur eine Heilpflanze, sondern findet auch in der Kosmetik und als Küchenkraut Verwendung.

ANBAU UND VERMEHRUNG. Holunder bevorzugt einen sonnigen, ziemlich feuchten Platz und gedeiht praktisch auf jeder guten Gartenerde. Holunderbüsche sollten im Spätherbst oder im frühen Frühjahr, bevor die Wachstumsphase beginnt, zurückgeschnitten werden.

Vermehrt wird der Holunder, indem man im Spätherbst blattlose Schößlinge abschneidet und einsetzt, oder indem man die Wurzeln teilt, was aber recht schwierig ist. Er wächst ziemlich langsam, wenn er aus dem Samen gezogen wird.

Holunder ist gewiß nicht als Topfpflanze geeignet und auch nicht für kleine Gärten. Blüten und Früchte kann man am Waldrand oder an ganzen Holunderhecken leicht ernten.

VERWENDUNG. Aus Holunderblüten läßt sich ein starker Wein herstellen, der einen Geschmack nach Muskatellertrauben hat. Außerdem kann man aus den Blüten ein aromatisches Sorbet herstellen; Holundersirup oder Holunderextrakt sind gute Grundlagen für Obstsalate oder zusammen mit Mineralwasser und einer Zitronenscheibe ein köstliches Getränk. Delikat sind Holunderblüten-Eierkuchen, die Sie mit gedünsteten Stachelbeeren servieren sollten. Man kann die Blüten aber auch in Eierkuchenteig tauchen und fritieren.

Aus den Holunderbeeren, die man besser nicht roh ißt, lassen sich ein fruchtiger Wein und andere Getränke herstellen. Sie können auch für Marmeladen und Gelees verwendet werden. Köstlichkeiten sind auch ein Holunderbeeren-Apfelkuchen oder Holunderbeerenkompott mit Vanillepudding.

Holunderbeerensirup lindert Husten und Heiserkeit.

Holunderblüten sind aber auch eine Wohltat für die Haut. Ein Aufguß dient der Hautreinigung und macht die Haut zart und geschmeidig. Kompressen und Gesichtspackungen glätten Falten und sind ein probates Mittel bei Sonnenbrand und gegen Sommersprossen.

FAMILIE: COMPOSITAE

KAMILLE

Botanischer Name:
Matricaria chamomilla

Kamille ist eine niedrigwachsende einjährige Pflanze mit kleinen weißen Blüten, die an Gänseblümchen erinnern und einen starken Duft verbreiten. Sobald sie zu blühen anfängt, biegen sich die Blütenblätter nach hinten. Dann ist es Zeit, die Blüten zu sammeln und zu trocknen.

Kamille ist eine seit dem Altertum genutzte Heil- und Kosmetikpflanze. Der wichtigste Heil- und Wirkstoff ist das im Kamillenöl enthaltene Azulen.

ANBAU UND VERMEHRUNG. Kamille ist leicht aus Samen zu ziehen und bevorzugt einen trockenen sonnigen Standort. Streuen Sie den Samen im frühen Frühjahr aus, wobei Sie am besten Sand unter die winzigen Samenkörner mischen, damit sich die Saat gleichmäßiger verteilt. Wässern Sie die Saat, bis die Blätter erscheinen. Dann vereinzeln Sie die Pflanzen im Abstand von 15 cm. Da die Blütenköpfe die einzigen verwendbaren Teile der Pflanze sind, brauchen Sie eine beträchtliche Anzahl von Pflanzen.

Kamille wächst auch gut in Töpfen oder Kästen. Obwohl es schwierig ist, sie in großer Menge zu ziehen, lohnt es sich schon wegen des herrlichen Duftes der hübschen Blüten.

Eine andere aromatische Pflanze derselben Familie ist die römische Hundskamille (Anthemis nobile).

VERWENDUNG. Ein Kamillenaufguß ist sehr beliebt als Kräuterspülung für blondes Haar. Verwenden Sie Kamille aber auch für Mundspülungen und als lindernde Augenbäder. Kamille lindert Erkältungskrankheiten, wenn sie für ein Dampfbad verwendet wird.

Auch läßt sich daraus ein beruhigender Tee gegen Magenschmerzen und bei Verdauungsstörungen herstellen. Wenn man Honig dazugibt, hat man ein wohltuendes Stärkungsmittel.

FAMILIE: COMPOSITAE

RINGELBLUME

Botanischer Name:
Calendula officinalis

Die Ringelblume ist eine sehr beliebte einjährige Pflanze. Seit Jahrhunderten gedeiht sie in Bauerngärten. Die kleine, gut wachsende Pflanze ist mit ihren orangefarbenen und gelben Blättern ein hübscher Farbtupfer.

Ursprünglich stammt die Ringelblume aus Indien, wo sie den Hindus als Schmuck für ihre Tempelaltäre diente. In der Küche wird sie als billiger Ersatz für das teure Safran verwendet. Ringelblumenblüten sind in der Heilkunde und Kosmetik mindestens genauso wertvoll wie in der Küche.

ANBAU UND VERMEHRUNG. Die Ringelblume ist leicht aus Samen zu ziehen. Die Samen werden im Frühjahr an einen sonnigen Platz in lockere, nährstoffreiche Erde gesät. Vereinzeln Sie die Pflänzchen im Abstand von 45–60 cm, so daß sie sich ausbreiten können und buschig werden. Obwohl die Ringelblume eine einjährige Pflanze ist, sät sie sich selbst aus und kommt jedes Jahr wieder. Mit ihrer kräftigen Farbe und ihrem vollen Wuchs ist die Ringelblume auch eine gute Topfpflanze.

Pflücken Sie die Blüten zum Gebrauch, wenn sie sich ganz geöffnet haben, und schneiden Sie die verwelkten Blütenköpfe ab, um die Blütezeit zu verlängern. Die Blätter können jederzeit gepflückt werden.

VERWENDUNG. Ein Aufguß aus den frischen Blättern ist gut gegen müde, geschwollene Füße. Aus den Blütenblättern läßt sich auch Öl oder eine Salbe herstellen, die Sonnenbrände lindert und die Haut rein und geschmeidig macht. Auch kann man aus den Ringelblumenblüten einen guten Tee machen, der mit Honig gesüßt wird.

Die frischen oder getrockneten Blütenblätter geben Reis- und Eiergerichten eine hübsche Farbe und einen guten Geschmack, passen aber auch zu Süßspeisen und Puddings. Frische Blütenblätter erfreuen das Auge und den Magen in einem Grünen Salat.

FAMILIE: COMPOSITAE

EBERRAUTE

Botanischer Name:
Artemisia abrotanum

Eberraute ist ein kleiner mehrjähriger, holziger Strauch, der bis zu einem Meter hoch wird, mit guten Wachstumseigenschaften. Seine haarfeinen Blätter sind graugrün und riechen, wenn man sie zerreibt, stark nach Zitrone. Die kleinen gelben Blüten spielen keine Rolle, weil Eberraute in gemäßigtem Klima nur selten blüht.

Medizinisch wird Eberraute als Stimulans und als antiseptisches Mittel verwendet. Ein altes Heilrezept emp-

fiehlt sie gegen Haarausfall, sie ist in einigen Haarlotionen enthalten.

ANBAU UND VERMEHRUNG. Im Spätsommer schneiden Sie ca. 15 cm lange Ästchen ab und setzen sie 7 cm tief in Sand, bis sie Wurzeln getrieben haben. Im nächsten Frühjahr pflanzen Sie sie dann aus. In jedem Frühjahr werden die gut eingewurzelten Pflanzen dann auf 45 cm zurückgeschnitten, damit sie buschig und kompakt bleiben. Als Standort wählen Sie einen sonnigen, geschützten Platz in nicht zu feuchter guter Gartenerde. Eberraute kann auch durch Wurzelteilung im Herbst und durch Stecklinge vermehrt werden und ist ebenso für Topf- und Containerbepflanzung geeignet.

VERWENDUNG. Warmer Eberrautentee ist, mit Honig gesüßt, ein Stärkungsmittel, obwohl er etwas streng und bitter schmeckt.

FAMILIE: COMPOSITAE

ESTRAGON

Botanischer Name:
Artemisia dracunculus

Mit seinem charakteristischen Geschmack ist Estragon eines der besten Küchenkräuter. Es sollte in keinem Kräuterbeet fehlen. Diese große duftende Pflanze kann bis zu 1 m hoch werden; sie ist mehrjährig und winterhart. Die Pflanze breitet sich durch Ausschlag der Wurzelstöcke aus. Sie hat glänzende, schmale Blätter. Die kleinen, grünlich-weißen Blüten öffnen sich in unseren Breiten selten völlig.

ANBAU UND VERMEHRUNG. Estragon braucht einen sehr sonnigen, gut bewässerten Platz in guter Gartenerde. Er verlangt Dünger während der Wachstumsperiode, um sein volles Aroma zu entfalten. Da er sich in gemäßigten Klimazonen nicht säen läßt, vermehrt man ihn durch verwurzelte Schößlinge. Beginnen Sie mit 3 oder 4 Pflanzen, die Sie im Frühjahr oder Herbst im Abstand von ca. 30 cm setzen. Alle 4 Jahre im Frühjahr sollte man die Pflanzen teilen und in frische Erde setzen.

Schneiden Sie im Freien stehende Pflanzen im Spätherbst zurück und schützen Sie sie vor Frost, indem Sie sie mit Stroh oder Laub abdecken. Estragon wächst gut in Töpfen und Kästen und kann dann während des Winters ins Haus gestellt werden.

VERWENDUNG. Estragon schmeckt vorzüglich zu Grünem Salat und anderen rohen Gemüsesalaten. Man kann daraus auch Estragonessig herstellen, indem man frisches Kraut in Weinessig einlegt. Dieser Essig ist besonders aromatisch und für feine Salate geeignet. Sie können mit Estragon gebratenes Fleisch, Geflügelgerichte und Fisch würzen. Er gibt locker aufgeschlagenen Saucen die feine Würze und ist eine köstliche Zutat zu Kürbisgemüse.

FAMILIE: COMPOSITAE

SCHAFGARBE

Botanischer Name: *Achillea millefolium*

Eine sehr winterharte, mehrjährige Pflanze ist die Schafgarbe, die in buschigen Gruppen wächst und bis zu 60 cm hoch wird. Die Blätter sind dunkel und gefiedert und haben einen angenehmen Geruch, wenn man sie zerreibt. Die weißen oder rosafarbenen Blüten stehen in dichten Doldenrispen und blühen den ganzen Sommer. Die Schafgarbe ist eine kosmetisch wirksame Pflanze und wirkt auch heilkräftig bei manchen Krankheiten.

Früher war die Schafgarbe als Heilkraut hochgeschätzt, vor allem wegen ihrer antiseptischen Eigenschaften. Sie wurde zur Behandlung von offenen Wunden benutzt. Schafgarbe wirkt außerdem blutreinigend und beruhigend.

ANBAU UND VERMEHRUNG. Schafgarbe wächst, ohne viel Pflege oder Aufmerksamkeit zu beanspruchen. Sie gedeiht in jedem Boden und an jedem Platz. Man findet sie häufig am Straßenrand und kann sie leicht in den Kräutergarten verpflanzen. An ihrem Standort verhindert sie Krankheiten der benachbarten Pflanzen; aber halten Sie ihre Wurzeln in Schach. Schafgarbe scheint merkwürdigerweise auch den Duft und den Geschmack benachbarter Pflanzen zu intensivieren.

VERWENDUNG. Ein Aufguß aus Schafgarbenblüten, äußerlich angewendet, reinigt die Haut. Etwas Schafgarbenlotion in einem Bad wirkt entspannend. Aus den frischen Blütenknospen kann man eine Gesichtspackung gegen unreine Haut machen. Schafgarbentee, gesüßt mit Honig, wirkt wohltätig bei Blasenbeschwerden, aber auch bei Erkrankungen der Atmungsorgane.

FAMILIE: CRUCIFERAE

MEERRETTICH

Botanischer Name: *Cochlearia armoracia*

Meerrettich ist eine abgehärtete mehrjährige Pflanze mit großen, langgestielten Blättern, die direkt aus der rübenförmigen Wurzel herauswachsen und bis zu 60 cm hoch werden. Die Blüten sind weiß und sitzen auf einem einzigen Stiel; die Blütenrispe erscheint aber nicht jedes Jahr. Die großen weißen Wurzeln werden als Gewürz verwendet. Sie enthalten außerdem viel Vitamin C.

Im Mittelalter wurde Meerrettich zur Verbesserung der Verdauung und als Mittel gegen Gelenkschmerzen und Ischias verwendet.

Meerrettich mit seinem scharfen Geschmack wird meist roh gegessen, man kocht ihn selten, weil er dann seine Schärfe verliert.

ANBAU UND VERMEHRUNG. Meerrettich gedeiht gut in lockerem, nährstoffreichem Boden, wo seine Wurzeln lang und gerade wachsen können. Am besten ist ein sonniger, offener Standort. Wenn Sie Samen überhaupt bekommen, sollten Sie ihn direkt im Freien aussäen und die Pflänzchen dann vereinzeln. Die Wurzeln können jederzeit ausgegraben und geraspelt werden, aber ihr Geschmack ist bei kaltem Wetter besser, deshalb empfiehlt es sich, ihn im Winter auszugraben.

Für das nächste Jahr können Sie einige Wurzeln im feuchten Sand überwintern. Wegen der großen Reichweite seiner Wurzeln ist Meerrettich nicht für die Pflanzung in Töpfen und Kästen geeignet.

VERWENDUNG. Meerrettich wird hauptsächlich als Würze verwendet. Man raspelt ihn und benutzt ihn zum Beispiel anstelle von Senf. Er ist eine vorzügliche Beilage zu gekochtem oder gebratenem Rindfleisch.

Geben Sie rohen geriebenen Meerrettich auch einmal zu Krautsalat und zu gekochtem Gemüse. Meerrettichsauce macht Fisch, wie Aal, Makrele oder Hering besser verdaulich.

FAMILIE: CRUCIFERAE

BRUNNENKRESSE

Botanischer Name: *Nasturtium officinale*

Brunnenkresse ist eine abgehärtete Wasserpflanze. Kleine, glänzende, gefiederte Blätter wachsen aus den fleischigen Stielen, die unten im Wasser stehen und bis zu 30 cm über die Wasseroberfläche wachsen. Die kleinen, weißen Blüten blühen den ganzen Sommer über, ehe sich dann die langen gebogenen Samenbehälter bilden. Der Geschmack der Blätter und Stiele, der eßbaren Bestandteile also, ist stark und pfeffrig.

Seit altersher galt Brunnenkresse als Heilpflanze, weil sie reichlich Eisen, Jod und Vitamin C enthält.

ANBAU UND VERMEHRUNG. Brunnenkresse wächst am besten in nährstoffreicher, sandiger Erde, in klarem, fließendem Wasser und an einem freien Platz. Die Erde muß wenigstens 7 cm und das Wasser, für eine ausgewachsene Pflanze, 10 cm tief sein.

Brunnenkresse kann auch im Frühjahr oder Frühherbst durch Stecklinge vermehrt werden. Dauerndes Zurückschneiden bewirkt buschigere Pflanzen und verhindert das Blühen.

VERWENDUNG. Brunnenkresse wird stets frisch zu Salaten oder als Garnierung verwendet. Kalte oder heiße Brunnenkressesuppe ist besonders köstlich und gesund. Die medizinische Anwendung der Brunnenkresse, die gegen rheumatische Beschwerden, Verdauungsstörungen und Bronchialkatarrh wirkt, ist nicht über längere Zeit erlaubt.

FAMILIE: LABIATAE

RUNDBLÄTTRIGE MINZE

Botanischer Name: *Mentha rotundifolia*

Die rundblättrige Minze ist eine kräftig wachsende mehrjährige Pflanze mit langen, unterirdischen Trieben. Sie wird bis zu 45 cm hoch. Die Blätter sind dick, runzelig und auf der Unterseite behaart. Die rundblättrige Minze hat einen rötlichen, stark behaarten Stiel. Die Blüten sind blaßlila und sitzen in walzenförmigen Scheinähren.

Der Geschmack erinnert an eine Mischung aus reifen Äpfeln und grüner Minze. Aus diesem Grund ist sie nicht so beliebt wie andere Arten. Aber die rundblättrige Minze ist sehr widerstandsfähig, auch gegen Rost.

ANBAU UND VERMEHRUNG. Die rundblättrige Minze braucht feuchten, lokkeren, aber nährstoffreichen Boden im Halbschatten. Bevor Sie die Pflanze einsetzen, arbeiten Sie viel Kompost in die Erde ein, weil Minze sehr schnell dem Boden alle Nährstoffe entzieht.

Sie kann vermehrt werden, indem man im frühen Frühjahr bewurzelte Teile 5 cm tief und im Abstand von 20 cm anpflanzt. Die rundblättrige Minze gedeiht auch im Topf oder im Balkonkasten, sollte dann aber jedes Jahr umgepflanzt werden. In einem Kräuterbeet breitet sich die Pflanze sehr schnell aus. Setzen Sie rund um die Minze Schieferdachziegeln tief in die Erde, um so die Ausbreitung zu begrenzen. Minze sollte alle 2–3 Jahre umgepflanzt werden.

VERWENDUNG. Der charakteristische Geschmack nach Apfel und Minze ergibt ein feines Aroma, wenn man sie zu Obstsalat oder Sorbets verwendet.

FAMILIE: LABIATAE

BASILIKUM

Botanischer Name: *Ocimum basilicum, Ocimum minimum*

Die Heimat dieses vielfältig zu verwendenden Krautes ist Indien. Auch in römischer Zeit wurde Basilikum als Gewürz hochgeschätzt. Es hat langstielige Blätter, die weißen und rosaroten Blüten sitzen an Trugdolden. Die ganze Pflanze wird 20–50 cm hoch. Man kann die Blätter allein verwenden, aber auch das ganze Kraut zur Zeit der Blüte ernten und trocknen.

ANBAU UND VERMEHRUNG. Basilikum muß entweder aus dem Samen gezogen oder als kleine Topfpflanze gekauft werden. Streuen Sie den Samen an einer sonnigen, geschützten Stelle im Garten oder in einem Blumenkasten aus, wenn keine Frostgefahr mehr besteht. Sie können auch in Töpfen im Haus aussäen. Basilikum braucht lokkeren, nährstoffreichen Boden und nicht zu viel Wasser, da sonst die Gefahr besteht, daß die Keimlinge umfallen.

Setzen Sie die Pflanzen im Sommer im Abstand von 20 cm ins Beet. Wenn die Pflanzen ausgewachsen sind, brechen Sie die Spitzen heraus, damit das Breitenwachstum gefördert wird.

VERWENDUNG. Basilikum schmeckt besonders gut zu Tomaten und Eiern. Auch Pilze und Nudelgerichte bekommen mit frischem Basilikum ein unvergleichliches Aroma. Bis man seinen starken Geschmack zu schätzen wußte, wurde es in Mitteleuropa nur sehr spärlich verwendet. Der Geschmack verstärkt sich übrigens noch, wenn man die Blätter kocht. Frische Blätter sind gut zu grünem Salat. Vorzüglich paßt es auch zur gegrillten Seezunge.

Basilikum hat aber auch eine gute Heilwirkung. Man kann es gegen Magenbeschwerden, Blähungen und Verdauungsstörungen anwenden. Dabei werden außer den Blättern auch die Blüten benutzt.

FAMILIE: LABIATAE

PFERDEMINZE

Botanischer Name: *Monarda didyma*

Eine der vielen Varietäten dieser Pflanze ist die Monarda didyma, die auch Gold- oder Bienenmelisse genannt wird, weil Bienen von ihrem Duft stark angezogen werden. Sie ist eine duftende Pflanze mit blassen Blättern und leuchtend roten Blüten, die wie Minze riechen und schmecken. Die Pferdeminze ist eine mehrjährige Pflanze, die bis zu einem Meter hoch wird. Ihre Blütezeit liegt im Spätsommer.

Sie wurde von Siedlern in Nordamerika entdeckt; dort verwendeten die Indianer Blüten und Blätter für einen beruhigenden und entspannenden Tee. Sehr hübsch ist sie aber auch in Blumenarrangements.

ANBAU UND VERMEHRUNG. Die Pferdeminze braucht zum Gedeihen einen Platz im Halbschatten und nährstoffreichen, feuchten Boden.

Vermehrt wird sie durch Stecklinge oder durch Wurzelteilung im Frühjahr oder im Herbst.

Die Pflanzen werden im Abstand von 60 cm gesetzt. Die Pferdeminze muß in Grenzen gehalten werden, indem man sie regelmäßig zurückschneidet. Alle 2 Jahre sollte sie umgepflanzt werden, wobei der abgestorbene Mittelpunkt entfernt wird. Sie wächst auch gut in Töpfen oder Kästen, muß dann aber dauernd gut gewässert werden.

VERWENDUNG. Gehackte Blätter geben grünem Salat Geschmack und Farbe. Verwenden Sie frische oder getrocknete Blüten für den prächtig aussehenden Tee. In heißer Milch ergeben sie ein Beruhigungsmittel. Blätter und Blüten passen auch zu Fruchtsalaten.

FAMILIE: LABIATAE

YSOP

Botanischer Name: *Hyssopus officinalis*

Eine abgehärtete immergrüne mehrjährige Pflanze mit langer Blütezeit. Ysop eignet sich gut für den Garten, kann aber auch als Topfpflanze gedeihen. Er wird ca. 60 cm hoch, hat einen verholzten Stiel und schmale, lanzettförmige Blätter, die angenehm scharf sind. Die Blüten erscheinen in langen Scheinähren, sind entweder blau oder dunkelrosa und haben einen schweren Duft, der sie bei den Bienen so beliebt macht.

Ysop ist ein traditionsreiches Kraut, das im mittleren Osten schon lange vor Christi Geburt verwendet wurde. Wegen seines starken Geschmacks und Aromas, wurde es als Fleischkonservierungsmittel und medizinisch als Blutreinigungsmittel verwendet.

ANBAU UND VERMEHRUNG. Ysop wächst in lockerem, gut gewässertem Boden an einem sonnigen Standort. Säen Sie den Samen im Frühjahr in feuchten Boden, die jungen Pflänzchen brauchen einen Pflanzabstand von 60 cm. Ist dieses Kraut in Ihrem Garten erst einmal heimisch geworden, sät es sich von selbst immer wieder aus. Ein sichere Möglichkeit, Ysop zu vermehren, ist, im Frühjahr Stecklinge abzuschneiden oder im Herbst oder frühen Frühjahr die Wurzeln zu teilen.

Wenn man Ysop immer wieder zurückschneidet, bekommt man eine kräftige Heckenpflanze, mit der man den Kräutergarten umgeben kann. Ysop läßt sich aber auch im Topf oder im Kasten ziehen.

VERWENDUNG. Der schwache Minzegeschmack der Ysopblätter gibt grünen Salaten und Gemüsesuppen einen ganz besonderen Geschmack. Probieren Sie auch einmal ein paar Blätter am Hasen- oder Lammbraten. Auch zu Preiselbeerenkompott, gedünsteten Pfirsichen und zu Aprikosen paßt dieses Würzkraut vorzüglich, schmeckt aber auch sehr gut zu Drinks, die mit Fruchtsäften bereitet werden.

Heißer Ysopaufguß wirkt schleimlösend und hilft gegen Bronchialkatarrh. Man kann daraus auch Hustensirup kochen.

Ysop ist ein beliebtes Ingredienz bei der Parfümherstellung. Getrocknete Blüten und Blätter geben dem Potpourri Duft und Farbe.

FAMILIE: LABIATAE

LAVENDEL

Botanischer Name: *Lavandula spica*

Lavendel ist ein kleiner mehrjähriger Halbstrauch, der 30–40 cm hoch wird. Er hat duftende, blaue, hellviolette oder weiße Blüten. Mit seinen graugrünen Blättern ergibt Lavendel eine hübsche immergrüne Hecke.

Lavendel war schon in Barockgärten und -parks, wo die Blumenbeete in Form geometrischer Figuren angelegt wurden und von niedrigen Hecken umgeben waren, ein vertrauter Anblick. Es wurde schon damals als Küchen- und als Heilkraut verwendet. Heute macht man sich den erfrischenden Duft von Lavendel vor allem in der Kosmetikherstellung zu nutze.

Es gibt viele verschiedene Arten von Lavendel. Zwei Zwergformen heißen *Lavandula stoechas* und *Lavandula nana compacta.* Beide eignen sich bestens für die Bepflanzung von Kästen und als Kräutergarteneinfassung.

ANBAU UND VERMEHRUNG. Lavendel kann aus dem Samen oder aus Stecklingen gezogen oder durch Wurzelteilung vermehrt werden. Stecklinge, die im Sommer von der Pflanze geschnitten und in einen Kasten mit Sand gesteckt werden, wurzeln im Spätherbst. Im folgenden Frühjahr sind sie dann soweit, daß man sie in den Garten pflanzen kann. Setzen Sie die Pflanzen in gut bewässerten kalkhaltigen Boden an einen sonnigen Ort.

Sie sollten einen Abstand von 75 cm bei den großen Formen und von 30–40 cm bei den Zwergformen haben. Lavendel braucht bei strengen Frösten und Stürmen Winterschutz. Schneiden Sie die Pflanzen im Frühjahr zurück, damit sie dicht und kräftig bleiben.

VERWENDUNG. Eine Einreibung mit Lavendelöl lindert Schmerzen und Verkrampfungen. Kalte Kompressen aus einem Lavendelaufguß auf Stirn und Schläfe wirken gegen Kopfschmerzen und Schwindel. Mullsäckchen mit getrocknetem Lavendel, die man ins Badewasser gibt, duften nicht nur, sondern machen das Bad auch erfrischend und entspannend. Zusammen mit anderen Kräutern benutzt man Blätter und Blüten für ein Gesichtsdampfbad.

Geben Sie getrockneten Lavendel in Kräuterkissen und Potpourris. Ein Lavendelbeutel unter der Wäsche im Kleiderschrank hält die Motten fern und gibt ihr einen feinen Duft.

FAMILIE: LABIATAE

ZITRONEN-MELISSE

Botanischer Name: *Melissa officinalis*

Zitronenmelisse oder süße Melisse ist eine nach Zitrone duftende mehrjährige Pflanze, die 45–60 cm hoch wird. Die hellgrünen Blätter geben den guten Geruch, während die Blüten ziemlich klein und unscheinbar sind. Die Pflanze wirkt sehr anziehend auf Bienen.

Sie stammt aus dem Mittleren Osten, wo daraus ein erfrischender Tee zubereitet wurde. Melissenzweige wurden auf den Boden gestreut, um den Raum mit frischem Duft zu erfüllen.

Melissentee ist auch heute noch sehr beliebt als Stärkungsmittel und Heilmittel gegen Kopfschmerzen und Mattigkeit.

ANBAU UND VERMEHRUNG. Zitronenmelisse ist leicht aus dem Samen zu ziehen, braucht aber sehr lange, um zu keimen. Sie wird deshalb am besten aus Stecklingen gezogen, die an einen sonnigen Platz in 30 cm Abstand gesetzt werden. Sie wächst auf jedem Boden, aber das Aroma wird stärker, wenn sie auf nährstoffreichem, feuchtem Boden gedeiht.

Zitronenmelisse breitet sich schnell aus, deshalb sollte man sie regelmäßig zurückschneiden, dann bleibt sie dicht und geschlossen. Sie ist ein vielfach verwendbares Kraut, daß man auch im Topf auf der Fensterbank oder in Blumenkästen ziehen kann.

VERWENDUNG. Wegen ihres feinen Geschmacks paßt die Melisse zu vielen Gerichten, zum Beispiel in die Füllung für den Lamm- oder zum Schweinebraten. Man kann auch frische Melissenblätter auf eine Poularde legen, bevor man sie im Rohr brät. Sie schmeckt zu Getränken, Obst- und Gemüsesalaten. Probieren Sie auch einmal ein Melissensorbet. Eine köstliche Zutat sind die Blätter zu Rhabarbermarmelade. Melissentee hat vor allem beruhigende Wirkung.

FAMILIE: LABIATAE

ZITRONEN-THYMIAN

Botanischer Name:
Thymus x *citriodorus*

Der süßlich duftende Zitronenthymian ist ein niedrigwachsender immergrüner Strauch von zierlichem Wuchs. Die kleinen Blätter duften stark nach Zitrone. Er wird ca. 20–30 cm groß und hat tiefrosa Blüten, die ziemlich spät erscheinen. Zitronenthymian ist eine gute Bienenweide und ergibt einen Honig mit köstlichem Geschmack.

Wir kennen mehr als 50 verschiedene Sorten des Thymians, aber diese Form ist nur eine von drei der zum Würzen zu verwendenden Arten. Der milde Geschmack des Zitronenthymians wird oft dem des Gartenthymians vorgezogen.

ANBAU UND VERMEHRUNG. Zitronenthymian wächst an jedem trockenen, gut bewässerten Platz in der prallen Sonne und in normaler Gartenerde. Er ist aber nicht ganz so unempfindlich wie der Gartenthymian, und es kann passieren, daß er in einem feuchten Winter ganz verschwindet. Wenn Zitronenthymian an einem ungeschützten Platz steht, decken Sie ihn im Winter mit Stroh und Laub ab.

Er eignet sich ausgezeichnet für Steingärten und läßt sich auch in Blumenkästen ziehen. Nur muß man ihn dann ständig zurückschneiden und während der Wachstumszeit gut wässern. Die Vermehrung erfolgt durch Stecklinge, die Sie im Frühjahr schneiden. Sind die Stecklinge eingewurzelt, pflanzt man sie auf 30–45 cm Abstand. Setzen Sie Zitronenthymian alle zwei bis drei Jahre neu.

VERWENDUNG. Zitronenthymian eignet sich sehr gut für Fleischfüllungen, weil Sie dann ohne die normalerweise benötigte Zitronenschale auskommen. Geben Sie ein oder zwei Ästchen ins Wasser, wenn Sie ein Huhn kochen. Er schmeckt auch gut als Zutat zu Obstsalaten.

Ein Mullsäckchen mit Zitronenthymian ins Badewasser gehängt, ergibt ein herrlich duftendes Bad. Getrocknete Blätter und Blüten kann man in Kräuterkissen stecken oder für Potpourris verwenden.

FAMILIE: LABIATAE

MAJORAN

Botanischer Name: *Origanum onites, Origanum majorana, Origanum vulgare*

Von drei Formen des Majoran hat Origanum majorana oder der Echte Majoran bei weitem die besten Eigenschaften als Würzkraut. Er ist süß und würzig und trotzdem mild. In warmen Gegenden und an geschützten Plätzen kann er auch überwintern. Er wird ca. 20–40 cm hoch und ist eine strauchige Pflanze mit kleinen Blättern und weißlichen bis purpurfarbenen Blüten. Die ganze Pflanze hat ein starkes Aroma.

Origanum onites ist ein kleiner mehrjähriger Strauch, der bis zu 60 cm hoch wird, mit dichten Büscheln von rosa Blüten und kleinen runden Blättern. Oreganum vulgare wird auch Wilder Dost oder mit seinem italienischen Namen Oregano genannt. Er ist mehrjährig und hat von allen den würzigsten Geschmack. Wilder Dost wird bis zu 75 cm hoch.

Früher wurde Majoran zur Konservierung von Lebensmitteln und als Heilmittel gegen Erkältungen und Halsweh benutzt. Getrockneter und gemahlener Majoran ist auch als Schnupftabak beliebt.

ANBAU UND VERMEHRUNG.
Origanum majorana: Säen Sie im Frühjahr und decken Sie die Saat mit Glas ab. Die Sämlinge kommen dann in lockeren, nährstoffreichen Boden an eine sonnige, windgeschützte Stelle. Wenn Sie die Pflanzen in Schalen oder Töpfen haben, sollten Sie sie im Winter ins Haus holen.
Origanum onites: Vermehren Sie im Frühjahr durch Samen oder durch Stecklinge, die im Frühjahr oder im Herbst geschnitten werden. Die Pflanze bevorzugt einen gut bewässerten, lockeren, nährstoffreichen Boden und einen geschützten Standort. Sie ist besonders gut geeignet für Kästen und Schalen.
Origanum vulgare: Der Wilde Dost ist leicht aus Samen zu ziehen oder durch Wurzelteilung im Frühjahr oder Herbst zu vermehren. Für Topf oder Schale ist er etwas zu groß. Er eignet sich für den Garten oder Innenhof.

VERWENDUNG. Oreganum majorana ist ein hervorragendes Gewürz für viele Fleischgerichte, das besonders gut zum Hackbraten paßt, aber auch zu Geflügel und Rindfleisch. Kürbisgemüse, Kartoffeln und gefüllte Paprika schmecken köstlich, wenn sie mit Majoran abgeschmeckt sind. Wilder Dost oder Oregano ist so stark, daß man ihn nur in kleinen Dosen verwenden sollte. Getrocknet ist er ausgezeichnet zur Pizza und zu Spaghettigerichten.

FAMILIE: LABIATAE

POLEIMINZE

Botanischer Name: *Mentha pulegium*

Anders als die anderen Minzen, ist die Poleiminze eine mehrjährige, meist kriechende Pflanze. Sie wird 10–40 cm hoch, mit Scheinquirlen von hellvio-

letten Blüten; die Blätter sind grau behaart und länglich-oval.

Heute wird dieses Kraut in der Küche nur noch selten verwendet. Früher wurde Poleiminze in Töpfen gezogen und auf lange Seereisen mitgenommen. Die Seeleute benutzten es dazu, ihr muffige Wasser wieder trinkbar zu machen. Auch Poleiminzen-Tee war ein beliebtes Getränk.

ANBAU UND VERMEHRUNG. Die immergrüne Pflanze von kräftigem Wuchs eignet sich hervorragend als Bodendecker für feuchte freie Standorte. Pflanzen Sie bewurzelte Teile der Poleiminze im Abstand von 15 cm im Frühjahr oder Herbst. Sie wachsen bald zusammen und strömen einen herrlichen Pfefferminzgeruch aus: Poleiminze wächst auf jedem Boden. Sie muß nur feucht gehalten werden und sollte alle 3–4 Jahre neu gepflanzt werden. Diese Pflanze eignet sich gut für die Anpflanzung in Kästen, weil sie sich leicht pflegen läßt und nicht viel Platz wegnimmt.

VERWENDUNG. Poleiminze hat einen starken Geruch und Geschmack und sollte deswegen nur sparsam zum Würzen verwendet werden. Fein gehackte Blätter können Suppen und Fleischfüllungen verfeinern. Ein Aufguß mit Poleiminze soll ein wirksames Heilmittel bei Husten und Erkältungen sein. Außerdem sorgt er für gute Verdauung. Ein Topf mit Poleiminze im Haus hält Insekten fern.

FAMILIE: LABIATAE

PFEFFERMINZE

Botanischer Name: *Mentha piperita*

Pfefferminze ist eine stattliche, ziemlich abgehärtete, mehrjährige Pflanze mit rötlich angelaufenen Stengeln und dunkelgrünen Blättern. Sie wird 60–80 cm hoch. Die Blütenähren sind rosa bis violett; die ganze Pflanze strömt einen köstlichen, starken Duft aus.

Es gibt über diese Pflanze bis zu ihrer Beschreibung durch den Engländer John Ray im Jahre 1696 keine Aufzeichnungen. Nach Deutschland kam sie im 18. Jahrhundert von England aus.

Der medizinische Wert der Pfefferminze wurde schon früh erkannt. Die bei uns vorkommende Art ist eine Kreuzung verschiedener Minzearten. Das Öl, das man aus dieser Pflanze gewinnt, enthält Menthol. Es dient als schmerzstillendes Mittel bei Verstauchungen, Prellungen und Zahnweh. Pfefferminzöl wird als Geschmacksstoff auch zur Herstellung von Süßigkeiten und Bonbons verwendet.

ANBAU UND VERMEHRUNG. Pfefferminze gedeiht in nährstoffreichen, feuchten Böden an freien Standorten. Ihre Vermehrung erfolgt durch Aus-

läufer, die wild wuchern, wenn man ihnen nicht Einhalt gebietet. Man pflanzt die Ableger mit Wurzeln im Frühjahr, wenn keine Frostgefahr mehr besteht, 5 cm tief. Am besten setzt man sie in einen Kasten ohne Boden, damit sie ihre Nachbarpflanzen nicht beeinträchtigen. Pfefferminze kann auch in Töpfen oder Kästen erfolgreich gezogen werden. Sie muß gut gewässert und immer wieder zurückgeschnitten werden.

VERWENDUNG. Pfefferminzblätter eignen sich als Würze für Fruchtsäfte und Obstsalate, passen aber auch zu manchen Gemüsen. Pfefferminzsorbet ist köstlich erfrischend, und eisgekühlter Pfefferminztee ist eine aromatische Erfrischung an Sommertagen. Pfefferminztee wirkt gegen Verdauungsstörungen und regt den Appetit an.

FAMILIE: LABIATAE

ROSMARIN

Botanischer Name:
Rosmarinus officinalis

Der süß duftende Rosmarin ist eine immergrüne strauchartige Pflanze und in jeder Kräutersammlung ein absolutes »Muß«. Er kann bis zu 3 m hoch werden, wächst allerdings sehr langsam.

Eine Zwergform wird nur 45 cm hoch und ist besser für kleine Gärten und für Blumenkästen geeignet. Die Blätter sind kurz, schmal und ledrig. Sie ähneln in der Konsistenz den Tannennadeln. Sie sitzen gegenständig auf den Stielen. Die Blüten an den Zweigenden sind blaßblau bis violett. Die ganze Pflanze hat einen aromatischen Geruch.

Rosmarin ist in den südeuropäischen Mittelmeerküsten beheimatet.

ANBAU UND VERMEHRUNG. Rosmarin gedeiht in praller Sonne und auf nährstoffarmem Boden, aber die Erde muß kalkhaltig und trocken sein.

Die Pflanze braucht einen windgeschützten Platz und sehr wenig Wasser. Man kann sie zwar aus Samen ziehen, aber die Aufzucht dauert lange. Besser ist, Sie kaufen eine kleine Pflanze oder Sie schneiden im August von einer ausgewachsenen Pflanze Stecklinge und setzen sie im Frühjahr, wenn sie Wurzeln haben, ein. Wurzeln von jungen Pflanzen kann man im frühen Frühjahr oder im Herbst teilen. Aber Stecklinge zu setzen ist die einfachste Methode, Rosmarin zu vermehren. Schneiden Sie im Spätsommer ca. 10 cm lange Seitentriebe und stecken Sie sie in Sand. Rosmarin können auch im Blumenkasten draußen gedeihen, brauchen aber Winterschutz. Andernfalls muß die Pflanze im Haus überwintern.

VERWENDUNG. Rosmarin kann auf vielfältige Weise verwendet werden, sowohl als Heilmittel, wie auch für kosmetische Zwecke. Es ist gut für die Verdauung und fördert die Blutzirkulation.

In der Küche würzt man traditionell Lammgerichte mit Rosmarin, aber es paßt auch zu anderen Fleischgerichten und zu Fisch.

FAMILIE: LABIATAE

SALBEI

Botanischer Name: *Salvia officinalis*

Gartensalbei ist eine duftende immergrüne Pflanze, die man zu vielen Rezepten verwenden kann. Früher wurde es hauptsächlich als Heilmittel gegen Husten und Erkältungen, aber auch gegen Verstopfung und Leberleiden gebraucht. Außerdem galt es als Stärkungsmittel.

Salbei ist ein kleiner Halbstrauch, er wird 30–40 cm hoch. Die Blätter sind eiförmig, blaß-graugrün, rundgezähnt und gekerbt. Die Blüten sind lila, gelegentlich auch weiß.

ANBAU UND VERMERUNG. Salbei wächst auf jedem Boden, vorausgesetzt der Standort ist gut entwässert und sonnig. Salbei kann leicht aus Samen gezogen werden. Säen Sie im frühen Frühjahr unter Glas und setzen Sie die Sämlinge im späten Frühjahr ins Freiland. Sie wachsen ziemlich langsam, aber gegen Ende des Jahres sind sie schon ganz stattlich. Eine andere Möglichkeit der Vermehrung sind Stecklinge, die man im späten Frühjahr von einer Pflanze schneidet und sofort draußen einsetzen kann.

Die jungen Pflanzen brauchen einen Abstand von ca. 40–45 cm. Wenn die Pflanzen anfangen zu schießen, kappen Sie die Spitzen oder schneiden Sie die ganze Pflanze zurück.

VERWENDUNG. Salbei ist das passende Gewürz zum Schweinebraten, aber es schmeckt auch gut zu Entenbraten oder auf anderem gebratenen Fleisch. Gehackte Blätter werden auf alle Salate gestreut und passen zu Tomatengerichten.

Salbei hat eine blutreinigende und appetitanregende Wirkung und hemmt Entzündungen. Gurgeln mit Salbeitee hilft bei Zahnfleisch- und Mandelentzündungen.

FAMILIE: LABIATAE

GRÜNE MINZE

Botanischer Name: *Mentha spicata*

Grüne Minze oder englisch Spearmint ist vielen Leuten als Geschmack zwar ein Begriff (zum Beispiel vom Kaugummi), doch sie vergessen, daß es eine Pflanze ist. Dabei handelt es sich hier wahrscheinlich um eines der ältesten Küchenkräuter überhaupt, das ursprünglich vorwiegend im Mittelmeerraum Verwendung fand. Es wird in den Schriften von Ärzten und Naturforschern des Altertums erwähnt und wurde sowohl medizinisch, als auch zum Würzen verwendet. Bekannt waren vor allem seine verdauungsfördernden Eigenschaften.

Grüne Minze wird bis zu 45 cm hoch und hat glänzende fast kahle Stiele. Die Blüten sitzen auf langen Scheinähren und sind lila gefärbt. Noch heute wird in Afrika als Zeichen der Gastfreundschaft einem Gast Tee aus grüner Minze angeboten.

ANBAU UND VERMEHRUNG. Grüne Minze muß für sich allein oder im

Beet in einem Kasten ohne Boden wachsen, weil sie sich so schnell ausbreitet und unterirdische Ausläufer bildet, daß sie benachbarte Pflanzen verdrängen würde. Pflanzen Sie im Frühjahr verwurzelte Ableger 5 cm tief in nährstoffreichen Boden an einen schattigen Platz. Setzen Sie die Pflanzen im Abstand von 20–30 cm und gießen Sie sie bei trockenem Wetter reichlich. Grüne Minze eignet sich vorzüglich für die Bepflanzung von Kübeln und Kästen, wenn die Erde feucht gehalten wird. Die Pflanzen sollten ständig zurückgeschnitten werden, damit die ganze Saison über immer frisches Grün nachwächst.

VERWENDUNG. Meistens wird die grüne Minze in der Küche für Saucen verwendet. Sie paßt sehr gut zu Erbsen und Erbsenschoten. Versuchen Sie auch einmal Minze zu anderem jungen Gemüse, wie Karotten oder grüne Bohnen. Mischen Sie eine Handvoll Grüne Minze unter das Rindergehackte. Sie schmeckt auch sehr gut in Fruchtsäften und Obstsalaten. An heißen Tagen gibt es nichts Köstlicheres als ein Minzesorbet. Minzetee ist ein gesunder Trunk nach jeder Mahlzeit.

FAMILIE: LABIATAE

BOHNENKRAUT

Botanischer Name: *Satureia hortensis*

Garten-Bohnenkraut ist eine hübsch aussehende, langsamwachsende buschige, einjährige Pflanze. Sie wird 23–30 cm hoch und hat lange schmale Blätter und kleine, zarte, blaue, hellrote oder weiße Blüten. Bohnenkraut ist wegen seines würzigen Geschmacks eigentlich ein Küchenkraut.

Schon in der Antike war es sehr beliebt und wurde als Zutat zu Saucen, die man über Fleisch, Fisch und Geflügel goß, verwendet. Eine andere Form des Bohnenkrauts ist das mehrjährige Winterbohnenkraut.

ANBAU UND VERMEHRUNG. Garten-Bohnenkraut sollte in lockerem, nährstoffhaltigem Boden an eine sonnige Stelle gepflanzt werden. Säen Sie im frühen Frühjahr und vereinzeln Sie die Sämlinge auf 15 cm Abstand. Man kann auch in Saatschalen säen, unter Glas keimen lassen und die Sämlinge dann umsetzen; aber Bohnenkraut mag das häufige Umpflanzen nicht. Es eignet sich hervorragend für den Anbau in Töpfen und Blumenkästen.

VERWENDUNG. Verwenden Sie das würzige Bohnenkraut zu Fleisch-, Fisch- und Eiergerichten. Wie schon sein Name sagt, paßt es zu jeder Art von Bohnengerichten, aber auch in Gemüsesuppen und Fleischbrühen.

Legen Sie einige frische Zweige in Weinessig ein und lassen Sie sie gut durchziehen. Der Essig ist sehr schmackhaft zu verschiedenen Marinaden.

FAMILIE: LABIATAE

THYMIAN

Botanischer Name: *Thymus vulgaris*

Gartenthymian ist die bekannteste von allen Thymianformen. Seine aromatischen Blätter sind Bestandteil eines »bouquet garni«; dieses würzige Sträußchen wird in jeder guten Küche verwendet.

Der medizinische Nutzen von Thymian leitet sich aus dem Inhaltsstoff Thymol her, der seit Jahrhunderten als Antiseptikum verwendet wird.

Immer schon wurde Thymian mit Begriffen wie Stärke und Glück in Verbindung gebracht. Im Mittelalter war er ein Symbol für Mut. Adelige Damen stickten Sträuße von Thymian auf die Kleider ihrer Ritter, bevor diese ins Feld zogen.

Gartenthymian ist eine sich stark verzweigende, immergrüne, mehrjährige Pflanze, die bis zu 45 cm hoch wird. Thymian hat kleine, eingerollte, hellviolette bis graue Blüten und blüht im Sommer ungefähr einen Monat lang.

ANBAU UND VERMEHRUNG. Pflanzen Sie Thymian an einen sonnigen, nicht zu feuchten Platz in lockere Erde. Säen Sie im Frühjahr aus und vereinzeln Sie die Sämlinge später im Abstand von 30 cm. Sie können ihn auch durch Teilung einer alten Pflanze vermehren oder durch Stecklinge, die im Frühjahr geschnitten werden. Thymian eignet sich für den Steingarten, wo er besonders dekorativ wirkt. Er gedeiht aber auch im Topf oder Kasten, wo man ihn dann auch in den Wintermonaten schneiden und in der Küche verwenden kann.

VERWENDUNG. Thymian hat ein ziemlich starkes Aroma; deshalb sollte man ihn sparsam zu Fleisch- und Fischgerichten, zu Suppen und Kräutersaucen verwenden. Probieren Sie auch einmal feingehackte Blätter auf Kartoffelpüree, zu glacierten Karotten und anderen Gemüsen.

Eine Tasse heißer, mit Honig gesüßter Thymiantee verhilft zu ruhigem Schlaf. Thymiansalbe wirkt gegen Hautunreinheiten und Pickel.

FAMILIE: LAURACEAE

LORBEER

Botanischer Name: *Laurus nobilis*

Echter Lorbeer ist die einzige Form des Lorbeer, die in der Küche verwendet werden kann. Er ist ein immergrüner, mehrjähriger Baum oder Strauch.

Lorbeerkränze wurden in der Antike als Zeichen des Ruhms an erfolgreiche Sportler, Kriegshelden und Dichter verliehen.

Der Baum, der sehr langsam wächst, wird 10–12 Meter hoch. Lorbeerblätter sind glänzend, glatt, dunkelgrün und haben ein starkes Aroma. Die Blüten sind cremefarben, die Früchte purpurfarben. Lorbeer ist bestens zur Pflanzung im Kübel geeignet. Man kann ihn, ohne der Pflanze zu schaden, zurückschneiden.

ANBAU UND VERMEHRUNG. Pflanzen Sie den Lorbeerbaum in normaler Gartenerde an einen sonnigen Platz. In Gegenden, wo die Winter sehr streng sind, muß man ihn bei drohendem Frost ins Haus nehmen. Der Lorbeerbaum sollte öfters beschnitten werden, weil das den Baum kräftigt. Lorbeerblätter können das ganze Jahr hindurch geerntet werden.

VERWENDUNG. Lorbeer ist eines der drei Küchenkräuter des »bouquet garni«. Geben Sie ein Lorbeerblatt ins Wasser, in dem Sie Fisch kochen und verwenden Sie die Blätter auch für

Marinaden. Lorbeerblätter geben Fleischgerichten, wie Sauerbraten und Wild, einen würzigen Geschmack und gehören auch zum Sauerkraut dazu.

Auch als kräftigender Badezusatz sind sie geeignet.

FAMILIE: LILIACEAE

SCHNITTLAUCH

Botanischer Name: *Allium schoenoprasum*

Schnittlauch ist ein wichtiges Kraut in der Küche. Er hat einen milden Zwiebelgeschmack, der zu vielen Gerichten paßt. Die robuste, mehrjährige

Pflanze bringt schmale, grasähnliche, hohe Blätter hervor, die büschelweise aus kleinen Zwiebeln bis zu einer Höhe von 30–40 cm wachsen. Die Blütenköpfe, kugelförmige Scheindolden, sind klein, rund und violett. Man sollte sie abschneiden, damit die Blätter ihren vollen Geschmack behalten. Schnittlauch ist sehr geeignet als Randbepflanzung, aber auch als Schalenpflanze im Haus. Über seine Geschichte ist nur wenig bekannt. Man weiß nur soviel, daß eine Art Schnittlauch schon im alten China angebaut und wahrscheinlich überall in Ostasien verwendet wurde.

ANBAU UND VERMEHRUNG. Schnittlauch wächst auf jedem Boden, besonders gut aber gedeiht er in lockerer, nährstoffreicher, feuchter Erde. Er braucht viel Sonne, darf aber nie austrocknen.

Wenn er in Töpfen oder Kästen gehalten wird, braucht er alle 14 Tage flüssigen Dünger, damit die Spitzen nicht braun werden. Schnittlauch kann auch im Frühjahr aus Samen gezogen werden. Die Sämlinge werden dann im Abstand von 30 cm vereinzelt, wachsen aber nur langsam. Günstiger ist es, im Frühjahr oder im Herbst ganze Büschel zu teilen und sie einzupflanzen, wenn sie kräftige Wurzeln haben.

Pflanzen Sie sich mehrere Schnittlauchbüschel, damit Sie immer frischen zur Verfügung haben. Schneiden Sie nicht immer vom selben Büschel. Alle 3–4 Jahre müssen Sie die Pflanze teilen.

VERWENDUNG. Gehackten Schnittlauch kann man auf alle Salate, Fleischbrühen und Gemüsesuppen streuen. Mischen Sie Schnittlauch mit Butter und servieren Sie diese zu frischen Kartoffeln. Verwenden Sie Schnittlauch zu Omelettes, Rührei und anderen Eiergerichten. Es schmeckt auch zu den meisten gekochten Gemüsen. Quark mit Schnittlauch und Rosenpaprika ist ein erfrischender Brotaufstrich.

FAMILIE: LILIACEAE

KNOBLAUCH

Botanischer Name: *Allium sativum*

Sein charakteristischer Geruch und Geschmack hat Knoblauch zu einem der bekanntesten Kräuter gemacht. Er verbessert und verfeinert den Geschmack so vieler Gerichte, daß er für die gute Küche unentbehrlich ist.

Knoblauch ist eine mehrjährige Pflanze aus der Familie der Liliengewächse und wird bis zu 60 cm hoch. Zum Würzen wird nur die Zwiebel verwendet. Wenn er ausgewachsen ist, besteht er aus einer Anzahl Zwiebeln und Nebenzwiebeln.

Knoblauch ist eines der ältesten Gewürze. Da er als Stärkungsmittel galt, aßen ihn die ägyptischen Sklaven beim Pyramidenbau, ebenso wie die römischen Soldaten auf ihren langen Märschen.

ANBAU UND VERMEHRUNG. Knoblauch gedeiht an einem sonnigen Standort in feuchter Erde. Pflanzen Sie einige Knoblauchzehen in den Topf oder ins Freiland im frühen Frühjahr 5 cm tief und im Abstand von 15 cm. Gießen Sie die Pflanzen in trockenen Sommern regelmäßig. Im Spätsommer, wenn die Spitzen absterben, graben Sie den Knoblauch aus und hängen ihn an einem luftigen Platz auf, bis er völlig ausgetrocknet ist. Dann kann man ihn zu Zöpfen flechten.

VERWENDUNG. Knoblauch ist so stark und würzig, daß man ihn nur sparsam einsetzen sollte. Schon ein Hauch von Knoblauch kann ein Gericht völlig verändern. Ein bis zwei Zehen genügen normalerweise für einen schmackhaften Braten. Geben Sie eine ganze Zehe an geschmortes Fleisch oder in die Suppe und nehmen Sie sie wieder heraus, wenn das Gericht fertig ist. Man kann die Knoblauchzehe auch auspressen und nur den Saft verwenden.

FAMILIE: MALVACEAE

EIBISCH

Botanischer Name: *Althaea officinalis*

Der Eibisch ist eine robuste mehrjährige Pflanze, die man in sumpfigen Gebieten, vor allem in Küstennähe, findet. Er erreicht eine Höhe von mehr als 1 m und hat graugrüne samtige Blätter. Die blaßrosa Blüten wachsen aus den Blattwinkeln und blühen im Frühherbst. Alle Pflanzenteile enthalten Pflanzenschleim, der heilende Wirkung hat und am höchsten in den Wurzeln konzentriert ist.

Eibisch wird schon seit alter Zeit wegen seiner heilenden und lindernden Wirkung geschätzt. Er wurde vor allem gegen Erkrankungen der Atemwege eingesetzt und diente auch als leichtes Abführmittel. Die süß schmeckenden, weißen, faserigen Wurzeln wurden getrocknet und gerieben. Mit Honig vermischt ergaben sie eine Auflage gegen Furunkeln.

ANBAU UND VERMEHRUNG. Eibisch wächst in normaler Gartenerde an einem feuchten Platz. Säen Sie den Samen, sobald er im Herbst reif ist. Vereinzeln Sie die Setzlinge im Abstand von 45 cm und decken Sie sie den Winter über ab. Eibisch kann auch durch Stecklinge, die man aus der Krone älterer Pflanzen schneidet, vermehrt werden. Sie müssen aber gut feucht gehalten werden.

VERWENDUNG. Eibisch ist eine Heilpflanze. Tee aus Eibischblättern kann zum Gurgeln verwendet werden. Eine warme Auflage aus Blüten und Blättern hilft gegen Entzündungen. Auch die geriebene Wurzel hat eine heilsame Wirkung. Eibischwurzel muß vor Gebrauch geschält oder abgekratzt werden, verwendbar ist nur das weiße faserige Mark. Ein kalter Ansatz hift bei Husten und Bronchialkatarrh. Man kann auch eine Salbe damit herstellen, die Hautreizungen und Sonnenbrände lindert. Eibisch-Gesichtspackungen sind bei trockener Haut sehr zu empfehlen.

FAMILIE: PINACEAE (CUPRESSACEAE)

WACHOLDER

Botanischer Name: *Juniperus communis*

Der stattliche, graugrüne, immergrüne Busch kann bis zu 5 m hoch werden. Es gibt verschiedene Formen des Wacholders, er kann niedrig und breit auslegend oder hoch und konisch sein. Die Blätter sind spitz, die Blüten klein und gelb, die Früchte kugelförmig. Die Pflanze ist einhäusig. Sie hat einen angenehmen, aromatischen Geruch. Wacholderbeeren brauchen zwei Jahre zur Reife. Am Ende des ersten Jahres sind sie grün, am Ende des zweiten Jahres werden sie blau-schwarz. Die reifen Beeren sind würzig, haben einen bittersüßen Geschmack und eine körnige Struktur. Aus ihnen macht man unter anderem die Wacholderschnäpse, wie Gin.

Seit altersher wurden Wacholderzweige zum Ausräuchern der Häuser benutzt, um sich so vor Krankheiten zu schützen.

ANBAU UND VERMEHRUNG. Wacholder wächst am besten an einem freien, nicht zu feuchten Platz in gutem Gartenboden. Der Samen wird im Frühjahr in einen Topf gesät und ein Jahr später kann man die Sämlinge nach draußen pflanzen. Eine andere Möglichkeit ist, im Frühherbst Stecklinge von frischem Grün zu schneiden, sie in Sand zu setzen und mit Glas abzudecken. Im nächsten Frühjahr kommen sie dann ins Freie. Männliche und weibliche Pflanzen sollten nebeneinander stehen. Die reifen Beeren werden im Herbst gesammelt.

VERWENDUNG. Wacholderbeeren werden meist getrocknet verwendet. Geben Sie zerquetschte Beeren an Schweinefleisch und Wild. Vier Beeren können ein Lorbeerblatt in Soßen und Marinaden ersetzen. Wacholderbeeren kommen auch in die Füllungen von Enten und Gänsen. Wenn Schinken oder Kohl gekocht werden, gibt man einige Beeren ins Kochwasser.

Wacholdertee gilt als harntreibendes Mittel und stärkt die Verdauung. Er wird auch bei Bronchialkatarrh verwendet. Wer an Nierenentzündung leidet, darf keinen Wacholdertee trinken.

FAMILIE: PORTULACEAE

PORTULAK

Botanischer Name: *Portulaca oleracea*

Gemüse-Portulak ist eine zarte einjährige Pflanze mit fleischigen Blättern und gelblichen Blüten. Er hat aufrechte, rötliche Stengel und wird bis zu 15 cm hoch. Portulak hat einen scharfen klaren Geschmack und schmeckt am besten, wenn man ihn mit anderen Kräutern mischt. Portulakblätter und -samen wurden früher zum Würzen, aber auch als mildes Abführmittel benutzt. Portulaktee trank man als Stärkungsmittel.

ANBAU UND VERMEHRUNG. Portulak muß gesät werden, wenn keine Frostgefahr mehr besteht, normalerweise im späten Frühjahr. Säen Sie den Samen an einen sonnigen Platz in sandigen Boden. Die Sämlinge werden auf 10 cm vereinzelt. Portulak wächst ziemlich schnell, und man kann die ersten Blätter schon nach 6 Wochen ernten, wenn die Pflanze etwa 7 cm lang ist. Er verlangt wenig Pflege und läßt sich auch leicht im Kasten ziehen.

VERWENDUNG. Portulak ist vor allem ein Salatkraut; mischen Sie ein paar junge gehackte Blätter in den grünen Salat. Junger Portulak kann auch wie Gemüse gekocht und mit Buttersauce serviert werden. Junge Blätter sind vorzüglich zu Fleischbrühe und zu Sauerampfersuppe.

FAMILIE: ROSACEAE

BIBERNELLE

Botanischer Name: *Poterium sanguisorba*

Die Bibernelle bildet eine flache Blattrosette am Boden. Von dort wachsen bis zu 30 cm hohe Blütenstiele heraus. Sie ist eine harte mehrjährige Pflanze, die in milden Wintern sogar grün bleibt. Die Blätter sind fein gezähnt und haben einen frischen Gurkengeschmack. Die Blüten haben kleine, runde Köpfe und blühen drei Monate im Sommer.

Die Bibernelle stammt aus dem Mittelmeerraum und wurde zur Aromatisierung von Wein und als Stärkungstee verwendet.

ANBAU UND VERMEHRUNG. Die Bibernelle kann man nur aus Samen ziehen, aber wenn man sie blühen läßt, wird sie sich immer wieder von selbst aussäen. Samen sät man im späten Frühjahr oder im Frühherbst in gute Gartenerde. Wenn Sie viele Blätter ernten wollen, müssen Sie die Blütenköpfe abschneiden. Bibernelle ist sehr gut für den Anbau in Pflanzkästen geeignet, man sollte sie jedes Jahr neu aussäen, weil die jungen Blätter viel zarter sind, als die alten.

VERWENDUNG. Bibernelle ist vor allem ein Salatkraut. Die Blätter schmecken am besten, wenn sie jung und frisch sind. Geben Sie sie zu grünem Salat, aber auch zu Tomaten- oder Gurkensalat. Bibernellessig ist vorzüglich für Marinaden jeder Art. Gehackte Blätter schmecken sehr gut in Kräuterquark und grüner Sauce. Bibernelle ergibt eine dekorative Garnierung anstelle von Petersilie. Probieren Sie einmal ein paar Blätter in einer Gurkenbowle.

Aufschläge aus Bibernelltee machen eine geschmeidige Haut.

FAMILIE: ROSACEAE

ROSE

Botanischer Name: *Rosa canina, Rosa rubiginosa syn., Rosa eglanteria*

Beide Arten von Wildrosen, Hundsrose wie Zaunrose, produzieren im Sommer hübsche rosafarbene oder weiße, süß duftende Blüten. Im Herbst folgen den Blüten leuchtendrote Hagebutten. Die Hagebutten sind die Früchte, in denen der Samen liegt. Rosen sind starkwüchsige mehrjährige Pflanzen.

Die Hundsrose ist größer als die Zaunrose und trägt hakenartige Dornen. Die Zaunrose aber duftet stärker, denn sowohl ihre Blätter als auch ihre Blüten haben einen kräftigeren Geruch.

Seit Jahrhunderten dienen die Rosenfrüchte oder Hagebutten den Menschen als Nahrung. Rosen sind aber auch für ihren hohen Vitamin-C-Gehalt bekannt. Aus ihren Blättern wurde Parfüm gemacht.

ANBAU UND VERMEHRUNG. Die wilden Rosen sind so robust, daß sie überall gedeihen, wo genug Platz ist. Setzen Sie wilde Rosen als Hintergrund an einen Zaun oder ein Spalier oder pflanzen Sie sie im Meterabstand, damit sie eine hübsche Hecke bilden. Pflanzen oder bewurzelte Stecklinge sollten im frühen Frühjahr oder im späten Herbst in nährstoffreichen, nicht zu feuchten Boden gesetzt werden. Pflücken Sie die Blütenblätter gleich bei Beginn der Blüte, weil dann der Duft am stärksten ist. Lassen Sie die Hagebutten bis zum ersten Frost hängen. Sie müssen nach dem Pflücken gleich verbraucht werden.

VERWENDUNG. Die Blütenblätter kann man zur Aromatisierung von Wein oder Fruchtwein, in Marmeladen oder kandiert als Kuchendekoration verwenden. Wenn die Blüten sorgfältig getrocknet sind, sind sie hübsch in Potpourris.

Werden die Hagebutten nicht für den sofortigen Verzehr gebraucht, sollten Sie sie trocknen oder pürieren und in Schraubdeckelgläsern aufheben. Benutzen Sie das Püree als fruchtige Sauce für Puddings und Eis oder essen Sie es mit Brot und Butter. Hagebuttengelee schmeckt gut zu kaltem Fleisch. Hagebutten kann man roh essen, aber auch einen sehr guten Tee aus ihnen machen, der leicht harntreibend und erfrischend wirkt.

FAMILIE: RUBIACEAE

WALDMEISTER

Botanischer Name: *Asperula odorata syn., Galium odoratum*

Waldmeister ist eine sehr hübsche Waldpflanze mit ausdauerndem, kriechendem Wurzelstock, die 15–20 cm hoch wird. Die Blätter wachsen zu sechst oder zu acht quirlartig um den Stiel; die kleinen weißen Blüten blühen nur kurze Zeit. Die ganze Pflanze hat den Duft von frisch gemähtem Heu, der noch intensiver wird, wenn man sie abschneidet und trocknet.

In Europa wurde Waldmeister traditionell zur Aromatisierung von Wein

und Bowlen benutzt. Früher trocknete man Waldmeister und legte einige Zweige in den Wäscheschrank, um die Motten zu vertreiben.

ANBAU UND VERMEHRUNG. Waldmeister ist als Bodendecker in Wäldern weit verbreitet. Er ist leicht aus Samen zu ziehen, keimt aber sehr langsam. Streuen Sie den Samen im Sommer an einen schattigen Platz in normale Gartenerde. Vereinzeln Sie die aufgegangenen Pflanzen im Herbst im Abstand von 20 cm. Im Frühjahr kann Waldmeister auch durch Wurzelteilung vermehrt werden. Einmal angewachsen, breitet er sich ziemlich schnell aus, denn seine kleinen klettenartigen Samen bleiben leicht im Gefieder von Vögeln hängen und werden so weitergetragen.

VERWENDUNG. Um ein köstliches Sommergetränk herzustellen, setzen Sie halbgetrockneten Waldmeister mit Apfelsaft an. Waldmeister verfeinert mit seinem frischen Geschmack alle Fruchtsäfte, Wein und Apfelwein.

Eine Abkochung von Waldmeister ergibt ein Stärkungsmittel, das auch gut für die Leber sein soll. Waldmeister-Tee aus der ganzen Pflanze ist sowohl heiß, als auch kalt ein anregendes Erfrischungsgetränk.

FAMILIE: SCROPHULARIACEAE

AUGENTROST

Botanischer Name: *Euphrasia officinalis*

Augentrost ist eine kleine, zarte einjährige Pflanze. Normalerweise wird sie 10–15 cm hoch, auf fruchtbarem Boden kann sie aber auch größer werden.

Die Blätter sind scharf gezähnt, und die kleinen ziemlich unscheinbaren Blüten sind weißgelbviolett; sie blühen im Spätsommer.

In manchen Gegenden ist Augentrost weit verbreitet. Eigentlich ist er ein Heilkraut, denn entsprechend seinem Namen wurde er seit Jahrhunderten gegen Augenschmerzen verwendet.

ANBAU UND VERMEHRUNG. In Europa wächst Augentrost fast überall wild. Er kann im Garten nur angebaut werden, wenn man die Umweltbedingungen dort denen der Wildnis anpaßt. Augentrost braucht die Nährstoffe aus den Wurzeln der benachbarten Pflanzen, deshalb kann er nur auf einem mit Gras bewachsenen Platz gedeihen. Wenn man ihn Samen tragen läßt, wird er sich jedes Jahr wieder aussäen. Beim Säen sollte man mit dem Samen sehr sparsam sein, damit ein Vereinzeln der Pflanzen nicht nötig ist.

VERWENDUNG. Augentrost-Tee, der aus der ganzen Pflanze hergestellt wird, dient als Stärkungsmittel und zur Linderung von Heuschnupfen. Überanstrengte und entzündete Augen kann man in einem schwachen Aufguß von Augentrost mit heißem Wasser oder heißer Milch baden.

FAMILIE: TROPAEOLACEAE

KAPUZINER-KRESSE

Botanischer Name: *Tropaeolum majus*

Kapuzinerkresse ist eine rundblättrige, kriechende oder kletternde, einjährige Pflanze. Die trompetenförmigen Blüten haben leuchtende Farben: rot, gelb oder orange. Die Zwergvarietät wird bis zu 30 cm hoch und ist keine Kriechpflanze. Die Pflanze, die ursprünglich aus Südamerika kommt, wurde früher als Heilmittel gegen Skorbut eingesetzt. Sie ist heute wegen ihres hohen Vitamin-C-Gehalts und ihres Eisen-Gehalts bekannt und geschätzt. Sie hat einen stark pfeffrigen Geschmack.

ANBAU UND VERMEHRUNG. Kapuzinerkresse gedeiht am besten in leichtem, sandigem Boden und an sonnigem

Standort. Säen Sie sie im Frühjahr gleich an Ort und Stelle. Kapuzinerkresse ist ein guter Schutz der Nachbarpflanzen gegen allerlei Krankheiten. Sie gedeiht auch sehr gut im Pflanzkasten oder im Kübel und ist eine Bereicherung jedes Gartens.

VERMEHRUNG. Blätter und Blüten sollten jung und frisch gegessen werden, obwohl man sie auch gut trocknen kann. Gehackte Blätter schmecken gut auf Butterbrot, aber auch zu grünem Salat. Kapuzinerkresse-Samen kann in Essig eingelegt werden, wenn er grün und jung ist. Benutzen Sie ihn als Ersatz für Kapern.

FAMILIE: UMBELLIFERAE

ANGELIKA

Botanischer Name:
Angelica archangelica

Angelika oder Engelwurz ist eine große zweijährige Pflanze, die im zweiten Jahr bis zu zwei Meter hoch wird. Die ganze Pflanze riecht süßlich, und mit ihren großen Blättern, starken Stengeln und den cremeweißen Blüten ist sie eine prächtige Bereicherung ihres Kräutergartens. Die Stiele sind hohl und die großen Blätter sind mehrfach gefiedert und fein gezähnt. Die kleinen Blüten sind auf großen, fast runden Dolden angeordnet. Der leuchtend grüne Stiel wird kandiert und als Dekoration für Süßspeisen verwendet. Aber auch alle übrigen Teile der Pflanze sind verwendbar.

Graben Sie am Ende des ersten Jahres die Wurzeln aus, weil sie dann am besten zum Essen und zum Trocknen sind. Zweijährige Wurzeln sind meist holzig und wurmstichig.

Früher verbrannte man Samen und Wurzeln der Angelika, um das Haus mit ihrem Duft zu erfüllen.

ANBAU UND VERMEHRUNG. Angelika wächst gut in lockerem, nährstoffreichen Boden im Halbschatten. Sie kann aus Samen gezogen werden, den man im Spätsommer aussät. Vereinzeln Sie die Sämlinge auf 15 cm Abstand. Obwohl die Angelika nur eine zweijährige Pflanze ist, kann man dieselbe Pflanze über mehrere Jahre erhalten, wenn man sie nicht zum Blühen kommen läßt. Manchmal erscheinen die Blüten nicht vor dem vierten Jahr und da die Pflanze jedes Jahr größer wird, werden auch der Stiel und die Wurzeln immer größer. Wenn man sie blühen läßt, sorgt sie selber für sie Aussaat neuer Pflanzen.

VERWENDUNG. Verwenden Sie für kandierte Angelika die jungen Stiele und Blattstiele, die man auch zur Herstellung von schmackhaften Marmeladen und Gelees verwenden kann. Kochen Sie die Blattstiele mit Rhabarber, Stachelbeeren und Pflaumen zusammen, um den Säuregehalt dieser Früchte zu neutralisieren und Zucker zu sparen. Angelikasirup aus den Stielen und Blättern oder ein Absud der Wurzeln können in Flaschen gefüllt und gut verschlossen im Kühlschrank aufgehoben werden. Der Sirup ergibt, mit Mineralwasser verdünnt, ein erfrischendes Getränk oder schmeckt im Winter zu Obstsalaten. Die Wurzeln und Stiele können wie Gemüse gekocht und gegessen werden.

Angelika-Tee, abends vor dem Schlafengehen getrunken, beruhigt die Nerven und wirkt entspannend. Er lindert auch Erkältungen, Husten, Blähungen und rheumatische Beschwerden. Zuckerkranke sollten ihn nicht trinken. Er fördert die Verdauung und ist ein angenehmes Getränk nach schweren Mahlzeiten.

Frisch gepflückte Blätter in einer Packung auf die Brust lösen Beklemmungen. Füllen Sie ein Mullsäckchen mit den Blättern und hängen Sie es ins Badewasser; ein solches Bad entspannt und erfrischt. Benutzen Sie getrocknete Blätter für Potpourris.

FAMILIE: UMBELLIFERAE

ANIS

Botanischer Name: *Pimpinella anisum*

Anis ist eine kleine einjährige Pflanze, die den Samen produziert, der in der Küche, als Geschmacksstoff in Getränken und für medizinische Zwecke verwendet wird.

Die Pflanze hat unten rundlichgezackte, oben schmale Blätter und Blütendolden. Anis wird bis zu 45 cm hoch. Die Samen sind klein und halbmondförmig und haben ein kleines Schwänzchen.

Schon in vielen alten ägyptischen

Aufzeichnungen wird Anis erwähnt. Auch die Römer verwendeten Anis in der Medizin und um einen üppigen Festtagskuchen zu backen, der der Vorläufer des Hochzeitskuchens gewesen sein soll.

Das Aroma von Anis ist ziemlich stark und erinnert an Lakritz. Er diente häufig dazu, einen unangenehmen Geschmack (zum Beispiel von Medikamenten) zu überdecken.

ANBAU UND VERMEHRUNG. Anis kann man nur durch Samen vermehren. Säen Sie im frühen Sommer, wenn die Frostgefahr vorüber ist, in lockeren, nicht zu feuchten Boden, und zwar gleich an den endgültigen Standort. Sie können die Pflanzen auch 15 cm auseinandersetzen, wenn sie noch sehr klein sind. Die Samenköpfe werden im Frühherbst gesammelt und im Haus getrocknet. Wegen seiner langen Pfahlwurzel kann Anis nicht ohne weiteres in Töpfe gepflanzt werden, außer man sorgt für ein tiefes Pflanzgefäß, das reichlich Erde aufnimmt.

VERWENDUNG. Während der Wachstumsperiode können Anisblätter den Geschmack von grünem Salat und anderen Salaten, auch von frischem Obstsalat, verbessern. Blätter und Samen schmecken gut zu Muscheln. Verwenden Sie Anissamen für Kuchen, Kekse, Brot und süße Aufläufe.

Mit Honig gesüßter Anistee fördert die Verdauung und ist ein guter Schlaftrunk. Kauen Sie Anissamen, um einen Schluckauf wegzubringen. Anis ist auch wirksam bei Verdauungsstörungen; doch mögen viele Leute den Anisgeschmack nicht, weil er sie an Medikamente erinnert. Anissamen kann auch für Gewürzkränze verwendet werden.

Eine Gesichtspackung mit einem Brei aus gemahlenem Anissamen soll Sommersprossen vertreiben.

FAMILIE: UMBELLIFERAE

KÜMMEL

Botanischer Name: *Carum carvi*

Kümmel ist eine zweijährige Pflanze mit doppelt gefiederten Blättern, die man nur wegen ihres Samens und ihrer Wurzeln pflanzt. Zwei halbmondförmige Samen bilden sich in jeder Frucht, die aufplatzt, wenn sie reif ist. Kümmel wird bis zu 60 cm hoch. Er hat weiße Blüten, denen im zweiten Jahr die Früchte folgen. Kümmel ist beliebt als verdauungsförderndes Getränk und als Gewürz in vielen Gerichten. Er wird seit langem gebraucht, um dem Kümmellikör seinen Geschmack zu geben; der Samen wird zum Backen von würzigem Brot verwendet.

ANBAU UND VERMEHRUNG. Kümmel wird im Frühsommer oder Herbst gesät. Er mag lockeren, nicht zu feuchten Boden und einen sonnigen Standort. Der Samen keimt sehr schnell. Setzen Sie die Sämlinge in Abständen von 20 cm. In strengen Wintern brauchen die Pflanzen Schutz, etwa durch Abdeckung mit Stroh. Im ersten Jahr wird die Pflanze ca. 20 cm hoch. Ihre volle Höhe erreicht sie im zweiten Jahr.

Pflücken Sie die Samenkapseln, wenn sie braun werden, aber bevor sie aufspringen. Sie werden dann im Haus getrocknet. Graben Sie die Wurzeln nach der Ernte aus.

Kümmel gedeiht auch in Töpfen und Kästen, wenn er dort genügend Sonne bekommt, um die Samen reifen zu lassen.

VERWENDUNG. Kümmel wird zum Würzen von Schweinefleisch, Leber und Gemüsen, wie Kohl, Blumenkohl und Kartoffeln, benutzt. Die Wurzeln können gekocht wie Karotten, zum Beispiel mit einer Petersiliensoße, gegessen werden. Auch für manche Kuchen, Brötchen und Kekse verwendet man Kümmel. Als Tee wirkt er verdauungsfördernd; er paßt gut in Gewürzkränze und Potpourris.

FAMILIE: UMBELLIFERAE

KERBEL

Botanischer Name: *Anthriscus cerefolium*

Kerbel ist eine farnähnliche zweijährige Pflanze mit frischem, würzigem Geschmack und ein Kraut, das man auf vielfältige Weise verwenden kann. Sie sollten davon immer ein paar Pflanzen im Garten haben.

Kerbel wird bis zu 45 cm hoch und ähnelt der Petersilie. Er hat kleine, weiße Blüten. Früher gehörte er zu den Fastenkräutern, denen man blutreinigende Eigenschaften nachsagte. Man verwendete ihn häufig in der Fastenzeit zum Würzen der Speisen. Kerbel ist eines der »fines herbes«, die in den Kräutermischungen, die eine so große Rolle in der französischen Küche spielen, vorkommen.

ANBAU UND VERMEHRUNG. Kerbelsamen wächst so schnell, daß man mit gutem Samen fast das ganze Jahr frische Kräuter ziehen kann. Säen Sie vom frühen Frühjahr bis zum Spätsommer den Samen in nicht zu feuchten Boden im Halbschatten. Vereinzeln Sie die Pflänzchen auf 15 cm Abstand. Kerbelblätter können gepflückt werden, wenn die Pflanze ca. 10 cm hoch ist. Schützen Sie die Pflanze im Winter durch Folie oder Glas, damit Sie schon im frühen Frühjahr ernten können. Kerbel kann auch im Pflanzkasten oder Topf angebaut werden. Wenn man ihn immer kräftig zurückschneidet, wird er eine schöne buschige Pflanze, die viele Blätter hervorbringt.

VERWENDUNG. Die frischen gehackten Blätter schmecken am besten in einer Kerbelsuppe. Sie passen aber auch vorzüglich in eine Buttersauce, die zum Gemüse gereicht wird. Benutzen Sie Kerbel in Kräutermischungen, sowie für Eier- und Käsegerichte. Man kann es auch als Garnierung für Schweinefleisch, Koteletts und Beefsteaks verwenden. Feingehackt wird es über glasierte Karotten sowie über Tomaten und Erbsen gestreut. Sie können die feingehackten Blätter auch mit Butter vermengen, wodurch Sie eine Kerbelbutter erhalten.

FAMILIE: UMBELLIFERAE

KORIANDER

Botanischer Name: *Coriandrum sativum*

Koriander ist eine einjährige Pflanze, die man wegen ihrer würzigen, aromatischen Samen zieht. Bevor der Samen reif ist, hat die ganze Pflanze einen unangenehmen Geruch. Aus diesem Grund ist es nicht empfehlenswert, sie im Haus zu halten. Koriander verdient aber einen Platz im Garten, weil der selbstgezüchtete Samen viel besser schmeckt, als der gekaufte. Die Samen sind fast rund und haben einen schweren, süßen Geschmack.

Koriander wurde schon seit altersher als Fleischkonservierungsmittel, zum Würzen von Nahrungsmitteln und zur Aromatisierung unangenehm schmeckender Arzneimittel verwendet.

ANBAU UND VERMEHRUNG. Pflanzen Sie Koriander an einen gut besonnten Platz in lockeren, nährstoffreichen Boden. Säen Sie die Saat im frühen Frühjahr. Die Sämlinge brauchen einen Abstand von 10–15 cm. Koriander hat eine lange Reifezeit. Im Spätsommer, wenn sich der Samen hellgrau-braun verfärbt, schneiden Sie die Pflanzen ab. Lagern Sie sie zwei, drei Tage an einem trockenen, luftigen Platz. Wenn sie vollständig getrocknet sind, schütteln Sie die Samen aus und heben sie in fest verschlossenen Gläsern auf.

VERWENDUNG. Gemahlener Koriandersamen ist ein wichtiger Bestandteil von Currypulver und anderen Gewürzmischungen. Geben Sie die ganzen Körner an Gemüse, wie Blumenkohl, Sellerie oder Rote Beete. Mit ein bis zwei zerstoßenen Körnern pro Tasse verbessern Sie den Geschmack Ihres Kaffees. Korianderkörner braucht man auch für kräftige Gewürzbrote, Weihnachtsgebäck und zur Chutney-Herstellung.

FAMILIE: UMBELLIFERAE

KREUZKÜMMEL

Botanischer Name: *Cuminum cyminum*

Kreuzkümmel ist ein würziges Kraut, das man nur wegen seines Samens zieht. Er schmeckt herzhaft und aromatisch. Der Samen ist gelblich-braun und ca. 5 mm lang. Kreuzkümmel ist eine einjährige Pflanze, die etwa 30 bis 60 cm lang wird. Sie hat einen verzweigten Stiel mit langen, fadendünnen Blättern und kleinen rosa oder weißen Blüten.

In Europa wurde sie als Gewürz so gut wie nicht mehr verwendet, aber dank eines neu erwachten Interesses an der indischen und orientalischen Küche, wird er in jüngster Zeit wieder angebaut. Kreuzkümmel wird auch in der mexikanischen Küche verwendet.

ANBAU UND VERMEHRUNG. Säen Sie Kreuzkümmelsamen im Frühsommer an einen warmen, geschützten Platz in nährstoffreichen Boden. Vereinzeln Sie die jungen Pflanzen im Abstand von 15 cm. Sorgen Sie für viel Sonnenlicht, damit die Samen nach 3–4 Monaten reif zur Ernte sind. Wenn die Saat reif ist, schneiden Sie die Pflanze ab und trocknen sie an einem luftigen Ort.

VERWENDUNG. Kreuzkümmel ist ein ausgezeichnetes Gewürz für Eintöpfe und Linsensuppen. Geben Sie ganze Körner ins Wasser, wenn Sie Kohl oder weiße Bohnen kochen. Streuen Sie frisch gemahlenen Samen auf ein Reisgericht, kurz bevor Sie es servieren. Kreuzkümmelkörner schmecken auch in Kartoffelbrei. Sie sind außerdem eine vorzügliche Würze für Kuchen, Brote oder Kekse.

FAMILIE: UMBELLIFERAE

DILL

Botanischer Name: *Anethum graveolens*

Dill ist eine einjährige Pflanze, die bis zu 60 cm hoch wird. Er hat mehrfach gefiederte Blätter und leuchtendgelbe Blüten. Alle Teile der Pflanze sind leicht scharf, aber dennoch süß. Sowohl die Blätter als auch die linsenförmigen Samen werden verwendet. Dill hat eine beruhigende Wirkung und wird zum Beispiel gegen Bauchschmerzen und Blähungen von Babys eingesetzt, aber auch bei Schluckauf und als Schlafmittel. Der Name geht auf das sächsische Wort »dilla« zurück, das soviel bedeutet wie einschläfern oder einlullen. Seit frühester Zeit wird Dill als Mittel gegen Verdauungs- und Magenstörungen und als Beruhigungsmittel angewendet.

ANBAU UND VERMEHRUNG. Säen Sie an Ort und Stelle und vereinzeln Sie die Sämlinge. Vom späten Frühjahr bis zur Mitte des Sommers können Sie dann

kontinuierlich ernten. Gesät wird in guten Gartenboden an einen sonnigen Platz. Sobald die Blütenköpfe braun sind, ist der Samen reif. Die ganze Pflanze sollte dann abgeschnitten und im Haus getrocknet werden.

VERWENDUNG. Dillblätter sind eine besonders gute Würze für Saucen zum Fisch. Sie schmecken aber auch zu Grünem Salat und anderen rohen Gemüsesalaten, vor allem zu Gurken. Vermischen Sie Quark oder Hüttenkäse mit reichlich Dill und bestreichen Sie damit kräftiges Landbrot oder reichen Sie die Mischung zu gekochten Kartoffeln. Verwenden Sie ganze oder gemahlene Dillsamen zu Lammbraten, Kräuterbutter und Gewürzgurken.
Ein Dilltee vor dem Schlafengehen fördert den Schlaf. Dillkörner kauen macht einen reinen Atem.

FAMILIE: UMBELLIFERAE

FENCHEL

Botanischer Name: *Foeniculum vulgare*

Fenchel ist eine große, hübsche, mehrjährige Pflanze. Er wird bis zu 1,5 m hoch, hat fein gefiederte, zarte, grüne Blätter und leuchtend gelbe Blüten. In der äußeren Erscheinung erinnert Fenchel fast an Dill, doch er hat einen süßen, anisartigen Geschmack, der von dem des Dill gänzlich verschieden ist. Die Samen, die man vor Gebrauch trocknen muß, sind oval und viel aromatischer als die Blätter.

Fenchel genießt seit Jahrtausenden höchstes Ansehen wegen seiner Heilwirkung. Er wurde als Heilmittel bei Augenkrankheiten und bei Magenbeschwerden angewendet. Im alten Griechenland war der Fenchel ein Symbol des Erfolgs.

ANBAU UND VERMEHRUNG. Fenchel kann leicht aus Samen gezogen werden und ist robust genug, um auch widrigen Umständen zu trotzen. Die besten Ergebnisse erreichen Sie, wenn Sie Fenchel in feuchten, aber nicht zu feuchten Gartenboden an einen sonnigen Platz setzen. Säen Sie den Samen im frühen Frühjahr und vereinzeln Sie später die jungen Pflänzchen (Abstand 30 cm). Es ist möglich, daß selbst ausgesäte Sämlinge auftauchen; außerdem kann man alle drei bis vier Jahre den Fenchel teilen. Die Samen können geerntet werden, wenn sie hart und graugrün sind. Schneiden Sie die Köpfe ab und trocknen Sie sie vollständig in einem luftigen Raum.

»Florentiner Fenchel« ist eine Varietät, die dicke eßbare Blätter hat; sie braucht eine sehr lange Reifezeit und viel Feuchtigkeit. Die Blätter und Samen können wie die des Gartenfenchels verwendet werden.

Außerdem gibt es den sogenannten »Bronze-Fenchel«, eine hübsche Gartenpflanze, die man genauso wie die anderen Fenchel gebraucht.

VERWENDUNG. Fenchel ist sehr beliebt als Würzkraut zum Fisch. Man gibt Fenchelblätter und -samen in das Wasser, in dem man den Fisch kocht. Verwenden Sie gehackte Blätter in Saucen zum Fisch oder als Garnierung von Fischgerichten. Sie schmecken aber auch zu Salaten und Gemüsen. Probieren Sie gehackte Fenchelblätter an Butterkartoffeln. Mit ganzen oder gemahlenen Körnern werden Brot, Suppen und süßsaure Mixed Pickles aromatisch gewürzt.

Ein Aufguß mit Fenchelsamen und -blättern hat lindernde Wirkung bei entzündeten Augenlidern und bei überanstrengten Augen. Fencheltee wirkt harntreibend und ist ein mildes Abführmittel; außerdem wirkt Fencheltee krampflösend.

FAMILIE: UMBELLIFERAE

LIEBSTÖCKL

Botanischer Name: *Levisticum officinale*

Liebstöckl ist eine stattliche mehrjährige Pflanze, die bis zu 2 m groß wird. Ihre Blätter sind unten mehrfach fiederteilig und die oberen oft ungeteilt; den grün-gelblichen Blüten folgen später eiförmige, dunkelbraune Samen.

Alle Teile der Pflanze sind zu verwenden und haben einen angenehmen Geschmack, der an Sellerie erinnert. Seit frühester Zeit wird Liebstöckl als Badekraut verwendet, weil es eine reinigende und desodorierende Wirkung hat.

ANBAU UND VERMEHRUNG. Liebstöckl wird normalerweise durch Wurzelteilung im Frühjahr vermehrt und zwar um die Zeit, wenn die Blätter herauskommen. Versichern Sie sich aber, daß jedes Wurzelstück einen Trieb hat. Setzen Sie die Pflanzen im Abstand von 60 cm in guten feuchten Boden an einen sonnigen Standort, am besten hinten im Kräutergarten. Liebstöckl kann auch aus Samen gezogen werden, sobald dieser im Sommer reif ist.

VERWENDUNG. Verwenden Sie Liebstöckl sparsam zum Würzen von Gemüsesuppen, Fleischbrühen und Eintöpfen. Junge Blätter und Stiele können auch als Gemüse gekocht werden. Die Stengel werden geschält, kleingehackt und in gesalzenem, leicht kochendem Wasser weichgekocht. Servieren Sie sie mit einer schmackhaften Holländischen Sauce. Liebstöckl paßt zu Grünem Salat und zu Omelettes. Auch zerstoßene Samenkörner können zum Würzen verwendet werden, aber denken Sie daran, daß sie noch viel intensivere Geschmacksstoffe enthalten. Die jungen Stengel können wie Angelikastengel kandiert werden.

Ein Aufguß der Liebstöcklwurzel hilft bei Blasen- und Nierenerkrankungen. Eine Abkochung der Wurzel dient auch als Badezusatz.

FAMILIE: UMBELLIFERAE

PETERSILIE

Botanischer Name: *Petroselinum crispum*

Alle Arten der Petersilie sind zweijährige Pflanzen, werden aber meist behandelt wie einjährige. Sie variieren von Zwergwuchs bis 60 cm Höhe. Kein Kräutergarten ist vollständig ohne Petersilie. Die bekanntesten Arten sind die Krause Petersilie und die französische oder glatte Petersilie. Die Krause

wird möglicherweise deshalb am häufigsten verwendet, weil sie am dekorativsten ist. Verwenden Sie Krause Petersilie vor allem zum Garnieren, die glatte zum Würzen. Daneben gibt es die Wurzelpetersilie, deren Wurzeln vor allem Fleischbrühen und Gemüsesuppen verfeinern. Petersilie ist reich an Vitamin C.

ANBAU UND VERMEHRUNG. Im Frühjahr, wenn sich der Boden allmählich aufwärmt, säen Sie den Petersiliensamen. Der Samen braucht zum Keimen 3–4 Wochen. Um das Wachstum zu beschleunigen, können Sie versuchen, die Saat vorher über Nacht einzuweichen oder sie, wenn sie schon im Boden ist, mit heißem Wasser zu gießen. Geben Sie der Petersilie einen sonnigen Platz in gutem, nährstoffreichem, feuchtem Boden. Vereinzeln Sie die Sämlinge (Abstand ca. 20 cm). Halten Sie die Pflanzen bei trockenem Wetter feucht und decken Sie sie bei kaltem Wetter ab. Petersilie eignet sich gut zur Einfassung des Kräutergartens. Sie ist ideal für Fenster oder Topf und kann auch im Haus gehalten werden. Dann hat man das ganze Jahr über frische Blätter.

VERWENDUNG. Wieviel Petersilie man für die verschiedenen Gerichte verwendet, ist eine Sache des individuellen Geschmacks. Allgemein gilt, daß man damit nicht zu sparen braucht. Gehackte Blätter verfeinern Salate, Suppen, Soßen und gekochtes Gemüse. Fritieren Sie Petersilie, bis sie knusprig ist, und servieren Sie sie dann als Beilage zum Fisch. Geben Sie Petersilie auch in knoblauchgewürzte Speisen, um den Geschmack etwas zarter zu machen.

Heißer Petersilientee wirkt harntreibend und ist ein Stärkungsmittel. Er soll auch gegen rheumatische Beschwerden helfen und wird häufig bei Schlankheitskuren getrunken, weil er hilft, überflüssige Flüssigkeit aus dem Körpergewebe auszuscheiden. Das Kauen von Petersilienblättern macht einen frischen Atem.

FAMILIE: UMBELLIFERAE

SÜSSDOLDE

Botanischer Name: *Myrrhis odorata*

Süßdolde ist eine langsam wachsende mehrjährige Pflanze, die eine Höhe von 60–150 cm erreicht. Die sehr aromatische Pflanze hat einen süßen, anisähnlichen Geschmack. Die spitzen, filigranen Blätter sind groß und mit feinem Flaum bedeckt. Die kleinen, weißen Blüten wachsen in Dolden und erscheinen sehr früh. Sie sollten abgeschnitten werden, um den vollen Geschmack in den Blättern zu erhalten.

Um Samen abzunehmen, genügen ein oder zwei Dolden. Die Samen sind länglich und tiefschwarz.

Früher wurde aus ihnen Möbelpolitur hergestellt. Alle Pflanzenteile wurden zu Heilzwecken verwendet.

ANBAU UND VERMEHRUNG. Süßdolde wächst problemlos aus dem Samen. Im frühen Frühjahr setzt man sie ins Freiland. Sie braucht einen Platz im Halbschatten in guter feuchter Erde. Die jungen Pflanzen müssen vereinzelt werden (ca. 45 cm Abstand). Süßdolde sät sich leicht selber aus. Die kleinen Pflänzchen können ohne weiteres umgepflanzt werden, wenn sie ein Jahr alt sind.

VERWENDUNG. Süßdolde ist als natürlicher Süßstoff zum Würzen aller sauren Früchte geeignet. Dadurch wird Zucker eingespart. Es wird fein gehackt zu Stachelbeeren, Rhabarber und roten Johannisbeeren gegeben. Verwenden Sie Süßdolde auch zu grünen Salaten, Salatdressings und Omelettes. Man gibt Blätter oder Samen ins Kochwasser, wenn man Kohl kocht. Die aromatischen Blätter passen auch zu Obstsalaten und kalten Sommergetränken.

Gegen Verdauungsstörungen kaut man die reifen Samen oder bereitet sich einen Süßdoldentee aus den gehackten Blättern. Er muß heiß getrunken werden.

FAMILIE: VALERIANACEAE

BALDRIAN

Botanischer Name:
Valeriana officinalis

Baldrian hat als Heilkraut seit ältesten Zeiten einen guten Ruf. Es leitet seinen Namen vom lateinischen »valere« (gesund sein, gesunden) her. Der heilkräftige Teil der Pflanze ist die Wurzel. Sie hat einen starken, unangenehmen, ranzigen Geruch, wenn sie ausgegraben wird. Dennoch ist sie ein gutes Heilmittel gegen verschiedene Beschwerden.

Badrian ist eine mehrjährige Pflanze. Sie wird bis zu 1 m groß. Die Blätter sind gefiedert und manchmal behaart. Die sehr blassen rosa bis weißen Trugdolden blühen nur für kurze Zeit. Die Wurzel besteht aus einem Stock mit vielen wuchernden Ausläufern.

ANBAU UND VERMEHRUNG. Baldriansamen wächst langsam. Säen Sie ihn im Frühjahr im Saatkasten unter Glas, und pflanzen Sie die kleinen Pflanze im Abstand von ca. 60 cm aus. Wäh-
im Frühjahr im Saatkasten unter Glas,

und pflanzen Sie die kleinen Pflanze im Abstand von ca. 60 cm aus. Wählen Sie einen sonnigen Platz in feuchter, aber nicht zu feuchter Erde, damit sich der Wurzelstock entwickeln kann. Schneiden Sie die Blüten ab, sobald sie herauskommen. Die Wurzelstöcke werden am Ende des zweiten Jahres geerntet. Entfernen Sie die Wurzelfasern, bevor Sie den Stock verwenden oder trocknen.

Baldrian eignet sich auch für den Anbau in Pflanzkästen oder -schalen, muß aber gut gewässert werden. Er wirkt sehr anziehend auf Katzen, deshalb nennt ihn auch Katzenbaldrian.

VERWENDUNG. Baldrian beruhigt die Nerven und verhilft zu gesundem Schlaf. Eine Abkochung der Wurzel ist ein Mittel gegen nervöse Kopfschmerzen und ein Nerventonikum. Trinken Sie Baldriantee eine Stunde vor dem Schlafengehen einige Tage hintereinander, um den natürlichen Schlafrhythmus zu fördern. Obwohl Baldrian ein heilsames Kraut ist, sollte es nicht über einen längeren Zeitraum hinweg genommen werden. Durch zu hohe Dosen können Lethargie und Kopfschmerzen verursacht werden. In Form von Salbe, hergestellt aus Wurzeln und Blättern, heilt Baldrian Wunden und Hauterkrankungen.

FAMILIE: VERBENACEAE

ZITRONENSTRAUCH

Botanischer Name: *Lippia citriodora*

Der Zitronenstrauch ist ein zarter mehrjähriger Strauch, der bis 150 cm hoch wird. Die aromatischen Blätter duften stark nach Zitrone, sie sind lang und schmal; die kleinen weißen oder violetten Blüten erscheinen im Spätsommer.

Dieser hübsche Strauch kommt aus Südamerika und es lohnt sich gewiß, ihn im Kräutergarten oder als Topfpflanze aufzuziehen.

ANBAU UND VERMEHRUNG. Der Zitronenstrauch muß an einem warmen, geschützten Platz wachsen, vorzugsweise an einer nach Süden gerichteten Mauer. Der Boden kann nährstoffarm und trocken sein. Zur Vermehrung schneidet man im Laufe des Sommers Stecklinge. Im Winter braucht der Strauch als Schutz vor der Kälte eine Abdeckung. Man kann ihn aber auch ins Haus holen und dort überwintern.

VERWENDUNG. Die sehr stark nach Zitrone schmeckenden Blätter können in kleinen Dosen in Obstsalaten und in sommerlichen Erfrischungsgetränken verwendet werden.

Heißer Tee vom Zitronenstrauch hat eine leicht beruhigende Wirkung. Weil die Zitronenstrauchblätter ihren Geruch über Monate hin bewahren, eignen sie sich hervorragend zum Trocknen. Benutzen Sie getrocknete Blätter in Potpourris. Sie können sie auch abgefüllt in Beutelchen unter die Wäsche legen.

Aus Zitronenstrauchblättern kann man ein duftendes Bad bereiten. Die Blätter werden mit Wasser übergossen und müssen dann ziehen, bis sie kalt sind. Seihen Sie dann den Aufguß ins Badewasser ab. Ein Aufguß eignet sich auch zur Zahnreinigung.

COLO
MASCOT
PINT

Die Heilkräuter

Auch die Wissenschaft, die Pharmakologie, beschäftigt sich heute mit den Heilkräutern und beginnt, ihren Wert zunehmend höher einzuschätzen. Dabei ist sie nicht mehr aufs Experimentieren angewiesen wie die Menschen in früheren Zeiten.

Die Pharmakologen legen heute, wenn es darum geht, herauszufinden, ob eine Pflanze genau die Wirkungen hat, die ihr in den jahrhundertealten Schriften und Kräuterbüchern zugeschrieben werden, dieselben streng wissenschaftlichen Maßstäbe an wie bei der Bewertung synthetischer Arzneimittel. Sie können also den exakten Nachweis liefern, ob eine ganz bestimmte Pflanze die Wirkung hat, die man von ihr jahrhundertelang erwartete oder nicht. Durch solche Untersuchungen wird es auch möglich, Heilkräfte mancher Kräuter zu entdecken, die man bisher noch nicht kannte und nicht genutzt hat.

Die Lehre von der heilsamen Wirkung der Kräuter ist die früheste Form der medizinischen Wissenschaft. Einer der ältesten Texte, die bis heute entdeckt wurden, ist ein Papyrus, verfaßt im alten Ägypten um 1550 v. Chr. Darin sind Rezepte niedergelegt, die eine überraschend genaue Kenntnis von medizinischen Zusammenhängen beweisen. Das Wissen der Ägypter hatte großen Einfluß auf die altgriechische medizinische Wissenschaft.

Die ersten Mediziner waren Kräuterkundige; das ist durch die Überlieferung einer Beschreibung aller in der damaligen Medizin verwendeten Kräuter – herausgegeben von Hippokrates im 5. Jahrhundert v. Chr. – belegt. Hippokrates glaubte fest daran, daß die Behandlung eines bestimmten Leidens nur Erfolg haben konnte, wenn man den gesamten Organismus oder besser den ganzen Menschen in die Behandlung einbezog. Er schätzte die Bedeutung einer vernünftigen Ernährung für die Gesundheit des Menschen genauso hoch ein wie seine Gewohnheiten und die Umgebung, in der er lebte.

Im 1. und 2. Jahrhundert n. Chr. kam es durch zwei bedeutende Männer zu wesentlichen Fortschritten auf dem Gebiet der Kräuterkunde: Dioskorides und Galenus. Dioskorides war ein griechischer Arzt und Botaniker, der in Kleinasien lebte und ausgedehnte Reisen durch Europa unternahm, um die Flora und Fauna zu studieren und die besonderen Eigenschaften vieler Pflanzen aufzuzeichnen. Er schrieb »Materia Medica«, eine genaue Aufstellung der Pflanzen und der Arzneimittel, die aus ihnen zu gewinnen waren; dieses Werk

war eine wertvolle Informationsquelle für die Kräuterkundigen seiner Zeit und auch späterer Jahrhunderte.

Mit dem Aufstieg des Römischen Reiches verlagerte sich das Zentrum wissenschaftlicher Forschung nach Rom. Im 2. Jahrhundert wurde Claudius Galenus kaiserlicher Leibarzt. Er war Grieche und der erste Arzt, der eine Diagnose durch Pulsmessung stellen konnte. In einem umfangreichen Werk hat er das ganze medizinische Wissen seiner Zeit zusammengefaßt; und natürlich waren darin auch die Kräuter und ihre Wirkungen behandelt. 1500 Jahre waren seine Schriften hochgeschätzt, jahrhundertelang galt er als eine der größten Autoritäten auf dem Gebiet der Heilkräuterkunde.

Pharmakologie und Botanik steckten damals noch in den Kinderschuhen; aber ihr heutiges hohes Niveau basiert auch auf den Erfahrungen, die damals gemacht und aufgezeichnet wurden. Unglücklicherweise wurde im Mittelalter und in den Jahrhunderten danach die Kräuterkunde zunehmend in Zusammenhang gebracht mit Zauber und Magie und geriet deshalb in Mißkredit.

Mit dem Niedergang des Weströmischen Reiches begann der Aufstieg von Byzanz. Byzantinische und später arabische Wissenschaftler setzten die Tradition der Griechen und Römer fort. In Europa gingen die medizinischen Erkenntnisse der Römer und auch ihr Heilkräuterwissen zum Teil verloren; erst im Mittelalter wurden sie von Klöstern und ihren Schulen wieder gepflegt. Manche Orden gründeten Krankenhäuser und legten Heilkräutergärten an, die teilweise noch heute existieren. Die Geheimnisse der Kräuteranwendung aber wurden von den Mönchen eifersüchtig gehütet.

Im 16. Jahrhundert kam es durch Paracelsus, einen Schweizer Arzt, zu einem Umdenken in der medizinischen Wissenschaft. Er war Chemiker und Alchimist, und seine Erkenntnisse waren für die damalige Medizin geradezu revolutionär. Seine Methoden aber waren nicht sehr populär, zumal er selbst als ein ausschweifender, arroganter Mensch galt. Er stellte die sogenannte Signaturlehre auf, die er immer wieder verteidigte und in ihrer Bedeutung hervorhob. Paracelsus förderte Forschung und Experiment und brachte damit die Pharmakologie ein beträchtliches Stück weiter. Er destillierte z. B. ätherische Öle aus Kräutern und verwendete sie als Heilmittel.

Fast zur gleichen Zeit begann man, illustrierte Kräuterbücher herauszugeben, in denen die einzelnen Kräuter mit ihrem Verwendungszweck katalogisiert waren. Diese Bücher enthielten anschauliche, manchmal sogar farbige Bilder der Pflanzen, um dem Leser ihre Bestimmung zu erleichtern.

Nachdem die Druckkunst erfunden war, wurden diese Bücher bald jedem, der lesen konnte, zugänglich, bis auf einige wenige Veröffentlichungen, die ausschließlich den Klöstern und Heilkundigen vorbehalten waren. Die Leute begannen nun, sich selber zu behandeln und zu kurieren, weil ihnen das sehr einfach erschien. Man mußte nur die richtige Pflanze finden – dann war es keine Kunst, sie auch anzuwenden. Diese Volkspraktiken waren weit verbreitet. Zumal die Landbevölkerung wendete so über Generationen Kräuter auf ihre Weise an.

So wurden zwei Formen der »grünen« Medizin nebeneinander und gleichzeitig praktiziert. Die ausgebildeten Ärzte verwendeten ihre Kräuterheilmittel entsprechend den Grundsätzen, die sie aus ihrer wissenschaftlichen Ausbildung kannten, während medizinische Laien auf ihre eigene Art Heilmittel herstellten und einnahmen, die meist auf alten überlieferten Rezepten beruhten; dabei halfen ihnen die bereits erschienenen Kräuterbücher.

Beide Formen der heilkundlichen Praxis entwickelten sich nebeneinander. Die Schulmedizin aber entfernte sich immer weiter von den laienhaften heilkundlichen Praktiken, obwohl viele Arzneimittel immer noch auf pflanzlichen Bestandteilen basierten.

Astrologie

Es gibt zwei wichtige Gründe, die mehr als alles andere dazu geführt haben, daß so viele Leute die Kräuterkunde mit Mißtrauen betrachten. Der erste Grund ist die angebliche Verknüpfung mit der Astrologie, der zweite die Signaturlehre. Dieses Mißtrauen besteht im Grunde bis heute fort.

Die Anfänge der Astrologie sollen im alten Babylon zu suchen sein, wo die Hohen Priester bereits die Sterne beobachteten und ihre Positionen und Bewegungen registrierten. Sie brachten diese mit bestimmten Vorgängen ihrer Zeit in Verbindung und sprachen jedem Planeten gute oder schlechte Eigenschaften und Einflüsse zu. Die Tierkreise, eine imaginäre Zone, in der die 12 Sternbilder liegen und in der sich die Planeten bewegen sollen, wurden entwickelt. Der Tierkreis war in 12 Zonen aufgeteilt. Jeder wurden eigene Zeichen und Eigenschaften zugeordnet; diese entsprachen den einzelnen Tierkreiszeichen.

In dem Maße wie das Wissen der Babylonier zunahm, verbreitete sich ihre Lehre über die großen Handelsstraßen bis in die Mittelmeerländer, wo die astrologischen Systeme verändert und den lokalen Bedürfnissen angepaßt wurden. Die Form der Astrologie, wie wir sie heute kennen, wurde von den alten Griechen entwickelt.

Im Spätmittelalter erreichten das stetig wachsende Interesse an der Astrologie und Magie und das ängstliche Befolgen von Zeichen und Omen ihren Höhepunkt; und da diese Dinge in zunehmender Weise mit den Kräutern und ihrer Verwendung in Zusammenhang gebracht wurden, vergrößerte sich die Kluft zwischen der Kräuterkunde und der Schulmedizin immer mehr. Zu dieser Zeit kam die Theorie auf, daß jeder Körperteil von einem Tierkreiszeichen bestimmt werde, das wiederum von einem Planeten beherrscht sei. Farben, Edelsteinen und Kräutern wurde zugeschrieben, daß sie mit den Tierkreiszeichen in Verbindung ständen. Um eine bestimmte Krankheit zu behandeln, brauchte der Kräuterkundige also nur das Kraut zu kennen, das zu den Zeichen und Planeten gehörte, die über den kranken Körperteil herrschten. Das war die Theorie, die hinter dieser simplen Form der Heilkunde stand; sie hatte ihre Blütezeit im 15. und 16. Jahrhundert.

Die Astrologen und Kräutersammler dieser Zeit schrieben ihr Wissen auch nieder. Einer der bekanntesten war Nicholas Culpeper. Sein Kräuterbuch war stark mit Aberglauben befrachtet. Er gab jeder Pflanze einen dominierenden Planeten. Einige seiner Anweisungen erscheinen, gemessen am heutigen Wissen, an den Haaren herbeigezogen. Abgesehen von solchen abergläubischen Vorstellungen, besaß er aber bereits ein großes Wissen über den medizinischen Wert der Kräuter, und sicher war er ein erfolgreicher Kräuterarzt seiner Zeit. Die heutigen Naturheilkundler wehren sich mit aller Heftigkeit dagegen, daß immer noch die Verbindung zwischen Kräuterkunde und Astrologie betont wird. Diese Verbindung aber war es, die der Kräuterkunde ihren zweifelhaften Ruf eingebracht hat. Doch es gab wie gesagt noch einen Faktor, der dazu beitrug.

Die Signaturlehre

Die Signaturlehre geht von der Theorie aus, daß jede Pflanze ihr eigenes Signum hat. Man dachte, daß die Erscheinung einer Pflanze, ihre Farbe, ihr Geruch und ihr Standort anzeigen müßten, welche Krankheit mit ihrer Hilfe zu heilen

Oben: *Nikolaus Culpeper (1616–1654) war ein Verfechter der Signaturlehre und verschiedener astrologischer Theorien, nach denen die Kräuter unter dem Einfluß der Gestirne stehen.*

Linke Seite: *Eine Apotheke, in der Kräuterarzneien und -tränke hergestellt wurden. Oft lag der Heilkräutergarten gleich dahinter.*

wäre. Ein Beispiel: Helmkraut ist ein Mittel gegen Schlaflosigkeit. Die Form der Blüte ähnelt der des menschlichen Schädels. Die roten Blüten der Klette und die Farbe des roten Klees zeigen an, daß sie sich als Blutreiniger verwenden lassen. Kräuter gegen Gelbsucht haben gelbe Blüten, wie die Ringelblume, Löwenzahn und Leinkraut. Die verknoteten Wurzeln von Braunwurz zeigen an, daß sie sich für die Behandlung von Krampfadern eignet. Der Geruch des Beifuß weist auf die Behandlung eiternder Wunden mit diesem Kraut hin. Die Rinde der Weide, die in feuchten Niederungen wächst, wird zur Behandlung von Rheuma verwendet. Die Theorie geht sogar so weit, zu behaupten, daß nicht nur der Standort, sondern auch das Klima Pflanzen in einem bestimmten Gebiet hervorbringt, die sich zur Behandlung aller bei den dort lebenden Menschen vorkommenden Krankheiten eignen.

Die Wirksamkeit und die Bedeutung der Signaturlehre wurden vor allem von Paracelsus propagiert; der heißeste Verfechter dieser Theorie aber war ein italienischer Philosoph, Giambattista della Porta, der von 1543–1615 lebte. Er schrieb Bücher über Naturmagie und Gartenbau, und kam dadurch zum genauen Studium der Kräuter. Er beschrieb die Pflanzen und ordnete ihnen aufgrund ihrer »Signi« imaginäre Ursprünge und einen medizinischen Wert zu.

Die Theorie ließ sich nicht aufrechterhalten, weil sie so viele Ausnahmen zuließ. So ist zum Beispiel eines der besten Kräuter zur Blutreinigung gelber Enzian. Tausendgüldenkraut, das rosa Blüten hat, wirkt gegen Gelbsucht. Baldrian hat, anders als Helmkraut, Trugdolden mit weißlichen Blüten und ist ein hervorragendes Beruhigungsmittel.

Immerhin werden einige Kräuter mit Erfolg gegen Krankheiten eingesetzt, die nach der Signaturlehre dafür auch die richtigen Merkmale haben. Die herzförmigen Blätter des Stiefmütterchens sind ein Heilmittel gegen Herzbeschwerden, und Weidenrinde lindert rheumatische Beschwerden. Die kurze Herrschaft der Signaturlehre dauerte 100 Jahre, aber mit den Fortschritten der Experimentalmedizin verloren Theorien dieser Art allmählich ihre Faszination und damit ihre Anhängerschaft.

Giftige Kräuter

Wenn Sie Kräuter zum Essen oder für medizinische Zwecke sammeln, ist es notwendig, daß Sie sie mit absoluter Sicherheit erkennen und wissen, wozu Sie sie brauchen können. Es gibt viele Kräuter, die Seite an Seite oder eng verbunden mit eßbaren Pflanzen wachsen und deren Erscheinung – Blätter, Blüten oder Fruchtstände – anderen eßbaren Pflanzen gleichen. An feuchten Hecken sieht man oft die leuchtend roten Beeren der Schwarzen Zaunrübe, die hochgiftig sind und leicht mit den Früchten des Gemeinen Hagedorns verwechselt werden können. Die Schwarze Zaunrübe ist eine kräftige Kletterpflanze, die sich im Uhrzeigersinn um die Stämme des Hagedorns windet und deren leuchtende Beeren ins Auge fallen.

Solange Sie die Kräuter nicht genau erkennen, ist es vernünftiger, sie bei einem erfahrenen Kräutersammler zu kaufen.

Die meisten Rezepte sehen frische Kräuter vor; sollte es ihnen aber nicht möglich sein, sie zu kaufen, können Sie ruhig auch getrocknete Pflanzen nehmen. Wenn das Kraut zur rechten Zeit gesammelt und sorgfältig getrocknet wurde, werden seine heilsamen Eigenschaften nicht beeinträchtigt. Getrocknete Kräuter halten sich jedoch nur relativ kurze Zeit und enthalten nach 6–7 Monaten kaum noch Wirkstoffe.

Viele Kräuter sind nur giftig, wenn sie im Übermaß genossen werden, dennoch ist Vorsicht am Platze, wenn solche zweifelhaften Kräuter angeboten werden.

Einige Kräuter dürfen nur äußerlich angewendet werden. Wenn man Pflanzen verwendet, die heftige Reaktionen auslösen könnten, auch wenn sie nicht zu den Giftpflanzen gehören, muß man sie genau nach Vorschrift gebrauchen. Falls Sie Kräuter verwenden, um leichtere Beschwerden zu behandeln und dann während der Behandlung eine Verschlechterung des Zustands eintritt, lassen Sie sie sofort beiseite und fragen Sie den Arzt. Folgende Pflanzen sind unter anderem giftig:

Akelei	Europäisches Pfaffenhütchen
Bilsenkraut	Herbstzeitlose
Bittersüßer Nachtschatten	Knolliger Hahnenfuß
Blauer Eisenhut	Mistel
Christophskraut	Roter Fingerhut
Gefleckter Schierling	Schwarze Tollkirsche
Gemeiner Efeu	Weißer Germer
Gemeiner Goldregen	Weiße Zaunrübe
Gemeine Hundspetersilie	Zaunrübe
Eibe	

Vor den Gefahren der Selbstdiagnose kann nicht eindringlich genug gewarnt werden. Immer, wenn es sich um eine ernste Krankheit handelt, sollte der Arzt befragt werden. Kräuterheilmittel sind für den Laien da von großem Wert, wo es sich um leichte Beschwerden handelt, bei denen Kräuter Linderung bringen können, leicht herzustellen und anzuwenden sind. Es sollte auch darauf hingewiesen werden, daß die verwendeten Kräuterheilmittel meist nicht so hochkonzentriert sind wie die chemischen Arzneimittel. Deshalb müssen sie über einen längeren Zeitraum angewendet werden, um eine Wirkung zu haben.

Links: *Das süß duftende Veilchen wurde seit Jahrhunderten wegen seiner Schönheit, seiner Heilwirkung und vor allem wegen seines herrlichen Duftes angebaut. Es wird bei Infektionen der Atemwege verwendet. Die Illustration stammt aus einem altenglischen Kräuterbuch.*

Rechte Seite oben: *Eine Seite aus »Phytognomonica«, im 16. Jahrhundert von dem italienischen Botaniker Porta verfaßt. Die Abbildung zeigt Kräuter, die einem gesunden Haarwuchs dienlich sind.*

Rechte Seite unten: *Huflattich* (Tussilago farfara) *wurde gegen Husten und Rachenentzündungen verordnet.*

Kräuter für bestimmte Krankheiten

Wenn Sie Kräuter als Heilmittel verwenden, ist es wichtig zu wissen, daß Sie alle Aufgüsse und Abkochungen frisch verwenden und nach ein paar Stunden wegschütten müssen. Auch Sirups dürfen nicht länger als ein paar Tage aufgehoben werden.

Viele Kräuter können bei mehr als einer Beschwerde verwendet werden; wenn Sie also eine vorgeschlagene Pflanze nicht beschaffen können, schauen Sie in der Kräuterliste nach, um eine andere Pflanze für den gleichen Zweck zu finden, die für Sie erreichbar ist. Vorab eine kurze Erklärung von Begriffen, die in den folgenden Vorschlägen vorkommen:

Aufguß bedeutet, ein Kraut mit kochendem Wasser übergießen und ziehen lassen, um seine Wirkstoffe zu extrahieren.

Abkochung bedeutet, Pflanzen oder Pflanzenteile in Wasser kochen, um ihre Wirkstoffe zu extrahieren.

Kompresse ist ein Tuch, das in Wasser oder einem Aufguß getränkt und dann aufgelegt wird.

Packung ist eine Auflage von abgekochten Pflanzenteilen, die in ein Tuch eingeschlagen sind.

AKNE, HAUTUNREINHEITEN. Zur äußerlichen Behandlung legen Sie Kompressen mit warmen Aufgüssen von einer der folgenden Pflanzen auf: Holunder, Huflattich (Blätter und Blüten), Frauenmantel, Sauerampfer und Thymianblätter. Oder machen Sie eine Abkochung aus Kletten- oder Eibischwurzeln. Packungen, die man so heiß wie möglich auf die Haut legt, bereitet man aus Hopfen, Eibischblättern und -wurzeln oder Thymianblättern und -blüten. Wirksam sind auch Salben aus Eibischwurzeln oder aus den Blütenblättern der Ringelblume.

QUETSCHUNGEN, PRELLUNGEN, VERSTAUCHUNGEN. Legen Sie zerquetschte Beinwurz- oder Ysopblätter auf die betroffene Stelle; Petersilienblätter und Johanniskraut auf Verstauchungen. Machen Sie kalte Kompressen aus einem Aufguß der Zaubernuß, Ringelblume und Wintergrün oder eine kalte Packung aus Klettenblättern. Verwenden Sie Johanniskrautöl sowohl bei Quetschungen, als auch bei Prellungen und Verstauchungen.

PHYTOGNOMONIC. LIB. III. 223

CAPILLARES *plantæ capillorum formam experimentes hac tabella curauimus vt in conſpectum venirent. In extremis ſedibus adiantum appinximus; in media polytrichon Apulei, infra quercus excreſ-*
130 *centiam quandam.*

ERKÄLTUNGEN UND KATARRHE. Bei Katarrh trinken Sie einen heißen Aufguß aus Borretschblättern, Huflattich, Beinwurz oder Ysop. Bei fiebrigen Erkältungen nehmen Sie einen Aufguß aus gleichen Teilen Holunder, Pfefferminze und Schafgarbe zu sich. Bei anderen Erkältungen trinken Sie einen heißen Aufguß aus folgenden Kräutern: Königskerzenblüten, Lindenblüten, Kamillenblüten, Odermennigblättern, Augentrost (ganze Pflanze), Fenchel oder Salbeiblättern. Inhalieren Sie den lösenden Dampf eines Kamillenaufgusses.

FROSTBEULEN. Für die äußerliche Behandlung: Streichen Sie den rohen Saft von Knoblauch oder Brennesseln auf die nicht aufgebrochenen Frostbeulen. Massieren Sie eine Salbe aus Meerrettich-, Holunder- oder Eibischwurzeln sorgfältig ein. Trinken Sie Nessel- oder Holundertee.

VERSTOPFUNG. Nehmen Sie einen Aufguß aus Basilikumblättern, Löwenzahnblättern, Süßholzwurzel, Petersilien- oder Mutterkrautblättern als ein mildes Abführmittel. Auch das Kauen von Wacholderbeeren hilft, die Verstopfung zu beheben.

HUSTEN. Um den schmerzhaften, trockenen Husten zu lindern, trinken Sie Tee aus Königskerzenblüten. Kochen Sie zerquetschte Wurzeln des Beinwurz 10 Minuten in Wasser, geben Sie dann die gleiche Menge Milch dazu und lassen Sie

nochmals 15 Minuten leise weiterkochen. Mit zerquetschten Knoblauchzehen können Sie auf dieselbe Weise verfahren. Trinken Sie die Mischung in kleinen Schlucken, wenn es ein harter, festsitzender Husten ist. Andere wirksame Kräuter sind Eibischwurzel, die Wurzeln des echten Alant, sowie Blätter und Blüten des weißen Andorn. Lindernd wirkt auch Angelikasirup aus den Stengeln. Lutschen Sie Huflattichbonbons gegen den harten, trockenen Husten.

KRAMPF. Trinken Sie einen Aufguß von Kamillenblüten, Lindenblüten oder Fenchelblättern und -samen. Wenn Sie einen dieser Aufgüsse regelmäßig zu sich nehmen, hilft das, Muskelverspannungen zu lösen oder gar nicht erst aufkommen zu lassen. Verwenden Sie zerquetschte Bergminzeblätter, um den betroffenen Muskel damit zu massieren.

SCHNITTE UND ABSCHÜRFUNGEN. Zuerst müssen Sie die Wunde reinigen, dann legen Sie Baumwolläppchen auf, die Sie vorher in einem Aufguß von Schafgarbe, Odermennig, Beinwurzblättern oder den Blütenblättern der Ringelblume getränkt haben. Legen Sie gestoßene Eibischwurzeln direkt auf den Schnitt. Verwenden Sie auch eine Salbe, die aus Frauenmantel- oder Beinwurzblättern hergestellt wird, um die Abschürfungen zu behandeln. Eine andere Möglichkeit bietet ein linderndes Öl aus Stengeln, Blättern und Blüten des Johanniskrauts. (Wie man solche Öle herstellt ist auf Seite 66 beschrieben.)

VERDAUUNGSSTÖRUNGEN. Viele Kräuter fördern, wenn man sie regelmäßig in Form von Tees einnimmt, die Verdauung, die für den Körper so wichtig ist. Nehmen Sie wenigstens einmal am Tag in irgendeiner Form ein oder zwei der folgenden Kräuter zu sich: Süßdolde, Knoblauch, Löwenzahn, Rosmarin, Wacholderbeeren, Dill, Petersilie, Fenchel oder Kümmel. Bei Verdauungsstörungen trinken Sie Aufgüsse von Angelika, Koriander, Pfefferminze, Anis oder Salbei.

OHRENSCHMERZEN. Bei einer leichten Entzündung träufeln Sie ein paar Tropfen eines Aufgusses aus Kamillenblüten oder Fenchelblättern oder -samen ins Ohr. Um verfestigtes Ohrenschmalz zu lösen, das die Ursache von Schmerzen und Unwohlsein sein kann, machen Sie einen starken Aufguß aus Majoranblättern oder einen schwachen Aufguß von Odermennigblättern. Verwenden Sie einige Tropfen davon warm, bis eine Besserung fühlbar wird. In schweren Fällen müssen Sie natürlich den Arzt aufsuchen.

AUGENENTZÜNDUNG UND GERSTENKORN. Entzündete Augenlider und überanstrengte Augen kann man durch eine kalte Kompresse, die man vorher in einen Augentrostaufguß aus allen Pflanzenteilen getaucht hat, erfrischen. Derselbe Aufguß dient warm als Augenbad. Andere lindernde Lösungen für Augenbäder kann man aus Kamillenblüten, Eisenkrautblättern, Königskerzenblüten und Ysopblüten herstellen.

Bei Gerstenkörnern helfen alle oben genannten Bäder, wenn Sie sie so heiß und so oft wie möglich anwenden. Baden Sie das Auge in einer heißen Abkochung aus den Wurzeln von Beinwurz, um den Schmerz zu lindern und damit der Eiter abfließt. Sie können auch eine warme Auflage aus den zerstampften Samen der Kapuzinerkresse machen. Ein Aufguß aus Ysopstielen und -blättern bringt ein blaues Auge zum Abschwellen, ebenso wie Johanniskrautöl. Grundsätzlich müssen alle Augenkrankheiten vom Arzt behandelt werden.

Rechts: *Illustration aus einem Kräuterbuch des 16. Jahrhunderts. Links: Breitwegerich* (Plantago major); *aus seinen Wurzeln wurde Backmehl hergestellt. Heute verwendet man die zerdrückten Blätter zur Linderung von Stich- und Bißwunden. Rechts auf dem Bild: Rainfarn* (Tanacetum vulgare), *ein stärkendes Mittel.*

Linke Seite oben: *Wacholder* (Juniperus communis).

Linke Seite unten: *Blüten der Winterlinde* (Tilia cordata).

BLÄHUNGEN. Gegen diese unangenehme Beschwerde trinken Sie einen Aufguß aus Dill, Süßdolde oder Pfefferminzblättern oder Sie nehmen regelmäßig Anissamen ein. Kauen Sie Kümmel zur schnellen Erleichterung. Achten Sie auf ihre Ernährung und essen Sie kein Wurzelgemüse, bis die Beschwerden vorbei sind.

HÄMORRHOIDEN. Die unangenehme Krankheit kann ziemlich schnell gelindert werden. Trinken Sie regelmäßig Petersilienblättertee und bestreichen Sie die schmerzende Stelle häufig mit einem adstrigierenden Kräuteraufguß aus Odermennigblättern oder Zaubernuß.

KOPFSCHMERZEN. Wenn die Kopfschmerzen nicht durch eine andere Krankheit verursacht sind, die natürlich vom Arzt behandelt werden muß, sondern durch Übermüdung, Mangel an Schlaf, Streß, Übermüdung der Augen oder Aufenthalt in stickigen Räumen, gibt es viele Kräuter, die die Schmerzen lindern können. Probieren Sie verschiedene aus, um herauszufinden, welche ihnen am besten helfen. Trinken Sie die Kräutertees warm oder heiß, um sich zu beruhigen und zu entspannen. In Frage kommen folgende Kräuter: Zitronenmelisse, Rosmarin, Salbei, Thymian, Waldmeister, Veilchen, Lavendelblüten, Kamillen- oder Lindenblüten. Reiben Sie sich die Schläfen mit Lavendelöl ein und legen Sie sich zerquetschte Pfefferminzblätter auf die Stirn.

INSEKTENSTICHE. Wenn Sie eine Mücke oder ein anderes Insekt gestochen hat, reiben Sie eine Salbe aus Thymian und Bohnenkraut auf den Stich. Sie können auch eine Auflage mit frisch geriebenem Meerrettich oder frisch zerquetschten Klettenblättern machen. Man kann auch Petersiliensaft über der Wunde auspressen und wird bald Linderung verspüren. Rohe Wegerichblätter auf den Stich gelegt, lindern ebenfalls. Zaubernuß empfiehlt sich besonders bei Wespenstichen. Man kann auch den Stich mit einem Aufguß aus Ysopstielen und -blättern betupfen.

MUSKELSCHMERZEN. Sollte der Schmerz längere Zeit anhalten, müssen Sie einen Arzt aufsuchen, aber für leichte Beschwerden benutzen Sie Lorbeeröl oder eine Salbe aus Meerrettich oder Alant und massieren das Mittel leicht in den Muskel ein.

ÜBELKEIT. Gegen Übelkeit auf Reisen wirkt ein kalter Tee aus Basilikumblättern. Trinken Sie ihn kurz vor Reiseantritt. Andere Formen der Übelkeit lindert man am besten mit ungesüßtem Pfefferminz- oder Zitronenmelissentee (jeweils aus den Blättern). Minzetees sind wirksam gegen die morgendliche Übelkeit bei schwangeren Frauen; sie schädigen, anders als chemische Mittel, das ungeborene Kind nicht.

STRESS. Beruhigende Kräuter können angewendet werden, um Spannungen zu vermindern, falls diese auf Nervosität zurückzuführen sind. Oft kann eine Tasse Tee Besserung bewirken, obwohl natürlich jede Krankheit dieser Art in die Behandlung eines Arztes gehört. Probieren Sie es mit Angelika-, Eisenkraut- oder Zitronenmelissentee, den Sie mit Honig süßen. Versuchen Sie auch einmal eine Mischung aus 2 Teilen Salbei und 1 Teil Basilikum, oder trinken Sie einen Hopfentee.

SCHLAFLOSIGKEIT. Das letzte, was Sie am Abend zu sich nehmen, sollte ein beruhigender Kräutertee sein, der heiß getrunken wird. Sie machen sich das am besten zur dauernden Gewohnheit. Die einzige Ausnahme ist Baldrian. Kochen Sie seine Wurzeln aus und trinken Sie den Tee ca. 1 Stunde, bevor Sie ins Bett gehen. Sie sollten ihn 2–3 Wochen täglich nehmen, dann für eine Woche unterbrechen und danach wieder anfangen. Er darf nur auf diese Weise eingenommen werden und nicht zur Gewohnheit werden, weil er sonst eher ruhelos als müde macht. Andere Kräuter, die zu ruhigem Schlaf verhelfen sind: Holunder, Pferdeminze, Hopfen, Kamille und Lindenblüten.

HALSSCHMERZEN. Leichte Entzündungen von Hals und Mundhöhle können durch Gurgeln und Mundspülungen gelindert werden. Gurgeln Sie vor dem Schlafengehen mit einem Aufguß aus Angelika, Pfefferminze und Zitronenmelisse. Machen Sie sich einen Geißblattsirup, um Halsschmerzen zu lindern oder lutschen Sie kandierten Huflattich. Bereiten Sie für eine Mundspülung einen Aufguß aus Sauerampfer, Beinwurz oder Veilchenblättern. Geben Sie einen oder zwei Teelöffel Honig dazu, wenn der Aufguß unangenehm schmeckt.

Linke Seite: *Ein Topf mit Ringelblumen* (Calendula officinalis). *Die Blüten lindern Sonnenbrand und leichte Verbrennungen. Sie werden aber auch für kosmetische Zwecke benutzt. Die Blütenblätter sind eine Zierde für viele Salate; außerdem kann man daraus Tee kochen.*

Links: *Ein Bilderbuch-Kräutergarten, der zu einem englischen Landsitz gehört. Hier gedeihen die Kräuter im Schutz einer Mauer. Auf den ersten Blick erkennt man Salbei, Königskerze, Rainfarn, Wacholder, Beifuß, Liebstöckl und Eberraute.*

GELENKSCHMERZEN. Wenn die Gelenke durch langes Arbeiten oder Gärtnern zeitweise steif geworden sind, reiben Sie sie mit Lavendel- oder Lorbeeröl ein. Manchmal bringt auch eine Einreibung mit zerquetschten Mistelbeeren oder dem Saft von Löwenzahnstielen Besserung. Die Einreibung mit Meerrettich ist eine weitere Möglichkeit. Trinken Sie während der Behandlung Löwenzahntee.

MAGENSCHMERZEN. Wenn die Magenschmerzen durch zu reichhaltiges und zu schweres Essen ausgelöst wurden oder es ihnen allgemein schlecht geht, probieren Sie einmal einen Aufguß aus Lindenblüten, Pfefferminz-, Schachtelhalm- oder Bockshornklee-Samen. Kauen Sie Dill-, Anis- oder Fenchelsamen. Anhaltende Schmerzen müssen vom Arzt behandelt werden.

SONNENBRAND UND LEICHTE VERBRENNUNGEN. Zur Behandlung von Sonnenbrand reiben Sie eine der folgenden Kräutersalben auf die Haut: Ringelblume, Geißblatt oder Holunder. Streichen Sie sich mit Zaubernuß ein oder legen Sie eine Kompresse mit einem Aufguß aus Klettenblättern, Angelika, Bibernelle oder Holunderblüten auf. Bei leichten Verbrennungen streichen Sie Pfefferminzöl direkt auf die Haut, oder Sie verwenden frische Holunderblüten, Blütenblätter der Ringelblume oder Johanniskrautöl, das auch die Schmerzen lindert.

ZAHNSCHMERZEN. Um bohrende Zahnschmerzen bis zum Besuch des Zahnarztes zu lindern, trinken Sie einen Aufguß aus Zitronenmelisse oder geben ein paar Tropfen Pfefferminz- oder Majoranöl direkt auf den schmerzenden Zahn. Eine andere Möglichkeit ist, Schafgarbenblätter zu kauen.

STÄRKENDE KRÄUTER. Ein Stärkungsmittel ist etwas, das dem ganzen Organismus Kraft gibt und für allgemeines Wohlbefinden sorgt. Es gibt viele stärkende Kräuter, die auch bei anderen Leiden verwendet werden können. Unter ihnen sind: Löwenzahn, Salbei, Petersilie, Rosmarin, Portulak, Gänsefingerkraut, Eisenkraut, Marienblatt, Hagebutte, Holunderbeeren und Thymian.

Die Herstellung von Kräuterheilmitteln

Wenn Sie Kräuterheilmittel selbst herstellen, ist es wichtig,

Links: *Zubereitung eines Aufgusses aus Basilikum und einer Abkochung aus Klettenwurzeln. Auch Geißblatt, Pfefferminze und Löwenzahn sind zu sehen.*

Rechte Seite: *Herstellung einer Packung; man braucht Mörser und Stößl, um Hopfenblüten und Thymianblätter zu zerstoßen, die dann in ein Tuch eingeschlagen und mit heißem Wasser angefeuchtet werden.*

daß alle heilenden Substanzen, die das Kraut enthält, auch genutzt werden. Die meisten Heilmittel sind ziemlich einfach herzustellen, und es ist keine teure Einrichtung dafür notwendig. Günstiger ist, wenn alle benutzten Kräuter frisch sind, aber man kann auch getrocknete verwenden; allerdings brauchen Sie dann nur ein Drittel der für frische Kräuter angegebenen Menge.

AUFGUSS. Der Aufguß ist die einfachste Art, ein Kräuterheilmittel herzustellen. Sie können frische oder getrocknete Blätter verwenden, Blüten oder Blütenblätter, Stiele und manchmal, wie bei Augentrost, die ganze Pflanze. Auch Samen werden als Aufguß gebraucht, sind aber wirkungsvoller, wenn sie gekocht werden. Schlagen Sie frische Blätter und Stiele in ein sauberes Tuch ein und pressen Sie sie leicht. Geben Sie die Kräuter in ein warmes Glas oder einen Keramiktopf, Sie brauchen 3 Eßlöffel frisches Kraut oder 1 Eßlöffel getrocknetes Kraut. Gießen Sie 2½ Tassen kochendes Wasser darüber, schließen Sie das Gefäß und lassen Sie es 4–6 Minuten stehen. Nach dem Durchseihen ist es fertig zur Anwendung. Aufgüsse halten sich ein paar Stunden. Am besten benutzt man sowohl kalte, als auch heiße Aufgüsse frisch. Falls der Aufguß zum Trinken vorgesehen ist, können Sie ihn mit Honig süßen.

ABKOCHUNG. Eine Abkochung zieht die heilenden Stoffe aus der Rinde oder der Wurzel eines Krauts. Es genügt nicht, nur kochendes Wasser über das Kraut zu gießen, sondern normalerweise muß man es auskochen. Rinde sollte zerkleinert werden, bevor sie in den Topf kommt. Wurzeln wäscht, schält und raspelt oder zerquetscht man am besten, ehe man sie für eine Abkochung gebraucht. Nehmen Sie 25 g Pflanzenteile auf einen Liter Wasser und bringen es langsam zum Kochen. Lassen Sie die Mischung zugedeckt kochen, bis sie auf die Hälfte reduziert ist. Nehmen Sie den Topf von der Flamme, rühren Sie um und lassen Sie die Abkochung kalt werden. Dann rühren Sie wieder um und seihen durch. Die Abkochung ist damit fertig. Wurzeln von Eibisch und Baldrian sind noch wirkungsvoller, wenn man sie in kaltem Wasser einweicht. Von Baldrian brauchen Sie drei gestrichene Teelöffel fein gehackte Wurzel auf eine Tasse kaltes Wasser. Zudecken und 8 Stunden stehen lassen. Dann wird abgeseiht und vor der Verwendung aufgewärmt. Für eine Abkochung von Samen zerquetschen oder zerstoßen Sie diese im Mörser. Eine andere Möglichkeit ist, die Samen zwischen zwei Tücher zu streuen und mit der Kuchenrolle zu zerquetschen. Auf diese Weise wird das Öl frei. Verwenden Sie einen Eßlöffel Samen auf 2½ Tassen Wasser. Geben Sie den Samen in kochendes Wasser und lassen ihn 6–8 Minuten leicht kochen. Nach dem Abseihen heiß verwenden.

TINKTUREN. Manchmal eignet sich Alkohol besser als Wasser, um den Kräutern die heilsamen Bestandteile zu entziehen. Verwenden Sie Branntwein, um die Kräuter einzuweichen. Die benötigte Menge hängt von dem einzelnen Kraut ab, aber allgemein kann man sagen, auf 30 g gehacktes oder pulverisiertes Kraut kommen 2 Tassen Branntwein. Geben Sie die Tinktur in ein luftdichtes Glas, stellen Sie sie an einen warmen Platz und schütteln Sie jeden Tag kräftig. Nach zwei Wochen kann man abseihen. Geben Sie noch mehr frische Kräuter dazu und schütteln Sie weiterhin jeden Tag. Nach 4–5 Wochen müßte die Tinktur fertig sein.

HEILSAMER SIRUP. Sirups sind angenehm einzunehmen und wirken lindernd. Sie gießen eine Tasse kochendes Wasser auf

60 g gehackte Kräuter und lassen den Aufguß kalt werden. Anschließend wird abgeseiht und nochmals erwärmt, bevor Sie eine knappe Tasse Zucker dazugeben. Wenn der Zucker geschmolzen ist, bringen Sie das Gemisch zum Kochen und lassen es leise weiterkochen, bis es eine sirupartige Konsistenz hat. Nach dem Abkühlen wird der Sirup in ein Gefäß gefüllt und gut verschlossen.

SALBE. Die Grundsubstanz für eine Salbe ist meistens reines Schweineschmalz. Erhitzen Sie langsam 250 g Schmalz in einer Pfanne. Wenn es geschmolzen ist, geben Sie 30 g gehackte Kräuter dazu und rühren, bis das Gemisch kocht. 30 Minuten soll es leise vor sich hinkochen, bevor Sie es abseihen, in kleine Töpfe füllen und verschließen, sobald es kalt ist.

PACKUNGEN. Eine Packung wird aus zerkleinerten Kräutern gemacht, die erhitzt und dann so heiß wie möglich auf die schmerzende Stelle gelegt werden. Diese Anwendung wirkt in vielen Fällen heilsam. Schlagen Sie die Kräuter so in ein Stück Gaze ein, daß nichts herausfallen kann. Dann tauchen Sie das Tuch mit den Kräutern in kochendes Wasser, bis sie weich und breiig sind. Achten Sie darauf, daß die Enden nicht ins Wasser kommen, damit Sie das Tuch wieder herausnehmen können. Drehen Sie die Enden des Tuches so zusammen, daß das Wasser herausgepreßt wird und legen Sie es dann sofort auf die schmerzende Stelle. Darüber wickeln Sie ein trockenes Tuch. Eine Packung kann drei bis vier Mal wieder erhitzt werden.

Eine andere Möglichkeit ist, die Kräuter in einen Eisentopf zu geben, mit einem Eßlöffel Essig anzufeuchten und zu erhitzen, ohne sie anbrennen zu lassen. Die heißen Kräuter werden dann in ein Gazesäckchen gefüllt und aufgelegt.

KOMPRESSEN. Ursprünglich bedeutet eine Kompresse eine kalte Anwendung. Die einfachste Form der Kompresse ist das zerkleinerte Sauerampferblatt, das z. B. auf einen Insektenstich gelegt wird. Eine Kompresse besteht aus einem Stück Leinen, das in einem kalten Kräuteraufguß getränkt und auf die zu behandelnde Stelle gelegt wird. Wenn sie durch den Kontakt mit der Haut warm geworden ist, wird die Kompresse erneuert und die Behandlung forgesetzt, bis Besserung spürbar wird. Heiße Kompressen werden auch gelegentlich angewendet, zum Beispiel bei rheumatischen Bewerden. Kalte Kompressen helfen gegen Schwellungen und können Prellungen lindern.

Kräutertees

Viele Kräuter ergeben einen köstlich schmeckenden Tee, der lindert, beruhigt, erfrischt oder stärkt. Die gesunden, heilsamen Getränke können im Sommer kühlend, im Winter wärmend wirken. Kräutertees sind eine wertvolle Ergänzung der täglichen Mahlzeiten, wenn man sie regelmäßig anstelle von schwarzem Tee oder Kaffee einnimmt. Viele Tees werden wegen ihrer heilsamen Wirkung getrunken, die meisten aber schmecken noch dazu sehr gut und können auch getrunken werden, wenn eine bestimmte Behandlung zu Ende ist.

Zum Tee verwendet man frische oder getrocknete Kräuter. Die getrockneten sollten luftdicht in verschlossenen Behältern aufbewahrt werden. Genau wie normale Tees leiden auch Kräutertees darunter, wenn Sie zu lange aufgehoben werden. Sie verlieren ihren guten Geschmack. Falls Sie einen besonders starken Tee wollen, müssen Sie mehr Kräuter verwenden. Um durchschnittlich starken Tee zu erhalten, nehmen Sie einen Teelöffel getrocknete Kräuter auf eine Tasse heißes Wasser. Wenn Sie frische Kräuter verwenden, nehmen Sie drei Teelöffel und zerkleinern sie, bevor Sie das kochende Wasser darübergießen. Decken Sie die Tasse ab, und lassen Sie sie 50 Minuten stehen. Dann seihen Sie ab und können den Tee genießen. Geeister Tee für den Sommer wird auf die gleiche Weise zubereitet; nach dem Abseihen stellen Sie ihn zugedeckt in den Kühlschrank.

Tee aus Samen bereiten Sie, indem Sie den gestoßenen Samen in kaltes Wasser geben, zum Kochen bringen und 5 Minuten leise kochen lassen. Alle Tees können, wenn nötig, mit etwas Honig oder Zucker gesüßt werden.

Es gibt zahlreiche Ausnahmen von diesen Regeln und auch verschiedene Methoden, um den bestmöglichen Geschmack aus einem Kraut herauszuholen.

Pferdeminztee wird am besten aus einem Teelöffel getrockneter Blüten pro Tasse bereitet, die man 5 oder 6 Minuten kochen läßt. Der Tee hat eine dunkelrote klare Farbe und sieht sehr appetitlich aus.

Pferdeminzmilch bereitet man, indem man einen knappen Eßlöffel getrockneter Blüten mit heißer Milch übergießt. Lassen Sie die Mischung ein paar Minuten stehen, seihen Sie ab und trinken Sie, solange die Milch heiß ist.

Kamillentee wird nur aus getrockneten oder frischen Blüten hergestellt. Lassen Sie ihn nicht länger als drei bis vier Minuten ziehen; dann seihen Sie ab. Er ist ein sehr schmackhafter Tee.

Holundertee ist an heißen Tagen ein besonders erfrischendes und wohlschmeckendes Getränk. Waschen Sie eine ungespritzte Zitrone und schälen Sie die Schale ab. Geben Sie 40 g Zucker zusammen mit der Zitronenschale in einen Topf und 3–4 frische Holunderblüten dazu. Gießen Sie eine gute Tasse kochendes Wasser darüber. Rühren Sie, bis sich der Zucker aufgelöst hat. Dann muß das Getränk abkühlen.

Wenn es kalt ist, seihen Sie es ab und verdünnen den Tee mit kalter Milch oder Eiswasser.
Hopfentee bereitet man aus den Zapfen der weiblichen Blüten und trinkt ihn warm. Verwenden Sie 2 Teelöffel auf 1 Tasse kochendes Wasser und seihen Sie nach 3–4 Minuten ab.
Schachtelhalmtee bereitet man nur aus dem getrockneten Kraut. Um die heilsamen Wirkstoffe herauszuholen, muß man 1–2 Teelöffel Kraut pro Tasse 1 Stunde einweichen. Bringen Sie das Gemisch zum Kochen und lassen Sie es 10 Minuten sieden. Nochmals 10 Minuten stehen lassen, bevor Sie abseihen. Wenn nötig, können Sie den Tee wieder aufwärmen.
Wacholderbeerentee wird aus frischen oder zerquetschten Beeren hergestellt und regt den Appetit an. Verwenden Sie 12–15 zerquetschte Beeren für eine Tasse kochendes Wasser. Lassen Sie ihn 10 Minuten stehen, bevor Sie abseihen. Trinken Sie den Tee mit Honig. Man kann auch einen Tee aus jungen Schößlingen, die vorher gewaschen und in kaltem Wasser 24 Stunden eingeweicht wurden, bereiten.
Lindenblütentee ist ein weiteres sehr wohlschmeckendes Getränk. Man sollte die Blüten nur 3–4 Minuten ziehen lassen, weil sie sonst ihren Geschmack verlieren.
Liebstöcklbrühe wird auf dieselbe Weise wie andere Blättertees gemacht, aber da sie nach Sellerie schmeckt, gibt man etwas Meersalz dazu, um den Geschmack zu verbessern.
Ringelblumentee bereitet man nur aus den Blütenblättern, aus frischen oder getrockneten. Er hat einen ziemlich faden Geschmack, deshalb sollten Sie zur Geschmacksverbesserung etwas Zitronensaft und Honig dazugeben.
Pfefferminztee ist nicht nur schön anzusehen, sondern hat auch einen hervorragenden Geschmack und ist eine sehr gute Erfrischung. Um ein besonders feines Aroma zu erzielen, verwenden Sie am besten ganze, leicht zerquetschte Blätter.
Pfefferminzmilch bereitet man aus 1 knappem Eßlöffel zerquetschter Blätter auf eine Tasse Milch. Das ergibt einen guten Schlaftrunk.
Hagebuttentee wird aus zerquetschten Hagebutten bereitet. Es ist wichtig, daß sie gut zerdrückt sind, damit alle Wirkstoffe herausgezogen werden. Nehmen Sie einen Teelöffel pro Tasse, gießen Sie kochendes Wasser darüber, decken Sie ab und lassen Sie den Tee 5–7 Minuten stehen. Wenn nötig, süßen Sie mit Honig; soll er als Erfrischungsgetränk dienen, geben Sie Zitronenscheiben dazu. Die leuchtend rote Farbe macht ihn sehr appetitlich.
Thymiantee läßt sich aus frischen oder getrockneten Thymianblättern und -blüten herstellen, was natürlich auch die Stiele einschließt, weil es eine viel zu mühsame Arbeit wäre, die kleinen Blätter von den Stielen zu trennen. Alle Thymianarten können für Tee verwendet werden. Zitronenthymian ist besonders aromatisch. Um 1 Tasse Tee herzustellen, brauchen Sie 2 Ästchen frischen Thymian oder 1 knappen Teelöffel getrockneten. Gießen Sie das Wasser kochend darüber und lassen Sie ihn 8–10 Minuten stehen.
Baldriantee wird nur aus den Wurzeln gemacht, die frisch oder getrocknet sein können. Er kann auf die übliche Weise zubereitet werden, d.h. 1 Teelöffel Baldrianwurzel auf eine Tasse kochendes Wasser. Wirksamer ist er, wenn man ihn auf kaltem Wege herstellt. Weichen Sie einen gestrichenen Teelöffel voll gehackter oder geriebener Wurzeln in einer Tasse kaltem Wasser ein. Decken Sie sie zu und lassen Sie sie einen ganzen Tag an einem kühlen Platz stehen. Nach dem Abseihen ist der Tee fertig.
Königskerzentee, der sehr heilsam bei hartnäckigem Husten ist, macht man aus den leuchtend gelben Blüten. Übergießen Sie 3–4 Blüten mit einer Tasse kochendem Wasser und lassen Sie den Tee 7–10 Minuten stehen, bis er eine leuchtend gelbe Farbe hat. Seihen Sie die Flüssigkeit vorsichtig durch feinen Mull, damit alle Partikel zurückgehalten werden, die den Husten verschlimmern könnten.
Waldmeistertee ist ein anregendes, kräftiges Getränk, das man sowohl aus getrockneten, als auch aus halbgetrockneten Blättern, die leicht verwelkt sind, machen kann. Nehmen Sie 1 Teelöffel pro Tasse und übergießen Sie die Kräuter mit heißem Wasser, auf keinen Fall sollte das Wasser kochen. Lassen Sie den Tee eine Stunde ziehen, bevor Sie ihn abseihen. Sie können ihn dann noch einmal erhitzen oder kalt mit einer Scheibe Zitrone und einem Teelöffel Honig trinken.

Die Bedeutung der Kräuter für die Ernährung

Küchenkräuter spielen eine große Rolle bei der Zubereitung der Speisen, obwohl sie pro Tag nur in relativ geringen Mengen verzehrt werden. Auch machen sie, als Zusätze zu anderen Nahrungsmitteln, diese schmackhafter und feiner. In den Kräutern sind flüchtige Öle und Mineralsalze, aber auch Glyzerin, Saponine, Gerbsäure und Kohlenhydrate enthalten.

Die flüchtigen oder essentiellen Öle in einem Kraut bewirken seinen Duft, haben eine starke Wirkung auf den Körper und sind für seine heilsamen Eigenschaften verantwortlich. Sie verflüchtigen sich leicht, wenn Kräuter nicht ordnungsgemäß behandelt und getrocknet werden. Die Mineralsalze in den Kräutern versorgen uns mit Kalzium, Kalium, Silizium und anderen Mineralien, die wichtig für die Körperfunktionen sind. Die abführende Wirkung bestimmter Kräuter wird durch stuhlgangfördernde Stoffe bewirkt. Die übrigen Bestandteile aktivieren den Fluß der Säfte, die für eine vollständige Verdauung notwendig sind. Sie wirken auf den Kreislauf, die Magenwände und haben antibiotische Eigenschaften, was alles zur guten und vollständigen Verdauung beiträgt.

Die Verdauung ist auch gewiß in großem Maße abhängig davon, ob der Gaumen, der Geschmackssinn befriedigt wird, ob wir die Nahrung genießen. Wenn etwas gut schmeckt, dann beginnt der Speichel zu fließen, was wiederum bei der Aufbereitung der Nahrung hilft. Genußreiches Essen bewirkt eine entspannte Verfassung von Körper und Geist, und auch das ist der Verdauung förderlich.

Küchenkräuter sind eine große Hilfe bei der Zubereitung von Diätspeisen, weil sie Gewürze, wie zum Beispiel Pfeffer, ersetzen, der, in größeren Mengen genossen, schädlich sein kann oder manchmal ganz verboten ist. Verwenden Sie statt dessen Basilikum oder Bohnenkraut. Kräuter beleben auch die sonst etwas fade salzfreie oder salzarme Diät; Thymian oder Majoran können Salz fast ganz ersetzen.

Es gibt auch süße Kräuter, wie Süßdolde, Angelika, Zitronenmelisse und Zitronenthymian, die, wenn sie sachkundig eingesetzt werden, die für saure Früchte benötigte Menge Zucker beträchtlich reduzieren oder bei anderen Süßspeisen den Zucker ganz ersetzen können. Diese Kräuter geben außer ihrer Süße den Speisen auch noch einen delikaten Geschmack und sind eine Wohltat für Leute, die eine Schlankheitsdiät nötig haben.

Kräuter für Schönheitspflege und Wohnung

Haut, Haar, Augen, Nägel und der ganze Körper sind schöner und leistungsfähiger, wenn Sie gesund sind. Kosmetika können das Aussehen einer Frau nur wenig verbessern, der ausreichend frische Luft, Bewegung, Schlaf oder Entspannung fehlen und die sich nicht gesund ernährt.

Wenn Sie beginnen, selbstgemachte Kräuterkosmetika zu benutzen, sollten Sie sich auch damit beschäftigen, wie dieselben Kräuter innerlich angewendet werden können, um die Wirkung der Kosmetika zu unterstützen und zu beschleunigen.

Der Gebrauch selbstgemachter Schönheitsmittel aus Kräutern hat viele Vorteile: Der angenehme Duft und das Aroma der Kräuter und der anderen natürlichen Bestandteile wird Sie entspannen und so die positive Wirkung steigern.

Viele Zutaten, die Sie zur Herstellung von Kosmetika brauchen, stehen bereits in Ihrem Kühlschrank. Sie sind ungefährlich und natürlich, und die meisten sind Teil der täglichen Nahrung. Im allgemeinen sind sie billig zu erstehen, aber die Kosten sind dennoch ein wichtiger Punkt, weil selbstgemachte Kosmetika nicht so haltbar sind wie Markenartikel mit chemischen Konservierungsmitteln; aber gerade diese chemischen Bestandteile können der Haut schaden.

Wenn Sie erst einmal mit der Herstellung von Kräuterkosmetika vertraut sind, werden Sie bald herausfinden, welche Kräuter sich am besten für Ihre besonderen Probleme eignen. Grundsätzlich sollten Sie frische Kräuter bevorzugt verwenden, aber auch getrocknete erfüllen für die Schönheitspflege ihren Zweck, wenn Farbe und Geruch in Ordnung sind (beachten Sie auch den Hinweis auf Seite 1).

Gesichtsmasken

Gesichtsmasken gehören zu den erfolgversprechendsten Behandlungsweisen, die Sie anwenden können. Eine Gesichtsmaske reinigt und nährt die Haut und gibt ihr ihren sanften Schimmer zurück.

Die Gesichtsmaske wird auf das sorgfältig gereinigte Gesicht und den Hals aufgetragen. Waschen Sie Gesicht und Hals mit reiner Seife und einer weichen Bürste mit sanften Drehbewegungen. Achten Sie besonders auf die Partie um Kinn und Nase. Spülen Sie das Gesicht sorgfältig mit klarem, lauwarmem Wasser ab und tupfen Sie es mit einem weichen Handtuch trocken. Nun können Sie die Gesichtsmaske auftragen.

Beim Verteilen der Kräuterpackung auf dem Gesicht müssen Sie darauf achten, daß die Lippen frei bleiben. Sparen Sie auch die Augenpartie aus. Schützen Sie die Augen mit einem in Fenchelwasser oder in klares Wasser getauchten Wattebausch. Legen Sie sich nach dem Auftragen der Maske hin und ruhen Sie während der angegebenen Zeit; stellen Sie sich eine Eieruhr, wenn Sie fürchten, die Maske zu lange einwirken zu lassen. Tragen Sie nach Entfernen der Maske einen Befeuchter auf Gesicht und Hals auf.

GRUNDREZEPT FÜR EINEN BEFEUCHTER AUS KRÄUTERN. Gießen Sie 2 Eßlöffel Glycerin, 2 Eßlöffel Rosenwasser und 2 Eßlöffel Ringelblumenwasser zusammen; verrühren Sie diese Zutaten gut und füllen Sie den Befeuchter in eine Flasche mit Schraubverschluß. Schütteln Sie die Flasche

vor Gebrauch. Verteilen Sie das Fluid nach dem Entfernen der Gesichtsmaske gleichmäßig auf der Haut; wischen Sie dann das Gesicht mit einem Papiertuch ab, so daß nur ein dünner Schutzfilm auf der Haut zurückbleibt.

Um das Ringelblumenwasser herzustellen, geben Sie 25 g Blütenblätter der Ringelblume in einen Topf mit knapp 2 Tassen Wasser. Lassen Sie die Mischung 30 Minuten bei schwacher Hitze kochen. Filtern Sie die Flüssigkeit und geben Sie nochmals 25 g frische Blätter hinein, ohne zusätzliches Wasser hinzuzufügen. Die angegebene Menge ergibt etwas mehr als 1 Tasse Ringelblumenwasser.

Glyzerin und Rosenwasser können Sie in der Drogerie kaufen, letzteres aber auch leicht selber herstellen. Für 1 Tasse Rosenwasser brauchen Sie 180 g Blütenblätter. Sammeln Sie die stark duftenden Blätter der Hundsrose, geben Sie einen Teil davon in einen Topf und bedecken Sie sie knapp mit Wasser. Zugedeckt lassen Sie die Flüssigkeit 30 Minuten bei schwacher Hitze kochen. Filtern Sie die Blütenblätter ab und wiederholen Sie den Prozeß mit derselben Menge frischer Blätter so lange, bis alle verbraucht sind. Dann lassen Sie das Rosenwasser abhkühlen und filtern es in sterilisierte Gläser. Lassen Sie es drei Tage stehen, bevor Sie es verwenden.

Masken für normale Haut

SALBEI-APFEL-PACKUNG. Schälen Sie einen Apfel, schneiden Sie ihn in kleine Stücke und pürieren Sie ihn in einem Mixer, zusammen mit 2 Eßlöffeln Honig und 15 g zerstoßenen und gehackten Salbeiblättern. Anstelle von Salbei können Sie auch 2 Eßlöffel Rosenwasser verwenden. Verteilen Sie die Mischung auf der Haut und lassen Sie sie 15 Minuten einwirken. Entfernen Sie die Maske mit lauwarmem Wasser und erfrischen Sie die Haut anschließend mit kaltem Wasser. Tupfen Sie ihr Gesicht mit einem weichen Handtuch trocken und tragen Sie Befeuchter auf.

FRAUENMANTEL-KRÄUTERMASKE. Mischen Sie 3 Eßlöffel Weizenkeime und 1 Eßlöffel Honig. Brühen Sie einen konzentrierten Aufguß aus 1 Eßlöffel gehacktem Frauenmantel und 15 cl kochendem Wasser. Lassen Sie den Aufguß abkühlen, und mischen Sie 1 Eßlöffel davon unter die anderen Zutaten. Tragen Sie die Maske auf und lassen Sie sie 20 Minuten einwirken. Reinigen Sie Ihr Gesicht mit lauwarmem Wasser und spülen Sie es dann mit kaltem Wasser ab. Tupfen Sie die Haut trocken und tragen Sie Befeuchter auf. Diese Maske wirkt anregend und erfrischend.

FENCHELSAMENPACKUNG. Mischen Sie für diese aufbauende Packung folgende Zutaten: 50 g Joghurt, 3 Eßlöffel Honig, 2 Eßlöffel Haferflocken und 3 Eßlöffel konzentrierten Aufguß aus Fenchelsamen. Brühen Sie den Aufguß aus 3 Teelöffeln gequetschten Fenchelsamen und 15 cl Wasser auf;

lassen Sie den Aufguß abkühlen, bevor Sie ihn mit den anderen Zutaten vermischen. Tragen Sie die Mischung auf und lassen Sie sie 10–15 Minuten wirken. Reinigen Sie Ihr Gesicht mit warmem Wasser und erfrischen Sie es anschließend mit kaltem Wasser. Trocknen Sie die Haut mit einem weichen Handtuch ab und tragen Sie Befeuchter auf.

ANREGENDE WACHOLDERMASKE. Weichen Sie 25 g Wacholdertriebe vierundzwanzig Stunden in 15 cl kaltem Wasser ein. Vermischen Sie 2 Eßlöffel von diesem Sud mit 1 Eßlöffel Porzellanerde und 1 Eiweiß zu einer dicken Paste. Tragen Sie diese dick auf das Gesicht auf und lassen Sie sie 15 Minuten trocknen. Entfernen Sie die Maske mit lauwarmem Wasser und betupfen Sie Ihr Gesicht dann mit kaltem Wasser. Tragen Sie nach dem Abtrocknen Befeuchter auf.

PFEFFERMINZ-HEFE-MASKE. Zur schnellen Erholung der Haut sollten Sie diese anregende Gesichtspackung einmal ausprobieren. Mischen Sie 1 Teelöffel Trocken-Backhefe mit 1 Eßlöffel von einem konzentrierten Aufguß aus Pfefferminzeblättern, für den Sie 15 cl kochendes Wasser auf 2 Eßlöffel gehackte Pfefferminze gießen. Lassen Sie den Aufguß abkühlen und filtern Sie ihn, bevor Sie ihn verwenden. – Tragen Sie die Mischung auf Gesicht und Hals auf und lassen Sie sie in 10–15 Minuten völlig trocknen. Spülen Sie die Maske mit warmem Wasser ab, betupfen Sie das Gesicht mit kaltem Wasser, trocknen Sie es ab und tragen Sie Befeuchter auf.

Gesichtsmasken für trockene Haut

Auch ausgesprochen trockene Haut kann von einer Gesichtsmaske profitieren, wenn einige grundsätzliche Punkte beachtet werden. Verteilen Sie nach dem Reinigen der Haut immer erst ein wenig Mandelöl auf dem Gesicht, bevor Sie die Maske auftragen. Waschen Sie die Maske immer mit warmem Wasser ab und waschen Sie das Gesicht anschließend nicht mit kaltem Wasser, weil das die Haut zusammenzieht, die Poren schließt und austrocknend wirkt. Tragen Sie direkt nach Entfernen der Maske Befeuchter auf. Für trockene Haut eignen sich besonders Beinwell, Fenchel, Ringelblume, Blutklee, Borretsch, Huflattich, Frauenmantel, Bibernelle, Eibisch und Holunderblüten.

GESICHTSMASKE AUS BIBERNELLE, ÖL UND HEFE. Vermischen Sie 1 Eßlöffel pulverisierte Bierhefe, ½ Teelöffel Weizenkeimöl und 2 Eßlöffel von einem konzentrierten Aufguß aus Blättern der Bibernelle, den Sie aus 2 Eßlöffeln gehackten Blättern und einer Tasse kochendem Wasser herstellen. Verteilen Sie die Mischung noch warm auf Ihrem Gesicht und lassen Sie sie 10–15 Minuten einwirken. Reinigen Sie das Gesicht mit warmem Wasser, tupfen Sie es trocken und tragen Sie Befeuchter auf.

BEINWELLMASKE. Diese auf trockene Haut beruhigend wirkende Gesichtsmaske wird aus Beinwellblättern hergestellt. Verrühren Sie 4 Eßlöffel kochendes Wasser mit einer Handvoll Beinwellblättern in einem Mixer, bis die Mischung breiig ist. Filtern Sie den Brei durch ein Tuch und drücken Sie dabei soviel wie möglich von dem Saft heraus. Verteilen Sie den Saft auf dem gereinigten Gesicht und lassen Sie ihn 10 Minuten einwirken; anschließend mit warmem Wasser abwaschen, trockentupfen und Befeuchter auftragen.

MASKE AUS RINGELBLUMEN, PFIRSICH UND JOGHURT. Schälen Sie einen Pfirsich und entfernen Sie den Stein. Zerdrücken Sie die Frucht zu einem Brei und mischen Sie diesen mit 2 Teelöffeln Joghurt und 1 Eßlöffel konzentriertem Ringelblumenaufguß aus 2 Eßlöffeln zerkleinerten Ringelblumenblüten und -blättern und einer Tasse kochendem Wasser. Verteilen Sie die Mischung auf der Haut und lassen Sie sie etwa 10–15 Minuten trocknen. Dann mit warmem Wasser abwaschen, trockentupfen und Befeuchter auftragen.

MASKE AUS BORRETSCH, EI, HEFE UND MANDELÖL. Verrühren Sie 2 Eigelb, 2 Teelöffel Mandelöl und 7 g frische oder mit etwas warmem Wasser angerührte Trockenhefe. Fügen Sie 1 Eßlöffel konzentrierten Borretschaufguß hinzu, den Sie gewinnen, indem Sie 2 Eßlöffel zerdrückter oder gehackter Borretschblätter mit einer Tasse kochendem Wasser übergießen. Tragen Sie die Maske auf und lassen Sie sie 10 Minuten wirken. Waschen Sie die Maske mit warmem Wasser ab, tupfen Sie die Haut trocken und tragen Sie Befeuchter auf.

Gesichtsmasken für fettige Haut

Es gibt eine ganze Reihe von Kräutern, die adstringierend wirken, d. h. die Poren zusammenziehen, und die mit Erfolg in Gesichtsmasken für fettige Haut eingesetzt werden können. Zu den wirkungsvollsten gehören Kamilleblüten, Blüten und Blätter der Schafgarbe, Nesseln, Salbeiblätter und Petersilie.

KAMILLENBLÜTENMASKE MIT SCHAFGARBE, KAROTTEN UND EIWEISS. Vermischen Sie 1 mittelgroße, feingeriebene Karotte, 1 geschlagenes Eiweiß und 1 oder 2 Eßlöffel eines konzentrierten Aufgusses aus Kamillenblüten und Schafgarbenblättern oder -blüten. Gießen Sie dazu eine Tasse kochendes Wasser auf je 3 Teelöffel Kamille und Schafgarbe und lassen Sie den Aufguß abkühlen. Verteilen Sie die Mischung auf Ihrem Gesicht und lassen Sie sie 10–15 Minuten einwirken. Reinigen Sie das Gesicht mit warmem Wasser und tupfen Sie es dann mit kaltem Wasser ab. Nach dem Abtrocknen Befeuchter auftragen.

PETERSILIENMASKE MIT EI ODER JOGHURT. Diese Maske eignet sich besonders für stark fettende Haut. Waschen Sie einen großen Bund Petersilie, hacken Sie sie und pürieren Sie sie in einem Mixer mit eben soviel kochendem Wasser wie der Mixer braucht, um zu funktionieren. Anstelle des Mixers kann auch ein Entsafter benutzt werden. Wenn keiner von beiden zur Verfügung steht, können Sie auch einen konzentrierten Aufguß aus 3 Eßlöffeln gehackter Petersilie und einer Tasse kochendem Wasser verwenden. Mischen Sie den Petersiliensaft mit der gleichen Menge Eiweiß oder Joghurt und tragen Sie die Mischung auf. Lassen Sie die Maske 15–20 Minuten einwirken; dann entfernen Sie die Packung und waschen Ihr Gesicht mit kaltem Wasser. Tragen Sie nach dem Abtrocknen Befeuchter auf.

MASKE AUS BRENNESSELN, MILCH UND HAFERFLOCKEN. Mischen Sie 2 Eßlöffel Haferflocken mit etwas Milch, so daß eine dicke Paste entsteht; dann fügen Sie soviel Nesselsaft hinzu, daß Sie die Paste leicht verstreichen können. Den Nesselsaft bekommen Sie durch Pürieren im Mixer oder durch Entsafter, oder Sie verwenden einen Aufguß aus einer Tasse kochendem Wasser und 2 Eßlöffeln gehackten Brennesselblättern und -stengeln. Verteilen Sie die Paste auf der Haut und lassen Sie sie 15 Minuten einwirken. Nach dem Entfernen der Packung das Gesicht mit kaltem Wasser waschen, trocknen und Befeuchter auftragen.

MASKE AUS PFEFFERMINZE, EI, ZITRONE UND GURKE. Pürieren Sie in einem Mixer 1 Eiweiß, ½ geschälte, grob zerkleinerte Gurke, 1 Teelöffel Zitronensaft und eine knappe Handvoll frisch gepflückter Pfefferminzeblätter. Tragen Sie die Mischung auf und lassen Sie sie 10–15 Minuten einwirken; Sie werden dabei ein angenehmes Prickeln spüren. Entfernen Sie die Maske und baden Sie Ihr Gesicht in lauwarmem Wasser. Tupfen Sie das Gesicht mit einem weichen Handtuch ab und tragen Sie ein wenig Befeuchter auf.

SALBEIMASKE MIT MILCH UND ALAUN. Brühen Sie einen konzentrierten Salbeiaufguß aus 2 Eßlöffeln gehacktem Salbei und einer Tasse kochendem Wasser auf und lassen Sie ihn 15 Minuten ziehen. Dann filtern Sie den Aufguß und lassen ihn abkühlen. Geben Sie auf 1 Teelöffel Salbeiaufguß 2 Teelöffel Milch und eine Messerspitze Alaun. Tragen Sie die Mischung auf und lassen Sie sie 10 Minuten einwirken. Reinigen Sie Ihr Gesicht mit warmem Wasser und tragen Sie nach dem Abtrocknen ein wenig Befeuchter auf.

SCHAFGARBE-TROCKENMILCH-MASKE MIT HONIG UND EI. Mischen Sie 2 Teelöffel Trockenmilch mit 1 Teelöffel Honig. Geben Sie 2 Teelöffel konzentrierten Schafgarbenaufguß aus einer Tasse kochendem Wasser auf 2 Eßlöffel Schafgarbenblätter und -blüten hinzu. Schlagen Sie ein Eiweiß schaumig, und rühren Sie es unter die Mischung. Tragen Sie die Packung auf und lassen Sie sie 20 Minuten einwirken. Reinigen Sie Ihr Gesicht mit warmem Wasser und betupfen Sie es dann mit kaltem Wasser. Tragen Sie nach dem Abtrocknen einen dünnen Film Befeuchter auf.

Präparate zur Hautreinigung

Damit die Haut gesund bleibt, muß sie täglich, besser zweimal am Tag, gründlich gereinigt werden. Ein gutes Reinigungsprogramm ist deshalb wichtig, weil es verschiedene Aufgaben erfüllt. Beim Reinigen werden nicht nur Schmutz und Make-up-Reste entfernt; gleichzeitig wird die Haut von toten Zellen befreit, die sonst auf ihrer Oberfläche verbleiben, das Aussehen beeinträchtigen und die Haut daran hindern würden zu atmen. Außerdem wird die Haut durch diese Pflege zarter.

Beginnen Sie die Reinigung mit einer passenden Creme oder Lotion; lassen Sie das Präparat einige Augenblicke einwirken und entfernen Sie es dann vorsichtig mit einem Papiertuch. Bei den meisten Hauttypen empfiehlt sich die zusätzliche Reinigung mit einer guten, nicht-alkalischen Seife und lauwarmem Wasser; dadurch werden alle Spuren der Reinigungscreme und des Make-ups entfernt und Ihre Haut wird wieder frisch und munter. Verwenden Sie direkt anschließend ein Gesichtswasser, ein Tonikum oder eine Spülung passend zu Ihrem Hauttyp. Tragen Sie abschließend ein wenig Befeuchter auf.

Immer wenn sich Ihre Haut verklebt anfühlt oder matt aussieht und wenig Farbe hat, sollten Sie Ihrem Gesicht ein Kräuterdampfbad gönnen. Gesichtsdampfbäder unter Verwendung von Kräutern sind ein einfaches und wirkungsvolles Mittel, die Haut tief zu reinigen und zart zu machen. Sie helfen bei der Entfernung von Mitessern und sind ebenso bei Akne und großen Poren zu empfehlen.

Die Reinigung mit Dampf ist bei ausgesprochen trockener Haut nur dann zu empfehlen, wenn das Gesicht vorher dünn mit Öl eingerieben wird.

VORBEREITUNG EINES GESICHTSDAMPFBADES. Binden Sie sich zunächst die Haare aus dem Gesicht. Reinigen Sie Gesicht und Hals mit einer leichten Reinigungscreme. Entfernen Sie die Creme mit einem Papiertuch und waschen Sie Gesicht und Hals mit reiner Seife und Wasser mit einer weichen Hautbürste. Spülen Sie mit lauwarmem Wasser nach und tupfen Sie die Haut trocken. Geben Sie 4 Eßlöffel der gewählten Kräuter oder einer Kräutermischung in eine Schüssel und gießen Sie 1 l kochendes Wasser darauf. Beugen Sie sich über die Schüssel, ohne Ihr Gesicht zu dicht über das Wasser zu halten; legen Sie sich ein Handtuch über den Kopf, so daß der Dampf nicht entweichen kann. Bleiben Sie mindestens 10 Minuten unter dem Handtuch, wenn Sie es aushalten auch länger. Reiben Sie Ihr Gesicht mit einem sauberen feuchten Tuch ab und betupfen Sie es mit Gesichtswasser. Gehen Sie nicht direkt nach dem Dampfbad ins Freie, sondern lassen Sie Ihre Haut vorher wenigstens eine Stunde lang abkühlen. Folgende Kräuter eignen sich, allein oder in einer Mischung, für ein Dampfbad: die Blütenblätter der Ringelblume, die Blüten von Kamille, Linde, Schafgarbe und Holunder; die Blätter von Beinwell, Fenchel, Frauenmantel, Nessel, Bibernelle, Salbei und Pfefferminze.

Reinigungscremes und -öle

Die folgenden Reinigungspräparate sind besonders für normale und trockene Haut geeignet, können aber auch bei fettiger Haut verwendet werden, wenn anschließend ein Gesichtswasser oder eine adstringierende Lotion benutzt wird.

REINIGUNGSCREME. Geben Sie 25 g Lanolin, 25 g Kakaobutter und 4 Eßlöffel süßes Mandelöl in eine Schüssel. Stellen Sie die Schüssel in einen Topf mit kochendem Wasser und lassen Sie die Zutaten unter gelegentlichem Umrühren zergehen. Nehmen Sie die Schüssel aus dem Wasserbad und fügen Sie 4 Eßlöffel eines konzentrierten Aufgusses von Veilchenblüten und -blättern, Frauenmantelblättern oder Kamilleblüten hinzu. Rühren Sie die Mischung mit der Hand oder mit einem elektrischen Mixer, bis sie abgekühlt und gut gemischt ist. Füllen Sie sie in ein Glas mit Schraubverschluß. Schütteln Sie das Glas vor jedem Gebrauch.

Statt dieser Rezeptur können Sie aber auch die folgende verwenden: Mischen Sie in einem Topf bei schwacher Hitze 4 Eßlöffel Pflanzenmargarine mit 3 Dessertlöffeln entweder von getrockneten Holunder- oder Lindenblüten oder Blättern von Rosmarin, Salbei oder Bibernelle. Vermischen Sie die gewählten Zutaten gut und lassen Sie die Creme abkühlen. Fügen Sie beim Abfüllen in ein verschließbares Glas noch einige Tropfen Lavendel- oder Rosenwasser hinzu.

KRÄUTERREINIGUNGSÖL. Natürliche Öle in Verbindung mit Kräutern eignen sich besonders gut als Reinigungspräparate für trockene Haut; sie machen die Haut zart und nähren sie gleichzeitig. Verwenden Sie eines der folgenden Öle als Grundstoff: Mandelöl, Sonnenblumen-, Kokusnuß- oder Weizenkeimöl. Die beiden erstgenannten sind wahrscheinlich am einfachsten zu benutzen, da Kokusnußöl bei Raumtemperatur fest und Weizenkeimöl ziemlich dickflüssig ist. Geben Sie in ein kleines Glas mit Öl eines der folgenden Kräuter: Kamillen-, Holunder- oder Lindenblüten; Nessel-, Beinwell- oder Pfefferminzeblätter; Blüten und Blätter von

Links: *Vorbereitung eines Gesichtsdampfbads. Die abgebildeten Kräuter sind Brennesseln, Schwarzwurz, Frauenmantel, Fenchel, Bibernelle und Kamille.*

Rechte Seite: *Zubereitung von Kräuterreinigungscremes und -ölen.*

Kräuterreinigungslotionen und Gesichtswasser aus Joghurt, Buttermilch, Essig und Kräuteraufgüssen. Die abgebildeten Kräuter sind Veilchen, Rosen, Rosmarin und Frauenmantel.

Rosmarin oder Veilchen. Reinigungsöle auf der Basis von Kokusnußöl werden etwas anders hergestellt. Lassen Sie 4 Eßlöffel Kokusnußöl in einem Topf bei schwacher Hitze zergehen. Geben Sie 3 Dessertlöffel Kräuter Ihrer Wahl hinzu und lassen Sie die Mischung 5 Minuten schwach kochen. Nach dem Abkühlen filtern Sie das Öl in ein Glas mit Schraubverschluß. Diese Mischung wird fest, wärmen Sie sie deshalb vor dem Auftragen ein wenig in Ihrer Hand auf.

Reinigungslotionen

Alle Hauttypen sprechen auf die Reinigung mit Kräuterlotionen an, aber für fettige Haut sind sie besonders gut geeignet. Man lagert sie am besten im Kühlschrank oder an einem anderen kühlen Ort, statt sie im Badezimmerschrank aufzubewahren. Aber auch dann halten die Lotionen sich nur wenige Tage.

VEILCHENLOTION. Geben Sie 3 Eßlöffel frisch gepflückte Veilchenblüten zu 3 dl frischer Milch. Erwärmen Sie die Mischung bei schwacher Hitze, bis sie intensiv nach Veilchen duftet. Lassen Sie die Milch nicht kochen und vermeiden Sie, daß sich eine Haut bildet. Nehmen Sie den Topf vom Feuer und filtern Sie die Flüssigkeit nach dem Abkühlen in eine Flasche. Versuchen Sie auf dieselbe Art, Reinigungsmilch aus Nessel- oder Huflattichblättern oder Kamilleblüten herzustellen.

REINIGUNGSLOTION AUS FENCHEL UND JOGHURT. Für diese Rezeptur ist es empfehlenswert, Joghurt aus einer lebenden Kultur zu verwenden. Mischen Sie 150 g Joghurt mit 15 cl konzentriertem Fenchelaufguß. Brühen Sie den Aufguß aus 2 Eßlöffeln Fenchelblättern und 15 cl kochendem Wasser. Lassen Sie den Aufguß abkühlen, filtern Sie ihn und mischen Sie ihn dann mit dem Joghurt. Füllen Sie die Lotion in Flaschen und lagern Sie sie im Kühlschrank.

SCHAFGARBELOTION. Stellen Sie einen mäßig konzentrierten Aufguß aus Schafgarbenblättern und -blüten her, indem sie 1 Tasse kochendes Wasser auf gut 4 Dessertlöffel Schafgarbe gießen und die Flüssigkeit ziehen lassen, bis sie ziemlich kalt geworden ist. Dann filtern Sie die Lotion in Flaschen. Dieses Präparat eignet sich besonders für fettige Haut.

Für andere Hauttypen können Sie Frauenmantel, Zitronenmelisse oder Lindenblüten verwenden.

SEIFENKRAUTLOTION. Geben Sie eine Handvoll Seifenkrautblätter und -stengel in einen Topf und bedecken Sie die Kräuter mit Wasser. Bringen Sie das Wasser langsam zum Kochen und lassen Sie die Mischung 5 Minuten brodeln. Filtern Sie die Lotion nach dem Abkühlen in Flaschen. Diese Reinigungslotion ist für alle Hauttypen geeignet.

FRAUENMANTEL-BUTTERMILCH-LOTION. Buttermilch ist ein empfehlenswertes Mittel zum Reinigen fettiger Haut, und wenn sie mit einem Kräuteraufguß gemischt wird, ist sie noch wirkungsvoller. Mischen Sie Buttermilch und konzentrierten Aufguß aus Frauenmantelblättern zu gleichen Teilen. Brühen Sie den Aufguß aus 1 Tasse kochendem Wasser und 3 Eßlöffeln Frauenmantelblättern auf. Lassen Sie den Aufguß abkühlen und filtern Sie ihn, bevor er mit der Buttermilch vermischt wird. Diese Reinigungslotion hilft auch bei fleckiger Haut.

Gesichtswasser

Nach dem Reinigen der Haut wird ein Kräutergesichtswasser verwendet, um die letzten Spuren des Reinigungspräparates oder der Seife zu entfernen. Tränken Sie einen Wattebausch in dem Kräuterwasser und reiben Sie die Haut damit ab. Diese Gesichtswasser und belebenden Lotionen eignen sich für alle Hauttypen und haben beruhigende, heilende und erfrischende Wirkung. Kosmetischer Essig und adstringierende Lotionen sind nur für den gelegentlichen Gebrauch bei sehr fettiger Haut geeignet, weil sie stark austrocknend wirken.

Ein einfacher Kräuteraufguß ist bereits ein wirksames Gesichtswasser. Wählen Sie unter den unten aufgeführten Kräutern, die alle wohltuend für die Haut sind. Viele von ihnen haben außerdem besondere Eigenschaften, die Sie möglicherweise für Ihr spezielles Hautproblem geeignet machen. Verbrauchen Sie den Aufguß innerhalb von zwölf Stunden.

Lindenblüten bleichen die Haut. Sie regen die Blutzirkulation an und glätten Falten.
Zitronenmelisse wird auch gegen Falten verwendet.
Holunderblüten machen die Haut zart und weiß und wirken gegen Flecken.
Frauenmantel wird gegen große Poren und Sommersprossen verwendet.
Bibernelle macht den Teint zart und klar.
Fenchel wirkt gegen Falten.
Veilchen bekämpft Hautflecken.
Schafgarbeaufguß wird bei fettiger Haut verwendet und wirkt gegen Gesichtsäderchen.
Petersilie hilft, Sommersprossen auszubleichen.
Ringelblume verkleinert große Poren, sie nährt und reinigt die Haut. Sie wirkt auch gegen Flecken und Pickel.
Salbei wird gegen große Poren und fettige Haut verwendet. Er wirkt stärker adstringierend als andere Kräuter.
Huflattich hilft gegen Äderchen.

Ein Hauttonikum ist das Richtige, um müde und gefüllose Haut wiederzubeleben, weil es die Blutzirkulation anregt. Dazu eignen sich Kräuter ganz besonders. Verwenden Sie einen einfachen Aufguß aus 1 Teelöffel der zerkleinerten getrockneten Kräuter und einer Tasse kochendem Wasser. Lassen Sie den Aufguß 30 Minuten ziehen, filtern Sie ihn und füllen Sie ihn in eine Flasche. Wählen Sie unter folgenden Kräutern: Kamille- und Lavendelblüten; Löwenzahn-, Nessel-, Salbei- und Schachtelhalmblätter; Blüten und Blätter von Rosmarin, Beinwell oder Thymian.

GESICHTSWASSER FÜR FETTIGE HAUT. Schlagen Sie ein Eiweiß und mischen Sie es zu gleichen Teilen mit gefiltertem Zitronensaft und konzentriertem Rosmarinaufguß. Brühen Sie den Aufguß aus 1 Tasse kochendem Wasser und 3 Eßlöffeln gehackten Kräutern auf. Lassen Sie den Aufguß abkühlen und filtern Sie ihn, bevor er mit dem Ei und dem Zitronensaft vermischt wird. Füllen Sie die Mischung in eine Flasche mit Schraubverschluß.

ROSMARIN-GESICHTSSPÜLUNG. Kochen Sie eine Handvoll Rosmarinblätter und -blüten 5 Minuten in 1 Tasse Wasser. Lassen Sie die Flüssigkeit abkühlen, filtern Sie sie und füllen Sie sie in eine Flasche. Verwenden Sie die Mischung als Gesichtswasser und lassen Sie sie völlig eintrocknen, bevor Sie Befeuchter auftragen.

ROSENLOTION. Diese Lotion ist ein einfaches Adstringens für fettige Haut und soll ein- bis zweimal wöchentlich angewendet werden. 2 Tassen weißer Weinessig und 2 Eßlöffel getrocknete Rosenblütenblätter, am besten von der Hundsrose, werden in einem verschlossenen Glas 2–3 Wochen gelagert. Filtern Sie dann die Lotion und geben Sie 1 Tasse Rosenwasser hinzu. Eine ähnliche adstringierende Lotion kann aus Ringelblumenblüten statt Rosenblüten und Zaubernuß statt des Rosenwassers hergestellt werden.

SALBEI- ODER SCHACHTELHALM-LOTION. Brühen Sie einen konzentrierten Aufguß aus Salbeiblättern oder aus Schachtelhalm, indem Sie 1 Tasse kochendes Wasser auf 3 Eßlöffel der gehackten Kräuter gießen. Nach dem Abkühlen filtern Sie den Aufguß und geben die gleiche Menge Milch oder Apfelweinessig hinzu. Füllen Sie die Lotion in eine Flasche mit Schraubverschluß. Wenn Sie der Milch oder dem Weinessig eine Prise Alaun hinzufügen, wirkt die Lotion zusätzlich straffend für die Haut.

Zubereitung eines Befeuchters aus Ringelblumen.

Feuchtigkeitsmittel

Feuchtigkeitsmittel helfen, die Haut vor Verlust von Feuchtigkeit zu bewahren. Sie schützen die Haut vor schädlichen Bakterien, rauhem Wetter und der trockenen Luft zentralgeheizter Häuser und Büros. Das Mittel braucht nur dünn aufgetragen zu werden; es schützt so besser als eine schwere, porenverklebende Creme. Feuchtigkeitsmittel aus Kräutern sind angenehm zu verwenden und einfach herzustellen. Sie können zu jeder Tageszeit aufgetragen werden, haben aber morgens und abends die beste Wirkung.

Das Grundrezept für eine Feuchtigkeitscreme aus Kräutern wurde bereits erwähnt. Am einfachsten verwenden Sie Honig, Lanolin oder Glycerin als Basis. Mischen Sie diese mit einem Kräuteraufguß, um mehr Schutz für die Haut zu erreichen. Verwenden Sie 2 Eßlöffel konzentrierten Kräuteraufguß auf 1 Teelöffel Honig oder 1 Eßlöffel Lanolin bzw. Glycerin.

RINGELBLUMEN-FEUCHTIGKEITSCREME. Stellen Sie eine Schüssel in ein heißes Wasserbad und lassen Sie darin je 1 Eßlöffel Lanolin, Honig, Mandelöl und weißes Wachs zergehen. Nehmen Sie den Topf vom Feuer und fügen Sie 2 Eßlöffel von einem Aufguß aus Ringelblumen hinzu, den Sie aus 1 Tasse kochendem Wasser und 1 Eßlöffel Blütenblätter herstellen. Lassen Sie den Aufguß langsam abkühlen und filtern Sie ihn. Rühren Sie die Mischung in der Schüssel, bis sie dick und cremig und weitgehend abgekühlt ist. Dann füllen Sie sie in Dosen ab.

Diese Creme können Sie statt mit Ringelblumen auch mit Beinwellblättern, Holunder-, Linden- oder Kamillenblüten zubereiten.

Sie können auch einfacher und schneller eine Kräuterfeuchtigkeitscreme herstellen; mischen Sie 1 Eßlöffel stark konzentrierten Kräuteraufguß mit 100 g nicht-parfümierter Markenfeuchtigkeitscreme. Lassen Sie die Creme langsam zergehen und rühren sie den Kräuteraufguß unter. Verwenden Sie Fenchel, Bibernelle, Frauenmantel oder Holunderblüten.

NÄHRCREME MIT BIBERNELLE. Bibernelle verfeinert die Haut. Für diese Nährcreme kann man auch Frauenmantel, Seifenkraut oder Veilchen verwenden. Verrühren Sie 1 Eigelb, 1 Teelöffel Honig, 1 Teelöffel süßes Mandelöl und 1 Eßlöffel konzentrierten Aufguß aus Blättern der Bibernelle, den Sie aus 3 Eßlöffeln gehackter Blätter und 15 cl kochendem Wasser herstellen.

Augenpflege

Es gibt eine ganze Reihe von Kräutern, die dabei helfen können, die Augen zu kräftigen und sie ausdrucksvoller und strahlender erscheinen zu lassen. Einige Kräuter vermindern Schwellungen und dunkle Ringe unter den Augen, andere wirken gegen müde und abgespannte Augen.

Augenbäder werden häufig verwendet, aber Kompressen oder warme Packungen sind mehr zu empfehlen, weil sie die Gefahr von Augeninfektionen vermindern. Die folgenden Präparate sollten frisch verwendet und dürfen nicht länger als zwölf Stunden aufgehoben werden.

AUGENKOMPRESSEN. Schneiden Sie für eine Kompresse zwei Lagen Baumwollstoff für jedes Auge zu, damit die Feuchtigkeit möglichst lange gehalten wird. Tränken Sie diese Baumwollpads in kaltem Kräuteraufguß, drücken Sie sie etwas aus und legen Sie je eines auf jedes Augenlid. Lassen Sie die Kompressen 10 Minuten wirken und tränken Sie die Baumwollpads in kaltem Aufguß, wenn sie beginnen, warm zu werden. Abschließend betupfen Sie die Augen mit frischem, kalten Wasser und tupfen sie mit einem weichen Handtuch trocken.

Augentrost ist für die Augenpflege eines der wirksamsten Kräuter und hilft bei fast allen Augenproblemen. Brühen Sie einen Aufguß aus 1 Eßlöffel gehacktem Augentrost und 15 cl kochendem Wasser. Lassen Sie ihn kalt werden und filtern Sie ihn dann in eine Flasche. Eine gute Gelegenheit, eine Kompresse aufzulegen, haben Sie, während Sie ein Bad nehmen.

Kräuter für Augenkompressen und warme Packungen: Fenchel, Kamille und Holunderblüten.

Holunderblütenaufguß wirkt mild stimulierend und ergibt eine gute Kompresse für strahlendere Augen.
Kamillenblütenaufguß beruhigt die Augen und wirkt entzündungshemmend.
Schachtelhalmaufguß hilft bei geschwollenen Augenlidern und bei geröteten Augen.
Fenchelaufguß stärkt die Augen; regelmäßige Fenchelkompressen wirken gegen tränende Augen.
Eisenkrautaufguß reinigt und beruhigt müde Augen und schwere Lider.
Berberidazee wirkt besonders beruhigend und heilend auf die Augen. Überbrühen Sie 1 Teelöffel Berberidazee und 1 Teelöffel Borsäurepulver mit 2 Tassen kochendem Wasser. Lassen Sie den Aufguß abkühlen, filtern Sie ihn vorsichtig und wenden Sie ihn warm oder kalt an.
Wermutaufguß hilft gegen gerötete Augen und beruhigt entzündete Augenlider.

AUGENPACKUNGEN. Gegen verschwollene Augen und dunkle Ringe unter den Augen, bei schmerzenden, müden oder gereizten Augen kann eine warme Packung sehr wirkungsvoll sein. Bereiten Sie die gewählten Kräuter vor, indem Sie Blätter und Blüten zerstampfen oder fein hacken und quetschen, und geben Sie ein wenig Wasser hinzu. Verwenden Sie zwei Lagen Mull für jedes Auge und geben Sie die Kräuter zwischen die Lagen. Legen Sie die Packung auf die Augen und achten Sie darauf, daß auch die Haut unterhalb der Augen bedeckt ist. Werfen Sie die Packung nach einmaligem Gebrauch weg.

Kamillepackung. Verwenden Sie zwei Kamillenteebeutel, wie sie in jedem Reformhaus erhältlich sind. Gießen Sie eine Tasse kochendes Wasser auf die Beutel und lassen Sie sie darin 3 Minuten ziehen. Nehmen Sie die Teebeutel aus dem Wasser und lassen Sie sie soweit abkühlen, daß Sie sie auf Ihre Augen legen können. Trinken Sie den Tee, während die Beutel 10 Minuten einwirken.
Hagebuttenpackung. Verfahren Sie nach derselben Methode wie bei der Kamillepackung. Diese Packung eignet sich besonders für Schwellungen, die sich unter den Augen bilden.
Fenchelpackung. Mischen Sie frische, gequetschte Fenchelblätter mit einer geriebenen, rohen Kartoffel und tragen Sie die Mischung auf Mulläppchen auf. Bedecken Sie damit die Lider und die Augenpartie, um die empfindliche Haut zu beruhigen. Lassen Sie die Packung 15 Minuten einwirken; betupfen Sie anschließend die Augenpartie mit kaltem Wasser und trocknen Sie sie mit einem weichen, sauberen Handtuch ab.
Huflattichpackung. Zur Behandlung verschwollener Augen quetschen oder hacken Sie frische Huflattichblätter und geben soviel Wasser hinzu, daß die Mischung breiig wird. Verteilen Sie den Brei zwischen zwei Lagen Mull für zwei Augenpads; kühlen Sie diese 20 Minuten im Kühlschrank. Legen Sie die Packung auf die Augen und lassen Sie sie 20 Minuten einwirken. Tupfen Sie dann die Augen mit kaltem Wasser ab und trocknen Sie mit einem sauberen, weichen Handtuch nach.

Handpflege

Die Hände sind heutzutage einer recht rauhen Behandlung ausgesetzt, und man neigt dazu, ihre Pflege in der täglichen Geschäftigkeit zu vernachlässigen. Kaltes Wasser, Spülmittel und zuviel heißes Wasser ruinieren die Haut und machen die Nägel weich. Beim Geschirrspülen sollten Gummihandschuhe getragen werden und zur Hausarbeit sollte man, wo irgend möglich, Baumwollhandschuhe anzie-

hen. Auch bei der Gartenarbeit braucht man zum Schutz vor Witterungseinflüssen und vor Schmutz entsprechende Handschuhe. Wer nicht ständig Handschuhe tragen möchte, sollte die Hände mit einer schmutzabweisenden Creme einreiben, bevor er schmutzige Arbeit angeht. Halten Sie eine Flasche Handcreme in der Küche in der Nähe des Spülbeckens bereit, und benutzen Sie sie nach jedem Geschirrspülen. Waschen Sie sich die Hände immer mit einer guten, reinen Seife.

Kräuter können helfen, die Hände in guter Verfassung zu halten, ganz gleich, ob man sie direkt in einer Handspülung verwendet oder ob sie in Präparaten die Wirkung anderer natürlicher Substanzen unterstützen. Solche natürlichen Substanzen sind Mandelöl, Glycerin, Haferflocken, geriebene Mandeln, weißes Wachs, Kakaobutter und Pfeilwurz.

Spülungen für die Hände

Verwenden Sie für eine einfache Handspülung einen Aufguß aus einem der folgenden hautschonenden Kräuter: Blütenblätter von Frauenmantel, Fenchel oder Ringelblume, Eibisch, Beinwell oder Kamilleblüten. Brühen Sie den Aufguß auf, indem Sie ½ Tasse kochendes Wasser auf 2 Eßlöffel der vorbereiteten Kräuter gießen. Wenn Sie rauhe, rissige Hände schnell zart haben wollen, brühen Sie gleich morgens den Aufguß und lassen Sie ihn in einer Schüssel neben dem Waschbecken stehen. Tauchen Sie ihre Hände nach jedem Waschen 1–2 Minuten lang in die Kräuterspülung und trocknen Sie sie dann mit einem weichen Handtuch ab.

EIBISCHCREME. Machen Sie einen starken Absud aus Eibischwurzel, indem Sie 25 g geschabte und feingehackte Eibischwurzel 24 Stunden in 15 cl kaltem Wasser einweichen. Mischen Sie 1 Eßlöffel des Absuds mit 2 Eßlöffeln geriebenen Mandeln, 1 Teelöffel Milch und 1 Teelöffel Apfelweinessig. Verrühren Sie alles, bis es gut gemischt ist und fügen Sie einige Tropfen Lavendelöl hinzu, um die Creme zu parfümieren; füllen Sie sie in eine kleine Dose. Verwenden Sie diese Creme gegen trockene Hände.

FENCHELCREME. Brühen Sie einen konzentrierten Fenchelaufguß aus 1 Eßlöffel Fenchel und ½ Tasse kochendem Wasser auf; lassen Sie den Aufguß abkühlen und filtern Sie ihn. Mischen Sie in einem Topf 2 Teelöffel Pfeilwurz, 2 Eßlöffel Glycerin, 2 Eßlöffel Lavendelwasser und den Fenchelaufguß. Rühren Sie die Masse auf kleiner Flamme, bis sie dick und cremig ist. Lassen Sie die Creme langsam abkühlen und füllen Sie sie in ein Gefäß mit Schraubverschluß.

KAMILLENCREME. Lassen Sie in einem Topf bei leichter Hitze je 1 Eßlöffel Kakaobutter, süßes Mandelöl und weißes Wachs zergehen. Fügen Sie 1 Teelöffel Zitronensaft und

1 Eßlöffel konzentrierten Kamillenblütenaufguß hinzu. Brühen Sie den Aufguß aus ½ Tasse kochendem Wasser und 1 Eßlöffel Kamillenblüten. Lassen Sie den Aufguß abkühlen und filtern Sie ihn. Wenn die Mischung für die Handcreme geschmolzen ist, nehmen Sie den Topf vom Feuer und rühren die Creme, bis sie kalt ist. Füllen Sie sie dann in Dosen ab. Diese Handcreme macht die Haut zart und weiß und wirkt leicht adstringierend.

FRAUENMANTELLOTION. Lassen Sie 2 Teelöffel Karrageen-Moos in etwas heißem Wasser zergehen. Fügen Sie 2 Eßlöffel Glycerin, 4 Teelöffel Reinigungsalkohol und 2 Eßlöffel konzentrierten Aufguß von Frauenmantel hinzu. Brühen Sie den Aufguß aus 1 Eßlöffel Kräutern und ½ Tasse kochendem Wasser. Lassen Sie den Aufguß abkühlen und filtern Sie ihn. Vermischen Sie alle Zutaten der Handlotion und füllen Sie diese in ein Glas; fügen Sie einige Tropfen eines Kräuteröls hinzu, um die Lotion zu parfümieren.

RINGELBLUMENÖL. Dieses Öl, wohltuend bei trockenen, rauhen Händen, kann auch mit Johanniskraut anstelle von Ringelblumen hergestellt werden. Geben Sie 1 Tasse süßes Mandelöl und 25 g Blütenblätter der Ringelblume in ein durchsichtiges Glas mit Schraubverschluß. Stellen Sie das Glas auf eine sonnige Fensterbank oder an einen anderen warmen Ort und lassen Sie es 3–4 Wochen dort stehen; schütteln Sie es einmal täglich. Am Ende dieser Zeit erhitzen Sie das Öl, bis die Blütenblätter fest werden, dann filtern Sie es und füllen es in Gläser ab.

SCHMUTZABWEISENDE BEINWELLCREME. Massieren Sie diese Creme vollständig in Ihre Hände ein, bevor Sie eine schmutzige Arbeit beginnen. Vermischen Sie 2 Teelöffel Porzellanerde, 2 Teelöffel süßes Mandelöl und 1 Eßlöffel konzentrierten Beinwellaufguß aus ½ Tasse kochendem Wasser und 1 Teelöffel vorbereiteten Beinwell. Lassen Sie den Aufguß abkühlen und filtern Sie ihn. Waschen Sie nach der Arbeit die Creme mit reiner Seife ab und verwenden Sie eine Handspülung.

Die Pflege der Fingernägel

Jede Handpflege kommt auch den Fingernägeln zugute; dennoch sollten Sie parallel zur allgemeinen Handpflege Ihren Fingernägeln eine besondere Behandlung angedeihen lassen.

Es gibt ein oder zwei Kräuter, die sich besonders für die Stärkung der Nägel eignen, da sie sehr viel Kieselsäure enthalten, eine Substanz, die die Struktur der Nägel verbessert.

Mischen Sie getrockneten Dill oder Schachtelhalm mit anderen Kräutern oder verwenden Sie nur einen der beiden, um einen Aufguß für eine Handspülung herzustellen. Dill und Schachtelhalm kombiniert helfen, weiche Nägel zu kräftigen.

Vervollständigen Sie Ihre tägliche Nahrung mit Bierhefe, nehmen Sie Vitamin A und D zu sich und trinken Sie jeden Abend ein Glas Schachtelhalm- oder Dillsamentee mit einem Teelöffel Gelatine. Kauen Sie möglichst oft Dillsamen. Bewahren Sie in der Nähe Ihres Bettes ein Stück Bienenwachs auf und reiben Sie jeden Abend Ihre Nägel damit ein, um die Blutzirkulation zu verbessern. Wenn Sie Nagellack verwenden, nehmen Sie immer einen fetthaltigen Nagellackentferner, weil er die Nägel weniger angreift als reines Aceton. Verwenden Sie einen Nagelreiniger aus Holz statt aus Metall und feilen Sie die Nägel mit Sandpapier und nicht mit einer Metallfeile.

SCHACHTELHALM-NÄGELBAD. Brühen Sie einen Aufguß aus 1 Tasse kochendem Wasser und 3 Eßlöffeln gehacktem Schachtelhalm. Lassen Sie den Aufguß abkühlen und filtern Sie ihn in eine Flasche. Verwenden Sie den Aufguß warm; weichen Sie alle zwei Tage ihre Nägel für 10 Minuten darin ein. Tränken Sie an den dazwischenliegenden Tagen Ihre Nägel täglich 5 Minuten in warmem Olivenöl.

Fußpflege

Die Füße verlangen mehr Pflege und Aufmerksamkeit, als ihnen gewöhnlich zuteil wird und bis sie nicht anfangen, Kummer zu bereiten, werden sie unweigerlich bei der täglichen Körperpflege vergessen. Massagen, gymnastische Übungen, Kräuterpräparate und Bäder können helfen, den Füßen das Leben leichter zu machen.

Versuchen Sie nach einem langen, ermüdenden Tag, sich 10 Minuten so hinzulegen, daß Ihre Füße höher liegen als Ihr Kopf. Massieren Sie die Füße sanft mit einem Massageöl, um die Steifheit zu lösen. Nehmen Sie jeweils einen Fuß in beide Hände und drücken Sie die Finger in die Wölbung des Fußes, während Ihre Daumen auf der Oberseite bleiben,

Nach dem Waschen werden die Hände in einen beruhigenden und erfrischenden Aufguß von Frauenmantel getaucht.

und sich vom Knöchel bis zu den Zehen vorarbeiten. Reiben Sie mit dem Daumen über die Zehenwurzeln und ziehen Sie vorsichtig an jeder Zehe. Massieren oder bürsten Sie Ihre Beine vom Fuß aufwärts bis zum Knie, um die Durchblutung zu verbessern.

LINDENBLÜTENÖL. Geben Sie soviele Lindenblüten in einer guten Tasse süßes Mandelöl, wie dieses aufnimmt. Stellen Sie das Glas mit dem Öl 2–3 Wochen in die Sonne oder an einen warmen Platz und schütteln Sie es jeden zweiten Tag. Zum Schluß erhitzen Sie das Öl in einem Topf, bis die Lindenblüten fest werden, dann filtern Sie es und füllen es in eine Flasche. Dieses angenehme Massageöl hilft bei geschwollenen, müden Füßen. Beifuß oder Ringelblume, Beinwell oder Klette können genauso verwendet werden.

KRÄUTERPUDER. Mischen Sie Bleicherde und getrocknete, pulverisierte Kräuter wie Holunderblätter oder Beifuß zu gleichen Teilen. Füllen Sie die Mischung in ein Glas mit durchbrochenem Deckel und streuen Sie jeden Tag ein wenig davon in Ihre Schuhe. Der Puder hilft bei schmerzenden und schwitzenden Füßen.

BEIFUSS-FUSSBAD. Brühen Sie etwa 3 l Beifußaufguß, indem Sie das kochende Wasser auf 9–10 Eßlöffel Beifußblätter gießen. Verteilen Sie den Aufguß auf zwei Schüsseln. Halten Sie den Inhalt der einen Schüssel heiß, während die andere Hälfte abkühlen soll. Tauchen Sie Ihre Füße abwechselnd in den kalten und in den warmen Aufguß, beenden Sie mit dem kalten. Lassen Sie Ihre Füße etwa 5 Minuten in jedem Aufguß. Trocknen Sie die Füße mit einem weichen Handtuch ab und bestäuben Sie sie mit Talkumpuder. Diese Behandlung wirkt erholsam und beruhigend auf müde und geschwollene Füße.

ROSMARIN-FUSSBAD. Verwenden Sie für einen Aufguß 1 Eßlöffel Rosmarin auf 2¼ l kochendes Wasser. Lassen Sie den Aufguß 15 Minuten ziehen und filtern Sie ihn. Tauchen Sie Ihre Füße 20 Minuten in den warmen Aufguß. Auch Wacholderbeeren und Minze können so als erfrischendes Fußbad verwendet werden, entweder für sich allein oder mit Rosmarin gemischt.

Haarpflege

Das Aussehen des Haares ist häufig ein zuverlässiger Indikator für den allgemeinen Gesundheitszustand; daraus folgt, daß die Zusammensetzung der täglichen Nahrung das Aussehen des Haares verbessern oder verschlechtern kann. Versuchen Sie deshalb, sich an einen vernünftigen Speiseplan zu halten, der viel grünen Salat und Kräuter, besonders Dill und Wasserkresse, Wurzelgemüse wie Karotten, auch Lauch, Leber, frischen Fisch und Schalentiere enthält. Zur Ergänzung der Nahrung sollten Sie Bierhefe, Vitamin A und D sowie Kalzium einnehmen.

Wenden Sie zur äußerlichen Behandlung eine Kopfhautmassage an, um die Durchblutung der Haarwurzeln zu steigern. Pressen Sie die Fingerspitzen auf die Kopfhaut und führen Sie damit Kreisbewegungen aus, bis Sie ein leichtes Prickeln spüren; verändern Sie dann die Lage Ihrer Fingerspitzen, bis Sie die ganze Kopfhaut massiert haben. Tauchen Sie Ihre Fingerspitzen in einen Rosmarinaufguß, der mit einigen Tropfen Rosmarinöl gemischt ist; damit geben Sie der Kopfhautmassage größere Wirkung. Bürsten Sie das Haar mindestens einmal täglich mit einer Bürste mit Naturborsten, um Staub zu entfernen und die von den Drüsen an der Haarwurzel ausgeschiedenen Öle zu verteilen.

Kräuterpräparate können entscheidend mithelfen, daß das Haar gesund und glänzend aussieht, weil sie sein Wachstum fördern und das Haar kräftigen. Für die Haarpflege eignen sich folgende Kräuter: Nesseln, Schachtelhalm, Klettenwurzeln, Kamille, Rosmarin, roter Salbei, Petersilie, Eberraute und Schafgarbe.

Ein einfacher Aufguß (bzw. Absud im Falle der Klettenwurzeln) aus einem dieser Kräuter, täglich in die Kopfhaut massiert oder nach dem Shampoonieren als Spülung verwendet, regt den Haarwuchs an und hält die Kopfhaut rein. Aufgüsse aus einer Kräutermischung werden für besondere Behandlungen verwendet; kombinieren Sie Kamille- und Schafgarbenblüten und verwenden Sie sie bei blondem Haar, um die Farbe aufzuhellen: mischen Sie Salbei und Rosmarin bei dunklem Haar, um schimmernden Glanz zu erreichen.

KRÄUTERHAARÖLE. Damit ein Kräuteröl seine Wirkung voll entfalten kann, muß man die ätherischen Öle aus den Kräutern extrahieren. Nehmen Sie 2 Eßlöffel der gewählten Kräuter, zerdrücken und quetschen Sie sie gründlich oder drehen Sie sie durch den Fleischwolf. Geben Sie die Kräuter dann in eine 0,25 Liter-Flasche und füllen Sie ¾ Tasse Sonnenblumenöl auf. Verkorken Sie die Flasche und lassen Sie sie an einem sonnigen Platz mindestens drei Wochen stehen; wenn die Sonne nur zeitweilig scheint, entsprechend länger. Schütteln Sie die Flasche jeden Tag vorsichtig. Filtern Sie die Flüssigkeit, pressen Sie alles Öl aus den Kräutern heraus und wiederholen Sie nach ein paar Tagen den ganzen Prozeß mit 2 Eßlöffeln frischer Kräuter. Wiederholen Sie das Verfahren so lange, bis das Öl stark nach den Kräutern duftet. Je öfter Sie Kräuter nachfüllen, desto stärker und wirkungsvoller wird selbstverständlich das Öl. Kräuteröle können aus allen für die Haarpflege geeigneten Kräutern hergestellt werden.

Kräuterhaaröle werden zur abendlichen Massage der Kopfhaut oder als Kurpackungen für das Haar verwendet. Geben Sie Ihrem Haar einmal in der Woche eine Kurpackung aus Kräuteröl, lassen Sie sie solange auf dem Kopf wie möglich. Massieren Sie zuerst warmes Öl in die Kopfhaut ein, so daß das Haar völlig davon durchdrungen ist. Setzen Sie eine Plastikbadehaube auf und legen Sie darüber ein heißes, feuchtes Handtuch. Nach 30 Minuten entfernen Sie beides und shampoonieren das Haar. Fahren Sie mit der Behandlung fort, bis das Haar wieder in gutem Zustand ist.

Verwenden Sie Haaröl auch nach dem Shampoonieren zur schnellen Pflege des feuchten, sauberen Haares. Geben Sie ein wenig warmes Öl auf die Kopfhaut und massieren Sie es gut ein. Anschließend verwenden Sie eine Kräuterhaarspülung, legen das Haar ein und trocknen es wie gewohnt.

Kräutershampoos

Das Shampoonieren der Haare ist ein wichtiger Teil der Haarpflege und sollte mindestens einmal in der Woche erfolgen. Wer es vorzieht, sein Haar nicht zu oft zu waschen, kann es leicht mit einem Trockenshampoo sauber und glänzend halten.

TROCKENSHAMPOO. Trockenshampoo besteht einfach aus getrockneter, pulverisierter Gilgenwurzel und ist in einem Kräuterladen erhältlich. Es riecht schwach nach Veilchen, und Sie können es zu gleichen Teilen mit Bleicherde mischen, um es ergiebiger zu machen. Teilen Sie das Haar auf

Spülen Sie blondes Haar in einem Aufguß von Kamillenblüten.

der Kopfhaut in Strähnen und streuen Sie Shampoo auf jede Strähne; benutzen Sie für die gleichmäßige Verteilung einen Salzstreuer und reiben Sie das Shampoo nicht in die Kopfhaut. Wenn das ganze Haar bedeckt ist, lassen Sie das Shampoo 5 Minuten einwirken; dann bürsten Sie es kräftig mit langen Strichen aus. Legen Sie sich ein Handtuch um die Schultern, bevor Sie das Haar ausbürsten.

KRÄUTERSHAMPOO GEGEN SCHUPPEN. Verrühren Sie 2 Eiweiß mit 1 Eßlöffel weicher grüner Seife und 1 Eßlöffel konzentriertem Brennesselaufguß aus ½ Tasse kochendem Wasser und 1 Eßlöffel gehackten Brennesseln. Lassen Sie den Aufguß vor dem Filtern abkühlen.

Rühren Sie das Shampoo erst kurz vor Gebrauch an und bürsten Sie das Haar gründlich vor dem Shampoonieren.

GRUNDREZEPT FÜR KRÄUTERSHAMPOO. Machen Sie eine starke Abkochung aus Seifenkrautblättern und -stengeln, wozu Sie diese in einen Topf geben und knapp mit kaltem Wasser bedecken. Bringen Sie die Mischung langsam zum Kochen und lassen Sie sie 5 Minuten schwach weiter kochen. Filtern Sie den Aufguß und benutzen Sie ihn als Basis für Kräutershampoos, die Sie mit einem Aufguß von einem oder mehreren für die Haarpflege geeigneten Kräutern mischen können. Verwenden Sie Seifenkraut und Kräuteraufguß im Verhältnis 3:1. Der Kräuteraufguß muß sehr konzentriert sein; er wird aus 2 Eßlöffeln der gewählten Kräuter und ½ Tasse kochendem Wasser hergestellt und muß abkühlen, bevor er gefiltert und dem Seifenkrautaufguß hinzugefügt wird.

Verwenden Sie nach dem Shampoonieren eine passende Kräuterspülung, um dem Haar Fülle zu geben.

HAARFESTIGER. Wenn Ihr Haar dazu neigt, seine Form schnell zu verlieren und die Frisur nicht hält, können Sie sich mit dieser Lotion helfen. Mischen Sie den gefilterten Saft einer Zitrone mit 1 Teelöffel Wodka oder Weinbrand und 2 Teelöffeln konzentrierter Kräuterlotion. Verwenden Sie Rosmarin für dunkles und Kamille für helles Haar.

Badekräuter

Die meisten Menschen baden täglich, um sauber zu werden. Der Zusatz von Kräutern aber kann das Bad zu einer Schönheitskur machen. Ganz nach Ihren Wünschen und Ihren Bedürfnissen kann das Kräuterbad beruhigend und heilend oder erfrischend und anregend wirken. Es kann die Haut zart machen und nähren und geringfügige Unreinheiten der Haut zum Verschwinden bringen.

DIE ZUBEREITUNG VON KRÄUTERBÄDERN. Am einfachsten und saubersten können Sie dem Badewasser Kräuter zusetzen, wenn Sie zwei oder drei kleine Beutel aus Baumwolle oder dichtem Nessel nähen, die mit einer Schnur zusammengezogen werden. Die Beutel sollen etwa 10 x 7,5 cm groß und mit einer langen Schnur versehen sein, so daß sie tief ins Wasser hängen können. Befestigen Sie die Schnur am Heißwasserhahn und lassen Sie die Beutel in die Wanne hängen, damit das heiße Wasser beim Einlassen des Bades auf die Beutel trifft.

Füllen Sie die Beutel mit den Badekräutern, die Sie ausgewählt haben. Wenn Sie die Kräuter mit Haferflocken oder Kleie mischen, macht dieser Badezusatz gleichzeitig das Wasser weich.

Sie können dem Badewasser auch einen konzentrierten Aufguß aus Kräutern oder einer Kräutermischung zusetzen; Sie benötigen etwa 1 l für ein normales Bad.

Liebstöcklbad. Füllen Sie einen Beutel mit zerkleinerten Blättern oder frisch geputzten, geriebenen Wurzeln des Liebstöckl oder geben Sie konzentrierten Liebstöcklaufguß in das Badewasser. Genießen Sie an einem heißen Tag dieses erfrischende, desodorierende Bad. Nehmen Sie es nicht zu heiß.
Kamillenblütenbad. Kamille beruhigt und hat reinigende Wirkung: kombinieren Sie Kamille mit Schafgarbe, wenn Sie fettige Haut haben.
Holunderbad. Verwenden Sie Blätter, Rinde oder Blüten für ein reinigendes Bad, das die Haut zart macht und heilend wirkt.
Rosmarineinreibung. Füllen Sie feingehackte Rosmarinblätter und Haferflocken in einen Beutel. Feuchten Sie den Beutel an und reiben Sie, in der Badewanne stehend, damit Ihren ganzen Körper mit mäßigem Druck ab. Dieses Mittel ist besonders bei extrem fettiger Haut zu empfehlen.
Baldrianbad. Geben Sie eine konzentrierte Abkochung der Baldrianwurzel in das Badewasser; es beruhigt die Nerven und nährt die Haut.
Pfefferminzbad. Pfefferminzblätter kann man in Teebeuteln kaufen. Hängen Sie zwei oder drei Teebeutel in das Badewasser, oder benutzen Sie einen mit Blättern gefüllten Beutel oder verwenden Sie einen konzentrierten Aufguß für ein

Kräuterpräparate für das Bad: Kräuterbeutel, Duftwasser und Kräuteressig.

erfrischendes Bad im Sommer. Wenn Sie ein Hautleiden haben, mischen Sie die Pfefferminze mit Schachtelhalm.
Stärkendes Kräuterbad. Geben Sie konzentrierten Aufguß von Beinwell, Brennesseln, Löwenzahn und Gänseblümchen in das warme Badewasser für ein stärkendes Bad zur Wiederbelebung der Haut nach den langen Wintermonaten.

Neben den bisher angeführten Kräutern können Sie auch Thymian, Lavendel, Lindenblüten und Ringelblume als Kräuterzusätze beim Baden verwenden.
Kräuterbadeöle. Mischen Sie 3 Teile Glycerin mit 1 Teil Kräuteröl und geben Sie 1 Teelöffel von dieser Mischung in das Badewasser oder reiben Sie Ihren Körper dünn mit Kräuteröl ein, bevor Sie ein Bad nehmen.

Kräuterduftwässer

Stellen Sie ein Fläschchen mit Duftwasser in Ihr Bad oder auf den Toilettentisch und verwenden Sie es als Erfrischungslotion. Parfümieren Sie Ihr Badewasser oder Ihren Körper nach dem Bad damit. Tupfen Sie Ihr Gesicht an heißen Tagen mit Duftwasser ab und benutzen Sie es als Handspülung.

Duftwässer sind so einfach herzustellen, daß Sie es sich leisten können, verschwenderisch mit ihnen umzugehen. Sie können alle Kräuter dafür verwenden, aber am meisten bevorzugt werden Rosmarin, Zitronenmelisse, Pferdeminze, Ysop, Liebstöckl, Veilchen, Thymian, Zitronenthymian, Kamille und Holunder. Männer ziehen wahrscheinlich Duftwasser mit Koriander, Zimt oder dem würzigen Duft von Nelken vor.

KAMILLEWASSER. Füllen Sie ein Glas mit frischen oder getrockneten Kamilleblüten und bedecken Sie sie mit kochendem Wasser. Lassen Sie den Aufguß etwas abkühlen, und fügen Sie dann auf 1 l Wasser 2 Eßlöffel Reinigungsalkohol hinzu. Bedecken Sie das Glas mit einem Stück Stoff und lassen Sie die Mischung vollständig abkühlen. Dann filtern Sie sie und füllen sie in Flaschen. Andere Kräuterduftwässer aus Blättern oder Blüten werden nach demselben Prinzip hergestellt.

WÜRZIGES KORIANDERWASSER. Weichen Sie grob geriebenen oder gequetschten Koriandersamen in einer Mischung von 1:5 in Reinigungsalkohol ein. Lassen Sie die Mischung in einem zugedeckten Glas 3–4 Wochen stehen und schütteln Sie sie regelmäßig. Abschließend filtern und in Flaschen abfüllen. Wenn Sie das Duftwasser mit gequetschten Nelken oder zerstoßenen Zimtstäben ansetzen, sollten Sie das Gewürz nicht länger als eine Woche im Alkohol lassen.

Wenn Sie schnell ein Duftwasser herstellen wollen, vermischen Sie konzentrierten Kräuteraufguß aus Blättern oder Blüten beliebiger Kräuter mit 1 Eßlöffel Glycerin. Ein solches Wasser hält sich mehrere Tage.

Kräuteressig

Heutzutage bringt man Essig mehr in Verbindung mit Salaten und Dressings als mit Kosmetik. Dennoch ist ein intensiv nach aromatischen Kräutern duftender Essig sehr erfrischend für die Haut; sein Duft gleicht dem von Kräuterwasser, ist aber beständiger.

Früher wurde Kräuteressig gleichzeitig als Parfüm und als Desinfektionsmittel verwendet. Kleine Riechfläschchen, die man an einer Kette um den Hals trug, sollten Ohnmächtige wiederbeleben, Kopfschmerzen lindern und heiße, schwitzende Hände erfrischen.

GRUNDREZEPT FÜR KRÄUTERESSIG. Verwenden Sie als Basis einen weißen Essig, einen Apfelweinessig oder einen guten Weinessig, der weich und ausgereift ist. Geben Sie je 1 Tasse Essig und Wasser in einen Topf und erhitzen Sie die Mischung, bis sie fast kocht. Nehmen Sie den Topf von der Flamme und geben Sie getrocknete, gequetschte Kräuter hinzu, z. B. 1 Eßlöffel Zitronenmelisse und 2 Eßlöffel Pfefferminze. Lassen Sie den Essig über Nacht stehen, dann filtern Sie ihn in Flaschen. Sie können bei Bedarf auch eine stärkere Mischung machen und jede Art von Kräutern oder Kräutermischungen Ihrer Wahl verwenden. Geeignet sind Veilchen, Thymian, Eberraute, Lavendel, Rosmarin, Liebstöckl oder Minze.

Duftkreation für das Haus

Süßlich duftende und farbenfrohe Kräuterpotpourris, Säckchen, Kissen, Lavendelbeutel und duftspendende Gefäße sind beliebte Weihnachts- und Geburtstagsgeschenke.

Potpourri

Ein Potpourri ist eine Mischung aus süßlich duftenden Materialien, vornehmlich aus getrockneten Blütenblättern. Dazu kommen aromatische Kräuter, Samen und Gewürze und manchmal ätherische Öle oder Spirituosen.

Es gibt keine genauen, streng zu befolgenden Regeln, nach denen ein Potpourri hergestellt wird, aber einige grundsätzliche Punkte sollten beachtet werden. Die Blütenblätter und Blätter müssen vorsichtig getrocknet werden, damit sie ihre Farbe und ihren Duft lange behalten. Um das Potpourri üppiger und farbenprächtiger zu gestalten, sollten Sie auch solche farbenfrohen Blüten und Knospen trocknen, die selbst keinen besonders intensiven Duft haben. Nehmen Sie Rittersporn, Ringelblume, Ochsenzunge, Traubenhyazinthe und Immerschön, das seinen strengen Geruch verliert, wenn es getrocknet ist.

Potpourris können trocken oder feucht sein; letztere werden meist mit Weinbrand oder Orangenschale angefeuchtet, und man hebt sie in Porzellandosen mit durchbrochenem Deckel auf. So gelagert wird die Mischung ihren Duft über viele Jahre behalten. Trockene Potpourris stellt man in offenen Gläsern oder Porzellanschüsseln überall im Haus auf; sie werden nur mit einem Deckel versehen, wenn niemand im Raum ist. Farben spielen vor allem bei den trockenen Mischungen eine Rolle, um sie so attraktiv wie möglich zu machen.

Die Basis des Potpourris besteht meist aus den stark süßlich duftenden Blütenblättern einer Hundsrosenart, aber auch von der Schottischen Zaunrose. Sammeln Sie die Blütenblätter, wenn sie trocken sind, und breiten Sie sie auf Papierbögen in einem schattigen, aber luftigen Raum aus. Daneben eignen sich folgende Blumen und Kräuter besonders für ein Potpourri: die Blätter von Salbei, Marienblatt, Lorbeer, Zitronenmelisse, Pfefferminze, Pferdeminze, Myrte, Rosmarin und Zitronenstrauch. Neben den Rosenblüten die Blüten von Veilchen, Sommerjasmin, Maiglöckchen, Lavendel, Pferdeminze, Kamille, Pfeifenstrauch und Nelke. Wenn Sie die duftenden Blüten und Blätter gesammelt und getrocknet haben, mischen Sie sie in einer Schüssel und geben Sie ein Fixiermittel hinzu.

Irgendein Fixiermittel muß den Potpourris beigefügt werden, um die verschiedenen Duftstoffe zu vermischen und um die Verdunstung der duftspendenden ätherischen Öle zu verzögern. Die gebräuchlichsten Fixiermittel sind: Kochsalz für feuchte Potpourris; Gilgenwurzel, die aus dem Wurzelstock der Gelben Schwertlilie gewonnen wird, und Kautschuk-Benzoeharz von einem im Fernen Osten beheimateten Baum. Die beiden letztgenannten haben einen angenehmen Eigengeruch, der das Potpourri bereichert. Gequetschte oder geriebene Gewürze gehören ebenso in die Mischung. Nehmen Sie Koriander, Muskatnuß, Nelken, Zimt, Muskatblüte, Anis, Nelkenpfeffer und Vanilleschoten. Verwenden Sie 1 Eßlöffel Fixiermittel auf 5 Tassen Blütenblättern, sowohl für ein trockenes wie für ein feuchtes Potpourri.

Obwohl man dem Potpourri auch Öle hinzufügen kann, um den Duft zu steigern, sollten Sie vorsichtig damit sein, da der Duft vieler verschiedener Öle sich überlagern würde. Probieren Sie Rosmarin-, Geranien-, Lavendel-, Rosen-, Pfefferminze- oder Pferdeminzeöl.

EINFACHES FEUCHTES POTPOURRI. Nehmen Sie einen großen Steinguttopf und füllen Sie 10 cm hoch Rosenblätter hinein. Streuen Sie gleich anschließend eine dünne Schicht Kochsalz darauf. Fahren Sie fort, abwechselnd Schichten von Blütenblättern und Salz einzufüllen, bis der Topf voll ist. Decken Sie das Gefäß zu und lassen Sie es etwa zehn Tage, bzw. bis sich die Mischung gesetzt hat, an einem dunklen,

aber gut belüfteten Ort stehen. Vermengen Sie die Rosen-Salz-Mischung mit einem hölzernen Löffel und fügen Sie getrocknete Orangenschale, gestoßene Nelken und Gilgenwurzel hinzu. Mischen Sie alles gut durch und lassen Sie das Gefäß luftdicht verschlossen fünf bis sechs Wochen stehen. Schütteln Sie es ab und zu, damit der Inhalt gut gemischt bleibt. Nach sechs Wochen können Sie einige Tropfen ätherischer Öle hinzugeben, dann verschließen Sie das Gefäß noch einmal für zwei Wochen. Anschließend kann das Potpourri in kleine Keramikdosen abgefüllt werden.

ZITRONENPOTPOURRI. Für ein trockenes Duft-Potpourri nehmen Sie 4 Teile getrocknete Rosenblütenblätter auf je 1 Teil Zitronenstrauch, Zitronenthymian und Lavendelblüten. Mischen Sie diese Zutaten mit der feingehackten Schale einer Orange und einer Zitrone. Lassen Sie das Gemisch zwei Tage stehen und fügen Sie dann das Fixiermittel – Gilgenwurzel und Kautschuk-Benzoeharz – sowie die Gewürze, fein geriebenen Nelkenpfeffer und Nelken, hinzu. Nehmen Sie 5 g von jedem Gewürz und von dem Fixiermittel auf 3 l Blütenblätter, Blüten und Blätter. Rühren Sie das Potpourri eine Woche lang täglich um, dann können Sie es in offene Gläser oder Porzellanschüsseln füllen.

Kräuterkissen

Früher wurden Kissen oder Matratzen mit getrockneten, süßlich duftenden Kräutern gebraucht, um die Nerven zu beruhigen, beim Einschlafen zu helfen und Kopfschmerzen zu lindern. Die heutigen Kräuterkissen, klein genug, um sie von einem Raum zum andern oder sogar auf Reisen mitzunehmen, sind die direkten Nachkommen der kräutergefüllten Matratze. Kräuter wie Lavendel und Echtes Labkraut wurden vor der Entwicklung moderner Matratzenfüllungen früher häufig verwendet.

Um ein Kissen zu machen, nehmen Sie ein Stück Stoff, schneiden es in der gewünschten Größe zu und nähen es auf drei Seiten zu, damit Sie auf der vierten die Kräuter hineinfüllen können. Verwenden Sie zerkleinerte, aber nicht pulverisierte Kräuter und stopfen Sie das Kissen so voll wie möglich. Dann nähen Sie auch die vierte Seite zu. Bei einem Schlafkissen sollten Sie der Kräutermischung noch einige Tropfen Rosen- oder Lavendelöl beigeben, damit die Kräuter im Kissen nicht knistern. Den Kissenbezug können Sie nach Ihren Wünschen aus Baumwolle, Leinen, Seide oder jedem anderen duftdurchlässigen, feinen Gewebe nähen. Wählen Sie warme Farben, einfarbig oder bedruckt, oder besticken Sie die Überzüge. Am besten ziehen Sie einen Überzug darüber, der leicht gewechselt und gewaschen werden kann, ohne das die Kräutermischung in Mitleidenschaft gezogen wird.

Buntes, süßlich duftendes Potpourri, Kräuterkissen und -säckchen.

KRÄUTERKISSEN GEGEN KOPFSCHMERZEN. Mischen Sie zu gleichen Teilen Pfefferminze, Grüne Minze und Pferdeminze und geben Sie 1 Eßlöffel gestoßene Gilgenwurzel als Fixiermittel hinzu. Füllen Sie die Mischung in ein Musselinkissen und wählen Sie einen Baumwollüberzug in einem warmen Grünton, damit die beruhigende Wirkung des Kissens noch durch die Farbe unterstützt wird.

HOPFENKISSEN. Ein einfaches Kissen aus Hopfenzapfen, die mit einigen Tropfen Wodka besprengt werden, ist ein wirksames Mittel gegen Schlafstörungen und Asthma.

ZITRONENDUFTKISSEN. Vermischen Sie je 1 Teil Zitronenmelisse, Marienblatt und Zitronenthymian mit 2 Teilen Punschpflanze zu einer angenehm frischen Duftkreation. Sie können noch eine Spur Baldrian hinzufügen, aber nicht soviel, daß er die anderen Düfte überlagert.

GEWÜRZDUFTKISSEN. Verwenden Sie Rosenblütenblätter, Rosmarin und Grüne Minze zu gleichen Teilen und zusätzlich einige Nelken. Geben Sie ein wenig Baldrian hinzu, aber nicht zuviel, um die anderen Düfte nicht zu verdrängen.

Kräutersäckchen

Anders als Kräuterkissen und Mottensäckchen enthält ein Kräutersäckchen ausschließlich sehr intensiv duftende Kräuter.

Früher wurden Kräutersäckchen dazu verwendet, Wäsche und Kleidung zu parfümieren; sie lagen auf Bücherregalen und in Schränken, wurden in der Tasche getragen und an Bettpfosten befestigt oder zwischen Briefbögen gelegt. Die beliebtesten Kräuter für Kräuterkissen waren Lavendel und Veilchen, Rosmarin und Rosen, weil sie sehr intensiv duften und einfach zu bekommen sind. Außerdem wurden verwendet Majoran (origanum onitis), Marienblatt, Basilikum, Thymian, Zitronenthymian und die milderen Gewürze wie Anis, Kümmel und Koriander. Sie können diese Liste heutzutage noch um Zitronenstrauch, Rosenpelargonie und Minze erweitern. Alle diese Kräuter duften intensiv genug, um ohne ein Fixiermittel in Säckchen verwendet zu werden; geben Sie ein wenig getrocknete Orangen- oder Zitronenschale dazu, und der Duft bleibt lange erhalten.

Verwenden Sie für Kräutersäckchen feinen Stoff, am besten Baumwollbatist, und nähen Sie flache Säckchen (10 x 7,5 cm). Wenn die Säckchen gefüllt sind, verstärken Sie ihre Kanten mit Klebestreifen oder mit Bändern. Füllen sie die Säckchen mit einem der in der Liste angeführten Gewürze oder machen Sie sich Ihre eigene persönliche Mischung.

SÄCKCHEN MIT EINER KRÄUTERMISCHUNG. Für ein angenehm frisch und sauber duftendes Säckchen mischen Sie je 2 Teile Lavendel und Zitronenthymian mit 1 Teil Zitronenmelisse.

Lavendel

Lavendel gehört zu den vielseitigsten und bekanntesten Kräutern. Sein reiner, frischer und langanhaltender Duft prädestiniert ihn dazu, im Haus auf die verschiedenste Weise verwendet zu werden. Zu kleinen Geschenken verarbeitet, ist er gewiß überall willkommen. Es gibt verschiedene Lavendelvarietäten und ihr schwerer Duft und die schönen Farben der rosa, weißen oder blauen Blüten machen sie besonders attraktiv.

VERWENDUNGSMÖGLICHKEITEN VON LAVENDEL

1 Stellen Sie kleine Schüsseln mit getrockneten Blüten in der Diele oder in der Garderobe auf, in die man im Vorbeigehen die Finger tauchen kann.
2 Füllen Sie Säckchen und Kissen aus transparentem Organdy nur mit Lavendel. Fassen Sie dekorativ mit einem Band oder mit Seide ein. Tragen Sie das Säckchen in Ihrer Tasche bei sich, um sich damit unterwegs zu erfrischen. Legen Sie Säckchen zwischen Ihre Unterwäsche und Ihre Handtücher.
3 Machen Sie kleine Lavendelbündel aus ungefähr 10 frischen, langstieligen Pflanzen. Binden Sie sie bis zum oberen Ende der Stengel mit einem dünnen Band zusammen. Biegen Sie die Stengel vorsichtig nach oben, bis sie die Blüten umrahmen. Dann binden Sie die Stengelenden unterhalb der Blütenköpfe hoch und schneiden sie direkt dahinter ab. Verdecken Sie den Faden und die Stengelenden mit einem Band.
4 Füllen Sie Musselinbeutel mit frischen Lavendelblüten und binden Sie sie mit einem langen Klebeband zu. Befestigen Sie das Klebeband am Heißwasserhahn, wenn Sie sich ein Bad einlaufen lassen, um sich zu erfrischen.
5 Setzen Sie Lavendelwasser aus 1 Teil Lavendelblüten und 4 Teilen Reinigungsalkohol in einem Glas mit Schraubverschluß an. Lassen Sie es drei bis vier Wochen stehen und schütteln Sie es täglich. Filtern Sie es und füllen Sie es in kleine, verschließbare Gläser.

Duftspendende Gefäße

Ursprünglich wurden in den kleinen, duftspendenden Gefäßen kleine Stücke des stark duftenden Fixiermittels Ambergis, das vom Pottwal gewonnen wird, aufbewahrt. Die Gefäße waren aus Gold, Silber, Elfenbein oder edlen Hölzern und wurden an Ketten um den Hals oder um die Taille getragen. Sie sollten Schutz vor Infektionen bieten.

Heutzutage werden diese duftspendenden Gefäße aus Porzellan hergestellt. Sie sind fast rund und haben in der oberen Hälfte Löcher, durch die der Duft entweichen kann.

Getrocknete Lavendelblüten; Lavendelbeutel und duftspendende Gefäße.

Ein anderer, meist zur Weihnachtszeit selbst gemachter Duftspender, wird aus einer mit Gewürznelken gespickten Orange gemacht. Er ist leicht herzustellen und ein apartes Geschenk; sein würziger Duft hält jahrelang.

ZITRUSDUFTSPENDER. Nehmen Sie eine Orange oder eine Zitrone und drücken Sie Gewürznelken dicht nebeneinander hinein, bis die Frucht ganz bedeckt ist. Bohren Sie dazu mit einem Fleischspieß Löcher in die Frucht, damit die Nelken leichter hineingehen. Legen Sie die Frucht in eine Schüssel und geben Sie 3 oder 4 Eßlöffel pulverisierte Gilgenwurzel darüber. Streuen Sie das Pulver immer wieder auf die Frucht, bis sie auf allen Seiten damit überzogen ist. Lassen Sie die Orange so liegen, bis sie ausgetrocknet ist oder lagern Sie sie in einem Beutel in einem dunklen Schrank. Machen Sie diesen Duftspender 3 bis 4 Wochen vor Weihnachten.

Mottensäckchen

Es gibt eine Reihe von Kräutern, die getrocknet ein wirksames Mittel gegen Motten sind. Legen Sie solche Mottensäckchen zwischen die Bettwäsche und zwischen Decken, die nicht regelmäßig benutzt werden, oder schützen Sie damit Ihre Winterkleidung, wenn Sie sie den Sommer über weghängen. Wenn Mäntel und Anzüge auf Kleiderbügeln hängen, binden Sie ein Mottensäckchen an jeden Bügel und ziehen eine Kleiderhülle aus Plastik über die Kleidung.

Die süßlich duftenden Kräuter geben Kleidung und der Wäsche einen angenehmen Duft, der gar nicht zu vergleichen ist mit dem ziemlich strengen Geruch von gekampferten Mottenkugeln, den man so lange in der Kleidung mit herumträgt.

Zur Herstellung der Mottenkugeln schneiden Sie ein Stück dünnes Baumwolltuch in die gewünschte Größe. Ein Beutel 2 x 3 cm ist ausreichend, um eine Decke zu schützen; für einen ganzen Schrank voll Kleidung benötigen Sie mehrere davon. Statt der Säckchen können Sie auch eine Schrankeinlage aus Stoff verwenden, die genau auf den Boden des Schrankes paßt. Füllen Sie diese Einlage mit einer gleichmäßigen dünnen Schicht Kräuter. Die Säckchen für die Kleiderbügel können dreieckig sein, mit einer Seitenlänge von 5 cm. Form und Muster der Mottensäckchen können Sie nach Wunsch gestalten. Für die Füllung verwendet man getrocknete Kräuter, entweder eine einzelne Sorte oder eine Mischung, die länger wirkt, wenn die Kräuter mit einem gehackten Gewürz, z. B. Zimt oder Nelken, gemischt werden.

Folgende Kräuter, getrocknet und zerbröselt, schützen vor Mottenbefall: Eberraute, Thymian, Zypressenkraut, Minze, Beifuß, Salbei, Rosmarin, Majoran und Lavendel.

MOTTENSÄCKCHEN MIT EINER KRÄUTERART. Wählen Sie zwischen Eberraute, Waldmeister, Minze, Rosmarin und Beifuß. Mischen Sie 1 gehäuften Eßlöffel der Kräuter mit 3–4 Stükken gehackter Gilgenwurzel oder 1 Teelöffel Zimt.

MOTTENSÄCKCHEN AUS KRÄUTERMISCHUNGEN.

1 Nehmen Sie je eine Handvoll Eberraute, Thymian und Rainfarn und mischen Sie diese Kräuter mit 1 Eßlöffel gehackter Nelken.
2 Mischen Sie je eine Handvoll Beifuß, Minze, Zypressenkraut und Rosmarin mit 1 Eßlöffel gestoßenem Koriander.
3 Vermischen Sie 2 Eßlöffel Lavendelblüten mit je 1 Eßlöffel Majoran und Waldmeister.
4 Mischen Sie Salbei, Rosmarin und Eberraute zu gleichen Teilen und geben Sie einige Stücke geschabter Gilgenwurzel hinzu.

Kochen mit Kräutern

Seit altersher werden Kräuter zur Verwendung in der Küche und für medizinische Zwecke angebaut. Dennoch war bis vor nicht allzu langer Zeit der Gebrauch von frischen Kräutern beim Kochen fast in Vergessenheit geraten. Im 14., 15. und 16. Jahrhundert dagegen spielten Kräuter eine hervorragende Rolle, vor allem in England, wo die Kräutergarten-Kultur zu dieser Zeit in höchster Blüte stand. Jedes Kloster, jedes Gut, jeder Bauernhof hatte seinen eigenen Kräutergarten. Kräuter wurden höher geschätzt als Gemüse, obwohl beide so eng verwandt sind, daß man sie manchmal kaum voneinander abgrenzen kann.

Im Laufe der Jahrhunderte entwickelten die Köche die Kunst des Würzens zu immer größerer Vollkommenheit und erfanden Geschmacksverbindungen, die zu den inzwischen klassischen Rezepten für viele Gerichte führten.

Jede Blume, deren Blätter oder Blütenblätter man für Küchen- oder medizinische Zwecke verwenden konnte, galt zugleich als Kraut. So gab es in den alten Kräutergärten Lilien, Damaszenerrosen, Heckenrosen, Ringelblumen, Malven und Levkojen. Die Blütenblätter und -köpfe wurden unter anderem zur Garnierung von Salaten verwendet.

Die ersten Beispiele geometrischer Kräutergärten mit ihren abgezirkelten Beeten, eingefaßt mit Lavendel, Ysop und Rosmarin, entstanden im 16. Jahrhundert in England. Damals wurden Küchen- und Blumengärten erstmals getrennt angelegt. Die Kräutergärten wurden dadurch entsprechend verkleinert.

Ausgerechnet auf den Britischen Inseln, dem Eldorado des Kräuteranbaus durch die Jahrhunderte, ging in den letzten 150 Jahren das Interesse für Kräuter fast vollständig verloren. Die Kräuterküche wurde, abgesehen von ein paar Standardgerichten, für die man allenfalls Petersilie, Minze und Salbei brauchte, zunehmend vernachlässigt.

Glücklicherweise hielten aber andere europäische Länder stärker an den alten Traditionen fest. Vor allem in Frankreich war das Vertrauen in die Wirksamkeit der Kräuterheilmittel und die Würzkraft der Kräuter ungeschmälert erhalten geblieben. Die französische »Haute Cuisine« ist ohne eine Fülle verschiedenartiger Kräuter nicht denkbar. Auch in Italien war der Glaube an die reinigende Kraft frischer Kräuter, die man vor allem im Frühjahr in Form von Tees und Kräutersuppen liebte, ungebrochen.

Mit der Entwicklung der »Nouvelle Cuisine« und der mit ihr verwandten »Cuisine Minceur«, zumal in den letzten 10 Jahren, stieg der allgemeine Stellenwert der Kräuter in der gesamten internationalen Küche wieder gewaltig. Das liegt nicht zuletzt daran, daß sich Kräuter so vorzüglich für eine leichte, gesunde und zugleich schmackhafte Ernährung eignen. Sie verfeinern gekochte und ungekochte Speisen und spenden außer Wohlgeschmack und Frische auch noch Vitamine und Heilstoffe, ohne das Kalorienkonto unnötig zu belasten.

In der deutschen Küche ist die Vielfalt der verwendeten Kräuter in den letzten Jahrzehnten immer größer geworden, weil immer mehr Menschen in fremde Länder gereist sind und in andere Kochtöpfe geschaut haben. Vor allem die in der Mittelmeerküche anzutreffenden Kräuter erfreuen sich heute bei uns zunehmender Beliebtheit.

Suppen

Suppen, und ganz besonders Gemüsesuppen, gehören zu meinen Lieblingsgerichten. Sie bieten mit die beste Gelegenheit, Kräuter zu verwenden und machen es auch dem Anfänger leicht, mit ihnen kochen zu lernen. Ich halte mich bei der Verwendung meist nicht an vorgegebene Rezepte, sondern gebrauche sie nach eigenem Gutdünken. Mit den richtigen Kräutern gewürzt, kann auch eine einfache Gemüsesuppe zur kulinarischen Köstlichkeit werden.

Man erreicht durch Kräuter in der Suppe sowohl einen geschmacklichen als auch einen farblichen Kontrast. Verfeinert man beispielsweise eine Suppe aus Wurzelgemüsen mit gehackten Liebstöcklblättern, erreicht man einen interessanten Gegensatz: einen leicht scharfen, pfefferigen, an Sellerie erinnernden Geschmack vor dem Hintergrund des cremigen, milden Aromas der Gemüsesuppe. Auch der optische Kontrast ist reizvoll: Das leuchtende Grün des Liebstöckl gegen die warm-orangefarbene Suppe. Da die meisten Suppen längere Zeit kochen müssen, eine lange Kochzeit aber die Kräuter um einen Teil ihres feinen Geschmacks, ihrer Farbe und ihres Vitamingehalts bringt, gibt man sie am besten ganz zum Schluß in die fertige Suppe, also unmittelbar bevor man sie serviert. Wenn man die Kräuter so benutzt, bewahren sogar die besonders empfindlichen und zarten ihren Eigengeschmack, während man ein bißchen aufpassen muß, damit die kräftigen Kräuter, wie Liebstöckl und Petersilie, den Geschmack des Gerichtes, das man mit ihnen würzt, nicht überdecken. Wer viel Petersilie in seinen Speisen mag, sollte vielleicht mit Rücksicht auf die anderen, die mitessen, aber diese Vorliebe nicht teilen, eine Schale mit gehackter Petersilie auf den Tisch stellen – zum Würzen nach Wunsch.

Eine andere Möglichkeit, Suppen mit Kräutern zu würzen und zu verfeinern, ist, daß man einen Kräuteraufguß herstellt. Man kann Kräuter in heißer, aber nicht kochender Flüssigkeit, am besten Brühe, etwa 20–30 Minuten zugedeckt stehen lassen. Dabei wird der Topf vom Feuer genommen. Die durchpassierte Kräuterbrühe ist eine gute Grundlage für leichte Suppen aller Art. Ganz zum Schluß gibt man noch ein wenig von demselben Kraut, diesmal frisch und fein gehackt, zur Garnierung und Würze dazu. Estragon, Kerbel und Dill lassen sich gut auf diese Weise verwenden. Kerbel gibt einen raffinierten Geschmack, der ähnlich, aber doch feiner und milder ist als der von Petersilie; er gehört zu meinen Lieblingskräutern und ergibt zusammen mit Hühnerbrühe, Eigelb und Zitronensaft eine köstliche Suppe.

Verwenden Sie nach Möglichkeit für Ihre Suppen frische Kräuter, weil getrocknete viel von ihrer Kraft einbüßen. Viele Suppen kann man auch im Winter mit frischen Kräutern würzen, weil zumindest Petersilie eigentlich immer verfügbar sein sollte. Töpfe mit Basilikum, die man im Frühherbst ins Haus gebracht hat, erlauben bis Ende des Jahres eine Ernte; wenn man sie an einen sonnigen Platz stellt, werden sie auch nach ihrer eigentlichen Wachstumsperiode noch frische Blätter produzieren.

Alle Rezepte sind, sofern nichts anderes erwähnt, für *4 Personen* berechnet.

BOHNENSUPPE MIT PETERSILIE

200 g weiße Bohnen
1 Zwiebel
2 kleine Karotten
2 Stangen Porree
2 Stangen Sellerie (vom Staudensellerie)
4 EL Olivenöl
250 g Tomaten
1½ l Hühner- oder Wildbrühe
Salz und schwarzer Pfeffer
6 EL gehackte Petersilie

Bevor Sie die Bohnen kochen, weichen Sie sie 3–4 Stunden in Wasser ein. In frischem Wasser, dem noch kein Salz zugesetzt wird, werden sie dann solange gekocht, bis sie weich sind (ca. 1 Stunde). Gießen Sie die Bohnen auf ein Sieb und heben Sie das Wasser auf. Die geschälte Zwiebel und die geputzten Gemüse (Karotten, Porree, Sellerie) werden in feine Streifen geschnitten. Erhitzen Sie das Olivenöl in einem Topf und dünsten Sie die Zwiebeln darin, bis sie glasig sind. Dann geben Sie die Gemüsestreifen dazu und kochen alles ca. 5–6 Minuten lang. Die Tomaten werden gehäutet und entkernt und zu den anderen Gemüsen gegeben; sie sollen kurz mitdünsten, bevor Sie die erhitzte Brühe angießen. (Man kann die Brühe auch verlängern, indem man etwas von dem abgegossenen Bohnenwasser mit dazugibt.) Bringen Sie nun das Ganze zum Kochen und lassen Sie es nur solange köcheln, bis die Gemüse weich, aber nicht zu weich sind. Zum Schluß fügen Sie die Bohnen zu, schmecken mit Salz und Pfeffer aus der Mühle ab und rühren nochmals um. Die gehackte Petersilie streuen Sie erst unmittelbar vor dem Servieren über die Suppe. Die Menge reicht für 6–8 Personen.

KAROTTEN- UND RÜBEN-SUPPE MIT KORIANDER

250 g Karotten
250 g Kohlrüben
40 g Butter
1 l Hühnerbrühe
Salz und schwarzer Pfeffer
2 EL saure Sahne
2 TL gestoßener Koriander
1 TL gestoßener Kümmel
1 EL fein gehackte Korianderblätter

Karotten und Rüben werden geputzt und in Scheiben geschnitten. Dann erhitzen Sie die Butter in einem Topf und dünsten darin unter dauerndem Rühren die Karotten und Rüben. Die Brühe wird in einem zweiten Topf erhitzt und dann über das Gemüse gegossen, zum Kochen gebracht und mit Salz und Pfeffer abgeschmeckt. Zugedeckt muß die Suppe nun etwa 30 Minuten kochen, bevor Sie sie durch ein grobes Sieb passieren und anschließend nochmals erhitzen. Zum Schluß rühren Sie die saure Sahne unter und würzen mit Koriander und Kümmel sowie den frisch gehackten Korianderblättern. Die Suppe darf nun nicht mehr kochen, sollte aber vor dem Servieren noch etwa 5 Minuten durchziehen.

Bohnensuppe mit Petersilie; Karotten- und Rübensuppe mit Koriander; Sellerie-Kraftbrühe mit Liebstöckl.

BLUMENKOHLSUPPE MIT KERBEL

1 mittelgroßer Blumenkohl
50 g Butter
1 l Hühnerbrühe
Salz und schwarzer Pfeffer
4 EL Sahne
3 EL gehackter Kerbel

Brechen Sie den Blumenkohl in kleine Röschen, die gründlich gewaschen und in kleine Stücke geschnitten werden. Erhitzen Sie die Butter in einem Topf und schwenken Sie den Blumenkohl einige Minuten darin, bevor sie die heiße Brühe angießen. Bringen Sie die Suppe zum Kochen und lassen Sie sie zugedeckt etwa 20 Minuten leise köcheln. Dann wird sie im Mixer püriert, nochmals in den Topf geleert und erneut erhitzt. Mit Salz und Pfeffer abschmekken und die Sahne unterrühren. Mit Kerbel bestreuen. Die Suppe schmeckt auch kalt, sollte dann aber abgekühlt sein, bevor Sie den Kerbel dazugeben.

SELLERIE-KRAFTBRÜHE MIT LIEBSTÖCKL

1 große Knolle Sellerie
1¼ l Rinderbrühe
Salz, Pfeffer
etwas Zitronensaft
2 EL gehackter Liebstöckl

Die Sellerieknolle wird geputzt und in Stücke geschnitten (auch die gehackten Blätter kommen dazu). Zusammen mit der Brühe werden sie zum Kochen gebracht; zugedeckt soll die Suppe etwa eine halbe Stunde köcheln, bevor Sie sie durchseihen, anschließend nochmals erhitzen und mit Salz und Pfeffer sowie einigen Tropfen Zitronensaft abschmekken. Zum Schluß wird gehacktes Liebstöckl eingerührt. Die Suppe sollte dann noch 3–4 Minuten ziehen.

KERBELSUPPE

3 Stangen Porree
350 g Kartoffeln
50 g Butter
50 g gehackter Kerbel
(oder ein Gemisch von Kerbel und Petersilie)
1 l Hühnerbrühe
Saft einer halben Zitrone
1 EL Dillessig oder Weinessig
Meersalz und Pfeffer
1 Eigelb
4 EL Schlagsahne

Die Porreestangen werden gewaschen und in Stücke, die geschälten Kartoffeln in Scheiben geschnitten. Dann lassen Sie die Butter in einem Topf schmelzen und dünsten darin die Lauchstreifen etwa 4 Minuten, bevor Sie Kartoffeln und Kerbel dazugeben und nochmals einige Minuten dünsten lassen. Nun gießen Sie die inzwischen erhitzte Brühe an das Gemüse, und lassen die Suppe zugedeckt etwa 20 Minuten kochen. Anschließend soll sie etwas abkühlen, bevor Sie sie im Mixer pürieren. Nochmals in den Topf geben, erhitzen und mit Zitronensaft und Essig abschmecken. Mit Salz und Pfeffer würzen. Das Eigelb wird in einer kleinen Schale aufgeschlagen und mit 3–4 Eßlöffeln Suppe verrührt, bevor sie es in die Suppe geben, die nun nicht mehr kochen darf. Füllen Sie die Suppe in Tassen und garnieren Sie mit einem Löffel Schlagsahne. Wenn Sie nicht genügend Kerbel zur Hand haben, verwenden Sie eine Mischung aus Kerbel und Petersilie.

SCHNELLE KERBELSUPPE

3 Eier
3 EL gehackter Kerbel
1 l Hühnerbrühe
Meersalz und schwarzer Pfeffer
etwas Zitronensaft

Die ganzen Eier werden in einer Schüssel zusammen mit dem gehackten Kerbel kräftig aufgeschlagen. Dann erhitzen Sie die Hühnerbrühe, ohne sie zum Kochen zu bringen und mischen einige Eßlöffel Brühe unter die geschlagenen Eier. Unter kräftigem Rühren geben Sie die Eier in die Brühe und rühren auf ganz kleiner Flamme so lange, bis die Suppe cremig wird; lassen Sie sie aber nicht kochen! Zum Schluß wird mit Pfeffer und Salz sowie etwas Zitronensaft abgeschmeckt und sofort serviert.

KORIANDERSUPPE

2 TL Butter
1 TL gestoßener Koriander
½ TL gestoßener Kümmel
2 EL Mehl
1 l kräftige Hühnerbrühe
Saft einer halben Zitrone
Meersalz und schwarzer Pfeffer
½ Becher Sahne (1,5 dl)
½ Tasse gekochter Reis
2 EL gehackte Korianderblätter

Erhitzen Sie die Butter in einem Topf und rühren Sie Koriander und Kümmel hinein. Bei schwacher Hitze etwa 1 Minute lang umrühren und dann das Mehl zugeben, das ebenfalls untergerührt wird. Dann gießen Sie die heiße Brühe an und lassen unter ständigem Rühren 4 Minuten kochen. Mit Zitronensaft, Salz und Pfeffer aus der Mühle abschmecken. Nun geben Sie die Sahne und den Reis in die Suppe, die nicht mehr kochen soll. Zum Schluß streuen Sie gehackte Korianderblätter darüber und lassen noch einige Augenblicke durchziehen.

Kerbelsuppe; Entensuppe mit Portulak und Ingwer.

ENTENSUPPE MIT PORTULAK UND INGWER

1 kleine Mastente
1½ l Wasser
1 Zwiebel
1 Karotte
2 Selleriestangen (vom Stangensellerie)
1 Lorbeerblatt
3 Petersilienstengel
1 Sträußchen Portulak oder Brunnenkresse
Salz und schwarze Pfefferkörner
25 g Ingwer
2 EL Estragon- oder Dillessig
2 EL gehackter Schnittlauch

Mit der Zubereitung dieser Suppe beginnen Sie am besten schon am Vortag. Die ausgenommene und gewaschene Ente in kaltem Wasser aufsetzen, die halbierte Zwiebel, Karotte, Sellerie, Lorbeerblatt und Petersilie zugeben. Die Blätter vom Portulak werden abgezupft und beiseite gelegt, die Stengel geben Sie mit in den Topf, dazu Pfefferkörner und Salz. Das Ganze zum Kochen bringen und die Ente darin langsam garen (ca. 1 Stunde). Dann nehmen Sie die Ente heraus und schneiden die fleischigen Stücke ab. Die Knochen kommen zurück in die Suppe, die nochmals 1 Stunde kochen muß. Geben Sie, wenn nötig, noch etwas Wasser dazu. Gießen Sie nun alles auf ein Sieb und nehmen Sie die Gemüse heraus. Die Suppe muß etwas abkühlen und kommt dann in den Kühlschrank. Am nächsten Tag schöpfen Sie das Fett von der Oberfläche und schmekken ab. Wenn die Suppe nicht kräftig genug ist, reduzieren Sie sie durch starkes Kochen. In die heiße Brühe geben Sie die gehackten Portulakblätter, die kleingeschnittene Ingwerwurzel und das in Stücke geschnittene Entenfleisch. Schmekken Sie mit Pfeffer und Salz ab und rühren Sie den Essig hinein. Streuen Sie vor dem Servieren die Schnittlauchröllchen darüber. Eine billigere Variation dieser Suppe kann man aus Enten- oder Hühnerklein machen.

LINSENSUPPE MIT KRÄUTERN

100 g Linsen
1¼ l Brühe
(Kalbfleisch-, Hühner-, Wild- oder Rindsbrühe)
1 kleine Zwiebel
1½ EL Olivenöl
1 Knoblauchzehe
100 g Spinat
Salz und Pfeffer
50 g Kräuter:
Sauerampfer, Petersilie, Kerbel, Estragon, Liebstöckl und Zitronenthymian
1 TL Zitronensaft
1 Becher Joghurt oder Buttermilch (1,5 cl)

Waschen und verlesen Sie die Linsen sorgfältig und geben Sie sie mit der Brühe in einen großen Topf. Nun wird alles zum Sieden gebracht. Zugedeckt kochen, bis die Linsen weich sind.

Die Zwiebel wird geschält und gehackt, das Öl in einer Bratpfanne erhitzt und die Zwiebel darin gedünstet, bis sie weich und goldgelb ist. Dann geben Sie den zerkleinerten Knoblauch dazu. Waschen Sie den Spinat, schneiden Sie ihn klein und geben Sie ihn zu den Linsen, sobald diese weich sind. Mit Salz und Pfeffer abschmecken. Der Spinat soll mit den Linsen ca. 8 Minuten kochen. Geben Sie Zwiebeln, Knoblauch und die grobgehackten Kräuter dazu und lassen alles noch 2–3 Minuten weiterkochen, bevor Sie die Suppe etwas abkühlen lassen. Pürieren Sie die Suppe durch und geben Sie etwas Zitronensaft und Joghurt oder Buttermilch dazu. Servieren Sie sofort, falls nötig, erhitzen Sie die Suppe noch einmal kurz, ohne sie kochen zu lassen.

Diese Suppe kann auch kalt serviert werden.

Linsensuppe mit Kräutern.

ESTRAGON-KRAFTBRÜHE

1 l Hühnerbrühe
3–4 TL zerkleinerter Estragon
Salz und schwarzer Pfeffer

Erhitzen Sie die Brühe in einem Topf. Zerstampfen Sie den Estragon in einem Mörser und geben Sie dabei nach und nach ¼ l Brühe zu, lassen sie 5 Minuten ziehen und gießen Sie dann den Inhalt des Mörsers zurück in die übrige Brühe. Sie wird erhitzt ohne zu kochen und mit Salz und Pfeffer abgeschmeckt. Servieren Sie in Tassen, eventuell mit einem Estragon-Nockerl (siehe S. 195).

VARIATIONEN. Ersetzen Sie den Estragon durch je ½ EL gehackte Petersilie und gehackten Liebstöckl. Servieren Sie die Brühe nach Wunsch mit einem Liebstöckl-Nockerl in jeder Tasse (siehe S. 195).

Ersetzen Sie den Estragon durch 1½ EL gehackten Kerbel und verwenden Sie Kalbsbrühe statt der Hühnerbrühe. Servieren Sie die Brühe eventuell mit einem Nockerl aus Kerbel in jeder Tasse (siehe S. 195).

Ersetzen Sie den Estragon durch 1½ EL Dill und nehmen Sie statt der Hühnerbrühe Rinderbrühe. Servieren Sie dazu ein Dillnockerl in jeder Tasse (siehe S. 195).

Zubereitung einer Gemüsesuppe.

GEMÜSESUPPE MIT KERBEL

250 g Karotten
1¼ l Hühnerbrühe
250 g Steckrüben
350 g Zucchini
Salz und schwarzer Pfeffer
4 EL saure Sahne
2 EL gehackter Kerbel

Schälen Sie die Karotten, schneiden Sie sie in dicke Scheiben und geben Sie sie in den Topf mit der Brühe. Aufkochen und 5 Minuten kochen lassen. Nun kommen die geschälten und gewürfelten Rüben dazu. Wieder 10 Minuten kochen lassen. Schließlich die ungeschälten, in dicke Scheiben geschnittenen Zucchini dazugeben und alles zusammen noch einmal 10–15 Minuten kochen lassen, bis die Gemüse weich sind. Passieren Sie die Suppe durch ein grobes Sieb und pürieren Sie sie anschließend. Dann wird sie nochmals erhitzt und mit Salz und Pfeffer abgeschmeckt. Rühren Sie die Sahne und den gehackten Kerbel unter und servieren Sie sofort (statt Kerbel können Sie auch Petersilie nehmen).

BUTTERMILCH-DILL-SUPPE

40 g Butter
3 kleine Stangen Lauch
500 g Kartoffeln
½ l Hühnerbrühe
Salz und schwarzer Pfeffer
½ l Buttermilch
5 EL gehackter Dill

Erhitzen Sie die Butter in einem Topf. Waschen und schneiden Sie die Lauchstangen in feine Streifen und dünsten Sie sie etwa 8 Minuten in der Butter. Nun geben Sie die geschälten und gewürfelten Kartoffeln dazu. Rühren Sie gut um, bevor Sie die heiße Brühe aufgießen und mit Pfeffer und Salz abschmecken. Zugedeckt muß die Suppe nun 20 Minuten kochen. Lassen Sie sie ein bißchen abkühlen und passieren Sie sie zusammen mit der Buttermilch durch. Nochmals kurz erhitzen. Erst kurz vor dem Servieren kommt der gehackte Dill dazu.

Fischsuppe mit Fenchel.

FENCHEL-KRAFTBRÜHE MIT LIEBSTÖCKL

1 große Fenchelknolle
1 l Wild- oder Hühnerbrühe
1 EL Zitronensaft
Salz und schwarzer Pfeffer
2 EL gehackter Liebstöckl

Die Fenchelknolle wird geputzt und in Scheiben geschnitten und zusammen mit der Brühe zum Kochen gebracht. Sie muß zugedeckt 20–25 Minuten kochen. Dann wird die Suppe durch ein Sieb passiert und nochmals erhitzt. Mit Zitrone, Salz und Pfeffer abschmecken und erst zum Schluß den gehackten Liebstöckl hineingeben.

FISCHSUPPE MIT FENCHEL

2 EL Butter
Fischgräten
1 Lorbeerblatt
4 Petersilienstengel
2 Liebstöcklstengel
1½ l kaltes Wasser
Salz und 6 schwarze Pfefferkörner
1 kleine Zwiebel
1 Karotte
1 Stange Porree
250 g Seehecht oder Barsch
500 g Schollen- oder Seezungenfilet
1 EL Mehl
2 EL saure Sahne
2 EL gehacktes Fenchelkraut

Fischgräten, Lorbeerblatt, Petersilien- und Liebstöcklstengel kommen in einen Topf, werden mit kaltem Wasser bedeckt, mit Salz und Pfefferkörnern gewürzt und zum Kochen gebracht. 30 Minuten langsam kochen lassen. Das geputzte und kleingeschnittene Gemüse (Zwiebel, Karotte, Porree) geben Sie in einen Topf und gießen die durchgeseihte Fischbrühe darüber. Nochmals zum Kochen bringen und weitere 30 Minuten ziehen lassen. Dann geben Sie den Seehecht in die Brühe und kochen ihn darin ca. 15 Minuten (er muß noch Biß haben). Der gegarte Seehecht wird herausgenommen, und die Schollenfilets kommen jetzt hinein. Sie brauchen nur 5 Minuten zu ziehen, bevor Sie sie ebenfalls wieder herausnehmen. Lassen Sie die Suppe etwas abkühlen und passieren Sie sie durch.

Inzwischen wird die Butter in einem Topf geschmolzen, das Mehl hineingerührt und 1 Minute angeschwitzt. Löschen Sie mit der passierten Suppe ab und lassen Sie sie unter ständigem Rühren 3 Minuten kochen. Mit Salz und Pfeffer abschmecken. Nun werden die Hechtstücke in die Suppe geschnitten, ebenso die gehäuteten Schollenfilets. Zum Schluß gießen Sie die saure Sahne an, erhitzen noch einmal kurz und geben den gehackten Fenchel hinein. Zugedeckt soll die Fischsuppe nun noch 3–4 Minuten stehen, bevor Sie sie servieren.

PILZSUPPE MIT KERBEL

250 g Mischpilze
1 l Hühnerbrühe
½ Becher saure Sahne
Saft einer halben Zitrone
Salz und schwarzer Pfeffer
3 EL gehackter Kerbel

Putzen Sie die Pilze mit einem feuchten Tuch ab, schälen Sie sie aber nicht. Samt den Stengeln werden sie in Stücke geschnitten. Erhitzen Sie die Brühe in einem Topf und geben Sie die Pilze dazu. Die Brühe mit den Pilzen muß etwa 15 Minuten köcheln, bevor Sie sie etwas abkühlen lassen und durchpassieren. Die saure Sahne wird untergerührt und die Suppe mit Zitronensaft abgeschmeckt. Salzen und pfeffern und anschließend nochmals kurz erhitzen, aber nicht kochen lassen. Den gehackten Kerbel geben Sie erst unmittelbar vor dem Servieren in die Suppe.

BRENNESSELSUPPE

500 g Kartoffeln
250 g junge Brennesseln
50 g Butter
1 l Hühnerbrühe
Salz und schwarzer Pfeffer
5 EL saure Sahne

Die Kartoffeln werden geschält und in dicke Scheiben geschnitten, die Brennesseln gewaschen und grob gehackt (nur die oberen Spitzen verwenden!).

Nun werden die Kartoffeln in Salzwasser 10 Minuten gekocht und auf ein Sieb geschüttet. Dann wird die Butter in einem Topf erhitzt, die Nesseln kommen dazu und werden 10 Minuten gedünstet. Inzwischen erhitzen Sie die Brühe und geben sie zusammen mit den vorgekochten Kartoffeln zu den Brennesseln. Das Ganze muß weitere 10 Minuten kochen. Sobald die Kartoffeln weich sind, passieren Sie die Suppe durch ein Sieb, schmecken mit Salz und Pfeffer aus der Mühle ab und geben die saure Sahne dazu.

Sie können diese Suppe nur im Frühjahr zubereiten, wenn die Brennesseln jung und weich sind.

FISCHTOPF MIT PETERSILIE

2 EL Butter
1 große Zwiebel
750 g Schellfischfilet
500 g Kartoffeln
Salz und schwarzer Pfeffer
1 großer Becher Sahne
6 EL gehackte Petersilie

Die Butter wird in einem Topf mit schwerem Boden erhitzt und die geschälte und fein gehackte Zwiebel darin glasig gedünstet. Die enthäuteten und in Stücke geschnittenen Fischfilets werden auf die Zwiebeln gebettet. Darüber kommt eine Schicht aus dicken Kartoffelscheiben. Sie werden gesalzen und gepfeffert.

Nun gießen Sie soviel heißes Wasser dazu, daß die Kartoffeln gerade bedeckt sind und bringen das Ganze zum Kochen. Bei geschlossenem Deckel lassen Sie den Fischtopf 30–40 Minuten ziehen. Sobald die Kartoffeln gar sind, rühren Sie vorsichtig die erhitzte Sahne darunter, schmekken nochmals ab und geben zum Schluß die gehackte Petersilie an das Fischgericht. Dazu paßt Knäckebrot oder Weißbrot.

PETERSILIENSUPPE

1 große Zwiebel
2 große Karotten
50 g Butter
200 g Kartoffeln
1 l Hühnerbrühe
Salz und schwarzer Pfeffer
5 EL gehackte Petersilie

Die Zwiebel und die Karotten werden geputzt und in dünne Scheiben geschnitten. Sie brauchen von beiden etwa die gleiche Menge. Erhitzen Sie die Butter und dünsten Sie die Gemüse leicht an, bevor Sie die geschälten und in Scheiben geschnittenen Kartoffeln dazugeben und nach einigen Minuten die heiße Brühe angießen. Mit Salz und Pfeffer würzen und dann die Suppe 35 Minuten kochen lassen. Die Suppe wird anschließend zusammen mit der Petersilie im Mixer püriert, noch einmal kurz erhitzt und endgültig abgeschmeckt.

ERBSENSUPPE MIT MINZE

400 g frische ausgepalte Erbsen
½ l Hühnerbrühe
½ l Sahne
Salz und schwarzer Pfeffer
2 EL fein gehackte Minze

Die Erbsen werden in schwachem Salzwasser weichgekocht und anschließend im Mixer püriert. Dann mischen Sie die Hühnerbrühe und Sahne darunter und würzen mit Salz und Pfeffer aus der Mühle. Die Suppe wird erhitzt, erst kurz vor dem Servieren rührt man die frische Minze unter. Diese Suppe kann auch gut gekühlt serviert werden.

Fischtopf mit Petersilie.

PROVENÇALISCHE SUPPE MIT PISTOU

2 mittlere Zwiebeln
2 kleine Stangen Porree
200 g Zucchini
200 g Wachsbohnen
250 g Tomaten
7 EL Olivenöl
1¼ l heißes Wasser
100 g gekochte grüne Bohnen
Salz und schwarzer Pfeffer
50 g kurze Makkaroni

Pistou:
3 Knoblauchzehen
1 Tasse gehackte Basilikumblätter
50 g frisch geriebener Parmesan
4 EL Olivenöl

Die Zwiebeln werden geschält und gehackt, Porree und Karotten geputzt und in Scheiben geschnitten, die ungeschälten Zucchini in dicke Stücke geteilt, die Wachsbohnen durchgebrochen, die Tomaten enthäutet und entkernt.

In einer Kasserolle erhitzen Sie nun das Öl und dünsten darin Zwiebeln und Porree einige Minuten an. Dann gießen Sie heißes Wasser dazu und geben Karotten und Bohnen hinein (bei Dosenware kommen die Bohnen erst dazu, wenn die anderen Gemüse gar sind). Mit Salz und Pfeffer abschmecken und 40 Minuten kochen lassen. Nun fügen Sie Zucchini, grüne Bohnen und Tomatenstücke hinzu und lassen die Suppe nochmals 20 Minuten kochen. Anschließend garen Sie die Makkaroni in der Suppe (15 Minuten).

In der Zwischenzeit machen Sie das Pistou: Die geschälten Knoblauchzehen werden kleingehackt und zusammen mit dem Basilikum im Mörser zu Brei zerstampft. Dann mischen Sie den geriebenen Käse darunter und fügen tropfenweise das Öl hinzu. Wenn alles zu einer glatten Paste gerührt ist, geben Sie das Pistou in eine Terrine und gießen die kochende Suppe darüber. Zugedeckt lassen Sie sie noch einige Minuten ziehen. Die Gemüsesuppe reicht für 8–10 Personen.

KÜRBISSUPPE MIT BASILIKUM

500 g Kürbis
250 g Karotten
1 l Hühnerbrühe
1 große Zwiebel
50 g Butter
250 g Tomaten
Salz und schwarzer Pfeffer
1 Prise Zucker
3 EL Crème fraîche
2 EL gehacktes Basilikum

Der Kürbis wird geschält und in etwa 2 cm dicke Stücke geschnitten; dann schneiden Sie die geputzten Karotten in nicht zu dicke Scheiben. Zusammen mit der Brühe geben Sie beide Gemüse in einen Topf und kochen sie ca. 20 Minuten.

Die Zwiebel wird geschält und fein gehackt und anschließend 4–5 Minuten in der erhitzten Butter gedünstet. Die enthäuteten und entkernten Tomaten werden in Stücke geschnitten und unter die Zwiebeln gerührt und ebenfalls einige Minuten mitgedünstet.

Passieren Sie Kürbis- und Karottenbrühe durch ein Sieb und gießen Sie die so gewonnene Flüssigkeit an die Mischung aus gedünsteten Zwiebeln und Tomaten. Lassen Sie die Suppe cremig einkochen, bevor Sie mit Salz und Pfeffer sowie etwas Zucker abschmecken und zum Schluß die Crème fraîche und die gehackten Basilikumblätter zugeben. Vor dem Servieren sollte die Suppe noch 3 Minuten durchziehen.

GEMÜSEEINTOPF MIT LIEBSTÖCKL

1 große Zwiebel
60 g Butter
200 g Karotten
200 g Pastinaken
200 g Steckrüben
1¼ l Hühnerbrühe
Salz und schwarzer Pfeffer
5 EL saure Sahne
3 EL gehackter Liebstöckl

Schneiden Sie die geschälte Zwiebel in dünne Scheiben und dünsten Sie diese in Butter glasig. Dann geben Sie die anderen geputzten und in dünne Scheiben geschnittenen Gemüse dazu und dünsten sie weitere 8 Minuten mit. Nun wird die erhitzte Hühnerbrühe angegossen, mit Salz und Pfeffer abgeschmeckt und alles solange bei schwacher Hitze gekocht, bis die Gemüse weich sind.

Passieren Sie das Ganze durch ein Sieb oder pürieren Sie es im Mixer. Dann wird die Suppe nochmals erhitzt, endgültig abgeschmeckt und die saure Sahne untergerührt. Zum Schluß kommt der fein gehackte Liebstöckl dazu, den man am besten noch einige Minuten durchziehen läßt.

SAFRANSUPPE MIT SCHNITTLAUCH

Fischgräten, -köpfe und -schwänze
1½ l kaltes Wasser
3 Zwiebeln
1 Karotte
1 Stange Porree
1 Lorbeerblatt
3 Petersilienstengel
6 schwarze Pfefferkörner
1 EL Salz
3 TL Weißweinessig
3 dl Bier
¼ TL Safran
4 EL Olivenöl
500 g Heilbutt
4 EL gekochter Reis
4 EL gehackter Schnittlauch

Die Fischköpfe, -schwänze und -gräten werden in kaltem Wasser aufgesetzt. Dann gibt man eine der gehackten Zwiebeln, die geputzte und kleingeschnittene Karotte und Porree sowie Lorbeerblatt, Petersilienstengel, Pfefferkörner und Salz dazu. Bringen Sie das Ganze langsam zum Kochen und lassen Sie es eine halbe Stunde ziehen. Zwischendurch umrühren und am Ende der Kochzeit durch ein Sieb passieren.

Nun kommt der Weinessig an die Fischbrühe, die etwas abkühlen muß, bevor Sie Bier hinzufügen. Mit Safran, Pfeffer und Salz abgeschmeckt, erhitzen Sie die Brühe und lassen sie nochmals 15 Minuten kochen. Die beiden restlichen Zwiebeln werden fein gehackt und in Olivenöl goldgelb angeschwitzt; das Heilbuttsteak wird gegrillt. Schneiden Sie das Heilbuttfleisch in kleine Stücke und geben Sie diese samt den gedünsteten Zwiebeln und dem gekochten Reis in die Suppe. Zum Schluß kommen die Schnittlauchröllchen hinein. Die Suppe reicht für 6–8 Personen.

SAUERAMPFERSUPPE

100 g Sauerampfer
100 g Kopfsalat
50 g Petersilie
50 g Butter
100 g Kartoffeln
½ l Hühnerbrühe
Salz und schwarzer Pfeffer
4 EL Sahne

Waschen Sie Sauerampfer, Salat und Petersilie und lassen Sie alles gut abtropfen. Trocknen Sie die Blätter auf Küchenkrepp ab und hacken Sie sie grob. Die Butter wird in einem Topf erhitzt und die gehackten Blätter darin angeschwitzt. Nach 5–6 Minuten geben Sie die in Stücke geschnittenen Kartoffeln dazu, rühren gut durch und gießen die Brühe an. Dann wird mit Salz und Pfeffer abgeschmeckt; die Suppe soll 25 Minuten kochen, bevor Sie sie durch ein grobes Sieb passieren und nochmals erhitzen. Zum Schluß die Sahne einrühren.

Provençalische Suppe mit Pistou; Gemüseeintopf mit Liebstöckl.

Tomatensuppe mit Basilikum; Gurkensuppe mit Minze.

ESTRAGONSUPPE

6 Estragonzweige
1 l Hühnerbrühe
2 EL Butter
1 EL Mehl
1 Eigelb
4 EL Sahne
1 EL Zitronensaft
Salz und schwarzer Pfeffer

Zupfen Sie die Estragonblätter ab und geben Sie die Stiele in die Brühe, die 20 Minuten kochen muß. Die Butter wird in einem Topf geschmolzen, das Mehl untergerührt und mit der passierten Brühe unter Rühren abgelöscht. 2–3 Minuten kochen lassen.

Inzwischen schlagen Sie das Eigelb mit der Sahne auf, gießen 2 Eßlöffel von der heißen Brühe dazu und geben dann die Mischung unter Rühren in die Suppe. Sie darf nicht mehr kochen. Mit Zitronensaft, Salz und Pfeffer abschmecken und die Estragonblätter darüberstreuen. Lassen Sie die Suppe noch einige Minuten durchziehen, bevor Sie sie servieren, damit sie ein kräftiges Estragonaroma bekommt.

TOMATENSUPPE MIT BASILIKUM

1 große Zwiebel
60 g Butter
750 g Tomaten
3/4 l Hühnerbrühe
Salz und schwarzer Pfeffer
1 Prise Zucker
4 EL gehacktes Basilikum

Die Zwiebel wird geschält und fein gehackt, anschließend in Butter glasig angeschwitzt; sie darf nicht braun werden. Die Tomaten werden mit kochendem Wasser übergossen, enthäutet, entkernt und in Stücke geschnitten. Dann geben Sie sie zu den Zwiebeln und dünsten sie einige Minuten mit, bevor Sie mit der Brühe aufgießen. Bringen Sie nun das Ganze zum Kochen und lassen Sie die Suppe etwa 20 Minuten leise köcheln. Dann wird mit Salz, Pfeffer aus der Mühle und Zucker abgeschmeckt und durch ein feines Sieb passiert. Nun muß die Suppe gut gekühlt werden. 10 Minuten vor dem Servieren rühren Sie die Basilikumblätter hinein. Die Suppe wird kalt gegessen.

GURKENSUPPE MIT MINZE

1 Schalotte
1 Gurke
1 l Hühnerbrühe
Salz und schwarzer Pfeffer
2 EL Zitronensaft
3 Blatt Gelatine
3 EL gehackte Minze
Zitronenscheiben zum Garnieren

Die Schalotte wird in dünne Scheibchen geschnitten, die Gurke zur Hälfte geschält. Raspeln Sie die Gurke und pressen Sie dann den Saft heraus. Dann wird die gehackte Schalotte in der Hühnerbrühe 5 Minuten gekocht, bevor Sie die geraspelte Gurke dazugeben und mit Pfeffer, Salz und Zitronensaft abschmecken.

Die Gelatine wird in etwas Brühe aufgelöst, durchpassiert und in die Suppe gegeben. Nun lassen Sie die Suppe abkühlen und, wenn sie etwas fest geworden ist, rühren Sie die Minze unter. Sie sollte im Kühlschrank kalt werden, bevor Sie die gelierte Suppe, mit Zitronenscheiben garniert, in Tassen servieren. Sie haben damit ein erfrischendes Sommergericht.

Pasteten, Würstchen, Füllungen

Es gibt keine Pastete, die nicht durch Verwendung von frischen Kräutern an Geschmack und Aroma gewänne. Die leichten Pasteten aus Fischen oder Meeresfrüchten sind vorzüglich mit Estragon oder Dill, während zu einer Geflügelpastete Liebstöckl und Kerbel besonders gut schmecken. Eine Leberpastete verfeinert man mit fein gehacktem Salbei; übrigens eines der wenigen Kräuter, die getrocknet genauso aromatisch sind wie frisch, allerdings muß man bei getrocknetem Salbei aufpassen, daß man die Pastete nicht überwürzt. Etwas Salbei verfeinert auch die Masse, aus der man Schweinswürstchen bereitet. Andere Kräuter, wie Majoran, Bohnenkraut und Ysop, passen sehr gut in deftige Pasteten und Terrinen. Wildpasteten, ob aus Wildgeflügel, Hasen oder Reh, schmecken am besten, wenn man sie mit Wacholderbeeren würzt. Ich empfehle, die Beeren in einem Mörser zusammen mit grobem Salz, einigen schwarzen Pfefferkörnern und 2 Knoblauchzehen zu zerstampfen, bevor man sie an die Pastete gibt. Falls im Spätherbst, wenn die große Zeit der Wildküche beginnt, noch frische Kräuter zu bekommen sind, empfehle ich dazu auch Thymian, Zitronenthymian, Bohnenkraut und Estragon.

Man kann auch kleine Würste selbst herstellen, wenn man einen Metzger findet, der einen mit einigen Därmen versorgt oder eventuell sogar die Füllung mit der selber zubereiteten Masse übernimmt. Es gibt sogar kleine Maschinen zum Wurstfüllen, als Zusatzgeräte zu den Küchenmaschinen. Würste herzustellen ist überhaupt nicht schwer, die Masse ist fast die gleiche wie die für Pasteten, und man kann auch fast dieselben Kräuter verwenden: Wacholderbeeren, schwarze Pfefferkörner, Knoblauch, gehackter Salbei oder Basilikum, viel Petersilie ergeben eine feine Würze für eine köstlich schmeckende Wurst, die bestimmt besser ist, als das meiste, was man an Wurstsorten zu kaufen bekommt.

Man kann Würste auf traditionelle Art mit Salbei oder Thymian würzen, aber auch einmal ganz nach persönlichem Geschmack variieren, zum Beispiel mit Liebstöckl, Kerbel oder Estragon. Am besten verwenden Sie für die Füllung nur Schweinefleisch und mischen kein Rindfleisch dazu.

Seit Jahrhunderten werden in der guten Küche vieler Länder Pasteten und Füllungen, ob aus Geflügel, Fleisch, Wild oder Fisch, mit frischen Kräutern verfeinert. Die Masse, mit der man Fleisch oder Fisch ergänzt, besteht aus Weißbrot, Bröseln, Reis oder gekochten Kartoffeln, die allesamt eine vorzügliche Grundlage für kräftige Gewürze bieten. Auch getrocknete Kräuter können natürlich zu Füllungen verwendet werden, obwohl ich in den Wintermonaten, wenn frische Kräuter rar werden, lieber mit Fenchel- oder Dillsamen würze. Petersilie, eines der besten Kräuter für Pasteten und Füllungen, gibt es zum Glück das ganze Jahr.

KRÄUTERPASTETE

500 g Schweinebauch
250 g frischer Speck
125 g Schweineleber
1 große Zwiebel
2–3 Knoblauchzehen
Salz und schwarzer Pfeffer
6 Wacholderbeeren
250 g Spinat
125 g Sauerampfer
6 EL gehackte Petersilie
6 EL gemischte Kräuter
(Kerbel, Dill, Estragon, Liebstöckl, Majoran, Salbei)
1 Ei
etwas Zitronensaft

Drehen Sie Fleisch, Speck und Leber durch den Fleischwolf, mischen Sie in einer großen Schüssel den Fleischteig mit der gehackten Zwiebel, den zerquetschten Knoblauchzehen, Salz, Pfeffer aus der Mühle und zerdrückten Wacholderbeeren. Blanchieren Sie den Spinat und den Sauerampfer in leicht gesalzenem Wasser und lassen Sie die Blätter auf einem Sieb sehr gut abtropfen. Anschließend werden sie klein gehackt und unter die Fleischmasse gemischt. Auch die gehackten Kräuter kommen dazu. Zum Schluß rühren Sie das Ei in den Teig und schmecken mit Zitronensaft ab.

Die Masse wird nun in eine Auflaufform oder Terrine gefüllt und mit Folie abgedeckt. Stellen Sie die Form in eine zur Hälfte mit kochendem Wasser gefüllte große Pfanne in den auf 180° vorgeheizten Backofen; darin muß die Pastete ca. 90 Minuten garen. Lassen Sie sie anschließend abkühlen und beschweren Sie sie nach einer Stunde mit einem Kilo-Gewicht, bis sie kalt ist. Bis zum Servieren wird sie im Kühlschrank aufgehoben. Servieren Sie Toast oder Baguette dazu.

Kräuterpastete.

Kaninchenpastete mit Kräutern; Geflügelpastete mit Estragon.

GEFLÜGELPASTETE MIT ESTRAGON

1 Poularde (ca. 1½ kg)
350 g Schweinefleisch
350 g frischer durchwachsener Speck
1 mittlere Zwiebel
250 g fetter Speck
1 TL Salz
1 TL schwarzer Pfeffer
1½ EL grüne Pfefferkörner
1 Knoblauchzehe
3 EL Cognac
3 EL trockener Wermut oder Weißwein
3 EL gehackter Estragon
1 Ei

Die Poularde wird tranchiert, die Fleischstücke werden herausgelöst und in kleine Stücke gehackt. Knochen und Fleischreste können Sie für eine Suppe verwenden. Drehen Sie Schweinefleisch, durchwachsenen Speck und die Zwiebel durch den Fleischwolf. Vom fetten Speck schneiden Sie ein paar lange, schmale Streifen und legen sie beiseite, der Rest wird in Würfel geschnitten. Geben Sie das Poulardenfleisch und die Speckwürfel zu der Fleischmasse und würzen Sie mit Salz, schwarzem und grünem Pfeffer sowie der zerdrückten Knoblauchzehe. Schmecken Sie mit Cognac und Wermut ab. Zur Probe sollten Sie ein kleines Stück der Masse braten, um festzustellen, ob sie genügend gewürzt ist. Anschließend schlagen Sie das Ei mit dem gehackten Estragon auf und vermischen es mit dem Fleischteig.

Auf den Boden einer feuerfesten Form legen Sie die Speckstreifen, darüber füllen Sie die Fleischmasse und decken alles mit Folie und einem Deckel ab. Die Form kommt in eine zur Hälfte mit kochendem Wasser gefüllte Ofenpfanne in den auf 160° vorgeheizten Backofen; die Pastete muß 2–2½ Stunden garen. Dann wird sie herausgenommen und sollte eine halbe Stunde abkühlen, bevor Sie sie mit einem Gewicht beschweren und endgültig kalt werden lassen.

Am besten bereiten Sie diese Pastete 2 Tage vorher zu; sie hält sich im Kühlschrank 8–9 Tage und reicht für 10–12 Personen. Reichen Sie dazu Toast oder Baguette.

WILDPASTETE MIT WACHOLDERBEEREN

1 bratfertiger Fasan
750 g Schweinebauch
100 g frischer fetter Speck
2 Knoblauchzehen
1 EL Salz
15 schwarze Pfefferkörner
15 Wacholderbeeren
1 gute halbe Tasse Hühner- oder Wildbrühe
2 EL Cognac
einige Speckstreifen

Der Fasan wird in dem auf 200° vorgeheizten Ofen ca. 15 Minuten gegart, herausgenommen und zum Abkühlen beiseitegestellt. Anschließend wird das Fleisch von den Knochen gelöst (die Knochen kann man für eine Wildbrühe verwenden) und in kleine Stücke gehackt. Schweinefleisch und Speck werden durch den Fleischwolf gedreht. Dann mischen Sie in einer großen Schüssel Fasanenfleisch und die durchgedrehte Masse mit den im Mörser zusammen mit Salz, Pfeffer und Wacholderbeeren zerstampften Knoblauchzehen. Auch Brühe und Cognac werden untergerührt.

Die fetten Speckstreifen kommen auf den Boden einer feuerfesten Form, in die sie anschließend die Pastetenmasse füllen. Stellen Sie die nicht zugedeckte Form in eine zur Hälfte mit kochendem Wasser gefüllte Pfanne in den auf 160° vorgeheizten Ofen und garen Sie die Pastete ca. 1¾ Stunden. Sie können aus derselben Masse auch 2 kleine Pasteten bereiten, die nur 1¼ Stunde Garzeit haben. Nehmen Sie die Pastete aus dem Ofen und lassen Sie sie 1 Stunde abkühlen, bevor Sie sie mit einem Kilo-Gewicht beschweren.

Sie sollten diese feine Fasanenpastete einen oder zwei Tage vorher zubereiten und im Kühlschrank aufheben. Die hier angegebene Menge reicht für 10–12 Personen.

LEBERPASTETE MIT SALBEI

350 g Kalbsleber
350 g Schweineleber
100 g Geflügelleber
175 g durchwachsener Speck
4 Schalotten
1 Knoblauchzehe
Salz und schwarzer Pfeffer
4 EL Wermut oder trockener Weißwein
2 EL frischer oder 2 TL getrockneter Salbei
1 Ei

Die Leber wird durch den Fleischwolf gedreht, vom Speck schneiden Sie 5 oder 6 dünne Streifen ab, der Rest wird in kleine Würfel geschnitten, die Sie unter die Leber mischen. Schalotten und Knoblauch werden fein gehackt und zusammen mit Salz, Pfeffer sowie dem Wermut und dem gehackten Salbei in die Masse gerührt. Zum Schluß mischen Sie das Ei hinein. Braten Sie ein kleines Stück von der Masse in einer Pfanne kurz an, um den Geschmack zu überprüfen und schmecken Sie bei Bedarf nochmals ab.

Eine feuerfeste Form wird mit den Speckstreifen ausgelegt und mit der Lebermasse gefüllt. Stellen Sie die Form, nachdem Sie sie mit Folie zugedeckt haben, in eine zur Hälfte mit kochendem Wasser gefüllte Pfanne und garen Sie sie in dem auf 160° vorgeheizten Ofen ca. 1½ Stunden. Anschließend muß sie eine Stunde abkühlen und wird dann, mit einem Gewicht beschwert, im Kühlschrank aufgehoben.

Am besten bereiten Sie diese Pastete schon am Vortag zu. Probieren Sie dazu getoastetes Graubrot.

KANINCHENPASTETE MIT KRÄUTERN

250 g Kaninchenfleisch (ohne Knochen)
250 g Schweinebauch
125 g Kalbfleisch
120 g frischer fetter Speck
2 Knoblauchzehen
2 TL Salz
1 TL schwarze Pfefferkörner
12 Wacholderbeeren
¼ TL Muskat
2 EL gehackte Petersilie
1 TL gehackter Salbei
1 TL gehackter Thymian
1 Ei
2 EL Cognac
1 gute halbe Tasse trockener Weißwein

Drehen Sie das Kaninchenfleisch zusammen mit dem Schweine- und Kalbfleisch sowie dem Speck durch den Fleischwolf und mischen Sie die Masse in einer großen Schüssel mit dem Knoblauch, den Sie zusammen mit Salz, Pfefferkörnern, Wacholderbeeren und Muskatblüte im Mörser zerkleinert haben. Anschließend werden die Kräuter und das Ei eingerührt sowie Cognac und Wein dazugegeben.

Füllen Sie die Masse in eine feuerfeste Form und stellen Sie sie in eine zur Hälfte mit kochendem Wasser gefüllte Pfanne in den auf 160° vorgeheizten Ofen. Die Pastete muß darin 1¾ Stunden garen. Wenn sie ein wenig abgekühlt ist, beschweren Sie sie mit einem Kilo-Gewicht und stellen sie für 2–3 Tage kalt. Sie können diese Pastete aber auch in 2 Formen zubereiten, dann braucht sie nur 80 Minuten Garzeit.

Wenn Sie eine der beiden Pasteten längere Zeit (bis zu 8 Wochen) aufheben wollen, begießen Sie sie mit heißem Schweineschmalz und stellen sie anschließend kalt. Diese Fettschicht wirkt konservierend. Die oben beschriebene Portion reicht für 6–8 Personen.

VARIATION. Sie können statt Kaninchen jede Art von Wild verwenden.

FLEISCHPASTETE MIT SALBEI

500 g Schweinemett
1 große Zwiebel
2–3 Knoblauchzehen
120 g durchwachsener Speck
1 TL Salz
½ TL schwarze Pfefferkörner
10 Wacholderbeeren
8 Salbeiblätter
6 kleine Liebstöcklblätter
4 Ästchen Majoran
4 Ästchen Thymian
1 Ei
6 EL trockener Wermut oder Weißwein
2–3 EL Cognac

Das Schweinemett wird in einer großen Schüssel mit der sehr fein gehackten Zwiebel und den zerdrückten Knoblauchzehen vermischt. Schneiden Sie den Speck in ganz kleine Würfel und rühren Sie diese unter die Masse, ebenso wie die im Mörser mit Salz zerstoßenen Pfefferkörner und Wacholderbeeren. Zum Schluß werden die gehackten Kräuter, das geschlagene Ei, Wermut und Cognac untergemischt.

Die Masse in eine feuerfeste Form geben, mit Folie abdecken und in einer zur Hälfte mit kochendem Wasser gefüllten Ofenpfanne in dem auf 160° vorgeheizten Ofen 1½ Stunden garen. Nehmen Sie die Pastete am Ende der Garzeit aus dem Ofen und lassen Sie sie 1 Stunde abkühlen, bevor sie mit einem Gewicht beschwert und in den Kühlschrank gestellt wird.

KRABBENPASTETE MIT DILL

350 g ausgelöste Krabben
175 g Frischkäse
3 EL saure Sahne
2 EL Zitronensaft
Salz und schwarzer Pfeffer
2½ EL gehackter Dill
einige Spritzer Tabasco-Sauce

Krabben, Käse, saure Sahne und Zitronensaft werden in den Mixer gegeben und püriert. Dann fügen Sie Salz und Pfeffer dazu sowie 2 Eßlöffel gehackten Dill und etwas Tabasco-Sauce. Vermischen Sie alle Zutaten gut miteinander und schmecken Sie sie kräftig ab. Füllen Sie die Masse in eine Schüssel und kühlen Sie sie einige Stunden lang im Kühlschrank. Vor dem Servieren wird mit dem restlichen Dill und einigen Krabben garniert.

WÜRZIGE SCHWEINSWÜRSTCHEN

250 g Schweinebauch
250 g mageres Schweinefleisch (Nuß)
7 EL Milch
80 g Graubrotkrumen
1 Knoblauchzehe
1 TL schwarze Pfefferkörner
2 TL Salz
12 Wacholderbeeren
¼ TL Muskatblüten
¼ TL Cayennepfeffer
1 EL gehackte Petersilie
1 TL gehackter Salbei
1 TL gehackter Thymian

Die fetten Stücke des Schweinebauchs werden herausgeschnitten und in kleine Würfel zerlegt; die mageren Teile zusammen mit dem mageren Schweinefleisch durch den Fleischwolf gedreht. Gießen Sie die Milch über die Brotkrumen und weichen Sie sie darin ein. Anschließend wird das Brot ausgedrückt und zu der Fleischmasse und den Fettwürfeln in eine große Schüssel gegeben und gut durchgemischt. Die geschälte Knoblauchzehe zusammen mit Pfefferkörnern, grobem Salz, Wacholderbeeren, Muskatblüten und Cayennepfeffer im Mörser zerstampfen und ebenso wie die gehackten Kräuter unter die Fleischmasse mischen. Nochmals abschmecken und in gekaufte Därme füllen.

Wenn die Würstchen einige Tage an frischer Luft hängen, wird das Aroma noch kräftiger. Sie schmecken aber auch vorzüglich, wenn sie noch am selben Tag gekocht werden. Die Würstchen können gebraten, gegrillt oder auf einem eingefetteten Backblech 30 Minuten im Ofen (bei 180°) gebacken werden.

Man kann die Wurstmasse aber auch in 2 größere Därme (jeweils 350 g schwer) füllen und sie anschließend ca. 40 Minuten in siedendem Wasser ziehen lassen. Die Würstchen schmecken warm ebenso gut wie kalt, eignen sich also z. B. für Picknicks. Man kann sie übrigens auch in Blätterteig einschlagen und backen.

VARIATIONEN. Verwenden Sie statt Salbei und Thymian 1½ Eßlöffel Basilikum.

Sie können auch einmal statt des mageren Schweinefleisches ein entsprechendes Stück Rindfleisch versuchen.

FENCHELFÜLLUNG

1 kleine Zwiebel
2 EL Butter
50 g Weißbrotkrumen
Salz und schwarzer Pfeffer
2 EL gehacktes Fenchelgrün
1 Ei

Die Zwiebel wird geschält und fein gehackt und in der erhitzten Butter glasig gedünstet. Dann nehmen Sie die Pfanne vom Herd und rühren die Brotkrumen hinein. Nachdem Sie mit Salz und Pfeffer aus der Mühle abgeschmeckt haben, mischen Sie das Fenchelgrün darunter. (Im Winter verwendet man am besten Fenchelsamen, davon brauchen Sie 2 Teelöffel.) Zum Schluß rühren Sie das Ei unter die Masse. Sie ist vorzüglich zum Füllen von Fischen geeignet, die man anschließend brät oder grillt.

VARIATION. Ersetzen Sie das Fenchelgrün durch Petersilie und verwenden Sie diese Mischung zum Beispiel als Füllung für Forellen oder Makrelen.

BROTFÜLLUNG MIT PETERSILIE

150 g Schalotten
40 g Butter
150 g Weißbrotstücke
Salz und schwarzer Pfeffer
7 EL gehackte Petersilie

Die Schalotten werden geschält und sehr fein gehackt und in der erhitzten Butter goldbraun gedünstet. Dann geben Sie die Brotstückchen dazu, würzen mit Salz und Pfeffer und vermischen alles gut, bevor Sie die gehackte Petersilie unter die Masse rühren. Lassen Sie die Füllung kalt werden und füllen Sie damit eine Poularde. Der Geschmack von gebratenem Geflügel wird durch solche Kräuterfüllungen wesentlich verbessert. Zur Füllung einer Pute brauchen Sie etwa die doppelte Menge.

Schweinswürstchen mit Kräutern; Krabbenpastete mit Dill; Schweinefleischpastete mit Salbei; Fenchelfüllung; Brotfüllung mit Petersilie.

Reisfüllung mit Kräutern; Kartoffelfüllung mit Petersilie.

KARTOFFELFÜLLUNG MIT PETERSILIE

1 mittelgroße Zwiebel
1 EL Rinderfett
250 g Schweinemett
250 g gekochte Kartoffeln
Meersalz und schwarzer Pfeffer
8 EL gehackte Petersilie

Die Zwiebel wird geschält und fein gehackt und in dem erhitzten Fett goldbraun gebraten. Dann rühren Sie das Schweinemett darunter, bräunen das Fleisch leicht an und nehmen die Pfanne vom Feuer. Die gekochten Kartoffeln werden zerdrückt und ebenfalls untergemischt. Mit Salz und Pfeffer abschmecken und die gehackte Petersilie hineinrühren.

Die Masse eignet sich ausgezeichnet als Füllung für eine junge Gans, eine große Ente oder eine Poularde. Für eine große Gans oder eine Pute brauchen Sie die doppelte Menge.

REISFÜLLUNG MIT KRÄUTERN

200 g Langkornreis
1 mittelgroße Zwiebel
40 g Butter
100 g durchwachsener Speck
Meersalz und schwarzer Pfeffer
6 EL gehackte Kräuter
(Kerbel, Estragon, Dill, Minze, Petersilie, Schnittlauch)

Der Reis wird in wenig Salzwasser gekocht, bis er fast weich ist; dann gießen Sie ihn auf ein Sieb. Die Zwiebel wird geschält und gehackt und in der erhitzten Butter gedünstet, bis sie glasig ist. Geben Sie den gewürfelten Speck dazu und lassen Sie ihn unter Umrühren leicht Farbe nehmen. Dann rühren Sie den Reis hinein und nehmen die Pfanne vom Herd, um auch die gehackten Kräuter unterzumischen.

Mit dieser Masse kann man zum Beispiel Paprikaschoten, Tomaten, Gurken oder Kohlblätter füllen. Sie eignet sich aber auch zum Füllen von Hähnchen.

SALBEIFÜLLUNG

1 mittelgroße Zwiebel
50 g Butter
75 g weiche Brotkrumen
Salz und Pfeffer
3 EL gehackter frischer Salbei
(oder 2 TL getrockneter)
1 Ei
4 EL Milch

Die Zwiebel wird geschält und gehackt und in der erhitzten Butter glasig gedünstet. Dann nehmen Sie die Pfanne vom Herd und mischen die Brotstückchen unter die Zwiebeln. Mit Salz und Pfeffer abschmecken und den Salbei hineingeben. Zuletzt rühren Sie das geschlagene Ei unter die Masse und machen sie durch Zufügen von 4 Eßlöffeln Milch geschmeidig. Verwenden Sie die Füllung für eine Ente, eine kleine Gans oder ein Stück Schweinerippe.

Eiergerichte

Kräuter sind ideale Begleiter zu allen Eierspeisen; vor allem die Sommerkräuter ergänzen Eiergerichte jeder Art aufs Beste; die leichte Säure des Sauerampfers steht in angenehmen Gegensatz zu ihrem weichen runden Geschmack, und auch das zwiebelähnliche Aroma des Schnittlauchs paßt sich vorzüglich ihrer Eigenart an. Pochierte Eier serviert man auf einem Bett von Brennessel- oder Sauerampferpüree oder auf Hopfensprossen. Gekochte Eier kann man kalt in einer Kräutersülze anrichten, pochierte Eier auf Kartoffelpüree, bestreut mit vielen Kräutern.

Hart gekochte Eier sind ein köstlicher Imbiß auf Kräutersauce oder Safransauce, umgeben von einem Reisrand. Man kann sie aber auch kalt essen, serviert auf einem Salatbett mit kalter Kräutersauce auf Mayonnaise- oder Joghurtbasis. Für gefüllte Eier nimmt man das hartgekochte Eigelb heraus und verrührt es mit Sahne oder Mayonnaise sowie vielen gehackten Kräutern zu einer Creme, die man wieder in die Eiweißhälften füllt. Ein »Omelette aux fines herbes« ist ein klassisches Kräutergericht und zählt zu den köstlichsten Eierspeisen. Andere, weniger berühmte Omelettes bereitet man mit Portulak, Sauerampfer oder Knoblauch-Croutons. Auch Rühreier schmecken vorzüglich mit verschiedenen Kräutern, zum Beispiel mit Schnittlauch, Estragon, Kerbel oder Dill. Man kann auch frisch gehackte Kräuter mit einem Löffel Sahne verrühren und ganz zum Schluß über fertig gebratene Spiegeleier in der Pfanne gießen.

Viele verschiedene Saucen lassen sich zu Eiergerichten servieren. Da gibt es die vollen cremigen Saucen, die von den Kräutern Aroma und Farbe bekommen; aber ebenso empfehlenswert sind die kalten Saucen aus Sahne, Joghurt oder Frischkäse, gemischt mit frischen Kräutern. Alle klassischen Saucen – Béarnaise, Hollandaise oder Mayonnaise – werden noch feiner, wenn man Kräuter dazugibt, obwohl das laut Rezept nicht vorgeschrieben ist.

Gemüsepürees aus Zwiebeln, Gurken, Spinat, Sauerampfer oder Brunnenkresse kann man, mit etwas Salz verdünnt, ebenfalls als Saucen zu hartgekochten Eiern servieren. In jedem Fall ist die Kombination von Eiern und frischen Kräutern sowohl appetitanregend als auch gesund und köstlich. Noch dazu brauchen diese Art Gerichte meist nur wenig Vor- und Zubereitungszeit und sind deshalb für den Alltag bestens geeignet.

RÜHREI MIT ESTRAGON

8 Eier
Meersalz und Pfeffer
40 g Butter
2 EL Crème fraîche
2 EL gehackter Estragon
4 Scheiben Pumpernickel

Die Eier werden mit Salz und Pfeffer aufgeschlagen und in der erhitzten Butter gerührt. Sie sollen nur ganz langsam stocken. Wenn sie anfangen, fest zu werden, geben Sie die Crème fraîche dazu und rühren auch den gehackten Estragon unter. Lassen Sie aber ein klein wenig davon zurück, damit Sie ihn zum Schluß über das Rührei streuen können. Das fertige Rührei geben Sie auf einen flachen Teller, streuen den restlichen Estragon darüber und lassen es abkühlen. Man kann es aber auch auf mit Butter bestrichenen Pumpernickelscheiben anrichten und mit grünem oder gemischtem Salat servieren.

Rühreier mit Estragon.

RÜHREI MIT SCHNITTLAUCH

75 g Butter
8 Eier
Salz und Pfeffer
4 dicke Scheiben Vollkornbrot
2 EL Tomatenmark
3 EL Schnittlauchröllchen

Lassen Sie ein Drittel der Butter in einer Pfanne heiß werden und geben Sie die mit Salz und Pfeffer aufgeschlagenen Eier hinein. Sie werden in der Butter umgerührt, bis das Ei stockt. Die Brotscheiben werden getoastet, mit der übrigen Butter dick bestrichen und mit dem heißen Rührei belegt. Darüber streuen Sie die Schnittlauchröllchen. Zu diesem leichten Imbiß kann man frischen Salat servieren.

KNOBLAUCH-OMELETTE

2 Scheiben nicht zu frisches Brot
1 große Knoblauchzehe
50 g Butter
5 Eier
Salz und Pfeffer
½ EL gehackte Petersilie

Die Brotkrusten werden abgeschnitten und das übrige Brot in kleine Stücke geteilt, die Knoblauchzehe geschält und zerdrückt. Erhitzen Sie die Butter bis auf einen kleinen Rest in einer Pfanne und braten Sie darin die Brotwürfel goldbraun. Sie müssen ständig rühren, damit das Brot nicht anbrennt. Dann geben Sie den Knoblauch dazu. Er darf nicht zu stark mitgeröstet werden. Wenn die Brotwürfel schön knusprig sind, füllen Sie sie in eine Schüssel, geben die restliche Butter in die Pfanne und rühren die mit Salz und Pfeffer aufgeschlagenen Eier hinein. Wenn die Eier fast gestockt sind, kommen die Brotwürfel mit Knoblauch dazu; Sie lassen die Pfanne nur noch wenige Augenblicke auf dem Herd, bevor Sie das Omelette auf eine vorgewärmte Platte stürzen. Zum Schluß wird die gehackte Petersilie darübergestreut.

Die Portion reicht für 2 Personen. Man kann aus der Menge auch 2 kleine Omelettes zubereiten.

OMELETTE AUX FINES HERBES

5 Eier
Salz und schwarzer Pfeffer
1 TL gehackter Kerbel
1 TL gehackte Petersilie
1 TL gehackter Estragon
1 TL Schnittlauchröllchen
1 EL Butter

Schlagen Sie die Eier in einer Schüssel leicht auf und geben Sie Salz und Pfeffer dazu. Dann wird die Butter in einer Pfanne erhitzt und die geschlagenen Eier kommen zusammen mit den Kräutern, die Sie vorher in einer Schale vermischt haben, hinein. Schon nach ganz kurzer Zeit heben Sie das Omelette mit einem Pfannenwender vom Boden ab und lassen das flüssige Ei nach unten fließen. Dann nehmen Sie das Omelette heraus und richten es auf einer heißen Platte an. Es reicht für 2 Personen.

PORTULAK-OMELETTE

2 Sträußchen Portulak
40 g Butter
5 Eier
Meersalz und Pfeffer

Zupfen Sie die oberen Spitzen vom Portulak ab; sie werden gewaschen und mit Küchenkrepp getrocknet. Die Butter in einer Pfanne erhitzen und die Blätter hineingeben. Sie müssen 3–4 Minuten darin dünsten, bevor Sie die mit Salz und Pfeffer aufgeschlagenen Eier dazugeben. Backen Sie ein flaches Omelette, indem Sie die Ränder vorsichtig anheben, damit das flüssige Ei auf den Boden fließen kann und dort stockt. Das Omelette wird nicht umgeschlagen, sondern auf eine vorgewärmte Platte gestürzt. Es reicht für 2 Personen.

SAUERAMPFER-OMELETTE

5 Eier
Salz und schwarzer Pfeffer
1 EL Butter
4 EL gehackter Sauerampfer

Eine Pfanne wird auf starker Flamme erhitzt, die Eier werden zusammen mit Salz und Pfeffer in einer Schüssel geschlagen. Dann geben Sie die Butter bis auf einen kleinen Rest in die Pfanne. Wenn sie heiß ist, kommen die Eier hinein. Sobald sie anfangen zu stocken, streuen Sie den gehackten Sauerampfer über das ganze Omelette. Heben Sie die Ränder hoch, damit das flüssige Ei nach unten abfließen kann und ebenfalls stockt. Dann heben Sie das Omelette auf eine heiße Platte und klappen es zusammen. Das Stückchen Butter, das Sie übrig gelassen haben, kommt oben auf das Omelette, das für 2 Personen reicht; es muß sofort serviert werden.

Knoblauch-Omelette; Kräuter-Soufflé; Eierspeise mit Estragon.

KRÄUTER-SOUFFLÉ

40 g Butter
2 EL Mehl
2 dl Milch
Salz und schwarzer Pfeffer
½ TL Dijon-Senf
50 g geriebener Käse (Gruyère)
1 EL gehackter Bibernelle
3 Eigelb
4 Eiweiß
Butter für die Form

Die Butter wird in einer Pfanne erhitzt und das Mehl darin angeschwitzt (ca. 1 Minute). Dann kommt die heiße Milch dazu, und Sie müssen über kleiner Flamme ständig rühren, bis sich eine cremige Sauce bildet. Lassen Sie sie 3 Minuten leise köcheln. Dann schmecken Sie mit Salz und Pfeffer ab. Anschließend werden Senf, geriebener Käse und Bibernelle untergerührt. Dann nehmen Sie die Pfanne vom Feuer und lassen die Sauce etwas abkühlen, bevor die geschlagenen Eigelb hineingerührt werden. Weiter abkühlen lassen und ganz zum Schluß die geschlagenen Eiweiß unterheben.

Geben Sie die Masse in eine gebutterte Auflaufform und backen Sie sie im vorgeheizten Ofen (200°) etwa 20 Minuten. Anschließend sofort servieren.

VARIATIONEN. Verwenden Sie für das Soufflé statt Bibernelle gehackte Dillspitzen.

Ersetzen Sie im gleichen Rezept Bibernelle durch Basilikum oder bereiten Sie das Soufflé zur Abwechslung mal mit gehacktem Kerbel.

EIER MIT ESTRAGONSAUCE

3 Estragonzweige
1 kleine Tasse Sahne (1,5 dl)
Salz und schwarzer Pfeffer
4 große Eier

Einige Blättchen werden von den Estragonzweigen abgezupft. Sie brauchen sie zur Dekoration. Der übrige Estragon wird in einem kleinen Topf mit der Sahne zum Kochen gebracht. Dann nehmen Sie den Topf vom Feuer und lassen die Estragonsahne etwa 20 Minuten ziehen, bevor Sie sie abseihen und mit Salz und Pfeffer würzen.

Jedes Ei wird einzeln in eine kleine Auflaufform geschlagen und in einer Pfanne, die zur Hälfte mit kochendem Wasser gefüllt ist, in den auf 160° vorgeheizten Ofen gestellt. Garen Sie die Eier so lange, bis das Weiße beinahe fest ist. Dann gießen Sie etwas Estragonsahne über jedes Ei und stellen die Förmchen noch einmal für 2–3 Minuten in den Ofen zurück. Wenn Sie sie herausnehmen, sofort mit dem zurückgelegten gehackten Estragon bestreuen und servieren.

EIER MIT JOGHURT UND KRÄUTERN

800 g Kartoffeln
25 g Butter
Salz und Pfeffer
1 Becher Joghurt (1,5 dl)
6 EL gehackte Kräuter
(Petersilie, Dill, Schnittlauch, Kerbel)
4 Eier

Die Kartoffeln werden geschält, in Salzwasser gekocht und anschließend püriert. Das Püree wird einige Minuten bei schwacher Hitze in einem Topf gerührt, damit es trocken wird. Anschließend geben Sie Butter, Salz und Pfeffer sowie den aufgeschlagenen Joghurt dazu und mischen auch die Kräuter darunter. Zum Anrichten geben Sie das Püree auf eine flache Platte und legen 4 weichgekochte geschälte Eier obenauf. (Nach 5 Minuten Kochzeit können Sie die Eier vorsichtig unter fließendem kalten Wasser schälen).

EIER IN KRÄUTERSAUCE

6–8 Eier
1 Kopfsalat

Kräutersauce:
1 Eigelb
1,5 dl Olivenöl
1½ TL Weißweinessig
1½ TL Zitronensaft
1 kleiner Becher Sahne (1,5 dl)
1 Tasse gehackte Kräuter
(Petersilie, Schnittlauch, Kerbel, Dill, Estragon, Majoran)

Die Eier werden hart- oder auf Wunsch auch weichgekocht (in diesem Fall 5 Minuten Kochzeit und anschließend unter fließendem kaltem Wasser schälen). Aus Eigelb, Öl, Essig und Zitronensaft rühren Sie eine Mayonnaise und mischen die Sahne und die gehackten Kräuter darunter.

Eine flache Salatschüssel wird mit gewaschenen Salatblättern ausgelegt, auf den Sie die Eier legen, die Sie der Länge nach aufgeschnitten haben. (Weichgekochte Eier bleiben natürlich ungeteilt.) Dann wird die Kräutersauce darübergegossen. Sie haben damit eine köstliche Vorspeise für ein sommerliches Menü. Bei weichgekochten Eiern rechnen Sie für jede Person zwei Eier, bei hartgekochten pro Person 3 Hälften.

Achten Sie darauf, daß die Kräuter ganz besonders fein gehackt sind!

POCHIERTE EIER AUF SAUERAMPFERPÜREE

750 g Sauerampfer
30 g Butter
2 EL Mehl
Salz und schwarzer Pfeffer
4 Eier

Sahnesauce:
25 g Butter
1 EL Mehl
1 gute halbe Tasse Hühnerbrühe
1 gute halbe Tasse Sahne
3 EL geriebener Käse (Gruyère)
Salz und schwarzer Pfeffer

Blanchieren Sie den Sauerampfer in kochendem Salzwasser und gießen Sie ihn auf ein Sieb, damit er gut abtropft. (Wenn Sie nicht genügend Sauerampfer haben, können Sie auch Spinat dazugeben.) Der vorher gehackte Sauerampfer wird dann im Mixer püriert. Die Butter in einem Topf erhitzen, das Mehl dazugeben und leicht anschwitzen lassen, bevor Sie das Püree hineinrühren. 3 Minuten kochen lassen und dabei ständig umrühren. Schmecken Sie mit Salz und Pfeffer ab und füllen Sie das Püree in eine flache Schüssel. Die Eier werden pochiert, abgetrocknet und kommen auf das Püree. Beides wird warmgehalten, während Sie die Sauce zubereiten.

Die Butter erhitzen, das Mehl hineinrühren und 1 Minute anschwitzen, bevor Sie die Brühe und die Sahne dazugeben und unter Rühren 3 Minuten kochen. Dann geben Sie den geriebenen Käse, Salz und Pfeffer dazu und gießen etwas von der Sauce über die pochierten Eier in ihrem Püreebett; den Rest servieren Sie getrennt.

POCHIERTE EIER AUF GRÜNEM KARTOFFELPÜREE

1 kg Kartoffeln
2 dl Milch
75 g Butter
Salz und schwarzer Pfeffer
6 Frühlingszwiebeln
2 EL gehackter Dill
2 EL gehackte Petersilie
4 Eier

Die Kartoffeln werden geschält, in Salzwasser gekocht und anschließend püriert und über schwacher Hitze trocken gerührt. Dann werden sie warm gehalten. Milch und Butter unter Zugabe von Pfeffer und Salz erhitzen; von den Frühlingszwiebeln werden die weißen Teile und die zarten grünen Blätter fein gehackt und zusammen mit den übrigen Kräutern zu der Milch gegeben. Gießen Sie diese Mischung langsam unter die pürierten Kartoffeln und schlagen Sie das Püree glatt, bevor Sie es zum Anrichten auf eine flache Schale geben. Die Eier werden pochiert, auf einem Tuch oder Küchenkrepp abgetropft und in das Püree gedrückt.

Dieses schmackhafte Eiergericht ist ein gesundes und schnell zubereitetes Abendessen.

EIER AUF HOPFENSPROSSEN MIT SAUCE HOLLANDAISE

500 g Hopfensprossen oder Spargelköpfe
Salz und Pfeffer
4 pochierte Eier
Sauce Hollandaise (siehe Seite 186)

Die Hopfensprossen (oder Spargel) werden auf gleiche Länge geschnitten, in 2 oder 3 Bündeln zusammengebunden und in kochendem Wasser gegart. (Probieren Sie, ob sie weich sind, indem Sie mit einem Spieß hineinstechen.) Dann werden sie herausgehoben und müssen auf einem Tuch gut abtropfen. Öffnen Sie die Bündel und arrangieren Sie das Gemüse auf eine Platte. Sie werden mit Salz und Pfeffer bestreut, bevor die pochierten Eier daraufgelegt werden und das Ganze mit der Sauce Hollandaise begossen wird.

EIER AUF BRENNESSELPÜREE

4 große Eier
750 g Brennesselspitzen
40 g Butter
4 EL Crème fraîche
Salz und schwarzer Pfeffer

Die Eier werden in leicht gesalzenem Wasser 5 Minuten gekocht, abgeschmeckt und unter fließendem Wasser geschält. Man kann sie in einer Schüssel mit heißem Wasser warm halten.

Die Brennesseln werden in kochendem, leicht gesalzenem Wasser gekocht, bis sie weich sind (ca. 5–6 Minuten). Dann gießen Sie sie auf ein Sieb, um sie gut abtropfen zu lassen, bevor Sie sie fein hacken. Anschließend werden sie zusammen mit Butter und Crème fraîche erhitzt und mit Salz und Pfeffer abgeschmeckt. Verteilen Sie das Gemüse auf 4 Teller und legen Sie jeweils ein pochiertes Ei dazu.

Hartgekochte Eier mit Gurken.

HARTGEKOCHTE EIER MIT GURKEN

1 Gurke
40 g Butter
1 EL Mehl
1 gute halbe Tasse Hühnerbrühe
½ TL gehackter Dill
Salz und schwarzer Pfeffer
4 EL Crème fraîche
4 hartgekochte Eier

Die Gurke wird geschält und grob zerkleinert und anschließend in der erhitzten Butter ca. 5 Minuten lang gedünstet. Streuen Sie das Mehl darüber und gießen Sie unter Umrühren die Hühnerbrühe an. 10 Minuten kochen lassen, gehackten Dill zugeben und mit Salz und Pfeffer abschmecken. Rühren Sie zum Schluß die Crème fraîche hinein. Das Gurkengemüse wird auf Teller verteilt und mit den halbierten Eiern angerichtet.

EIER MIT NÜSSEN UND KRÄUTERN

4 Eier
Herz eines Kopfsalats
2 EL gehackte Haselnüsse
1 EL gehackter Kerbel oder Petersilie
2 dl Sahne
2 EL Zitronensaft
Salz und schwarzer Pfeffer

Die Eier werden hart gekocht und geschält, der Salat gewaschen und auf einem Tuch getrocknet. Dann schneiden Sie die Blätter in Streifen. Legen Sie die Salatstreifen in eine flache Schüssel und die Eier darauf. Nun werden die Nüsse und die gehackten Kräuter mit der Sahne verrührt, mit Zitronensaft, Pfeffer und Salz abgeschmeckt. Geben Sie diese würzige kalte Kräutersauce über die Eier.

EIER MIT ZWIEBELN UND SALBEI

500 g Zwiebeln
80 g Butter
1 TL Mehl
½ l Hühnerbrühe
12 große Salbeiblätter
6 EL Crème fraîche
Salz und Pfeffer
4 hartgekochte Eier

Die Zwiebeln werden geschält und grob gehackt. Dann erhitzen Sie die Butter in einem Topf und dünsten darin die Zwiebeln ca. 10 Minuten lang, bevor Sie das Mehl einrühren und die heiße Brühe angießen. Der Salbei wird gehackt und kommt ebenfalls zu den Zwiebeln. Zugedeckt muß das Gemüse solange kochen, bis die Zwiebeln weich sind (ca. 10–15 Minuten). Dann wird die Sahne hineingerührt und mit Salz und Pfeffer abgeschmeckt.

Legen Sie jeweils 1 gekochtes Ei auf einen Teller und verteilen Sie die Zwiebelsauce rund herum.

EIER IN ESTRAGON-GELEE

4 Eier
4 Estragonzweige
½ l Hühnerbrühe
2½ TL Gelatine
4 Salatblätter zur Garnierung

Leicht gesalzenes Wasser wird zum Kochen gebracht, und die Eier werden darin 5 Minuten gekocht, anschließend abgeschreckt und unter fließendem kalten Wasser geschält.

Zupfen Sie einige Estragonblätter ab und legen Sie sie beiseite. Dann wird die kräftige und fettfreie Hühnerbrühe zusammen mit den Estragonzweigen erhitzt. Nachdem sie kurz gekocht hat, wird sie vom Herd genommen, zugedeckt und für 15 Minuten beiseitegestellt, damit in dieser Zeit der Estragongeschmack kräftig durchzieht. Ist Ihnen der Kräutergeschmack noch nicht kräftig genug, müssen Sie die Brühe nochmals zum Kochen bringen und wiederum ziehen lassen, bis sie etwas abgekühlt ist. Nun wird der Estragon herausgenommen und die Gelatine eingerührt. Rühren Sie die Brühe über kleiner Flamme, bis die Gelatine aufgelöst ist. Dann wird sie durch ein Sieb passiert und in 4 kleine Auflaufförmchen kommt jeweils eine dünne Schicht hinein.

Stellen Sie die Förmchen in den Kühlschrank, damit das Gelee fest wird. Auf die gelierte Schicht legen Sie 1 oder 2 Estragonblättchen, die Sie vorher reserviert haben, sowie jeweils 1 Ei je Förmchen. Die restliche Brühe wird durch ein Sieb auf die Eier gegossen, bis sie bedeckt sind. Dann kommen die Förmchen erneut in den Kühlschrank. Die Salatblätter werden auf einer Platte verteilt, das Gelee aus den Förmchen gestürzt und mit einigen Olivenscheiben verziert.

Eier mit Safransauce; Gefüllte Eier; Eier in Estragon-Gelee.

EIER MIT SAFRANSAUCE

250 g Langkornreis
1 Prise Safran
4 Eier
Safransauce (siehe Seite 187)

Der Reis wird auf einem Sieb gewaschen und muß gut abtropfen. Dann bringt man Salzwasser zum Kochen und gibt den Safran sowie den Reis dazu, der nicht zu weich gekocht wird. Nachdem er gut abgetropft ist, wird er auf einer Platte warm gehalten. Die Eier werden hart gekocht, geschält und auf den Reis gelegt. Nun bereiten Sie die Safransauce nach Rezept und gießen Sie über die warmen Eier.

Wenn Sie dieses Eiergericht nicht als Vorspeise sondern als Hauptgericht servieren wollen, sollten Sie pro Person 2 Eier rechnen.

GEFÜLLTE EIER

6 Eier
Salz und Pfeffer
2 EL saure Sahne
2 EL gehackte Petersilie
1 EL gehackter Dill
1 EL gehackter Estragon
einige Dillspitzen zum Garnieren

Die Eier werden 12 Minuten gekocht, in kaltem Wasser abgeschreckt und abgekühlt; anschließend geschält und der Länge nach halbiert. Das Eigelb wird herausgenommen, mit der Gabel zerdrückt und mit Salz, Pfeffer und Sahne zu einer Creme gerührt. Dann mischen Sie die gehackten Kräuter darunter und füllen das Gemisch in die ausgehöhlten Eiweiß. Arrangieren Sie die gefüllten Eihälften auf einer Platte und garnieren Sie sie mit den Dillspitzen.

Vegetarische Gerichte

Die meisten hier beschriebenen Gerichte haben Reis oder Getreideprodukte als Grundlage. Wer sich strikt an vegetarische Prinzipien hält, kann die gelegentlich verwendete Hühnerbrühe durch Gemüsebrühe ersetzen. Die Speisen dieses Kapitels können sowohl als Vorspeisen wie auch als leichte Hauptgerichte serviert werden, aber auch Teil einer vegetarischen Speisenfolge sein. In der vegetarischen Küche spielen die Kräuter eine überragende Rolle. Wo Fleisch und Fisch in einem Gericht fehlen, braucht man eine zusätzliche Würze, wie sie nur frische Kräuter zu geben vermögen. Wenn sie mit Vernunft und Fingerspitzengefühl verwendet werden, können sie dem Essen einen besonderen Akzent und Reiz geben, ohne daß man es als überwürzt empfindet.

Der milde, zurückhaltende Geschmack von Mehlspeisen und Hülsenfrüchten ist eine vorzügliche Grundlage für die Kräuterwürze. Auch für Pastetenfüllungen sind Kräuter ausgezeichnet zu verwenden, zum Beispiel Estragon, Kerbel, Dill, Schnittlauch, Petersilie, Safran. Safran ist das teuerste aller Gewürze, und man kann es eigentlich durch nichts ersetzen, was ihm gleichkäme. Die schöne gelbe Farbe könnte man zwar auch durch Verwendung von Gelbwurz erreichen, nicht aber das ganz spezifische, aparte Aroma. Safran ist die beste Würze für Risottos.

Gemüse aus Hülsenfrüchten, wie Bohnen, Erbsen, Linsen, ergeben nahrhafte und nicht teure Mahlzeiten, ob man sie heiß mit Knoblauch- und Kräuterbutter serviert oder kalt mit einer köstlichen Vinaigrette oder Minzesauce.

Kräuterpastete.

KRÄUTERPASTETE

1 Tasse gekochter Reis
4 hartgekochte Eier
2 Bund Frühlingszwiebeln
100 g Pilze
25 g Butter
2 EL gehackte Petersilie
2 EL Schnittlauchröllchen
2 EL gehackter Kerbel
1 Paket Blätterteig (500–600 g)
75 g flüssige Butter
Meersalz und schwarzer Pfeffer
1 Eigelb

Der gekochte Reis muß trocken und körnig sein; die hart gekochten Eier werden geschält und in dicke Scheiben geschnitten. Die Frühlingszwiebeln schälen und in dünne Scheiben schneiden, die Pilze mit einem feuchten Tuch abwischen, aber nicht waschen und ebenfalls blättrig schneiden. Dann wird die Butter in einer Pfanne erhitzt und die Pilze werden darin kurz gedünstet; sie dürfen nicht zu weich werden. Sämtliche gehackten Kräuter unter den gekochten Reis mischen.

Rollen Sie die Hälfte des Blätterteigs zu einem Rechteck (25 x 20 cm) aus. Der mit der flüssigen Butter verrührte Kräuterreis wird zur Hälfte auf die Blätterteigplatte gestrichen und mit Salz und Pfeffer gewürzt. Darüber legen Sie die Eierscheiben und auf diese die Zwiebeln und die gedünsteten Pilze. Die letzte Schicht bildet der übrige Reis. Achten Sie darauf, daß ein 1 Zentimeter breiter Rand rundherum frei bleibt. Nun rollen Sie das zweite Blätterteigstück aus und legen es genau über das untere. Befeuchten Sie die Ränder, an denen die Teigplatten aufeinanderstoßen, mit Wasser oder Eiweiß, damit sie zusammenkleben. Stechen Sie aus kleinen Teigresten noch kleine Halbmonde aus, die Sie auf die obere Teigplatte setzen. Dann wird das Ganze mit Eigelb bestrichen und im vorgeheizten Ofen (200°) ca. 25 Minuten gebacken. Diese Pastete sollte sehr heiß serviert werden. Reichen Sie eine würzige Kräutersauce und Salat dazu.

KRÄUTER-QUICHE

1 kleines Paket Blätterteig (ca. 300 g)
1 Eigelb

Füllung:
100 g Sauerampfer
100 g Spinat
50 g Petersilie
1 Bund Brunnenkresse
4 EL gemischte Kräuter
(Estragon, Kerbel, Bibernelle, Dill)
2 Eier
2 Tassen Sahne
Salz und schwarzer Pfeffer
50 g geriebener Parmesan

Drücken Sie den Blätterteig in eine runde Kuchenform, dann bedecken Sie sie mit Folie und backen Sie bei starker Hitze (200°) im vorgeheizten Ofen ca. 10 Minuten. Sie wird herausgenommen und die Folie entfernt. Sie bestreichen den Teig mit dem geschlagenen Eigelb. Nun kommt die Form für weitere 5 Minuten in den Ofen, bevor Sie sie endgültig herausnehmen und abkühlen lassen.

Inzwischen werden Sauerampfer, Spinat, Brunnenkresse und Petersilie gewaschen und ganz kurz in kochendem Wasser blanchiert. Sie müssen anschließend gut abtropfen. Am besten preßt man sie mit den Händen kräftig aus, hackt sie und mischt die Kräuter darunter. Die Eier werden in einer Schüssel aufgeschlagen, mit der Sahne verrührt und gesalzen und gepfeffert. Dann geben Sie den größten Teil des Parmesan dazu und rühren die gehackten Gemüse mit den Kräutern in die Eier-Sahne-Mischung. Nun füllen Sie die Masse auf die gebackene Pastete, streuen den restlichen Parmesan darüber und überbacken sie im heißen Ofen (200°) ca. 30 Minuten. Anschließend sofort servieren.

Kräuter-Quiche; Pilzpastetchen.

PILZPASTETCHEN

300–350 g Blätterteig
500 g Egerlinge
50 g Butter
½ EL Mehl
2 dl Hühnerbrühe
6 EL saure Sahne
Salz und schwarzer Pfeffer
etwas Zitronensaft
½ EL gehackte Petersilie
½ EL Schnittlauchröllchen
½ EL gehackter Estragon
1 Eigelb

Tauen Sie die tiefgekühlten Blätterteig bei Zimmertemperatur auf, rollen Sie ihn dünn aus und legen Sie damit vier kleine runde Backformen aus. Mit Folie bedeckt, werden die Torteletts etwa 10 Minuten im heißen Ofen (190°) gebacken. Danach entfernen Sie die Folie und backen die Pastetchen nochmals 5 Minuten. Sie werden aus den Formen herausgenommen und müssen abkühlen.

Inzwischen putzen Sie die Pilze und schneiden die Stengel ab. Die Pilzköpfe werden in dünne große Scheiben geschnitten und in 40 Gramm erhitzter Butter solange gedünstet, bis das austretende Wasser verkocht ist. Inzwischen erhitzen Sie die restliche Butter in einem Topf, rühren das Mehl hinein und lassen es etwa eine Minute schwitzen, bevor Sie die erhitzte Brühe und die saure Sahne unter ständigem Rühren angießen und nochmals 3 Minuten kochen lassen. Dann wird mit Salz, Pfeffer und Zitronensaft abgeschmeckt. Zum Schluß geben Sie die gedünsteten Pilze in die cremige Sauce, erhitzen sie nochmals und rühren auch die gehackten Kräuter hinein.

Die Pastetchen werden mit Eigelb bestrichen und noch einmal 5 Minuten im heißen Ofen (190°) überbacken. Dann füllen Sie die Pilzsauce hinein und servieren sofort.

PIZZA MIT GETROCKNETEN KRÄUTERN

3 dl Tomatensauce (siehe Seite 188)
1 TL getrockneter Oregano
1/2 TL getrockneter Thymian
200 g Mozzarella
2 EL geriebener Parmesan
2 EL Olivenöl

Teig:
1 TL Trockenhefe
1/2 Tasse warmes Wasser
1 Prise Zucker
200 g Mehl
1/2 TL Salz
1 EL Olivenöl

Die Hefe wird mit 2 Eßlöffeln warmem Wasser und Zucker angesetzt und muß an einem warmen Platz 10 Minuten gehen. Sieben Sie das Mehl in eine Schüssel und geben Sie das Salz dazu. Dann machen Sie in der Mitte eine Vertiefung, in die die aufgegangene Hefe, das übrige warme Wasser und das Olivenöl gegossen werden. Mit einem Holzlöffel wird der Teig geschlagen, bis er Blasen wirft, anschließend kneten Sie ihn kräftig auf einem Backbrett, das mit Mehl bestreut ist. Nun kommt er in eine leicht eingeölte Schüssel und wird mit einem Tuch abgedeckt. Der Teig muß an einem warmen Platz eine gute Stunde gehen (er soll sich ungefähr verdoppeln). Inzwischen können Sie nach Rezept die Tomatensauce zubereiten.

Wenn der Teig genügend gegangen ist, breiten Sie ihn auf dem bemehlten Backbrett aus und kneten ihn nochmals 2 oder 3 Minuten, bevor Sie ihn in 2 Teile teilen und jedes Teil dünn ausrollen. Beide Teile sollen rund sein und einen Durchmesser von ca. 25 Zentimetern haben. Legen Sie die beiden Teile auf ein geöltes Backblech und streichen Sie die Tomatensauce darauf. Dann werden die getrockneten Kräuter über jede Pizza gestreut, der in Scheiben geschnittene Mozzarella darauf verteilt und der Parmesan darüber gestreut. Zum Schluß träufeln Sie einen Eßlöffel Öl über beide Pizzi. Sie werden im gut vorgeheizten Ofen (220° in ca. 12 Minuten gebacken.

WILDER REIS MIT KRÄUTERN

2 Stangen Porree
25 g Butter
1 EL Öl
100 g wilder Reis
1 Bund Frühlingszwiebeln
1/2 l Hühnerbrühe
Salz und schwarzer Pfeffer
1 EL Schnittlauchröllchen
1 EL gehackte Petersilie
1 EL gehackter Dill
1 EL gehacktes Basilikum
1 großer Becher Joghurt

Der Porree wird gewaschen und in Streifen geschnitten, die Butter zusammen mit dem Öl in einem Topf erhitzt und die Porreestreifen werden darin 6–8 Minuten gedünstet. Dann geben Sie den gewaschenen und gut abgetropften Reis dazu und rühren 1–2 Minuten, bis der Reis Fett angenommen hat. Nun werden die in Scheiben geschnittenen Zwiebeln hineingerührt und die Hühnerbrühe angegossen. Mit Salz und Pfeffer abschmecken und zugedeckt ca. 45 Minuten langsam kochen lassen; zwischendurch manchmal umrühren.

In dieser Zeit sollte der Reis weich werden und die Flüssigkeit verkocht sein. Ist der Reis noch zu hart, fügen Sie etwas Brühe zu und kochen weitere 5 Minuten. Zum Schluß mischen Sie die gehackten Kräuter unter den Reis und reichen den Joghurt in einer Schale als Sauce dazu.

GRÜNER REIS

100 g Langkornreis
Salz und schwarzer Pfeffer
3 EL Olivenöl
2 TL Weißweinessig
etwas Zitronensaft
2 EL gehackte Petersilie
2 EL Schnittlauchröllchen
1 EL gehackter Dill
1 EL gehackter Estragon

Kochen Sie den Reis in Salzwasser körnig, gießen Sie ihn ab und lassen Sie ihn gut abtropfen. Dann mischen Sie Salz und Pfeffer sowie Olivenöl, Essig und Zitronensaft darunter. Erst wenn der Reis abgekühlt ist, werden die gehackten Kräuter untergerührt. Grüner Reis paßt zu kaltem Fleisch oder Fisch, aber auch zu hartgekochten Eiern.

Pizza mit getrockneten Kräutern; Wilder Reis mit Kräutern; Grüner Reis; Kräuterrisotto.

KRÄUTERRISOTTO

1 Schalotte
40 g Butter
250 g Reis
3/4 l Hühnerbrühe
1 Prise Safran
1 Lorbeerblatt
12 Salbeiblätter
12 kleine Thymianästchen
12 Estragonblätter
12 Majoranblätter
Salz und schwarzer Pfeffer

Schälen und hacken Sie die Schalotte und dünsten Sie sie in der erhitzten Butter, bis sie glasig ist. Dann wird der gewaschene und gut abgetropfte Reis dazugegeben und einige Minuten im Fett gerührt, bevor Sie etwa die Hälfte der Brühe angießen. Nun wird der Reis zugedeckt gedünstet, bis die Flüssigkeit verkocht ist. Dann geben Sie Safran, Lorbeerblatt und die gehackten Kräuter sowie eine Tasse Brühe dazu. Lassen Sie den Reis zugedeckt garen, bis er körnig ist. Sollte die Brühe zum Garen des Reis nicht reichen, gießen Sie nochmals nach. Erst kurz vor dem Servieren wird mit Salz und Pfeffer abgeschmeckt.

Reis mit Joghurt; Reis mit Kichererbsen.

REIS MIT JOGHURT

200 g Langkornreis
1 Bund Frühlingszwiebeln
3 EL Sonnenblumenöl
250 g Tomaten
1 kleiner Becher Joghurt (1,5 dl)
4 EL gehackte Kräuter
(Kerbel, Schnittlauch, Dill, Estragon oder Basilikum, Petersilie)
Salz und schwarzer Pfeffer
Zitronensaft

Den gewaschenen Reis gut abtropfen lassen und in Salzwasser körnig kochen. Die Frühlingszwiebeln werden gewaschen, in dünne Scheiben geschnitten und in heißem Öl goldgelb gedünstet. Überbrühen Sie die Tomaten mit kochendem Wasser, damit sie sich leicht schälen lassen. Anschließend werden sie in dünne Scheiben geschnitten. Dann mischen Sie die gedünsteten Zwiebeln zusammen mit den rohen Tomaten in den gekochten Reis. Zum Schluß wird der Joghurt mit den Kräutern verrührt und das Gemisch unter den Reis gehoben. Schmecken Sie mit Salz, Pfeffer und Zitronensaft ab.

SAFRANREIS

200 g Reis
6 EL Olivenöl
25 g Pinienkerne
1 mittlere Zwiebel
ca. 3/4 l Hühnerbrühe
1 Prise Safran
1 TL Salz

Der Reis wird gewaschen und muß dann gut abtropfen. Das Öl wird in einer großen Pfanne erhitzt, in der Sie die Pinienkerne goldgelb anrösten. Nehmen Sie sie mit einem Schaumlöffel heraus und halten Sie sie warm. Die Zwiebel wird geschält und in dünne Ringe geschnitten, die anschließend in dem heißen Öl goldgelb geröstet werden. Auch sie werden herausgeschöpft und warm gehalten. Dann geben Sie den Reis in die Pfanne und rühren ihn 2–3 Minuten im heißen Öl, bevor Sie mit der Hälfte der erhitzten Brühe, in der Sie den Safran aufgelöst haben, angießen. Salzen und zugedeckt ziehen lassen, bis die Flüssigkeit verkocht ist. Nun wird nochmals soviel Brühe zugegossen, wie der Reis aufnimmt. Er soll am Schluß schön körnig und die Flüssigkeit verkocht sein. Auf einer vorgewärmten Platte wird er angerichtet, und darüber geben Sie die gerösteten Zwiebelscheiben und Pinienkerne.

Safranreis schmeckt besonders gut zu gegrilltem Fisch oder Fleisch, ist aber auch ein schmackhafter Bestandteil jeder vegetarischen Mahlzeit.

REIS MIT KICHERERBSEN

50 g getrocknete Kichererbsen
oder 200 g Kichererbsen aus der Dose
200 g Langkornreis
100 g weiße Zwiebeln
Salz und schwarzer Pfeffer
3 EL Olivenöl
3 EL Zitronensaft
2 EL gehackter Kerbel

Wenn getrocknete Kichererbsen verwendet werden, muß man sie einige Stunden vorher einweichen. Anschließend werden sie auf ein Sieb gegossen und müssen gut abtropfen, bevor Sie sie in einem Topf mit kaltem Wasser langsam zum Kochen bringen. Kochen Sie die Erbsen so weich, daß man sie zwischen 2 Fingern zerdrücken kann. Das kann 1–2 Stunden dauern. Erst kurz vor dem Garwerden salzen. Dann werden die Erbsen auf ein Sieb gegossen und müssen abkühlen. Man kann auch Erbsen aus der Dose verwenden und auf einem Sieb gut abtropfen lassen. Der Reis wird gut gewaschen und in kochendem Wasser, dem etwas Salz zugesetzt ist, körnig gekocht, dann lassen Sie ihn auf einem Sieb abtropfen. Mischen Sie die Erbsen und den noch warmen Reis in einer großen Schüssel und geben Sie die in dünne Ringe geschnittenen Zwiebeln, Salz, Pfeffer aus der Mühle sowie Olivenöl und Zitronensaft hinein.

Man kann auch gut abgetropften Thunfisch aus der Dose in kleine Stücke zerteilen und unter den Reis mischen. Zum Schluß kommt der gehackte Kerbel dazu. Das Gericht wird kühl serviert, darf aber nicht zu kalt sein.

WEINBLÄTTER MIT KRÄUTERFÜLLUNG

200 g Zwiebeln
½ Tasse Olivenöl
100 g Langkornreis
½ l kochendes Wasser
2 EL Pinienkerne
2 EL kernlose Rosinen
Salz und schwarzer Pfeffer
Saft einer Zitrone
3 EL gehackte Kräuter
(Dill, Estragon, Petersilie)
200 g eingelegte Weinblätter
oder 24 frische Weinblätter

Die Zwiebeln werden geschält und gehackt und in erhitztem Öl (¼ Tasse) in einer Bratpfanne angedünstet, bis sie glasig sind. Dann geben Sie den gewaschenen und abgetropften Reis dazu, rühren ihn einige Minuten im heißen Öl und gießen ¼ Liter kochendes Wasser an. Anschließend kommen Pinienkerne und Rosinen, Salz und Pfeffer dazu, und der Reis soll zugedeckt solange dünsten, bis das Wasser verkocht ist (8–10 Minuten). Sie schmecken bei Bedarf nochmals mit Salz und Pfeffer ab und geben jetzt auch den Zitronensaft und die gehackten Kräuter dazu; dann füllen Sie den Reis in eine Schüssel zum Abkühlen.

Inzwischen werden die Weinblätter vorbereitet. (Man bekommt sie übrigens in vielen griechischen Geschäften zu kaufen). Sie werden einige Minuten in kaltem Wasser eingeweicht und dann zum Trocknen auf einen Rost gelegt. Wenn Sie frische Weinblätter verwenden, tauchen Sie sie für 2–3 Minuten in kochendes Wasser und lassen sie dann trocken werden. Sobald die Füllung kalt ist, geben Sie einen gehäuften Löffel voll auf jedes Blatt, schlagen zuerst die Seiten ein und rollen dann die Blätter lose zusammen. Sie dürfen nicht zu fest eingedreht werden, weil der Reis noch ein wenig quillt.
Einige Weinblätter werden auf den Boden einer großen Pfanne gelegt, darüber die gefüllten Blätter. Gießen Sie das restliche Olivenöl, 2 Eßlöffel Zitronensaft und das übrige heiße Wasser darüber und beschweren Sie die gefüllten Weinblätter mit einem Teller. Das Ganze muß nun noch einmal 45 Minuten kochen und soll anschließend in der Pfanne abkühlen.

Die gefüllten Weinblätter werden auf kleinen Tellern angerichtet und mit etwas Zitronensaft beträufelt. Man kann sie als Vorspeise, aber auch als kleinen Imbiß zwischendurch servieren.

Weinblätter mit Kräuterfüllung.

GRÜNE PFANNKUCHEN MIT FRISCHKÄSE

100 g Sauerampfer oder Spinat
100 g Mehl
1 Prise Salz
1 Ei
1 gute halbe Tasse Milch
Fett zum Backen

Füllung:
450 g Doppelrahmfrischkäse
Salz und schwarzer Pfeffer
4 EL Schnittlauchröllchen

Sauerampfer oder Spinat werden gewaschen und müssen auf einem Sieb gut abtropfen. Dann werden die Blätter entsaftet, sie sollten 4 Eßlöffel Saft ergeben. Wenn Sie keinen Entsafter haben, blanchieren Sie die Blätter kurz und passieren sie anschließend durch ein Sieb, um ein dünnflüssiges Pürree zu bekommen.

Das Mehl wird in eine Schüssel gesiebt und gesalzen. Dann rühren Sie Ei und Milch sowie den Sauerampfer- bzw. Spinatsaft darunter. Lassen Sie den Teig kurze Zeit stehen, bevor Sie ihn verwenden. Inzwischen wird der Frischkäse mit Salz, Pfeffer und den Schnittlauchröllchen verrührt. Erhitzen Sie das Fett in der Pfanne und backen Sie aus dem Eierkuchenteig 8 kleine Pfannkuchen. Sie werden mit jeweils 1–2 Eßlöffeln Frischkäse gefüllt und zusammengerollt.

KRÄUTER-GNOCCHI

200 g Spinat
125 g Sauerampfer
1 Sträußchen Brunnenkresse
50 g Petersilie
1 EL gehackter Kerbel
1 EL gehackter Estragon
1 EL gehackter Dill
25 g Butter
175 g Ricotta-Käse
Salz und schwarzer Pfeffer
75 g frisch geriebener Parmesan
2 Eier
2½ EL Mehl

Beginnen Sie mit der Zubereitung schon am Vortag, weil der Teig einen ganzen Tag kühl gestellt werden muß. Spinat, Sauerampfer, Brunnenkresse und Petersilie werden gewaschen und müssen auf einem Sieb gut abtropfen. Dann werden sie in kochendem Wasser 4 Minuten blanchiert und zum Abtropfen auf ein Sieb geschüttet. (Wenn Sie keinen Sauerampfer bekommen können, verwenden Sie entsprechend mehr Spinat.) Pressen Sie die Blätter mit den Händen kräftig aus, bevor Sie sie fein hacken. Die gehackten Kräuter werden untergemischt und sämtliche Gemüse in einem Topf über kleiner Flamme trocken gerührt.

Die Butter wird in kleine Flöckchen geschnitten, der Käse cremig gerührt und beides ebenso wie Pfeffer und Salz mit dem heißen Gemüse- und Kräuterpüree verrührt. Mischen Sie auch ein Drittel des geriebenen Parmesankäse darunter; dann nehmen Sie den Topf vom Feuer und rühren die Eier hinein. Zuletzt fügen Sie das Mehl hinzu und schlagen die Masse glatt. Der Teig wird auf einen Teller gefüllt und kommt in den Kühlschrank, wo er einen ganzen Tag stehen muß.

Am nächsten Tag sollte der Teig so fest sein, daß Sie ihn weiterverarbeiten, das heißt die Gnocchi daraus formen können. Wenn nicht, müssen Sie noch etwas Mehl hinzufügen; natürlich nicht zuviel, damit die Gnocchi nicht zu schwer werden.

Bringen Sie einen großen Topf mit Salzwasser zum Kochen. Aus der grünen Teigmasse werden nun kleine Nocken geformt, am besten zwischen zwei Teelöffeln. Rollen Sie jede Nocke kurz über ein bemehltes Brett und geben Sie sie dann auf einem Schaumlöffel ins Wasser, das nur ziehen, aber nicht sprudelnd kochen darf. Geben Sie nicht zu viele Nokken auf einmal ins Wasser, damit sie nicht zusammenkleben. Nach 4–5 Minuten kommen sie an die Oberfläche und werden mit dem Schaumlöffel herausgeschöpft. Sie müssen auf einem Tuch abtropfen. Probieren Sie den ersten, den Sie herausnehmen, damit Sie wissen, ob der Teig wirklich gar ist.

Richten Sie die fertigen Gnocchi auf einer heißen Platte an und bestreuen Sie sie mit dem restlichen Parmesan. Sie können auch etwas geschmolzene Butter darübergießen.

BOHNEN MIT KNOBLAUCH UND KRÄUTERN

200 g weiße Bohnen
1 weiße Zwiebel
1 Karotte
1 Selleriestange (vom Stangensellerie)
Salz und schwarzer Pfeffer
1 Knoblauchzehe
3 EL Olivenöl
1 EL Weißweinessig
2 EL gehackter Kerbel
1 EL Schnittlauchröllchen
1 TL gehackter Liebstöckl
1 TL gehacktes Bohnenkraut

Weichen Sie die Bohnen einige Stunden vorher oder über Nacht ein. Dann werden sie in reichlich Wasser zum Kochen gebracht. Die Zwiebel wird geschält, halbiert und eine Hälfte zu den Bohnen gegeben, ebenso die Karotte und die Selleriestange. Gesalzen wird erst gegen Ende der Kochzeit.

Sobald die Bohnen weich sind, aber noch nicht aufspringen, gießen Sie sie auf ein Sieb und lassen sie gut abtropfen. Karotte, Zwiebel und Sellerie werden entfernt. Mischen Sie nun die andere Hälfte der Zwiebel kleingehackt unter die Bohnen, ebenso den geschälten und fein gewiegten Knoblauch, Öl, Essig und die gehackten Kräuter.

Das Gericht wird kühl serviert, darf aber auf keinen Fall in den Kühlschrank.

Grüne Pfannkuchen mit Frischkäse; Kräuter-Gnocchi.

NUDELN MIT KÜRBIS UND DILL

500 g Kürbis oder große Zucchini
60 g Butter
Salz und schwarzer Pfeffer
2 EL gehackter Dill
350 g Nudeln

Kürbis oder Zucchini werden geschält, beim Kürbis muß das weiche Innere mit den Kernen entfernt werden. Schneiden Sie das Fruchtfleisch in kleine Würfel. Die Butter wird in einem großen Topf erhitzt und Sie dünsten darin den Kürbis, bis er weich ist, aber noch Biß hat. Mit Salz und Pfeffer abschmecken und den gehackten Dill hineinrühren.

Halten Sie das Gemüse heiß, während Sie die Nudeln al dente kochen, auf ein Sieb gießen und gut abtropfen lassen. Sie werden zum Schluß mit dem Kürbisgemüse vermischt und sofort serviert.

KRÄUTERPUDDING

50 g Graupen
100 g Brennesseln
100 g Sauerampfer
1 Bund Frühlingszwiebeln
½ Tasse gehackte Petersilie
20 g gemischte Kräuter
(Bohnenkraut, Majoran, Bibernelle, Estragon, Kerbel, Dill)
Salz und schwarzer Pfeffer
1 Ei

Die Graupen werden für 3–4 Stunden in kaltem Wasser eingeweicht, die Brennesseln gewaschen, ebenso der Sauerampfer oder Spinat, die Zwiebeln und die Petersilie. Dann wird alles zusammen fein gehackt und mit den inzwischen auf ein Sieb geschütteten und gut abgetropften Graupen und den gehackten Kräutern vermischt. Geben Sie Pfeffer und Salz dazu. Dann füllen Sie das Ganze in ein Sieb, das mit einem Tuch ausgelegt ist. Schnüren Sie das Tuch zusammen, so daß Sie unten einen runden Ball bekommen. Er wird in einen Topf mit kochendem Wasser gehängt und ca. 1 Stunde gekocht. Dann heben Sie den Beutel heraus und lassen ihn auf einem Sieb abtropfen. Der Inhalt wird in eine Schüssel geleert, mit einem Ei verrührt und mit Salz und Pfeffer abgeschmeckt.

Nun füllen Sie den Pudding in eine feuerfeste Form und überbacken ihn 15–20 Minuten im vorgeheizten Backofen (180°).

Kräuterpudding ist ein altenglisches Gericht, das man als Vorspeise, aber auch als Beilage zu Fleisch oder gekochtem Schinken reichen kann.

LINSEN MIT MINZE

250 g Linsen
Salz und schwarzer Pfeffer
1 Knoblauchzehe
1 Becher Joghurt
1 kleiner Bund Brunnenkresse
2 EL gehackte Minze

Gießen Sie kochendes Wasser über die Linsen und lassen Sie sie darin 4 Stunden weichen. Sie können sie aber auch über Nacht in kaltem Wasser einweichen. Das Einweichwasser wird abgegossen, die Linsen werden in frischem Wasser langsam zum Kochen gebracht. Sie müssen etwa 20 Minuten kochen, sollen aber nicht zu weich sein. Dann gießen Sie die Linsen auf ein Sieb und heben das Kochwasser auf. Wenn sie gut abgetropft sind, werden Salz, viel Pfeffer aus der Mühle und die geschälte und fein gewiegte Knoblauchzehe daruntergerührt. Eine halbe Tasse Kochwasser wird mit dem Joghurt verrührt und unter die Linsen gemischt. Zum Schluß geben Sie auch die abgezupften Blättchen der Brunnenkresse und die gehackte Minze dazu.

Das Linsengericht wird kalt serviert, soll aber nicht aus dem Kühlschrank kommen. Es paßt gut zu Lamm- oder Hammelfleisch oder auch zu gebratenem Speck. Natürlich hat es ebenso Platz in einer vegetarischen Speisenfolge.

Fisch

In der Fischküche lassen sich Kräuter besonders vielfältig verwenden; welche Kräuter benutzt werden, hängt von der Art des Fisches und von seiner Zubereitung ab. Zur Abrundung einer Fischbrühe oder Fischbouillon kann man zum Teil dieselben Kräuter gebrauchen, die auch eine Fleischbrühe verfeinern, zum Beispiel Lorbeerblatt, Petersilie, Thymian und eventuell Liebstöckl. Die gleichen Kräuter sind auch vorzüglich zu gekochtem Fisch oder Fischaspik; allerdings bereitet man letzteres am besten mit einem Aufguß aus einem einzelnen Kraut, wie Thymian oder Estragon. Der Aufguß muß einige Zeit ziehen, wird dann durchgeseiht und mit Gelatine zu einer Art Kräutergelee gekocht.

Gebackenen Fisch bestreut man mit gehackten Kräutern und beträufelt ihn mit Olivenöl und Zitronensaft, bevor man ihn in Alufolie einwickelt und im Ofen gart. Da die zarten Kräuter einer langdauernden, starken Hitze nicht standhalten, verwendet man bei dieser Zubereitungsart am besten Kräuter wie Rosmarin, Thymian, Liebstöckl und Fenchel.

Ein Stück Heilbutt, Steinbutt oder Hecht schmeckt am besten, wenn es heiß mit einer Kräutersauce serviert wird, während sich andere Fische besser als kalte Vorspeisen, etwa mit Kräuter-Sahne-Sauce auf der Basis des Fischsuds, eignen. Gegrillter Fisch wird, mit Kräuterbutter überzogen, zur wahren Delikatesse; die Krönung aber ist für mich Seezunge, auf der ein Stück Petersilienbutter zergeht. Forellen werden ganz kurz in Butter gebraten (ein bißchen Öl in der Pfanne verhindert das Anbrennen), mit gehackter Petersilie bestreut und mit Zitronensaft beträufelt. Makrelen dagegen sollte man füllen, zum Beispiel mit einer Fenchel-Kräuter-Masse; während des Bratens oder Grillens begießt man sie mit einer Mischung aus Olivenöl und Zitronensaft. Fischauflauf läßt sich sehr gut aus Schellfisch zubereiten; auf eine Schicht in Scheiben geschnittener hartgekochter Eier kommt eine Schicht Schellfisch in Kräutersauce, darüber Kartoffelscheiben oder Kartoffelpüree. Etwas ungewöhnlich ist die Verbindung von frischem und geräuchertem Schellfisch. Die gekochten bzw. geräucherten Fischstückchen werden in eine Petersilien-Sahne-Sauce gegeben, die mit Parmesan abgerundet ist, und zusammen mit Brotcroutons als Imbiß gereicht.

Dill ist ein Gewürz, das besonders gut zu kalten Fischgerichten sowie zu Meeresfrüchten paßt. Ich bereite gern einen Salat aus Fisch und Meeresfrüchten, mariniert in Vinaigrette, dazu eine Dill-Sahne-Sauce. Auch empfehle ich ein sogenanntes »Seviche« aus rohen Jakobsmuscheln, die sehr dünn geschnitten und 24 Stunden im Saft von verschiedenen Zitrusfrüchten mit viel gehacktem Dill mariniert werden. (Das Rezept stammt aus Mexico, wo Meeresfrüchte oder Fischfilets in Limonensaft gebeizt und roh gegessen werden). Kammuscheln und Miesmuscheln sind köstlich, wenn man sie nach dem Kochen aus der Schale nimmt und sie heiß oder kalt mit einer zarten Kräutersauce oder Safransauce serviert.

AAL IN GRÜNER SAUCE

1 kg frischer Aal (ohne Haut)
4 Schalotten
3 EL Olivenöl
250 g Sauerampfer, Brunnenkresse und Spinat
50 g Selleriegrün
oder eine Mischung aus Sellerie- und Liebstöcklblättern
1 EL gehackte Petersilie
1 EL gehackter Kerbel
½ EL gehackter Estragon
Fischbrühe oder Wasser
trockener Weißwein
1 Lorbeerblatt
Salz und schwarzer Pfeffer

Der Aal wird in ca. 5 Zentimeter lange Stücke geschnitten, die Schalotten werden geschält und gehackt und in dem erhitzten Öl langsam glasig gedünstet. Die Gemüse und Kräuter werden gewaschen, gehackt und zu den Schalotten gegeben und müssen nun 10–12 Minuten dünsten. Dann geben Sie die Aalstücke dazu und gießen je zur Hälfte Fischbrühe (oder Wasser) und Weißwein an; die Fischstücke müssen gerade bedeckt sein. Mit Lorbeerblatt, Salz und Pfeffer aus der Mühle würzen und zugedeckt einmal kräftig aufkochen lassen, bevor Sie die Hitze reduzieren und den Fisch auf kleiner Flamme in etwa 20 Minuten garen. Das Lorbeerblatt wird herausgenommen und der Fischsud samt den Aalstücken in eine tiefe Schüssel oder Terrine gefüllt.

Das Gericht wird heiß in Suppentellern, zusammen mit Salzkartoffeln, serviert. Es kann aber auch kalt gegessen werden, muß dann aber über Nacht im Kühlschrank stehen. Am besten schmecken Graubrot und Butter dazu. Dieses interessante Fischgericht ist eine belgische Spezialität.

Aal in Grüner Sauce.

Kalter Barsch mit Kräutern.

KALTER GEKOCHTER BARSCH MIT KRÄUTERN

1 Barsch (ca. 1 kg)
1 Zwiebel
1 Karotte
1 Selleriestange (vom Staudensellerie)
1 Lorbeerblatt
3 Petersilienstengel
3 Liebstöcklblätter
2 EL Weißweinessig
1 EL Meersalz
10 schwarze Pfefferkörner
250 g Tomaten
1 Bund Frühlingszwiebeln
3 EL Zitronensaft
3 EL gehackte Kräuter
(Kerbel, Dill, Estragon, Petersilie, Schnittlauch)
Sauce Hollandaise mit Kräutern (siehe Seite 186)
oder 2 Zitronen

Der küchenfertig gemachte Barsch kommt in einen Topf, der ihn ziemlich genau umschließen sollte und wird mit kaltem Wasser bedeckt. Dann nehmen Sie ihn wieder heraus und geben statt dessen die geschälte und halbierte Zwiebel, die geputzte Karotte und Sellerie sowie Lorbeerblatt, Petersilienstengel, Liebstöckl, Essig, Salz und Pfefferkörner hinein. Bringen Sie das Wasser zum Kochen und lassen Sie die Gemüse und Kräuter darin 30 Minuten ziehen.

Der Sud muß etwas abkühlen, bevor Sie den Fisch vorsichtig hineinlegen, den Sud erneut zum Kochen bringen und 20 Minuten köcheln lassen. Dann wird der Topf vom Herd genommen, der Fisch soll im Sud abkühlen. Nach 1–2 Stunden wird er vorsichtig herausgehoben, enthäutet und auf eine Platte gelegt.

Die Tomaten werden mit kochendem Wasser übergossen, enthäutet und entkernt, die Frühlingszwiebeln in dünne Scheiben geschnitten. Mischen Sie Tomatenstückchen und Zwiebelscheiben miteinander und würzen Sie sie mit Salz, Pfeffer aus der Mühle, Olivenöl und 1 TL Zitronensaft. Dieser Salat wird um den Fisch auf der Platte angerichtet.

Träufeln Sie den restlichen Zitronensaft über den Fisch und bestreuen Sie ihn mit den gehackten Kräutern. Dazu paßt eine Sauce Hollandaise mit Kräutern. Sie können aber auch statt dessen mit Zitronenvierteln garnieren.

FISCHSPIESSE MIT KRÄUTERN

650 g Heilbutt oder Seeaal
3 EL Olivenöl
1 EL Zitronensaft
1 EL gehackter Estragon
1 EL gehackter Dill
1 EL gehackte Petersilie
Salz und Pfeffer
2 Zitronen

Der gehäutete und entgrätete Fisch wird in kleine Stücke geschnitten und in eine Schüssel gelegt. Gießen Sie Olivenöl und Zitronensaft darüber und mischen Sie die gehackten Kräuter unter die Fischstücke, die, mit Salz und Pfeffer aus der Mühle gewürzt, nun 3–4 Stunden mariniert werden. Dann stecken Sie die Stücke auf 4 Spieße und grillen Sie unter häufigem Wenden. Richten Sie die Spieße mit Zitronenvierteln garniert an.

HEILBUTTSALAT

500 g Heilbutt
3 EL Olivenöl
1 EL Zitronensaft
Salz und Pfeffer
1 Bund Frühlingszwiebeln
3 EL gehackte Kräuter
(Estragon, Kerbel, Schnittlauch, Dill)

Der Fisch wird auf eine mit 1 Eßlöffel Olivenöl bestrichene Folie gelegt, mit ½ Eßlöffel Zitronensaft beträufelt und mit Meersalz sowie Pfeffer aus der Mühle gewürzt. Dann wikkeln Sie ihn in die Folie und garen ihn im vorgeheizten Backofen (180°) etwa 35 Minuten lang. Lassen Sie ihn in der Folie etwas abkühlen, bevor Sie den Fisch herausnehmen. Haut und Gräten werden entfernt und der Heilbutt in kleine Stücke zerlegt, die Sie zusammen mit dem restlichen Öl sowie dem Zitronensaft in eine Schüssel geben.

Die Frühlingszwiebeln werden gewaschen, in dünne Ringe geschnitten und unter die Fischstücke gemischt. Zum Schluß würzen Sie kräftig mit Meersalz und schwarzem Pfeffer aus der Mühle und heben die gehackten Kräuter unter den Salat, der sich sowohl als leichtes Vorgericht wie auch als Imbiß eignet. Er paßt aber auch auf ein kaltes Buffet oder schmeckt gut zu Rühreiern mit Estragon oder grünem Reis.

SCHELLFISCH IN PETERSILIENSAUCE

350 g Schellfischfilet
3 dl Milch
1 Stück geräucherter Schellfisch (ca. 400 g)
2 hartgekochte Eier

Petersiliensauce:
40 g Butter
2 EL Mehl
1 halbe Tasse Sahne
Salz und Pfeffer
4 EL gehackte Petersilie
2 EL frisch geriebener Parmesan

Das Schellfischfilet wird in einen Topf gelegt, mit der Milch und soviel Wasser begossen, daß es bedeckt ist. Dann kochen Sie es zugedeckt ca. 8 Minuten, nehmen den Fisch heraus und zupfen ihn in größere Stücke, die Sie im Ofen warmhalten. Nun wird der geräucherte Fisch in demselben Sud, eventuell unter Zugabe von etwas Wasser, ca. 12 Minuten bei schwacher Hitze gegart, anschließend herausgenommen und ebenfalls in kleine Stücke gezupft. Haut und Gräten werden entfernt. Zusammen mit dem frischen Schellfisch warm halten. Seihen Sie die Flüssigkeit durch ein Sieb und heben Sie 2 Tassen davon auf.

Die Butter wird in einem Topf erhitzt, das Mehl hineingerührt und 1 Minute unter Rühren angeschwitzt. Dann gießen Sie die aufgehobene Fischbrühe dazu und lassen die Sauce unter Rühren 3 Minuten kochen. Anschließend wird die Sahne angegossen, mit Salz und Pfeffer aus der Mühle abgeschmeckt und die gehackte Petersilie sowie der geriebene Parmesan eingerührt.

Die hartgekochten Eier werden in Stücke geschnitten und unter die Fischstücke gegeben, bevor Sie diese mit der heißen Sauce übergießen und sofort servieren.

HEILBUTT MIT ROSMARIN

etwas Olivenöl für die Folie
4 Heilbuttsteaks (je 200 g)
Salz und Pfeffer
100 g Schalotten
500 g Tomaten
2 EL gehackter Rosmarin

4 Stücke Folie werden mit Olivenöl bepinselt, die Heilbuttschnitten auf beiden Seiten mit Meersalz und Pfeffer aus der Mühle bestreut und jeweils auf eine Folie gelegt. Die Schalotten, geschält und fein gehackt, kommen obenauf. Enthäuten und entkernen Sie die Tomaten und legen Sie sie, in Stücke geschnitten, auf die Schalotten. Zum Schluß wird das Ganze mit Rosmarin bestreut und mit einigen Tropfen Olivenöl beträufelt.

Nun werden die Fische in die Folien eingewickelt und im vorgeheizten Ofen (180°) etwa 25 Minuten gegart. Dazu passen frische Petersilienkartoffeln und grüner Salat.

MAKRELEN MIT FENCHELFÜLLUNG

4 kleine Makrelen
Fenchelfüllung (siehe Seite 109)
Olivenöl
3 Zitronen

Köpfe und Schwänze der Makrelen werden abgeschnitten, das Innere für die Füllung vorbereitet. Geben Sie die Fenchelfüllung hinein und schneiden Sie jeden Fisch dreimal auf jeder Seite schräg ein. Dann wird etwas Olivenöl und Zitronensaft darübergeträufelt.

Die Makrelen werden anfangs bei starker Hitze, später auf kleinerer Stufe gegrillt. Die Garzeit beträgt etwa 8 Minuten je Seite. Zwischendurch sollten Sie sie ein paar Mal mit Öl und Zitronensaft begießen. Sie brauchen keine Beilage zu diesem Gericht.

Fischspieße mit Kräutern; Heilbuttsalat. Heilbutt in der Folie mit Rosmarin.

Miesmuscheln in Dillsauce; Marinierte Makrele mit Fenchel.

MARINIERTE MAKRELE MIT FENCHEL

2 mittelgroße Makrelen
Dotter von 2 hartgekochten Eiern
1 EL gehacktes Fenchelgrün oder Dillspitzen

Marinade:
3 dl trockener Weißwein
4 EL Weißweinessig
1 Schalotte
1 Karotte
1 Knoblauchzehe
1 Lorbeerblatt
6 schwarze Pfefferkörner
3 Petersilienstengel
3 Thymianzweige

Sahnesauce:
6 EL saure Sahne
etwas Dijon-Senf
Meersalz und schwarzer Pfeffer

Köpfe und Schwänze der küchenfertigen Makrelen werden abgeschnitten. Alle Zutaten für die Marinade kommen in einen Topf und werden 20 Minuten gekocht. Dann gießen Sie die heiße Marinade über die Makrelen und garen sie in einem flachen Topf zugedeckt 20 Minuten. Die Fische sollen anschließend in der Marinade abkühlen. Dann werden sie vorsichtig herausgehoben, in 8 Filets zerlegt und von Haut und Gräten befreit. Richten Sie sie auf einer länglichen Platte an.

Für die Sauce mischen Sie die saure Sahne mit 2 Eßlöffeln durchgeseihter Fischbrühe und fügen Senf, Salz sowie Pfeffer aus der Mühle hinzu. Die Sauce wird kräftig aufgeschlagen und über die Fischfilets gegossen. Hacken Sie die Eigelb ganz fein und streuen Sie sie zusammen mit dem gehackten Fenchelgrün über dieses köstliche Fischgericht. Es sollte 1–2 Stunden gekühlt werden, bevor Sie es servieren.

Es schmeckt übrigens ebenso gut mit Hering oder Forelle statt der Makrelen. Reichen Sie Graubrot und Butter dazu.

MIESMUSCHELN IN DILLSAUCE

2,5 kg Miesmuscheln
1 Selleriestange (vom Staudensellerie)
3 Petersilienstengel
1 Schalotte
4 EL trockener Weißwein

Dillsauce:
3 EL Dijon-Senf
3 dl Sahne
Zitronensaft
Meersalz und schwarzer Pfeffer
4 EL Dillspitzen

Waschen und bürsten Sie die Muscheln sorgfältig unter fließendem Wasser und geben Sie sie zusammen mit dem gewaschenen Sellerie, den Petersilienstengeln und der geschälten und in Stücke geschnittenen Schalotte in einen großen Topf. Gießen Sie den Wein dazu und lassen Sie die Muscheln 4–5 Minuten bei schwacher Hitze kochen. In dieser Zeit müssen sich alle Schalen geöffnet haben; Muscheln, die noch geschlossen sind, werfen Sie weg. Die Muscheln müssen nun abkühlen.

Inzwischen wird die Dillsauce zubereitet. Senf und Sahne werden in einer Schüssel kräftig aufgeschlagen und mit Zitrone, Salz und Pfeffer gewürzt. (Vorsicht, Sie brauchen nicht sehr viel Salz!) Wenn die Muscheln kalt sind, werden sie aus den Schalen gelöst und in die Sauce gerührt. (Die Muschelbrühe können Sie für eine Fischsuppe aufheben.) Zum Schluß wird der gehackte Dill in die Sauce gemischt. Zu diesem Gericht paßt getoastetes Weißbrot.

ROTBARBE MIT FENCHEL

4 Rotbarben
6–8 Fenchelzweige
Olivenöl
Saft einer Zitrone
1 Zitrone

Schneiden Sie die küchenfertig gemachten Fische auf jeder Seite mit einem scharfen Messer ein und legen Sie sie auf Alufolie. 2 Fenchelzweige werden aufgehoben, die anderen samt den Stengeln fein gehackt und in die Fische gefüllt bzw. zwischen sie gelegt. Dann kommen die Barben auf den Grill, werden mit Öl und Zitronensaft beträufelt und bei starker Hitze 4 Minuten auf jeder Seite gegrillt, anschließend nochmals 4 Minuten auf kleinerer Stufe. Zwischendurch sollten sie immer wieder mit Öl und Zitronensaft begossen werden. Die heißen Fische werden auf einer ovalen Platte angerichtet und mit dem zurückgelegten feingehackten Fenchelgrün bestreut. Legen Sie Zitronenachtel als Garnierung dazu.

Man kann die Barben aber auch kalt servieren; dazu läßt man sie nach dem Entgräten und Filetieren abkühlen und reicht sie beträufelt mit einigen Tropfen Zitronensaft und bestreut mit dem gehackten Fenchelgrün.

KALTE MAKRELENFILETS

2 große Makrelen
Olivenöl
Saft von 2 Zitronen
1 kleine Zwiebel
2 EL gehackte Petersilie

Die Fischköpfe werden abgeschnitten, die Makrelen küchenfertig gemacht und auf jeder Seite 2–3 mal eingeschnitten. Bestreichen Sie sie mit Olivenöl und Zitronensaft, bevor Sie sie auf den Grill legen. Sie werden auf jeder Seite 8 Minuten gegrillt.

Enthäuten und entgräten Sie die Fische vorsichtig und teilen Sie sie in je 4 Filetstücke. Sie werden auf eine flache Platte gelegt, mit der fein gewiegten Zwiebel bestreut, mit etwas Olivenöl und Zitronensaft beträufelt. Zum Schluß streuen Sie die gehackte Petersilie über die Filets. Dazu paßt Tomatensalat.

Rotbarbe mit Fenchel.

SCHOLLE IN ESTRAGON-ASPIK

1 Scholle
1 Karotte
1 Zwiebel
1 Selleriestange (vom Staudensellerie)
1 Lorbeerblatt
Salz und schwarze Pfefferkörner
½ Tasse Weißwein oder 3 EL Weinessig
4 Estragonzweige
Zitronensaft
4 Blatt Gelatine
2 Tomaten
Kräutermayonnaise (siehe Seite 190)

Die Scholle wird gehäutet und entgrätet, die beiden Filets halbiert. Karotte und Zwiebel schälen und halbieren und mit Fischgräten und -haut sowie Sellerie und Lorbeerblatt in einen Topf geben, salzen und die Pfefferkörner hinzufügen; sodann mit kaltem Wasser und Weißwein oder Weinessig bedecken und zum Kochen bringen. 30 Minuten leise köcheln lassen.

Dann wird die Brühe durch ein Sieb passiert und die aufgerollten Fischfilets kommen hinein. Bis auf 4 Blättchen Estragon, die Sie reservieren, geben Sie den Estragon in den Fischsud und pochieren die Filetrollen 5–6 Minuten, heben sie vorsichtig heraus und lassen sie abkühlen. Die Brühe wird nochmals passiert; stellen Sie 3 dl beiseite. Falls der Sud nicht stark genug ist, lassen Sie ihn vorher nochmals kräftig kochen und reduzieren ihn. Schmecken Sie mit Zitronensaft ab.

Die Gelatine wird in etwas heißem Sud aufgelöst und dann in die 3 dl Brühe gerührt, die Sie inzwischen erhitzt haben. Passieren Sie diese Brühe nochmals und gießen Sie etwas davon in 4 kleine Auflaufförmchen. Im Kühlschrank fest werden lassen. Nun wird ein Estragonblatt in die Mitte jedes Formchens auf die Geleeschicht gelegt, darüber ein Fischröllchen. Schälen und hacken Sie die entkernte Tomate in kleine Stücke und legen Sie sie rund um den Fisch in die Förmchen. Dann werden die Auflaufformen mit dem übrigen Fischsud gefüllt und müssen im Kühlschrank gelieren. Sobald sie fest sind, werden Sie auf eine mit Salatblättern belegte Platte gestürzt. Dazu paßt eine feine Kräutermayonnaise.

SCHOLLE MIT KRÄUTERFÜLLUNG

8 Schollenfilets
200 g Frischkäse (halbfett)
5 EL gehackte Petersilie
1 Eigelb
Meersalz und schwarzer Pfeffer
Saft einer Zitrone
9 große Spinatblätter
Sauce Hollandaise mit Kräutern (siehe Seite 186)

Die Filets werden gehäutet, gewaschen und trockengetupft. Der Frischkäse wird zusammen mit Petersilie und Eigelb in den Mixer gegeben, mit Salz und Pfeffer gewürzt und püriert. Salzen und pfeffern Sie die Filets und träufeln Sie etwas Zitronensaft darauf, bevor Sie 2 Teelöffel von der Petersilien-Käse-Creme daraufstreichen und sie aufrollen.

Die Spinatblätter werden kurz in kochendem Wasser blanchiert, auf ein Sieb gegossen und eiskalt abgeschreckt. Sie müssen sehr gut abtropfen, bevor Sie die Filetrollen darin einwickeln. Dann legen Sie die Rollen auf den Einsatz eines Dämpfers und garen sie in 8 Minuten über stark kochendem Wasser. Servieren Sie frische Salzkartoffeln und auf Wunsch Sauce Hollandaise mit Kräutern dazu.

Jakobsmuscheln in Kräutersauce; Scholle mit Kräuterfüllung; Scholle in Estragon-Aspik; Krabben und Melone in Dillsauce.

KRABBEN UND MELONE IN DILLSAUCE

1 kleine Honigmelone
250 g Krabben
Saft einer halben Zitrone

Dillsauce:
100 g Frischkäse (halbfett)
6–8 EL Buttermilch
Meersalz und schwarzer Pfeffer
1 TL Dillessig oder Zitronensaft
2 EL gehackter Dill

Das Melonenfleisch wird in kleine Würfel geschnitten, mit den frischen Krabben gemischt und mit Zitronensaft beträufelt.

Der Frischkäse wird mit der Buttermilch zu einer halbflüssigen Creme püriert, mit Salz und Pfeffer sowie dem Dillessig abgeschmeckt und zum Schluß mit dem gehackten Dill vermischt. (Heben Sie einen kleinen Rest Dill zum Garnieren auf.)

Die Sauce über die Krabben und Melonen gießen und gut unterrühren. Der Salat sollte etwa eine Stunde im Kühlschrank durchziehen, bevor Sie ihn mit dem restlichen Dill bestreuen und als Vorspeise servieren.

JAKOBSMUSCHELN IN KRÄUTERSAUCE

12 Jakobsmuscheln
½ Tasse trockener Weißwein
½ Tasse Wasser
Salz und schwarzer Pfeffer
25 g Butter
1 EL Mehl
1 halbe Tasse Sahne
1 EL gehackter Estragon
1 EL gehackter Dill
1 EL Schnittlauchröllchen
1 EL gehackte Petersilie

Lösen Sie die Muscheln aus der Schale und entfernen Sie den Bart. Waschen Sie Muscheln und Rogen gründlich unter fließendem Wasser und trocknen Sie sie gut ab. Anschließend werden die Muscheln geviertelt. Wein und Wasser werden zusammen mit Salz und frisch gestoßenem Pfeffer in einem flachen Topf zugedeckt zum Kochen gebracht. Geben Sie die Muschelstücke ins kochende Wasser und lassen Sie sie ca. 8. Minuten darin ziehen. Dann werden sie mit einem Schaumlöffel herausgehoben und warm gehalten.

Halten Sie auch den Muschelsud warm. In einer kleinen Schüssel werden Butter und Mehl zu einer Paste vermischt und dann Stück für Stück in den heißen Sud gegeben; dabei wird die Brühe kräftig aufgeschlagen und so weit reduziert, bis sich eine cremige Sauce ergibt. Dann werden die Sahne und die gehackten Kräuter in die Sauce gerührt, in der die Muschelstücke noch einmal erwärmt werden, bevor Sie sie in einer tiefen Schüssel anrichten.

Man kann dieses Gericht mit Brot und Butter als Vorspeise servieren oder, zusammen mit körnig gekochtem Reis, als leichtes Hauptgericht. Man kann auch nur halb so viele Jakobsmuscheln nehmen und statt dessen frische kleine Pellkartoffeln mit in die Sauce schneiden. Dann paßt natürlich kein Reis dazu.

MARINIERTE JAKOBSMUSCHELN MIT KRÄUTERN

10 große Jakobsmuscheln
4 Muschelschalen
½ Tasse Zitronensaft
1½ EL Sonnenblumenöl
1½ EL fein gehackte Schalotte
½ EL gehackter Estragon
½ EL gehackter Dill
½ EL Schnittlauchröllchen
½ EL gehackte Petersilie

Lösen Sie die Muscheln aus den Schalen und entfernen Sie den Bart. Die weißen Teile werden unter fließendem Wasser gründlich gewaschen und in hauchdünne Streifen geschnitten. Den Rogen können Sie ebenfalls waschen und hauchfein schneiden. Bürsten Sie 4 schöne Muschelschalen aus und lassen Sie sie trocknen. Die Muschelscheiben werden nun mit dem Zitronensaft begossen (sie sollen fast bedeckt sein); die Schüssel mit Klarsichtfolie sorgfältig verschließen und für 24 Stunden in den Kühlschrank stellen. Rühren Sie zwischendurch einmal um.

Kurz vor dem Servieren wird der Zitronensaft abgegossen und das Öl eingerührt. Mischen Sie ganz zum Schluß die fein gehackten Schalotten und die Kräuter unter. Dieses mexikanische „Seviche" wird in den 4 Muschelschalen angerichtet und mit Graubrot und Butter serviert.

Jakobsmuscheln mit Kräutern.

MEERESFRÜCHTE-SALAT MIT ESTRAGON

500 g Hecht oder Heilbutt
Saft von 2 Zitronen
6 Kammuscheln
6 Scampi
250 g Krabben
1 Kopf Salat
1 Paprikaschote
½ Gurke
4 hartgekochte Eier

Kräutersauce:
100 g Frischkäse (halbfett)
½ Tasse Buttermilch
1 Zitrone
Meersalz und schwarzer Pfeffer
3 EL gehackter Estragon

Das Stück Hecht oder Heilbutt wird in einen großen Topf gelegt und mit kaltem Wasser bedeckt. Bringen Sie das Wasser zum Kochen und garen Sie den Fisch auf kleiner Flamme. Anschließend soll er in dem Sud abkühlen. Lassen Sie ihn auf einem Sieb abtropfen, entfernen Sie Haut und Gräten und teilen Sie das Fleisch in Stücke. Dann übergießen Sie die Fischstücke mit dem Saft einer Zitrone und stellen sie beiseite, während Sie die anderen Zutaten vorbereiten.

Die vorbereiteten Kammuscheln werden 4–5 Minuten im Fischsud gekocht und müssen dann über einem Sieb abtropfen. Sie werden ebenfalls mit Zitrone beträufelt und beiseite gestellt. Brechen Sie die Schwänze der gekochten Scampi und Krabben aus und lassen Sie sie etwa 10 Minuten in kaltem, leicht gesalzenem Wasser stehen. Dann wird der Salat gewaschen, in Streifen geschnitten und auf den Boden einer flachen Schüssel gelegt. Aus der Paprikaschote und der Gurke schneiden Sie schmale dünne Streifen, die Sie auf den Salat legen. In die Mitte geben Sie die Fischstücke, die mit den halbierten gekochten Eiern umgeben werden. Nun streuen Sie die Krabben, Scampi und die in Scheiben geschnittenen Kammuscheln darüber.

Für die Kräutersauce werden Frischkäse und Buttermilch im Mixer püriert und anschließend mit Zitronensaft, Salz und Pfeffer abgeschmeckt. Zum Schluß rühren Sie den gehackten Estragon hinein. Gießen Sie die Sauce über den Salat und lassen Sie ihn gut durchziehen, bevor Sie ihn servieren. Sie haben damit ein köstliches Hauptgericht für eine sommerliche Mahlzeit.

Meeresfrüchte-Salat mit Estragon.

FORELLE MIT PETERSILIENFÜLLUNG

4 Forellen
Petersilienfüllung (siehe Seite 109)
50 g Butter
1 EL Zitronensaft
2 Zitronen

Die Forellen werden geputzt und gefüllt. Schneiden Sie sie an jeder Seite dreimal ein. Dann wird die Butter in einer Pfanne erhitzt und mit Zitronensaft verrührt. Mit dieser Mischung werden die Forellen während des Garens begossen. Sie werden nun 5 Minuten bei starker Hitze, anschließend noch 6–8 Minuten auf kleinerer Stufe gegrillt. Richten Sie die gefüllten Forellen mit Zitronenvierteln an.

STEINBUTT MIT SAUERAMPFER

200 g Sauerampfer
4 Steinbuttsteaks
Salz und schwarzer Pfeffer
50 g Butter

Die Sauerampferstiele werden abgeschnitten. Legen Sie mit einigen Blättern den Einsatz eines Dämpfers aus und plazieren Sie die Fischstücke darauf. Mit Meersalz und Pfeffer aus der Mühle würzen und den Fisch mit weiteren Sauerampferblättern bedecken. Über kochendem Wasser dämpfen Sie nun die Steinbuttstücke so lange, bis sich das Fleisch von den Gräten lösen läßt (ca. 10 Minuten).

Schneiden Sie die übrigen Sauerampferblätter in Streifen und dünsten Sie sie in der erhitzten Butter leicht an. Die Steinbuttstücke werden auf Sauerampferblättern angerichtet und mit der Sauerampfer-Butter begossen. Servieren Sie gekochte Pellkartoffeln dazu.

FISCHBRÜHE

1 kg Fischköpfe und -gräten
1 Zwiebel
1 Karotte
1 Stange Porree
1 Selleriestange (vom Staudensellerie)
10–12 schwarze Pfefferkörner
3 Petersilienstengel
1 Lorbeerblatt
3 Thymianzweige
2 Liebstöcklzweige
1 EL Salz
2 EL Weißweinessig

Die gewaschenen Fischabfälle werden in einen Topf gefüllt; dazu kommen die geschälte Zwiebel, die geschälte Karotte, der gründlich gewaschene Porree und Sellerie sowie alle weiteren Gewürze und Kräuter. Geben Sie soviel Wasser dazu, daß alle Zutaten bedeckt sind und fügen Sie auch den Essig oder einige Eßlöffel Wein hinzu. Bringen Sie den Sud langsam zum Kochen und lassen Sie ihn ca. 45 Minuten auf kleiner Flamme ziehen. Dann wird die Brühe durchgeseiht und kalt gestellt. Sie können sie zu vielen Fischgerichten verwenden. Falls sie nicht stark genug ist, kann man sie durch starkes Kochen beliebig reduzieren.

Geflügel und Wild

In vielen köstlichen Gerichten verbindet sich der milde Geschmack des Geflügels mit dem Aroma sommerfrischer Kräuter. Eines meiner Lieblings-Geflügelgerichte ist „Poulet à l'estragon", gekochtes Hühnchen in Sahnesauce mit einem Hauch von Estragon. Es schmeckt sowohl warm als auch kalt und ist für mich eines der perfektesten Sommergerichte der anspruchsvollen Küche. Geflügelsalat kann ein kulinarischer Hochgenuß sein, aber auch eine höchst langweilige Angelegenheit; alles hängt von der Sorgfalt ab, die bei der Zubereitung an den Tag gelegt wird. Wenn man das zarte Fleisch mit der knackigen Frische der Salatzutaten – Kopfsalat, Gurke, Paprika, Fenchel, Frühlingszwiebeln –, kontrastiert, die zuerst in Zitronensaft mariniert und dann in einem Sahnedressing mit Dill oder Kerbel angemacht werden, ist Geflügelsalat eine delikate Bereicherung jedes kalten Büffets. Hühnchen in Rahm schmeckt noch besser, wenn man es mit etwas Kerbel oder Bibernelle würzt; man kann es ohne alles servieren oder auf Toast oder mit pochierten Eiern dazu.

Ysop ist ein Gewürz, das fette Geflügelgerichte, wie Gans oder Ente, bekömmlicher macht. Aber Sie sollten Gänse- oder Entenfleisch auch einmal mit einer klassischen Salbei- und Zwiebelfüllung oder mit Salbei- und Äpfelfüllung zubereiten. Eine junge Ente kann man halbieren, mit einer Mischung aus Honig und Orangensaft bestreichen und mit verschiedenen Kräutern, wie Majoran, Thymian oder Rosmarin braten. Perlhuhn ist oft etwas trocken; deshalb sollte man es auf einem Bett aus Gemüse und Kräutern schmoren, die man später, püriert und mit Sahne angereichert, als köstliche Sauce verwendet. Auch Fasan kann man auf diese Weise zubereiten, während kleine Vögel, wie Wachtel, Rebhuhn und Taube, besser am Spieß gebraten und mit Kräuterrisotto serviert werden.

Zum Würzen von Wild verwendet man mit Vorliebe Wacholderbeeren, sie gehören zu allen Füllungen und Marinaden dazu. Sowohl Hochwild als auch Hasen sind besser, wenn man sie vorher mariniert und die Marinade später als Grundlage für die Sauce nimmt. Kaninchen dagegen wird ähnlich behandelt wie Geflügel; es schmeckt vorzüglich in einer Senfsauce mit Dill oder gekocht mit Thymian und Safran. Liebstöckl paßt besonders gut zu Kaninchenfleisch und mildem Wildgeflügel; es vereint in sich den frischen Petersilien- und den strengeren Selleriegeschmack sowie seinen eigenen pfefferigen Wohlgeschmack, ist stärker als Kerbel und Petersilie, aber dennoch weniger streng als Salbei oder Rosmarin, die ich persönlich mit Zurückhaltung verwende.

KRÄUTERHUHN MIT ORANGE

50 g Butter
1 Brathuhn (ca. 1500 g)
Saft einer Orange
2 Majoranzweige
2 Zitronenthymianzweige
2 Petersilienstengel
4 Kerbelstengel
4 große Basilikumblätter
Salz und schwarzer Pfeffer

Die Butter wird in einer feuerfesten Kasserolle erhitzt und das küchenfertig gemachte Huhn hineingelegt und rundherum braun gebraten. Dann gießen Sie den Orangensaft darüber und geben die gewaschenen Kräuter dazu. Salzen und pfeffern und zugedeckt im vorgeheizten Backofen (180°) in anderthalb Stunden garen. Wenden Sie das Huhn während der Garzeit einige Male um.

Das Huhn wird aus der Kasserolle genommen und tranchiert. Die Stücke werden auf einer Platte angerichtet. Die Bratflüssigkeit durch ein Sieb streichen und über das Fleisch gießen. Dazu werden am besten Nudeln und grüner Salat serviert. Sie können das Gericht mit einigen Orangenscheiben garnieren.

Huhn mit Kräutern und Orangen; Hühnerbrust in Grüner Sauce.

HÜHNERBRUST IN GRÜNER SAUCE

1 Zwiebel
1 Karotte
1 Stange Porree
4 Petersilienstengel
4 Liebstöcklzweige
1 kleines Lorbeerblatt
1 TL Salz
10 schwarze Pfefferkörner
4 Hühnerbrüste
250 g Nudeln
2 EL Butter

Kräutersauce:
100 g Sauerampfer oder Spinat
1 Bund Brunnenkresse
40 g Butter
2 EL Mehl
1 halbe Tasse Sahne
1½ EL gehackter Estragon
1½ EL gehackte Petersilie
Salz und schwarzer Pfeffer

Die Zwiebel wird geschält und gehackt, die Karotte und der Porree werden geputzt und in Scheiben geschnitten. Sämtliche Gemüse und Aromaten in einen Topf geben, mit Wasser bedecken und auf kleiner Flamme langsam zum Kochen bringen. Sobald das Wasser kocht, geben Sie die Hühnerbrüste dazu und lassen sie auf kleiner Flamme zugedeckt etwa 35 Minuten köcheln. Dann werden die Fleischstücke herausgenommen und warm gehalten. Die Haut ziehen Sie ab. Von der durchgeseihten Brühe brauchen Sie 3 dl. Die Nudeln werden al dente gekocht, auf ein Sieb gegossen, abgetropft und warm gehalten.

Für die Kräutersauce blanchieren Sie die Sauerampfer- oder Spinatblätter, geben sie auf ein Sieb und hacken sie, wenn sie gut abgetropft sind, sehr fein. Auch die Blätter der Brunnenkresse werden kurz blanchiert, abgetropft und fein gehackt. Erhitzen Sie die Butter in einem Topf und rühren Sie das Mehl hinein, das kurz angeschwitzt wird, bevor Sie die durchgesiebte Brühe, in der Sie die Hühnerbrüste gekocht haben, angießen und cremig aufschlagen. Dann rühren Sie die Sahne dazu und lassen die Sauce nochmals 3 Minuten kochen. Wenn sie etwas abgekühlt ist, geben Sie die Sauce zusammen mit den gehackten Sauerampfer- und Brunnenkresseblättern sowie Estragon und Petersilie in den Mixer. Nachdem die Sauce gut gemixt ist, wird sie nochmals erhitzt und mit Salz und Pfeffer aus der Mühle abgeschmeckt.

Die heiß gehaltenen Nudeln werden in eine flache Schüssel gelegt, mit kleinen Butterflöckchen belegt und mit Salz und Pfeffer bestreut. Darauf arrangieren Sie die Hühnerbrüste. Zum Schluß gießen Sie die Grüne Sauce darüber. Wenn das Gericht sehr heiß sein soll, kann man es im heißen Ofen nochmals einige Minuten lang erhitzen. Servieren Sie Tomatensalat dazu.

SAHNEHUHN MIT BIBERNELLE

500 g gekochtes Hühnerfleisch
2 Schalotten
50 g Butter
3 EL Mehl
3 dl Hühnerbrühe
3 dl Sahne
Salz und schwarzer Pfeffer
2 EL gehackte Bibernelle

Das Fleisch wird in kleine Würfel geschnitten; die gehackten Schalotten werden in der erhitzten Butter glasig gedünstet. Dann rühren Sie das Mehl dazu und lassen es eine Minute anschwitzen, bevor Sie mit der Brühe ablöschen. Unter Rühren kurz aufkochen lassen und glatt rühren. Nun wird die Sahne eingerührt und mit Salz und Pfeffer abgeschmeckt. Zum Schluß erhitzen Sie die Fleischstücke in der Sahnesauce und rühren die gehackten Kräuter hinein. Sie können dieses schnell zubereitete Geflügelgericht auf Toast oder mit körnigem Reis servieren.

HUHN GEDÜNSTET MIT KERBEL

2 EL Butter
1 EL Öl
1 Huhn (ca. 1500 g)
2 weiße Zwiebeln
2 Karotten
1 Bund Kerbel
1 Tasse Hühnerbrühe
2 EL trockener Wermut oder Weißwein
Meersalz und schwarzer Pfeffer
2 EL Crème fraîche
1–2 EL Zitronensaft

Butter und Öl werden in einer flachen Kasserolle erhitzt und das in 8 Stücke zerlegte Huhn darin braun angebraten. Dann werden die Fleischstücke mit einem Schaumlöffel herausgehoben und warm gehalten. Nun schälen Sie die Zwiebeln, putzen die Karotten und geben beides kleingeschnitten in das Bratfett. Vom Kerbel zupfen sie einige Blätter ab und legen sie beiseite; die übrigen geben Sie zu den Gemüsen, die nun unter Rühren erhitzt werden. Inzwischen bringen Sie in einem anderen Topf die Hühnerbrühe zusammen mit dem Wermut zum Kochen und gießen die Flüssigkeit an die leicht gedünsteten Gemüse. Nun legen Sie die angebratenen Fleischstücke obenauf, würzen mit Salz und Pfeffer und lassen sie bei schwacher Hitze etwa 40 Minuten garen. Dabei sollten Sie gelegentlich umrühren.

Dann nehmen Sie die Stücke heraus, richten sie auf einer Platte an und halten sie warm. Die Bratflüssigkeit und die Gemüse werden im Mixer püriert, anschließend rühren Sie die Sahne unter und würzen nach Geschmack noch etwas nach. Schmecken Sie mit Zitrone ab. Die Sauce wird nochmals erhitzt und heiß über die Fleischstücke gegossen. Die zurückgelegten Kerbelblätter dienen zur Dekoration. Dazu schmecken gekochte Kartoffeln oder Reis und grüner Salat.

KRÄUTERHUHN IN DER FOLIE

2 EL Dijon-Senf
2 EL Joghurt
4 Hühnerbrüste
Meersalz und schwarzer Pfeffer
Olivenöl
6 EL gehackte Kräuter
(Petersilie, Kerbel, Estragon und Dill)
Saft einer Zitrone

Senf und Joghurt werden zu einer Creme verrührt; dann bestreichen Sie damit die Hühnerbrüste, salzen und pfeffern sie. 4 Stück Aluminiumfolie werden mit Olivenöl bepinselt und die Hühnerbrüste daraufgelegt. Streuen Sie eine dicke Schicht Kräuter auf jedes der Fleischstücke und träufeln sie etwas Zitronensaft darauf. Dann schlagen Sie die Hühnerbrüste in die Folien ein und kneifen die Ecken fest zusammen, damit kein Saft herausfließen kann. Im vorgeheizten Ofen (190°) werden sie etwa 30 Minuten gegart. Servieren Sie die Hühnerbrühe direkt aus der Folie, am besten mit Reis und grünem Salat.

CURRY-HUHN MIT KORIANDER

1 Zwiebel
1 Karotte
1 Selleriestange (vom Staudensellerie)
1 Brathuhn (ca. 1500 g)
1 Lorbeerblatt
3 Petersilienstengel
3 Liebstöcklzweige
1 TL Salz
5 schwarze Pfefferkörner

Curry-Sauce:
3 EL Kokosflocken
1 große Zwiebel
2 Knoblauchzehen
50 g Butter
1 EL mildes Currypulver
1 Prise Safran
¼ TL gestoßener Kümmel
¼ TL gestoßener Koriander
1 Prise Cayennepfeffer
1 EL rotes Johannisbeergelee
Saft einer halben Zitrone
1 EL Mehl
4 EL Joghurt
2 EL gehackte Mandeln
2 EL gehackte Korianderblätter oder
3 EL gehacktes Basilikum

Die Zwiebel wird geschält und gehackt, die Karotte ebenso wie die Selleriestange geputzt und grob gehackt. Geben Sie das Gemüse zusammen mit dem küchenfertig gemachten Brathuhn, Lorbeerblatt, Petersilie, Liebstöckl, Salz und Pfefferkörnern in einen Topf und gießen Sie soviel kaltes Wasser dazu, daß das Huhn bedeckt ist. Es muß etwa 1 Stunde kochen. Wenn es weich ist, heben Sie es heraus und lassen es abkühlen, bevor Sie das Fleisch auslösen und in kleine Würfel schneiden.

Die Brühe, in der das Huhn gekocht wurde, wird nun durch ein feines Sieb passiert. Wenn sie zu schwach ist, sollten Sie sie noch einmal stark aufkochen und entsprechend reduzieren. Sie brauchen 6 dl Brühe.

Für die Curry-Sauce gießen Sie 3 dl Brühe über die Kokosflocken und lassen sie 15 Minuten ziehen. Die Zwiebel wird geschält und sehr fein gehackt, der geschälte Knoblauch im Mörser gequetscht. Nun erhitzen Sie die Butter in einem großen Topf und dünsten die Zwiebeln darin glasig, dann geben Sie auch den Knoblauch dazu. Nach und nach streuen Sie unter dauerndem Rühren alle Gewürze hinein und gießen die restliche Brühe (3 dl) an. Die Sauce muß nun 15 Minuten leise köcheln, bevor Sie Johannisbeergelee und Zitronensaft hineingeben. Dann gießen Sie die durchgesiebte Kokosbrühe an und pressen dabei die Kokosflocken mit einem hölzernen Kochlöffel gut aus. Rühren Sie Mehl und Joghurt zu einer cremigen glatten Paste und geben Sie diese unter ständigem Rühren in die Sauce.

Die Fleischstücke werden in der Sauce erhitzt, die gehackten Mandeln und die Korianderblätter untergerührt. Lassen Sie das Gericht noch einige Minuten durchziehen, bevor Sie es mit körnig gekochtem Reis servieren.

Gedünstetes Huhn mit Kerbel; Kräuterhuhn in der Folie; Curry-Huhn mit Koriander.

POCHIERTES HUHN MIT KRÄUTERSAUCE

1 Huhn (ca. 1500–2000 g)
1 Zwiebel
1 Karotte
1 Lorbeerblatt
3 Liebstöcklzweige
3 Petersilienstengel
3 Thymianzweige
Salz und 12 schwarze Pfefferkörner

Kräutersauce:
25 g Butter
2 EL Mehl
½ Tasse Crème fraîche
Salz und schwarzer Pfeffer
1 EL gehackter Estragon
1 EL gehackter Dill
1 EL gehackter Kerbel
1 EL Schnittlauchröllchen

Legen Sie das Huhn in einen Topf, in den es genau paßt und bedecken Sie es fast mit kaltem Wasser. Dann wird das Huhn herausgenommen, und Sie geben die geschälte Zwiebel und die geputzte Karotte sowie Lorbeerblatt, Liebstöckl, Petersilie, Thymian, Salz und Pfefferkörner hinein. Langsam zum Kochen bringen und 30 Minuten köcheln lassen.

Dann geben Sie das Huhn in den Topf mit der Gemüsebrühe, bringen sie erneut zum Kochen und garen das Huhn darin etwa 1 Stunde. Es soll nicht zu weich werden. Das Huhn wird herausgenommen, das Fleisch von den Knochen gelöst und in kleine Stücke geschnitten. Legen Sie die Fleischstücke auf eine heiße Platte und decken Sie sie mit Folie ab.

Probieren Sie die Hühnerbrühe; wenn sie nicht kräftig genug ist, wird sie durch starkes Kochen etwas reduziert. Sie brauchen für die Sauce 3 dl Brühe. Die Brühe wird dann durch ein Sieb gegossen. Das Fett nach Möglichkeit abschöpfen.

Die Butter wird in einem Topf erhitzt, das Mehl eingerührt und 1 Minute angeschwitzt, bevor Sie die Brühe angießen und die Sauce kräftig aufschlagen. Nun wird die Crème fraîche hineingerührt, und die Sauce soll nochmals 4 Minuten kochen, bevor Sie mit Salz und Pfeffer aus der Mühle abschmecken und die gehackten Kräuter einrühren. (Sie können übrigens auch eine andere Kräuter-Kombination verwenden, wenn Sie die hier genannten gerade nicht zur Hand haben.) Gießen Sie etwas von der Sauce über die heiß gehaltenen Fleischstücke und servieren Sie den Rest in einer Sauciere. Als Beilage passen dazu frische Kartoffeln und junge Karotten oder gekochter Reis. Die Menge reicht für 5 oder 6 Personen.

VARIATION. Ersetzen Sie die 4 Eßlöffel gemischte Kräuter durch 3 Eßlöffel gehackten Dill.

HUHN IN SENFSAUCE MIT DILL

1 mittelgroße Zwiebel
2 EL Butter
1 EL Sonnenblumenöl
1 tranchiertes Huhn
Mehl zum Bestäuben
3 dl Hühnerbrühe
1 EL Dijon-Senf
Salz und schwarzer Pfeffer
1½ EL gehackter Dill

Die Zwiebel wird geschält und gehackt und in dem erhitzten Fett (Butter und Öl) glasig gedünstet. Die Fleischstücke werden in Mehl gewälzt und in die Pfanne mit den gedünsteten Zwiebeln gegeben. Sie sollen von allen Seiten gleichmäßig gebraten sein, ohne daß die Zwiebeln verbrennen dürfen. Dann geben Sie die erhitzte Hühnerbrühe dazu und rühren alles gut auf. Mit Senf, Salz und Pfeffer aus der Mühle würzen. Zugedeckt köcheln lassen.

Probieren Sie nach etwa 35 Minuten, ob das Fleisch weich ist. Dann heben Sie sämtliche Stücke bis auf die Schenkel heraus und halten sie in einer Schüssel warm. Die Schenkel müssen noch 5 Minuten kochen, dann werden auch sie in die Schüssel gelegt.

Schmecken Sie die Sauce ab und würzen Sie bei Bedarf nochmals mit Salz und Pfeffer. Zum Schluß rühren Sie den Dill hinein und lassen die Sauce noch ein wenig ziehen. Kartoffeln und grüne Bohnen sind die richtige Beilage zu diesem Gericht, das man auch mit anderen Kräutern abwandeln kann.

Zubereitung von pochiertem Huhn; Huhn in Senfsauce mit Dill.

Kaltes Huhn mit Kräuterdressing.

KALTES HUHN MIT KRÄUTER-DRESSING

1 Brathuhn (ca. 1500 g)
1 Zwiebel
1 Karotte
1 Stange Porree
1 Lorbeerblatt
3 Petersilienstengel
3 Liebstöcklzweige
2 Thymianzweige
Salz

Kräuter-Dressing:
1 Eigelb
1 Prise Salz
1 halbe Tasse Olivenöl
1 TL Weißweinessig
1 TL Zitronensaft
1 EL Dijon-Senf
4 EL Joghurt
2 EL gehackter Dill
2 EL gehackter Kerbel

Am besten beginnen Sie mit den Vorbereitungen schon am Tag zuvor.

Das küchenfertige Huhn wird in einen Topf gelegt, in den es genau hineinpaßt und mit kaltem Wasser bedeckt. Dann nehmen Sie es wieder heraus und geben die geschälte und halbierte Zwiebel, die geputzte Karotte und den gründlich gewaschenen und in längliche Streifen geschnittenen Porree hinein; ebenso Lorbeerblatt, Petersilie, Liebstöckl, Thymian und Salz. Das Ganze zum Kochen bringen und sehr langsam zugedeckt ziehen lassen. Dann wird das Huhn hineingegeben und ca. 1 Stunde langsam gekocht. Nehmen Sie es anschließend zum Abkühlen heraus. Lassen Sie die Brühe noch weiterkochen und reduzieren Sie sie, bis Sie einen besonders kräftigen Sud haben. Der Geflügelsud wird durch ein feines Sieb passiert und soll über Nacht im Kühlschrank abkühlen.

Am nächsten Tag bereiten Sie das Dressing. Schöpfen Sie das Fett von der Hühnerbrühe ab und bereiten Sie eine Mayonnaise (Seite 192). Rühren Sie den Senf und Joghurt hinein und geben Sie 4 Eßlöffel Geflügelbrühe dazu, die inzwischen geliert sein soll. Schlagen Sie die Mayonnaise kräftig mit dem Schneebesen auf und mischen Sie dann die gehackten Kräuter darunter. Die Fleischstücke werden ausgelöst und nach Wunsch in Stücke geschnitten. Legen Sie sie auf eine Platte und gießen Sie das Dressing darüber.

POULET À L'ESTRAGON I

Zutaten und Zubereitung wie im Rezept »Pochiertes Huhn mit Kräutersauce« auf Seite 140, aber verwenden Sie statt 4 Eßlöffeln gemischter Kräuter ausschließlich Estragon, und zwar 3 Eßlöffel voll.

POULET À L'ESTRAGON II

1 Zwiebel
1 Karotte
1 Stange Porree
1 Brathuhn (ca. 1500 g)
½ Lorbeerblatt
3 Petersilienstengel
3 Liebstöcklzweige
1 TL Salz
6 schwarze Pfefferkörner
4 Estragonzweige
4 Blatt Gelatine
3 dl Crème fraîche

Die Zwiebel und die Karotte werden geschält, der Porree wird unter fließendem Wasser gewaschen und in Stücke geschnitten. Geben Sie sämtliche Gemüse zusammen mit dem küchenfertig gemachten Huhn, Lorbeerblatt, Petersilie, Liebstöckl, Salz und Pfefferkörnern in einen großen Topf. Nun wird soviel kaltes Wasser zugegossen, daß das Huhn gerade bedeckt ist; etwa 1 Stunde wird es auf kleiner Flamme gekocht, dann aus der Brühe genommen, abgekühlt und in Portionsstücke geschnitten. Arrangieren Sie die Stücke auf einer Platte und lassen Sie sie weiter abkühlen.

Die Brühe wird durch ein feines Sieb passiert und soll über Nacht stehen, damit Sie am nächsten Tag das ganze Fett abschöpfen können. Heben Sie einige schöne große Estragonblätter auf; die übrigen geben Sie in die Brühe, die noch einmal erhitzt und bis auf 3 dl Flüssigkeit eingekocht wird. Probieren Sie zwischendurch, ob sie nicht zu salzig ist. Dann gießen Sie die Reduktion noch einmal durch ein feines Sieb.

Lösen Sie mit einigen Eßlöffeln heißer Brühe die Gelatine auf und gießen Sie sie dann in die Brühe. Gut umrühren und in eine Schüssel passieren. Stellen Sie die Schüssel in einen größeren Topf mit Eis und rühren Sie während des Abkühlens, bis die Brühe geliert. Die Crème fraîche wird leicht aufgeschlagen und unter die Brühe gemischt. Rühren Sie langsam weiter, bis die Flüssigkeit stockt. Dann streichen Sie die Sauce löffelweise auf die Fleischstücke und lassen die erste aufgestrichene Schicht festwerden, bevor Sie eine zweite auftragen, die mit einem in heißes Wasser getauchten Messer geglättet wird. Die Fleischstücke müssen nun für 1 Stunde in den Kühlschrank, damit die aufgestrichene Schicht ganz fest wird. Dann schneiden Sie mit einem scharfen Messer rundherum die Ecken ab, plazieren die überzogenen Fleischstücke auf einem frischen Teller und garnieren sie mit den zurückgelegten Estragonblättern.

HÜHNER-PFANNKUCHEN MIT KERBEL

1 Brathuhn (1500 g)
1 Zwiebel
1 Karotte
1 Selleriestange (vom Stangensellerie)
1 Lorbeerblatt
3 Petersilienstengel
Salz und schwarzer Pfeffer

Teig:
175 g Mehl
1 Prise Salz
1 Ei
1 Eigelb
1 Tasse Milch
Fett zum Braten

Sauce:
50 g Butter
3 gehäufte EL Mehl
½ Tasse Sahne

Hühner-Pfannkuchen mit Kerbel; Poulet à l'Estragon II.

1 EL gehackter Kerbel
1 EL gehackter Estragon
1 gehäufter EL Gruyère

Das Huhn wird in einen mittelgroßen schweren Topf gelegt, dazu die geschälte und gehackte Zwiebel, die geputzte Karotte und der gewaschene und in große Stücke geschnittene Sellerie, Lorbeerblatt und Petersilie. Nun geben Sie Salz und Pfeffer und soviel Wasser dazu, daß der Topf etwa zur Hälfte gefüllt ist. Zum Kochen bringen und zugedeckt etwa 50 Minuten garen. Gegen Ende der Kochzeit sollten Sie mit einem Spieß in einen Hühnerschenkel stechen, um festzustellen, ob das Fleisch weich ist. Sobald das Huhn gar ist, wird es aus dem Topf genommen und zum Abkühlen beiseite gestellt. Wenn das Fleisch kalt geworden ist, lösen Sie es von den Knochen und schneiden es in kleine Würfel; die Haut wird nicht verwendet. Die Brühe wird durch ein Sieb passiert und nach dem Abkühlen entfettet. Sie brauchen etwa ½ Liter für die Sauce.

Für den Teig geben Sie Mehl und Salz in eine Schüssel, machen eine Vertiefung in der Mitte, in die Sie Ei, Eigelb und Milch gießen. Dann wird der Teig kräftig geschlagen; er muß zäh vom Löffel fließen. Lassen Sie ihn 1 Stunde stehen.

Für die Sauce erhitzen Sie die Butter in einem Topf, rühren das Mehl hinein und schwitzen es kurz an, bevor Sie die erhitzte Brühe, die Sie beiseitegestellt haben, angießen und kräftig weiterrühren, bis die Sauce eine cremige Konsistenz hat. Dann wird sie mit Salz und Pfeffer abgeschmeckt. Mischen Sie die Hälfte der Sauce in einer Schüssel unter die Fleischwürfel und die gehackten Kräuter, während Sie die andere Hälfte mit dem geriebenen Käse verrühren und warm halten. Nun backen Sie aus dem vorbereiteten Teig 10–12 Pfannkuchen. Die Hühnerfüllung wird auf den Pfannkuchen verteilt, die Pfannkuchen werden eingerollt, nebeneinander auf eine eingefettete feuerfeste Platte gelegt und mit der heiß gehaltenen Sauce übergossen. Der restliche Käse wird darübergestreut und das Ganze im vorgeheizten Ofen (180°) 20 Minuten überbacken. Man kann dieses Gericht auch vorher zubereiten und 30 Minuten vor dem Servieren im Backofen aufwärmen. Die Menge reicht als Hauptgericht für 4–6 Personen. Servieren Sie dazu grünen Salat.

HÜHNERBRUST IM KRÄUTERMANTEL

1 Zwiebel
1 Karotte
1 Stange Porree
4 Petersilienstengel
3 Liebstöcklzweige
½ Lorbeerblatt
Salz und 6 schwarze Pfefferkörner
4 Hühnerbrüste
2 Blatt Gelatine
4 EL Crème fraîche
50 g Frischkäse
1½ EL Kerbel
1½ EL gehackter Dill
1½ EL gehackter Estragon
1½ EL Schnittlauchröllchen

Zwiebel und Karotte werden geschält und in Scheiben, der Porree unter fließendem Wasser gewaschen und in Streifen geschnitten. Zusammen mit Petersilie, Liebstöckl, Lorbeerblatt, Salz und Pfefferkörnern werden die Gemüse in einen Topf gegeben und, mit kaltem Wasser gut bedeckt, zum Kochen gebracht. Die Gemüse sollen etwa 30 Minuten auf kleiner Flamme ziehen, bevor Sie die Hühnerbrüste dazugeben und das Ganze zugedeckt nochmals 30 Minuten langsam kochen lassen. Sobald die Brüste weich sind, werden sie herausgenommen, die Brühe wird durch ein Sieb passiert. Sie muß nun so weit eingekocht werden, daß Sie eine Reduktion von einer guten halben Tasse kräftigem Geflügelsud erhalten. Damit sich das Fett abschöpfen läßt, sollten Sie den Topf mit der reduzierten Brühe in Eiswasser stellen.

Lösen Sie in 2 Eßlöffeln Brühe die Gelatine auf. Geben Sie die übrige Brühe zusammen mit Crème fraîche und Frischkäse in den Mixer zum Pürieren. Anschließend wird auch die aufgelöste Gelatine zugefügt und ebenfalls mitpüriert. Gießen Sie die cremige Flüssigkeit nun in eine Schüssel und rühren Sie über Eiswasser so lange, bis die Sauce allmählich eindickt.

Ziehen Sie die Haut von den Hühnerbrüsten ab; die Fleischstücke werden jetzt auf einer Platte angerichtet und mit einigen Löffeln Sauce übergossen. Lassen Sie die cremige Schicht fest werden, bevor Sie eine weitere Saucen-Schicht darüberziehen. Dann wird die Platte für eine halbe Stunde in den Kühlschrank gestellt, und wenn alles fest geworden ist, können Sie mit einem scharfen Messer die Ränder gerade schneiden. Eine Fleischplatte wird mit grünen Salatblättern ausgelegt, und darauf plazieren Sie die cremig beschichteten Hühnerbrüste. Darüber streuen Sie eine dicke Schicht aller gehackten Kräuter, die Sie vorher in einer Schüssel vermischt haben. Zu diesem appetitlichen sommerlichen Imbiß passen alle frischen Salate.

HUHN IM TONTOPF

1 Brathuhn (ca. 1500 g)
3 EL Dijon-Senf
1 Knoblauchzehe
Salz und schwarzer Pfeffer
3 Kerbelzweige
3 Estragonzweige
3 Dillzweige
3 Petersilienstengel
2 Ästchen Zitronenthymian
1 Ästchen Majoran
1 EL Olivenöl

Tontöpfe, die heute in vielerlei Form im Handel sind, erleben eine Renaissance in der Küche; sie sind gerade für die Zubereitung von Geflügel besonders geeignet.

Das küchenfertige Huhn wird ganz mit Dijon-Senf bestrichen und in einen Tontopf gelegt. Die geschälte Knoblauchzehe wird an der Innenwand des Tontopfes zerrieben, das Huhn mit Salz und Pfeffer aus der Mühle bestreut. Verteilen Sie die gewaschenen Kräuter auf dem Huhn und stecken Sie auch einige innen hinein. Dann gießen Sie das Olivenöl darüber und schließen den Topf.

Er wird in den kalten Backofen gestellt, den Sie dann auf höchste Stufe (250°) erhitzen. Die Garzeit dauert etwa 1½ Stunden. Anschließend wird das Huhn herausgenommen und tranchiert. Die Fleischstücke arrangieren Sie auf einer Platte und begießen sie mit der durchpassierten Kochflüssigkeit. Dazu passen Reis oder Nudeln und grüner Salat.

Huhn im Kräutermantel; Huhn im Tontopf; Ente mit Honig und Kräutern.

HÜHNERBRÜHE

ca. 750 g Hühnerklein
1 große Zwiebel
3 Knoblauchzehen
1 große Karotte
1 Stange Porree
1 Stück Sellerie
1 Lorbeerblatt
3 Petersilienstengel
3 Liebstöcklblätter
1 EL Salz
10 schwarze Pfefferkörner

Die gewaschenen Fleischteile werden zusammen mit der ungeschälten halbierten Zwiebel, den ungeschälten Knoblauchzehen und den geputzten Gemüsen sowie Lorbeerblatt, Petersilienstengeln und Liebstöckl in einen großen Topf gegeben und mit Wasser gut bedeckt. Dann geben Sie Salz und Pfefferkörner dazu und bringen das Ganze zum Kochen. Zugedeckt soll die Brühe auf ganz kleiner Flamme etwa 3 Stunden köcheln (im Dampftopf 1 Stunde), bevor Sie sie durch ein feines Sieb passieren. Im Kühlschrank abkühlen lassen.

Am nächsten Tag schöpfen Sie das Fett ab und probieren, ob die Brühe stark genug ist. Andernfalls wird sie weiter reduziert. Man kann sie im Kühlschrank 3–4 Tage aufheben.

ENTE MIT HONIG UND KRÄUTERN

1 Ente (ca. 4–5 kg)
4 EL Bienenhonig
Öl zum Braten
1 EL gehackter Rosmarin
1 EL gehackter Majoran
1 EL gehackter Thymian
½ EL gehacktes Bohnenkraut
½ EL gehackter Ysop
schwarzer Pfeffer
4 EL Orangensaft

Die Ente wird halbiert und von beiden Seiten mit Honig bestrichen (wenn er zu zähflüssig ist, kann man ihn etwas erwärmen); anschließend auf eine mit Öl eingefettete Pfanne mit der Hautseite nach oben gelegt und mit den gemischten gehackten Kräutern und etwas Pfeffer bestreut. Stechen Sie die Fleischstücke an einigen Stellen mit einem Spieß oder der Messerspitze an und gießen Sie den frisch gepreßten Orangensaft über das Fleisch.

Die Ente muß nun 1–2 Stunden stehen, damit sie das Kräuteraroma aufnimmt, und wird dann im vorgeheizten Ofen (200°) etwa 50–60 Minuten gebraten. Wenden Sie die Hälften öfters um, damit das Fleisch von allen Seiten schön braun wird. Die Außenseite soll knusprig, das Fleisch aber noch rosig sein.

Richten Sie die Entenhälften, die am besten nochmals durchgeteilt werden, auf einer flachen Schüssel an. Das Bratfett sollten Sie nicht verwenden, weil es zu fett ist.

Rechte Seite: *Kaninchen in Senf- und Kräutersauce; Wachteln mit Kräuterrisotto.*

Links: *Gedünstetes Perlhuhn mit Liebstöckl.*

PERLHUHN GEDÜNSTET MIT LIEBSTÖCKL

1 Perlhuhn
40 g Butter
1 weiße Zwiebel
4 Selleriestangen (vom Staudensellerie)
200 g Karotten
2 Stangen Porree
6 Liebstöcklzweige
1 Tasse Hühnerbrühe
2 EL Wermut oder trockener Weißwein
Salz und schwarzer Pfeffer
4 EL saure Sahne
Saft einer Zitrone

Das küchenfertige Perlhuhn wird halbiert, die Butter in einem feuerfesten Topf erhitzt und die Hälften werden darin auf beiden Seiten braun gebraten. Dann nehmen Sie das Fleisch heraus und geben das geputzte und in dünne Scheiben geschnittene Gemüse (Zwiebel, Sellerie, Karotten, Porree) in das Bratfett. Lassen Sie es unter Rühren 4 Minuten andünsten. Von den Liebstöcklblättern werden einige beiseite gelegt, die übrigen kommen zusammen mit den Perlhuhnhälften zu den Gemüsen. Nun werden die erhitzte Brühe und der Wermut angegossen. Salzen und pfeffern und zugedeckt eine gute Stunde köcheln lassen. Zwischendurch einmal umrühren.

Wenn das Fleisch weich ist, werden die beiden Teile herausgenommen, nochmals halbiert und auf einer flachen Schüssel warmgehalten. Die Brühe wird entfettet, der gekochte Liebstöckl entfernt, die restliche Flüssigkeit samt den Gemüsen im Mixer püriert. Nun fügen Sie die saure Sahne hinzu und schmecken mit Salz, Pfeffer und Zitronensaft ab. Die Sauce wird nochmals erhitzt und über die Perlhuhnstücke gegossen.

Servieren Sie Kartoffelkroketten oder Kartoffelpüree und Gemüse dazu.

FASAN MIT KRÄUTERN

Marinade I (siehe Seite 150)
1 Fasan
1 Zwiebel
1 Karotte
1 Stange Porree
1 kleines Stück Knollensellerie
40 g Butter
3 dl Wild- oder Hühnerbrühe
3 Thymianzweige
3 Liebstöcklblätter
3 Zweige Bohnenkraut
1 Rosmarinzweig
Salz und schwarzer Pfeffer
1 TL Mehl
1 halbe Tasse saure Sahne
1 EL gehackte Petersilie für die Garnitur

Der küchenfertige Fasan wird in die nach Rezept zubereitete Marinade eingelegt und muß über Nacht durchziehen; das Gefäß sollte gut verschlossen sein.

Am nächsten Tag nehmen Sie den Fasan heraus und reiben ihn trocken. Die Marinade wird durch ein Sieb passiert. Die Gemüse (Zwiebel, Karotte, Sellerie) werden geputzt und in dünne Scheiben geschnitten und in der erhitzten Butter (in einer feuerfesten Form) unter Rühren 6 Minuten angedünstet. Dann geben Sie den Fasan dazu und bräunen ihn von allen Seiten. Die erhitzte Brühe und die Marinade werden vermischt und angegossen. Nun geben Sie die gewaschenen Kräuter sowie Salz und Pfeffer dazu, schließen den Deckel und stellen den Topf in den vorgeheizten Ofen (160°). Die Garzeit für einen jungen Fasan beträgt ca. 1 Stunde, für ein älteres Tier 2–2½ Stunden. Sobald das Fleisch weich ist, wird der Fasan herausgenommen und tranchiert. Die Fleischstücke werden auf einer flachen Schüssel angerichtet und warm gehalten.

Nehmen Sie die Kräuter aus der Bratflüssigkeit, passieren Sie die Brühe und die Gemüse durch ein Sieb oder pürieren Sie alles im Mixer. Dann wird die Sauce nochmals erhitzt und die mit Mehl verrührte saure Sahne nach und nach untergerührt. 3 Minuten kochen lassen und nochmals mit Salz und Pfeffer abschmecken.

Die Sauce wird über die Fasanenstücke gegossen und mit fein gehackter Petersilie garniert. Sie können aber auch etwas Sauce separat in einer Sauciere anrichten.

KANINCHEN IN SENF- UND KRÄUTERSAUCE

500 g Kaninchenfleisch (ohne Knochen)
200 g Schalotten
1 Knoblauchzehe
2 EL Butter
etwas Mehl
¼ l Hühnerbrühe
5 Thymianzweige
Salz und schwarzer Pfeffer
1 EL Dijon-Senf
½ Tasse Crème fraîche
2 EL gehackter Dill

Das Kaninchenfleisch wird in Portionsstücke geschnitten. Schalotten und Knoblauch werden geschält und fein gehackt und in einer Pfanne in erhitzter Butter glasig (nicht braun!) gedünstet. Die Fleischstücke werden in Mehl gewälzt und zu den Zwiebeln in die Pfanne gegeben. Braten Sie das Fleisch leicht an und lassen Sie die Stücke Farbe annehmen. Dann wird die erhitzte Brühe angegossen sowie Thymian, Salz, Pfeffer aus der Mühle und Senf hinzugefügt und das Fleisch zugedeckt auf kleiner Flamme etwa 1½ Stunden gegart. Rühren Sie zwischendurch um und probieren Sie, ob das Fleisch weich ist.

Dann nehmen Sie die Kaninchenstücke heraus und halten Sie auf einer flachen Schüssel warm. Die Sauce wird durch ein feines Sieb passiert und anschließend nochmals erhitzt. Rühren Sie die Crème fraîche dazu und geben Sie den gehackten Dill hinein. Nachdem Sie nochmals mit Salz und Pfeffer abgeschmeckt haben, gießen Sie die delikate Sauce über die Kaninchenstücke. Sie sollten zu diesem Gericht knusprige Baguettes und frischen Salat servieren.

WACHTEL MIT KRÄUTERRISOTTO

4 Wachteln
½ l Milch
50 g zerlassene Butter
2 Rosmarinzweige
Salz und schwarzer Pfeffer
Kräuterrisotto (siehe Seite 121)

Die küchenfertigen Wachteln werden in eine Kasserolle gelegt und, mit Milch begossen, zum Kochen gebracht. Sie sollen etwa 7–8 Minuten köcheln. Dann werden sie herausgenommen und trocken getupft. Nun legen Sie die Wachteln in einen Bräter, gießen die geschmolzene Butter darüber und legen die Rosmarinzweige dazu. Mit Salz und schwarzem Pfeffer aus der Mühle würzen und im vorgeheizten Ofen (200°) ca. 8 Minuten braten. Begießen Sie die Wachteln zwischendurch mit der heißen Butter. Dazu servieren Sie Kräuterrisotto.

KANINCHEN IN SAFRANSAUCE

1 Kaninchen
Marinade I (siehe Seite 150)
etwas Mehl
2 EL Butter
3 EL Olivenöl
3 Schalotten oder 1 Zwiebel
1 Knoblauchzehe
½ Tasse Hühnerbrühe
1 Prise Safran
Salz und schwarzer Pfeffer
3 Thymianzweige

Teilen Sie das küchenfertige Kaninchen in Stücke, die Sie abtupfen und in einen Topf legen. Gießen Sie die Marinade über die Stücke und marinieren Sie das Fleisch über Nacht.

Am nächsten Tag werden die Stücke aus der Marinade genommen und trocken getupft, die Marinade wird durchpassiert. Wälzen Sie die Fleischstücke in Mehl und bräunen Sie sie in der erhitzten Butter und dem Olivenöl an. Die Schalotten werden geschält und gehackt, die Kaninchenstücke aus der Pfanne genommen und warm gehalten. Geben Sie die gehackten Schalotten in das Bratfett und dünsten Sie sie langsam an, bevor Sie auch die geschälte und gehackte Knoblauchzehe und schließlich die Fleischstücke hineingeben. Die Brühe wird erhitzt und mit einer Prise Safran angereichert. Mischen Sie die Brühe mit der Marinade und gießen Sie beides an das Fleisch. Mit Salz und Pfeffer würzen, den frischen Thymian zugeben und das Fleisch zugedeckt ca. 1½ Stunden garen. Probieren Sie zwischendurch, ob es nicht zu weich wird.

Vor dem Anrichten lassen Sie Fleisch und Sauce noch etwas durchziehen, schöpfen das Fett ab und nehmen den Thymian heraus. Garnieren Sie mit Petersilie und servieren Sie frische Salzkartoffeln dazu.

HASENRÜCKEN IN DILLSAUCE

Marinade I (siehe Seite 150)
mit 3 dl Weißwein
2 Hasenrücken
3 EL Dijon-Senf
25 g Butter
2 EL Olivenöl
3 dl Hühner- oder Wildbrühe
1 Lorbeerblatt
2 Rosmarinzweige
4 Thymianzweige
Salz und schwarzer Pfeffer
1 TL Mehl
½ Tasse saure Sahne
1½ EL gehackter Dill

Lassen Sie die beiden vorbereiteten Hasenrücken in der Marinade 24 Stunden ziehen; begießen Sie sie zwischendurch damit.

Nehmen Sie die Rücken heraus und tupfen sie trocken. Dann werden sie mit Senf bestrichen und in der erhitzten Butter und Olivenöl in einer feuerfesten Kasserolle von allen Seiten braun angebraten. Die Brühe wird zusammen mit der durchpassierten Marinade erhitzt und angegossen. Anschließend geben Sie alle Kräuter zu und würzen mit Salz und Pfeffer. Unter häufigem Begießen dünsten Sie die Hasenrücken etwa 1½ Stunden. Probieren Sie zwischendurch, ob das Fleisch nicht zu weich wird. Dann nehmen Sie die Rücken aus der Sauce, lassen sie einige Minuten ruhen und schneiden dann parallel zum Rückenknochen dünne Scheiben. Das Fleisch wird auf einer Fleischplatte angerichtet und warm gehalten.

Die Bratflüssigkeit wird durch ein Sieb passiert und soll kurze Zeit kalt stehen, damit sich das Fett oben absetzt und Sie es abschöpfen können. Erhitzen Sie 3 dl Sauce und mischen Sie die mit Mehl verrührte saure Sahne hinein. Die Sauce soll nur einmal kurz aufkochen und dann noch 3 Minuten ziehen. Zum Schluß wird der gehackte Dill hineingestreut und mit Pfeffer und Salz abgeschmeckt. Geben Sie einige Löffel Sauce über das Hasenfleisch, der Rest wird in einer Sauciere serviert. Dazu passen Kartoffelpüree oder Kerbelnockerl, wie sie auf Seite 195 beschrieben sind.

HIRSCHSTEAKS MIT SALBEIBUTTER

4 EL Olivenöl
Marinade I (siehe Seite 150)
4 Hirschsteaks (aus der Keule)
1 weiße Zwiebel
3 EL Öl zum Braten
1 große grüne Paprikaschote
1 große rote Paprikaschote
Salz und schwarzer Pfeffer
1–2 Knoblauchzehen
2 EL Butter
Salbeibutter (siehe Seite 194)

Das Olivenöl wird in die Marinade gegossen, in der die Steaks 24 Stunden mariniert werden.

Nehmen Sie das Fleisch aus der Marinade und tupfen Sie es trocken. Die Zwiebel wird geschält, gehackt und in dem erhitzten Bratöl langsam glasig gedünstet. Dann fügen Sie die geputzten und in Streifen geschnittenen Paprikaschoten hinzu, salzen und pfeffern und lassen das Gemüse etwa 10 Minuten dünsten. Die geschälte und gehackte Knoblauchzehe wird erst später dazugegeben und soll nur kurz mitdünsten. Wenn die Gemüse gar, aber noch knackig sind, füllen Sie sie in eine Schüssel und halten sie warm.

Die Butter wird in einer schweren Pfanne erhitzt, dann geben Sie die Steaks ins heiße Fett und braten sie auf jeder Seite 4 Minuten. Sie werden auf dem Paprikagemüse angerichtet. Setzen Sie auf jedes der Steaks ein Stück Salbeibutter.

Hasenrücken in Dillsauce; Kaninchen in Safransauce.

HIRSCHBRATEN MIT KRÄUTERN

Marinade II (siehe unten)
1 kg Hirschbraten (Keule)
25 g Butter
1 Zwiebel
2 Karotten
2 Stangen Porree
3 dünne Scheiben Räucherspeck
3 dl Wild- oder Rinderbrühe
1 Lorbeerblatt
3 Salbeiblätter
3 Thymianzweige
2 Rosmarinzweige
6 schwarze Pfefferkörner
6 Wacholderbeeren
Salz

Der Braten wird in eine tiefe Schüssel gelegt und mit der Marinade begossen. Er muß mindestens 12 Stunden, kann aber auch 2 Tage darin marinieren und sollte hin und wieder mit der Marinade begossen werden.

Nehmen Sie das Fleisch aus der Marinade und tupfen Sie es trocken, bevor Sie es in eine Kasserolle mit der erhitzten Butter geben und von allen Seiten braun anbraten. Dann wird der Braten herausgenommen und warm gehalten. Inzwischen geben Sie die geschälte und gehackte Zwiebel und die übrigen kleingeschnittenen Gemüse in das Bratenfett und dünsten sie etwa 10 Minuten darin. Dann legen Sie den Braten, eingehüllt in Speckscheiben, auf die Gemüse und gießen die mit der erhitzten Brühe vermischte, durchpassierte Marinade an. Geben Sie die frischen Kräuter, Pfefferkörner und Wacholderbeeren sowie Salz an das Fleisch und garen Sie es zugedeckt auf kleiner Flamme. Die Bratzeit beträgt zwischen 1½ und 2½ Stunden und hängt davon ab, wie gut der Braten abgehangen ist.

Wenn Sie das Fleisch herausgenommen haben, lassen Sie es am besten einige Augenblicke stehen, damit es sich besser schneiden läßt. Nun wird es in dicke Scheiben geschnitten, die Sie auf einer großen Fleischplatte anrichten. Darüber geben Sie die Gemüse. Halten Sie beides warm. Die Sauce wird durch ein feines Sieb passiert und muß einen Moment abkühlen, damit Sie sie entfetten können. Sie wird löffelweise über das Fleisch und die Gemüse gegossen. Den Rest servieren Sie in einer Sauciere. Reichen Sie dazu Kartoffeln und Rosenkohl. Auf die gleiche Weise können Sie auch einen Rehbraten zubereiten.

MARINADE I

1 Zwiebel
1 Lorbeerblatt
6 Thymianzweige
3 Majoranzweige
3 Stiele Bohnenkraut
2 Ysopzweige
1 Rosmarinzweig
2 dl trockener Weißwein

Die Zwiebel wird geschält und in Scheiben geschnitten, das Lorbeerblatt zerrieben. Beides legen Sie ebenso auf das Fleisch, das Sie marinieren wollen, wie die verschiedenen gewaschenen Kräuter. Zum Schluß wird der Wein darübergegossen. Je nach Fleischgröße und -art läßt man 12–48 Stunden marinieren. Bei Wild wird die Marinade meist der Kochflüssigkeit zugesetzt.

MARINADE II

1 Zwiebel
1 Karotte
1 Selleriestange (vom Staudensellerie)
4 EL Olivenöl
3 dl Rotwein
1 zerdrückte Knoblauchzehe
1 Lorbeerblatt
3 Thymianzweige
3 Petersilienstengel
3 Liebstöcklblätter
2 Majoranzweige
2 Stiele Bohnenkraut
2 Ysopzweige
1 Rosmarinzweig
6 zerdrückte schwarze Pfefferkörner
6 zerdrückte Wacholderbeeren

Die Zwiebel wird geschält und in Scheiben geschnitten, die Karotte geschält und halbiert, der Sellerie gewaschen und in Stücke geschnitten. Erhitzen Sie das Öl und dünsten Sie darin die Gemüse leicht an, bevor Sie Wein, Knoblauch, sämtliche Kräuter, Pfefferkörner und Wacholderbeeren zugeben. Die Marinade soll etwa eine halbe Stunde kochen. Dann muß sie abkühlen und kann zum Marinieren von Wild und Wildgeflügel verwendet werden. Sie wird auch zur Ergänzung der Kochflüssigkeit verwendet.

Hirschbraten mit Kräutern.

Fleisch

Zu jeder Fleischsorte gehören ein oder mehrere ganz bestimmte Kräuter, die ihren spezifischen Geschmack unterstreichen oder abrunden. So wird das zarte Aroma von Kalbfleisch am besten mit der scharfen Würze von Sauerampfer oder dem durchdringenden Geschmack von Estragon, Kerbel oder Dill kombiniert. Diese drei Kräuter passen auch zu Schweinefleisch, ebenso wie der intensivere Salbei. Salbei muß allerdings mit Vorsicht verwendet werden, da sein Geschmack nie dominieren sollte. Salbei mit Zwiebeln wird für ein delikates Gericht aus geschnetzelter Kalbsleber verwendet, das auch „fegato alla Veneziana" heißt; fügt man noch Semmelbrösel hinzu, erhält man eine köstliche Füllung für gebratene Gans oder Ente und für Schweinebraten. Diese Füllung kann, mit Apfelsauce gemischt, auch als Beilage zu den genannten Gerichten gereicht werden.

Gekochtes Fleisch kann man mit einer Meerrettichsauce servieren, wie das zum Beispiel in der deutschen Küche üblich ist, oder man reicht dazu „salsa verde", eine mit gehackten Zwiebeln, Knoblauch und Kräutern angereicherte Vinaigrette. Diese hervorragende grüne Sauce wird in ihrer Heimat Italien zu einer Platte mit gemischten gekochten Fleischsorten gereicht; Rindfleisch, Zunge, Huhn und gekochter Schinken gehören dazu. Herzhafte Gerichte aus gebratenem oder geschmortem Rindfleisch verlangen kräftigere Gewürze, wie Meerrettich, Knoblauch und Lorbeer. In Frankreich wird der Rinderschmorbraten nach wie vor mit Knoblauch, Rosmarin und Thymian gewürzt, während man für den englischen Rindfleischeintopf Petersilie, Thymian und Lorbeer vorzieht.

Zu Lammfleisch passen Rosmarin, Minze und Knoblauch besonders gut. Lammkeule, mit Knoblauch gespickt und mit zwei oder drei Rosmarinzweigen gebraten, ist ein klassisches französisches Gericht, während die traditionelle englische Lammkeule ohne Gewürze gebraten und mit Minzesauce oder Minzegelee serviert wird. Fleischspieße aus magerem Lammfleisch werden am besten zuerst mariniert und dann beim Grillen mit Olivenöl und Zitronensaft übergossen.

Hackfleischgerichte verfeinert man durch frische Kräuter; Lammfleischbällchen schmecken gut mit gehackter Minze, und zu Hackbraten aus Schweinefleisch und Rindfleisch passen Mischungen von Majoran, Thymian und Rosmarin.

Kalte Fleischgerichte, vor allem Fleisch in Aspik, werden mit frischen Kräutern nicht nur gewürzt, sondern auch garniert; Lammkoteletts zart angebraten und ohne Fett in durchsichtiges, mit Minze gewürztes Aspik eingelegt. Geschmortes Kalbfleisch schneidet man auf und überzieht es mit einer Kräutermayonnaise auf Joghurt-Basis. Gekochtes Rindfleisch kann man kalt aufschneiden und in mit Dill gewürztes Aspik einlegen; ein klassisches französisches Gericht der kalten Küche, „jambon persillé", besteht aus Schinkenwürfeln, die in ein mit Petersilie eingedicktes grünes Gelee gelegt sind.

Gekochtes Rindfleisch mit Dillsauce.

GEKOCHTES RINDFLEISCH MIT DILLSAUCE

1,5 kg Rindfleisch (Oberschale)
1 große Zwiebel
3 Gewürznelken
1 große Karotte
1 Stange Porree
3 Petersilienstengel
3 Liebstöcklblätter
3 Thymianzweige
1 Lorbeerblatt
1 EL Meersalz
12 schwarze Pfefferkörner
Dillsauce I (siehe Seite 185)

Das Fleisch wird in einen passenden Topf gelegt und mit kaltem Wasser bedeckt. Nehmen Sie es heraus und bringen Sie das Wasser zum Kochen. Dann geben Sie das Fleisch wieder hinein und schöpfen den dunklen Schaum ab, der während des Kochens an der Oberfläche erscheint.

Die Zwiebel wird geschält und halbiert; dann stecken Sie die Nelken hinein. Putzen und halbieren Sie die Karotte und den Porree. Geben Sie die Gemüse, die Kräuter, Salz und Pfeffer in den Topf. Lassen Sie alles kurz aufkochen und anschließend bei schwacher Hitze 2 Stunden ziehen. Dann wird das Fleisch herausgenommen und die Brühe gefiltert. Stellen Sie das Fleisch warm, während Sie mit dem Rindfleischfond die Dillsauce zubereiten. Das Fleisch wird in Scheiben geschnitten und die Sauce separat serviert; als Beilagen eignen sich gekochte Kartoffeln und Karotten.

VARIATION. Ersetzen Sie im Rezept „Gekochtes Rindfleisch mit Dillsauce" die Dillsauce durch „Salsa verde" (siehe Seite 192).

GESCHMORTES RINDFLEISCH MIT MEERRETTICH

1250 g Rindfleisch aus der Hüfte
1 Zwiebel
1 Karotte
1 Selleriestange (vom Staudensellerie)
40 g Schweineschmalz
3 dl Rinderbrühe
Meersalz und schwarzer Pfeffer
Meerrettichsauce (siehe Seite 191)

Marinade:
1 Zwiebel
1 Karotte
1 Selleriestange (vom Staudensellerie)
1 Lorbeerblatt
3 Petersilienstengel
3 Thymianzweige
2 Liebstöcklblätter
1 l Wasser
5 EL roter Weinessig

Beginnen Sie am Vortag mit der Zubereitung der Marinade: Schälen und schneiden Sie die Zwiebel, die Karotte und den Sellerie und geben Sie alles mit den Kräutern, dem Wasser und dem Weinessig in einen Topf. Die Zutaten werden 30 Minuten gekocht und müssen dann abkühlen. Nach dem Erkalten gießen Sie die Marinade über Fleisch und Gemüse. Sie sollen über Nacht darin ziehen.

Nehmen Sie das Fleisch am nächsten Tag aus der Marinade und reiben Sie es trocken. Die Marinade wird in ein Gefäß gesiebt. Entfernen Sie das gekochte Gemüse. Das frische Gemüse wird geputzt und in Scheiben geschnitten. Lassen Sie das Schweineschmalz in einem großen Bratentopf zergehen und dünsten Sie das Gemüse darin an. Dann geben Sie das Fleisch in den Topf und bräunen es von allen Seiten. Erhitzen Sie die Brühe und die durchgeseihte Marinade und gießen Sie sie an das Fleisch. Salzen und pfeffern und zugedeckt 2½ Stunden garen.

Das Fleisch wird herausgenommen und in dünne Scheiben geschnitten. Legen Sie es auf eine flache Platte und geben das Gemüse und etwas von der Sauce darauf. Die übrige Sauce wird separat serviert. Dazu paßt auch Meerrettichsauce.

RINDFLEISCHEINTOPF MIT RINGELBLUMEN

1 große Zwiebel
1 große Karotte
2 Selleriestangen (vom Staudensellerie)
1 große grüne Paprikaschote
1 Fenchelknolle
25 g Butter
2 EL Olivenöl
1250 g Rindfleisch
Mehl
3 dl Saucenfond
1,5 dl Rot- oder Weißwein
1 Messerspitze Safran oder
1 EL Tomatenmark
1 Orange
Meersalz und schwarzer Pfeffer
1 Lorbeerblatt
3 Thymianzweige
6 Salbeiblätter
4 Majoranzweige
4 Petersilienstengel

Zum Garnieren:
2 Ringelblumenblüten (frisch oder getrocknet) oder
2 EL gehackte Petersilie

Putzen Sie das Gemüse und schneiden Sie es in streichholzdicke Streifen. Erhitzen Sie Butter und Öl in einer schweren, feuerfesten Kasserolle und dünsten Sie das Gemüse leicht an.

Das Fleisch wird in nicht zu kleine Würfel geschnitten, die Sie in Mehl wälzen und in die Kasserolle geben. Bräunen Sie es unter ständigem Rühren an. Erhitzen Sie die Brühe und den Wein in einem Topf und geben Sie den Safran oder das Tomatenmark hinzu. Dann wird die Brühe in die Kasserolle gegossen und gut verrührt. Decken Sie die Kasserolle zu und garen Sie den Eintopf im Ofen (150°) etwa 2 Stunden, bzw. bis das Fleisch zart ist. Geben Sie etwa 15 Minuten vor Ende der Garzeit die Kräuter hinzu.

Der Eintopf wird in einer vorgewärmten Schüssel angerichtet und mit Ringelblumenblüten bestreut. (Statt mit Ringelblumen können Sie das Gericht auch mit frischer gehackter Petersilie garnieren.)

RINDFLEISCH IN DILLGELEE

1,5 kg Rindfleisch aus der Hüfte
2 Knoblauchzehen
1 große Zwiebel
1 große Karotte
1 Staudensellerie
2 Lorbeerblätter
1 Flasche trockener Weißwein
3 EL Olivenöl
3 EL Weinbrand
1,5 kg Kalbsknochen
Hühnerknochen
1 Eiweiß
2½ EL gehackter Dill
(bewahren Sie die Stengel auf)
500 g kleine Karotten

Mit einem scharfen Messer werden kleine Schlitze in das Fleisch geschnitten. Schälen Sie den Knoblauch, schneiden Sie ihn in Streifen und spicken Sie das Fleisch damit. Dann geben Sie das Fleisch in eine tiefe Schüssel und bestreuen es mit den geschälten und klein geschnittenen Zwiebeln, Karotte und Sellerie. Nun kommen die Lorbeerblätter hinzu, und Sie übergießen das Ganze mit dem Wein. Lassen Sie das Fleisch 12–24 Stunden in der Marinade; es sollte von Zeit zu Zeit umgedreht werden.

Nehmen Sie das Fleisch aus der Marinade und trocknen es mit Küchenkrepp ab. Das Öl wird in einer schweren feuerfesten Kasserolle erhitzt und das Fleisch darin von allen Seiten angebräunt. Wärmen Sie den Weinbrand, zünden Sie ihn an und gießen Sie ihn brennend über das Fleisch. Nach dem Erlöschen der Flammen kommen auch die Kalbsknochen und Hühnerknochen in die Kasserolle und die Marinade mit dem würzigen Gemüse und den Kräutern wird ebenfalls zugegossen. Kurz aufkochen lassen und anschließend zugedeckt im auf 150° vorgeheizten Ofen 4 Stunden lang garen.

Nehmen Sie das Fleisch heraus und lassen Sie es abkühlen. Die Brühe wird durchgesiebt und muß ebenfalls abkühlen. Nach dem Erkalten schöpfen Sie das Fett von der Oberfläche ab. Schlagen Sie das Eiweiß schaumig. Erhitzen Sie den Fond und rühren Sie das Eiweiß unter. Wenn der Fond kocht, wird der Topf zur Seite gezogen, damit sich der Schaum absetzen kann. Kochen Sie die Brühe noch einmal auf und gießen Sie die Flüssigkeit dann durch ein Tuch oder Sieb. Das Eiweiß bindet alles, was die Brühe trüb macht, so daß ein klarer Fond zurückbleibt, der sich nach dem Erkalten zu einem Gelee verfestigt. Erhitzen Sie den Fond noch einmal mit den Dillstengeln; wenn er fast kocht, nehmen Sie den Topf vom Feuer und decken ihn zu. Lassen Sie den Dill 15 Minuten in dem Fond ziehen.

Putzen und kochen Sie die kleinen Karotten knackig. Schneiden Sie das Rindfleisch in dünne Scheiben und nehmen Sie die Dillstengel aus dem Fond. Nun wird eine dünne Schicht Fond auf den Boden einer runden oder ovalen Schüssel gegossen. Stellen Sie die Schüssel in den Kühlschrank, damit der Fond fest wird. Streuen Sie gehackten Dill auf das Gelee und legen dann eine Lage der Länge nach geteilter Karotten darauf. Die Karotten werden mit einer dünnen Schicht Gelee bedeckt und die Schüssel wird wieder in den Kühlschrank gestellt. Nun folgt eine Lage geschnittenes Rindfleisch, dann wieder Gelee, Dill, Karotten und so weiter, bis die Schüssel voll ist. Drücken Sie die Lagen etwas zusammen, wenn nötig mit einem Teller, damit das Gelee die ganze Schüssel ausfüllt. Lassen Sie das Gericht mehrere Stunden im Kühlschrank fest werden.

Sie lösen am nächsten Tag das Gelee aus der Schüssel, indem Sie an der Innenseite der Schüssel mit einem Messer entlangfahren und die Schüssel kurz in einen Teller mit heißem Wasser stellen, um den Boden loszulösen. Dann wird die Schüssel auf einen flachen Teller gestürzt. Reichen Sie zu Rindfleisch in Gelee Kartoffelsalat, Kopfsalat oder eine Sellerie-Remoulade. Die angegebene Menge reicht für 6 bis 8 Personen.

Geschmortes Rindfleisch mit Meerrettich; Rindfleischeintopf mit Ringelblumen; Rindfleisch in Dillgelee.

RINDFLEISCHFOND

1,5 kg zerhackte Rindsknochen
500 g Markknochen
1 ungeschälte Zwiebel
1 Karotte
1 Stange Staudensellerie
1 Lorbeerblatt
3 Petersilienstengel
3 Liebstöcklblätter
3 Thymianzweige
1 EL Meersalz

Die Rindsknochen werden in einem tiefen Topf mit Wasser bedeckt, das langsam zum Kochen gebracht wird. Schöpfen Sie den dunklen Schaum ab, bis an der Oberfläche nur noch weißer Schaum erscheint. Geben Sie die zerhackten Markknochen, die halbierte Zwiebel, die geputzte Karotte, den Sellerie und die Kräuter zu. Salzen und zugedeckt 3 Stunden (1 Stunde in einem Dampfkochtopf) bei kleiner Hitze kochen lassen. Dann sieben Sie den Fond durch und lassen ihn abkühlen. Sobald er abgekühlt ist, kann man das Fett entfernen. Heben Sie das Fett zum Braten auf. Der Fond hält sich im Kühlschrank etwa 3 bis 4 Tage.

Lammfleisch mit Fenchel; Fleischbällchen mit Minze; Joghurtsauce mit Minze (siehe Seite 193); Lammspieße mit Kräutern.

LAMMFLEISCH MIT FENCHEL

750 g Lammschulter ohne Knochen
Mehl
1 weiße Zwiebel
1 große grüne Paprikaschote
2 Fenchelknollen
4 EL Olivenöl
½ l Kalbsbrühe oder Hühnerbrühe
1 Messerspitze Safran
Salz und schwarzer Pfeffer

Schneiden Sie das Lammfleisch in kleine rechteckige Stücke und wälzen Sie es in Mehl. Die Zwiebel wird geschält und gehackt. Entfernen Sie die Kerne aus der Paprikaschote und schneiden Sie sie ebenso wie den Fenchel in dünne Streifen. Das Öl wird in einem Topf erhitzt und die Fleischstücke werden darin angebräunt. Nehmen Sie das Fleisch aus dem Topf, geben Sie das Gemüse hinein und dünsten Sie es unter ständigem Rühren bei schwacher Hitze.

Zusammen mit dem Fleisch kommt nun die erhitzte Brühe in den Topf. Sie rühren den Safran hinein und schmecken die Sauce mit Salz und Pfeffer ab. Zugedeckt wird das Gericht 1¼ Stunden, bzw. bis das Fleisch zart ist, gegart. Reichen Sie dazu gekochten Reis oder Couscous.

FLEISCHBÄLLCHEN MIT MINZE

500 g gehacktes Lammfleisch
Salz und schwarzer Peffer
1 EL Öl
50 g feingehackte Zwiebel
3 EL gehackte Petersilie
3 EL gehackte Minze

Geben Sie das gehackte Lammfleisch in eine große Schüssel und würzen Sie es mit Salz und Pfeffer. Das Öl wird in einem Topf erhitzt und darin die Zwiebel gedünstet, bis sie glasig ist. Rühren Sie die Zwiebel unter das Fleisch. Geben Sie die gehackten Kräuter hinzu und mischen alles gut. Dann werden kleine Bällchen geformt und auf einem Backblech bei mäßiger Hitze (180°) 25 Minuten gebacken. Die Bällchen sollten dabei ein- oder zweimal gewendet werden. Man kann die Fleischbällchen aber auch in einer Kasserolle braten. Servieren Sie zu den Bällchen Joghurtsauce mit Minze (siehe Seite 193).

LAMMSPIESSE MIT KRÄUTERN

½ Lammkeule ohne Knochen
½ mittelgroße Zwiebel
1 Knoblauchzehe
6 Zweige Zitronenthymian
6 Majoranzweige
3 Liebstöcklblätter
3 Rosmarinästchen
3 Petersilienstengel
4 EL Olivenöl
4 EL Rotwein

Schneiden Sie das Fleisch in kleine Würfel und geben Sie es in eine Schüssel. Dann wird die Zwiebel geschält und gehackt und mit dem Fleisch und dem geschälten und gequetschten Knoblauch vermischt. Zupfen Sie die Kräuter von den Zweigen. Sie werden fein gehackt zu dem Fleisch gegeben. Zum Schluß rühren Sie das Öl und den Wein unter. Lassen Sie das Fleisch 6–8 Stunden oder über Nacht in der Marinade.

Die Fleischwürfel werden locker auf Spieße gesteckt und die Spieße über Holzkohle oder einem offenen Feuer gegart oder auf einem Rost gegrillt. Bestreichen Sie die Spieße mit der restlichen Marinade. Wenn Sie reichlich Rosmarin haben, verbrennen Sie einige Büschel unter den Spießen und verwenden Sie auch einen kleinen Zweig Rosmarin zum Verteilen der Marinade auf dem Fleisch. Die Spieße werden sofort serviert; reichen Sie dazu gebratenen Reis und gemischten Salat.

LAMMBRATEN MIT MINZEKRUSTE

1 Lammschulter

Minzekruste:
3 EL Semmelbrösel
3 EL Minzesauce (siehe Seite 191)
1 EL gehackte Petersilie
1 Knoblauchzehe
Salz und schwarzer Pfeffer

Braten Sie die Lammschulter auf einem Rost in einer Kasserolle im mäßig heißen Ofen (180°) 25 Minuten pro halbes Kilo Fleisch.

Für die Minzekruste mischen Sie die Semmelbrösel mit der Minzesauce zu einer Paste und geben die gehackte Petersilie und den feingehackten Knoblauch hinzu. Schmekken Sie die Mischung mit Salz und Pfeffer ab.

30 Minuten vor Ende der Garzeit wird das Bratenfleisch aus dem Ofen genommen und die Mischung für die Kruste auf der fetten Seite des Bratens verteilt und mit einem Messer auf dem Fleisch glattgestrichen. Übergießen Sie die Paste mit dem Bratensaft und lassen Sie das Gericht im Ofen fertig garen. Die Kruste soll am Ende der Garzeit goldbraun sein.

Lammbraten mit Minzekruste.

Lammsteaks mit Thymian; Geschmortes Kalbfleisch mit Kräutern; Kalbfleisch mit Rosmarin; Kalbfleisch mit Estragon.

LAMMSTEAKS MIT THYMIAN

4 Scheiben Lammfleisch von der Keule (etwa 2,5 cm dick)
2 EL Olivenöl
1 EL Zitronensaft
24 kleine Zweige Zitronenthymian oder gewöhnlicher Thymian
Salz und schwarzer Pfeffer
Kräuterbutter zum Garnieren

Lassen Sie sich von Ihrem Metzger eine Lammkeule in 4 Stücke hacken. Reiben Sie jedes Steak auf beiden Seiten mit Olivenöl und Zitronensaft ein. Die Thymianblätter werden abgezupft und das Fleisch damit von beiden Seiten bestreut. Lassen Sie die Gewürze 1–2 Stunden einziehen. Dann werden die Steaks, am besten auf Holzkohle oder über einem offenen Feuer gegrillt und anschließend mit Salz und Pfeffer gewürzt. Servieren Sie sie mit einer Kräuterbutter, die mit Estragon, Basilikum oder gemischten Kräutern gewürzt ist.

KALBFLEISCH MIT ESTRAGON

6 Estragonzweige
3 dl Crème fraîche
40 g Butter
4 Escalopes (Kalbsschnitzel)
Saft von einer halben kleinen Zitrone
Salz und schwarzer Pfeffer

Zupfen Sie etwa 12 große Blätter Estragon ab, die Sie beiseite legen. Erhitzen Sie die Sahne mit dem restlichen Estragon in einem kleinen Topf langsam bis zum Siedepunkt, dann nehmen Sie den Topf vom Feuer, decken ihn zu und lassen die Mischung unter gelegentlichem Umrühren 20 Minuten ziehen.

Die Butter wird in einer Bratpfanne erhitzt; braten Sie die Escalopes darin bei großer Hitze etwa 2 Minuten von jeder Seite. Sie werden auf einem Teller warm gehalten.

Rühren Sie die Sahne durch ein Sieb in die Pfanne und vermischen Sie sie gut mit dem Fleischsaft. Dann wird die Sauce mit ca. 1 Eßlöffel Zitronensaft und reichlich Salz und schwarzem Pfeffer abgeschmeckt. Sie übergießen damit die Kalbsschnitzel und streuen die übrigen Estragonblätter gehackt darüber.

KALBFLEISCH IN DILL-SENF-SAUCE

750 g Kalbfleisch vom Hals
1 große Zwiebel
30 g Butter
1 EL Olivenöl
Mehl
3 dl Kalbsbrühe oder Hühnerbrühe
4–5 Dillzweige
Meersalz und schwarzer Pfeffer
1 EL Dijon-Senf
½ Tasse Crème fraîche

Schneiden Sie das Kalbfleisch in kleine, gleichmäßige Stücke. Schälen und hacken Sie die Zwiebel. Die Butter und das Öl werden in einer feuerfesten Kasserolle erhitzt und die Zwiebeln darin goldbraun gedünstet. Wälzen Sie die Fleischstücke in Mehl und bräunen Sie sie in der Kasserolle an. Dann kommt die erhitzte Brühe hinzu und wird gut untergerüht. Sie legen Dillkraut für 2 Eßlöffel gehackten Dill beiseite und geben den restlichen Dill, Salz, Pfeffer und Senf in die Kasserolle. Garen Sie das Fleisch zugedeckt bei schwacher Hitze 1¼ Stunde.

Die Dillbüschel werden entfernt, die Sahne und der gehackte Dill untergerührt. Lassen Sie das Gericht einen Moment stehen, bevor Sie es servieren. Reichen Sie dazu neue Kartoffeln oder Reis und frischen Salat.

KALBFLEISCH MIT ROSMARIN

1 Zwiebel
3 EL Olivenöl
2 Knoblauchzehen
1 kg mageres Kalbfleisch aus der Keule
Meersalz und schwarzer Pfeffer
250 g frische Tomaten oder
1 kleine Dose Tomaten ohne Saft
½ Tasse trockener Weißwein
3 Rosmarinzweige

Sie schälen und hacken die Zwiebel, erhitzen das Öl in einem Topf und lassen die Zwiebel darin glasig werden. Schälen und zerdrücken Sie den Knoblauch und geben Sie ihn dazu. Das Fleisch wird in dünne, rechteckige Stücke geschnitten, in den Topf gegeben und von allen Seiten gebräunt. Salzen und pfeffern. Sie schälen und entkernen nun die Tomaten, hacken sie ziemlich fein und geben sie in den Topf. (Wenn Sie Tomaten aus der Dose verwenden, gießen Sie den Saft ab, hacken die Tomaten grob und geben sie zu dem Fleisch.) Löschen Sie alles mit dem Wein ab und geben Sie die Rosmarinbüschel hinzu. Der Eintopf muß unter gelegentlichem Umrühren bei schwacher Hitze in etwa 1½ Stunden garen.

GESCHMORTES KALBFLEISCH MIT KRÄUTERN

1250 g Kalbsrollbraten aus der Schulter
25 g Butter
1 EL Öl
2 Zwiebeln
2 Karotten
3 Petersilienstengel
3 Liebstöcklblätter
1 gute halbe Tasse Weißwein
1 gute halbe Tasse Kalbsbrühe oder Hühnerbrühe
Meersalz und schwarzer Pfeffer
1 TL Mehl
4 EL saure Sahne
1 Spritzer Zitronensaft
1½ EL gehackte Bibernelle
1½ EL gehackter Kerbel

Verwenden Sie einen Topf, in den das Fleisch gerade hineinpaßt. Lassen Sie die Butter und das Öl zergehen und bräunen das Fleisch von allen Seiten. Dann wird das Fleisch herausgenommen und die geschälten und gehackten Zwiebeln und Karotten kommen in den Topf. Rühren Sie das Gemüse 5–6 Minuten, bis es leicht angedünstet ist, geben Sie dann erneut das Fleisch in den Topf, legen Petersilie und Liebstöckl darum herum und gießen mit dem erhitzten Wein und der Brühe auf. Salzen und pfeffern und das Fleisch zugedeckt 1½ Stunden garen. Übergießen und wenden Sie das Fleisch mehrmals zwischendurch.

Nehmen Sie das Fleisch heraus und stellen Sie es warm. Das Fett wird von der Oberfläche der abgekühlten Bratflüssigkeit abgeschöpft, die Kräuter werden entfernt. Geben Sie den Bratensaft mit dem geschmorten Gemüse in einen Mixer zum Pürieren. Erhitzen Sie die Sauce nach dem Mixen in einem sauberen Topf. Das Mehl wird mit der sauren Sahne verrührt. Wenn die Sauce kocht, geben Sie diese langsam in die saure Sahne und rühren sie glatt. Dann wird die Sauce wieder in den Topf gegossen und bei schwacher Hitze so lange gerührt, bis sie leicht eingedickt ist. Würzen Sie mit einem Spritzer Zitronensaft und reichlich Salz und Pfeffer; geben Sie dann die gehackte Bibernelle und den Kerbel dazu. (Wenn nur eines dieser Kräuter erhältlich ist, verwenden Sie davon 3 Eßlöffel.)

Das Fleisch wird in dünne Scheiben geschnitten, auf einen vorgewärmten Teller gelegt und die Sauce darüber gegossen. Reichen Sie dazu gekochte Kartoffeln und Gemüse.

Kalbfleisch in Sauerampfersauce.

KALBFLEISCH IN SAUERAMPFERSAUCE

750 g Kalbfleisch vom Hals
1 große Zwiebel
1 große Karotte
2 EL Butter
1 EL Öl
3 dl heißes Wasser
Meersalz und schwarzer Pfeffer
6 Büschel Thymian
3 Büschel Majoran
2 Liebstöcklblätter
1 Lorbeerblatt

Sauerampfersauce:
50 g gehackter Sauerampfer
½ Tasse Hühnerfond oder Kalbsfond
25 g Butter
1 EL Mehl
½ Tasse Sahne
Saft von ½ Zitrone

Schneiden Sie das Fleisch in kleine Würfel, schälen und hakken Sie die Zwiebel. Die Karotte wird geputzt und der Länge nach durchgeschnitten. Erhitzen Sie die Butter und das Öl und braten Sie das Fleisch und das Gemüse unter ständigem Rühren an, bis es leicht angebräunt ist. Löschen Sie mit Wasser ab und geben Sie Salz, Pfeffer und die Kräuter hinzu. Nun muß alles zugedeckt 1¼ bis 1½ Stunden garen.

Bereiten Sie die Sauerampfersauce zu, während das Fleisch gart. Der Sauerampfer wird 5 Minuten lang in der Brühe gekocht; dann lassen Sie ihn abkühlen und pürieren ihn in einem Mixer. Die Butter muß in einem Topf zergehen, bevor das Mehl darin angeschwitzt und 1 Minute unter ständigem Rühren gebräunt wird. Dann rühren Sie das Sauerampferpüree hinein. Wenn das Kalbfleisch gar ist, entfernen Sie die Kräuter und die Karotten und geben unter ständigem Rühren das Sauerampferpüree hinein. Zum Schluß werden Sahne und Zitronensaft zugegeben. Mit Salz und Pfeffer abschmecken. Servieren Sie das Gericht mit neuen Kartoffeln und Karottengemüse.

KALTES KALBFLEISCH MIT KRÄUTERSAUCE

1250 g Kalbsrollbraten aus der Schulter
25 g Butter
1 EL Öl
2 Zwiebeln
2 Karotten
3 Petersilienstengel
3 Liebstöcklblätter
Meersalz und schwarzer Pfeffer
½ Tasse trockener Weißwein
½ Tasse Kalbsbrühe oder Hühnerbrühe

Kräutersauce:
1 Eigelb
1 Messerspitze Salz
1,5 dl Olivenöl
1 TL Weißweinessig
1 TL Zitronensaft
1 TL Dijon-Senf
4 EL Joghurt
1 EL gehackter Dill
1 EL gehackter Estragon
1 EL gehackter Kerbel
1 EL Schnittlauchröllchen

Beginnen Sie schon am Vortag mit der Zubereitung des Gerichts. Sie verwenden am besten einen Topf, in den das Fleisch gerade hineinpaßt und lassen dann die Butter zergehen, erhitzen das Öl und braten das Fleisch von allen Seiten an. Dann wird das Fleisch aus dem Topf genommen und die geschälten und geschnittenen Zwiebeln und Karotten kommen hinein. Lassen Sie sie etwa 6 Minuten anschmoren, bevor Sie das Fleisch wieder in den Topf geben. Petersilie und Liebstöckl werden um das Fleisch gelegt und das Ganze wird mit Salz und Pfeffer bestreut. Gießen Sie mit dem Wein und der Brühe auf und bringen Sie das Ganze zum Kochen. Das Fleisch soll zugedeckt etwa 1½ Stunden garen. Übergießen Sie während der Garzeit das Fleisch mehrmals mit der Flüssigkeit und wenden es ein- oder zweimal. Wenn das Fleisch gar ist, wird es herausgenommen und soll über Nacht abkühlen. Der passierte Bratensaft wird kühl gestellt.

Bereiten Sie am nächsten Tag die Sauce zu: Aus Eigelb, Salz, Olivenöl, Essig und dem Zitronensaft (siehe Seite 190) wird eine Mayonnaise geschlagen. Rühren Sie Senf und Joghurt unter. Schöpfen Sie alles Fett von der Oberfläche des Bratensaftes ab und geben Sie 4 Eßlöffel Bratensaft zu der Sauce. Der Bratensaft wird etwas geleeartig sein, so daß man ihn gut mit der Sauce verrühren oder beides kurz im Mixer pürieren kann. Geben Sie zum Schluß die gehackten Kräuter dazu.

Schneiden Sie das Fleisch in dünne Scheiben, entfernen Sie alles Fett und geben Sie es auf einen flachen Teller. Die Sauce wird darübergegossen und das Gericht 1 bis 2 Stunden gekühlt, bevor es serviert wird. Reichen Sie dazu neue Kartoffeln und grüne Bohnen oder Kartoffelsalat und Tomatensalat.

KALBSFOND

1,5 kg Kalbsknochen
1 große ungeschälte Zwiebel
1 Karotte
1 Stange Porree
1 Stange Staudensellerie
3 Petersilienstengel
3 Büschel Liebstöckl
1 EL Meersalz
500 g Kalbfleisch vom Hals

Die Kalbsknochen kommen in einen tiefen Topf und werden gut mit kaltem Wasser bedeckt. Bringen Sie das Wasser langsam zum Kochen und schöpfen Sie den Schaum von der Oberfläche ab. Wenn sich kein neuer Schaum mehr bildet, werden die halbierte Zwiebel, das geputzte und kleingeschnittene Gemüse (Karotte, Porree und Sellerie) sowie die Kräuter zugegeben. Salzen und zugedeckt etwa 2 Stunden langsam köcheln lassen. Dann wird das ausgelöste Kalbfleisch in dicke Stücke geschnitten und mit in den Topf gegeben. Lassen Sie es noch 1 Stunde schwach kochen, bevor Sie es herausnehmen. Man kann es für ein anderes Gericht verwenden. Die Brühe wird durchpassiert und muß abkühlen. Sie wird sich am nächsten Tag zu einem Gelee verfestigt haben und kann, zusätzlich gewürzt, als Aspik verwendet werden. Nehmen Sie aber das Fett von der Oberfläche ab, bevor Sie es verwenden.

Wenn Sie einen Dampfkochtopf benutzen, lassen Sie die Knochen 40 Minuten, bevor Sie das aufgeschnittene Fleisch hinzugeben, kochen und die Knochen mit dem Fleisch noch einmal 20 Minuten. Dieser Fond hält sich im Kühlschrank 3 bis 4 Tage.

SCHWEINEKOTELETTS MIT HONIG UND KRÄUTERN

4 Schweinekoteletts
3 EL Honig
3 EL gehackter Majoran
3 EL gehackter Thymian
Meersalz und schwarzer Pfeffer
Saft von 1/2 Zitrone

Bestreichen Sie die Koteletts auf beiden Seiten mit Honig. (Wenn der Honig zu fest ist, wärmen Sie ihn etwas an.) Mischen Sie die gehackten Kräuter und überziehen Sie die Koteletts gleichmäßig damit. Bestreuen Sie sie mit Salz und Pfeffer und einem Spritzer Zitronensaft. Sie werden 5 Minuten auf jeder Seite scharf angebraten und dann in 5–10 Minuten pro Seite, abhängig von der Stärke, bei mäßiger Hitze durchgebraten. Servieren Sie das Gericht sofort und reichen Sie dazu neue Kartoffeln und grünen Salat.

LEBER MIT ZWIEBELN

450 g Kalbsleber
250 g weiße Zwiebeln
6 EL Olivenöl
25 g Butter
Meersalz und schwarzer Pfeffer
1 EL gehackter Salbei
1/2 EL Weißweinessig
2 EL gehackte Petersilie zum Garnieren

Schneiden Sie die Leber in sehr dünne Scheiben und dann in kleine Streifen. Die Zwiebeln werden geschält und in dünne Ringe geschnitten. Erhitzen Sie 3 Eßlöffel Olivenöl mit der Butter in einer Bratpfanne und lassen die Zwiebeln darin langsam goldgelb dünsten. Achten Sie darauf, daß sie nicht zu dunkel werden.

Das restliche Öl wird in einer anderen Pfanne erhitzt und die Leber unter häufigem Wenden darin angebraten. Das wird nur etwa 2 bis 3 Minuten dauern. Geben Sie die Zwiebeln in die Pfanne mit der Leber und braten Sie beides zusammen noch etwa 1 Minute. Salz, Pfeffer und der gehackte Salbei werden untergerührt, bevor Sie alles auf einen Teller geben. Schwenken Sie die Pfanne mit dem Essig aus und übergießen Sie damit Leber und Zwiebeln. Das Gericht wird mit gehackter Petersilie bestreut und sofort serviert.

Schweinekoteletts mit Honig und Kräutern.

SCHWEINELENDCHEN IN ALUFOLIE

Olivenöl
1 großes Schweinelendchen von etwa 450 g
6 Majoranzweige
6 Büschel Zitronenthymian
6 kleine Estragonzweige
3 Rosmarinzweige
Meersalz und schwarzer Pfeffer
Saft von ½ Zitrone

Erhitzen Sie etwas Olivenöl in einer Bratpfanne und braten Sie das Lendchen darin von allen Seiten an. Ein Stück Folie wird dünn mit Öl bestrichen und die Kräuter werden darauf verteilt. Bestreuen Sie die Folie mit Salz und Pfeffer und legen Sie das Lendchen darauf. Es wird mit Salz, Pfeffer und dem Saft einer halben Zitrone gewürzt.

Wickeln Sie das Lendchen in die Folie ein und verschließen die Enden sorgfältig, damit der Saft nicht herausrinnen kann. Auf einem Backblech wird es in der Folie 30 Minuten im Backofen bei mäßiger Temperatur (190°) gegart. Entfernen Sie die Folie und geben Sie den Bratensaft vorsichtig in ein Sauciere. Das Fleisch wird schräg zur Faser in Scheiben geschnitten und mit Reis oder Nudeln und einem gemischten Salat serviert. Die angegebene Menge reicht für 3 Personen.

SCHWEINEBRATEN MIT SALBEI-ZWIEBEL-GEMÜSE

1750 g Schweineschulter
Olivenöl
Meersalz
Salbei-Zwiebel-Füllung (siehe Seite 110)

Die Schweineschulter sollte eine Schwarte haben, die schachbrettförmig eingeschnitten wird, damit der Braten eine knusprige Kruste bekommt.

Geben Sie den Braten in eine Kasserolle, gießen Sie ein wenig Olivenöl darüber und bestreuen Sie ihn mit Meersalz. Der Ofen wird auf 230° vorgeheizt. Dann geben Sie den Braten hinein und drehen den Ofen auf 180° zurück. Das Fleisch muß 30 Minuten je ½ kg Gewicht garen, rechnen Sie aber noch 30 Minuten hinzu. Eine Stunde vor Ende der Garzeit verteilen Sie die Füllung um das Fleisch herum im Topf. Übergießen Sie ab und zu mit dem Bratensaft und geben Sie noch etwas Olivenöl hinzu.

Der Braten wird auf einer großen Fleischplatte angerichtet und die Füllung herumgelegt. Geben Sie den Bratensaft in eine Sauciere. Reichen Sie dazu Apfelsauce, Bratkartoffeln oder Kartoffelpürée und frisches Gemüse.

JAMBON PERSILLÉ

2,5–3 kg Schinken oder geräucherter Schinken
500 g Kalbsknöchel
4 Kalbs- oder Schweinefüße
1 Lorbeerblatt
2 Petersilienstengel
1 Stange Staudensellerie
10 Schalotten oder 6 kleine Zwiebeln
2 Gewürznelken
12 schwarze Pfefferkörner
2 Flaschen trockener Weißwein
3 EL Weißweinessig
50 g feingehackte Petersilie

Wässern Sie den Schinken 24 Stunden in kaltem Wasser, wechseln Sie in dieser Zeit zwei- oder dreimal das Wasser. Dann geben Sie den Schinken in einen großen Topf und bedecken ihn mit frischem kaltem Wasser. Er soll 30 Minuten bei schwacher Hitze kochen. Lassen Sie ihn abkühlen und lösen Sie den Knochen heraus. Das Wasser wird aufgehoben. Kochen Sie die Kalbsknöchel und die Kalbs- bzw. Schweinefüße 10 Minuten in gesalzenem Wasser, gießen Sie die Flüssigkeit durch ein Sieb und spülen Sie die Knöchel und Füße unter fließendem kaltem Wasser gut ab.

Waschen Sie den Topf, in dem Sie den Schinken gekocht haben, gut aus, und geben Sie Schinken, Kalbsknöchel und -füße, Lorbeerblatt, Petersilie, Sellerie, Schalotten, Nelken und Pfefferkörner hinein. Es wird noch nicht gesalzen. Gießen Sie Wein und Essig über die Zutaten und bedecken Sie den Schinken mit dem Wasser, in dem er gekocht wurde. Lassen Sie die Flüssigkeit aufkochen und schöpfen den auf der Oberfläche erscheinenden Schaum ab. Zugedeckt muß das Ganze langsam 3 Stunden lang köcheln.

Nehmen Sie den Schinken heraus, entfernen Sie die Kalbsknöchel und -füße, das Gemüse und die Kräuter, und seihen Sie die Flüssigkeit durch ein Tuch in eine Schüssel. Die Flüssigkeit soll in einem Wasserbad mit Eisstücken abkühlen. Schneiden Sie den Schinken in große Würfel. Drücken Sie die Würfel in eine flache, runde Schüssel oder in eine Puddingschüssel und verteilen Sie dabei fette und magere Stücke möglichst gleichmäßig. Wenn die durchgesiebte Flüssigkeit abgekühlt ist, wird alles Fett von der Oberfläche abgeschöpft und die feingehackte Petersilie hineingerührt. Gießen Sie die Flüssigkeit über den Schinken und vergewissern Sie sich, daß sie bis auf den Boden vordringt. Das Ganze muß über Nacht kühl stehen.

Zum Servieren stürzen Sie den Schinken auf eine große Platte. Dieses dekorative Gericht eignet sich besonders für eine Party; es reicht mindestens für 12 Personen und kann bereits einige Tage vorher zubereitet werden. Dazu paßt Toast oder Baguette mit Butter.

Gemüse

Gemüse und Kräuter sind, botanisch betrachtet, eng verwandt. Häufig gehören sie sogar zu derselben Familie. Liebstöcklblätter sehen den Blättern vom Sellerie so ähnlich, daß die beiden schwer auseinanderzuhalten sind; andererseits gibt es zwei eng verwandte Arten von Fenchel, von denen Blätter und Samen der einen als Kraut verwendet werden, während die andere, der Bologneser- oder Gemüsefenchel, wegen ihrer zwiebelförmigen Knolle eine Gemüsepflanze ist.

Geschmack und Aroma verschiedener Gemüsesorten werden durch bestimmte Kräuter so perfekt ergänzt, daß jeder Versuch, diese Kombination noch zu verbessern, zum Scheitern verurteilt ist; der Geschmack von neuen Kartoffeln mit Minze ist für mich einfach nicht zu übertreffen, aber auch mit Dill, wie in Skandinavien üblich, schmecken sie vorzüglich. In England werden Erbsen mit Minze zubereitet, die Franzosen würzen nahezu alle Bohnengericht mit Bohnenkraut. In Italien würzt man alle Tomatengerichte mit Basilikum, dessen süßliches Aroma den Geschmack sonnengereifter Tomaten besonders gut hervorhebt. Rote Bete kann man gut mit Dill kombinieren, besonders wenn sie mit einer Sauce aus saurer Sahne serviert werden; zu Pilzen passen fast alle zarten Kräuter, besonders aber Kerbel. Kartoffelsalat gehört im Sommer zu meinen Lieblingsgerichten, entweder mit einer Mayonnaisesauce oder mit einer Vinaigrette. In jedem Fall gewinnt er sehr an Geschmack und Aussehen durch großzügige Verwendung von gehackter Petersilie und Schnittlauch.

Für die Wurzelgemüse der Herbst- und Winterzeit eignet sich Liebstöckl besonders als Würze; Kohlrüben, Karotten, Steckrüben und Pastinaken passen gut zu Liebstöckl und zu Petersilie, die den ganzen Winter über erhältlich ist. Generell eignen sich die zarteren Kräuter besonders für die Zubereitung von Gemüse, während die mit intensiverem Aroma wie Rosmarin, Lorbeer und Thymian zum Würzen von Fleischgerichten verwendet werden sollten. Eine Ausnahme ist Salbei, der auch zu allen Zwiebelgerichten paßt.

Ich persönlich neige dazu, Gemüse immer nur mit einer Art von Kräutern zu würzen, da der feine Geschmack weitere Zusätze nicht verträgt. In den meisten Fällen werden die Kräuter einfach zum Schluß über das Gemüse gestreut und sind dann gleichzeitig Gewürz und Garnierung. In anderen Fällen ergänzt eine Kräutersauce das Gemüse, das zuvor gekocht, gedämpft oder gebacken worden ist, besonders gut. Eine gebackene Kartoffel braucht nur einen Löffel saurer Sahne mit gehackten Kräutern, während gegrillte Tomaten vorzüglich sind, wenn sie mit Kräuterbutter serviert werden.

ROTE BETE MIT DILL

750 g gekochte, kleine Rote Bete
25 g Butter
1,5 dl saure Sahne
Meersalz und schwarzer Pfeffer
2 EL gehackter Dill

Die Roten Bete werden geschält und in relativ dicke Scheiben geschnitten. Lassen Sie die Butter in einer Pfanne zergehen und erhitzen Sie die Roten Bete langsam darin. Dann wird die saure Sahne hineingerührt und Sie lassen alles 2–3 Minuten ziehen; schmecken Sie mit Salz und Pfeffer ab. Zum Schluß kommt der gehackte Dill dazu und Sie lassen alles einen Moment zugedeckt stehen, bevor Sie es servieren. Reichen Sie dieses Gemüse zu gebratenem Hähnchen oder Kalbsschnitzeln.

Jambon persillé; Rote Bete mit Dill.

KOHL MIT KRÄUTERFÜLLUNG

5 große Kohlblätter
250 g Spinat
1 Bund Brunnenkresse
1 Stange Porree
100 g Sauerampfer
100 g Langkornreis
1 Bund junge Zwiebeln
100 g gekochter Schinken
100 g Pilze
50 g gehackte Petersilie
50 g gemischte, gehackte Kräuter (Kerbel, Kresse, Dill, Estragon, Minze, Zitronenmelisse, Majoran, Liebstöckl)
Meersalz und schwarzer Pfeffer
2 l Brühe

5 große Kohlblätter werden in kochendem Wasser 5 Minuten gekocht und zum Abtropfen auf ein Sieb geschüttet; heben Sie das Wasser auf. Spinat, Brunnenkresse, Porree und Sauerampfer werden gewaschen und 3 Minuten blanchiert. Geben Sie das Gemüse auf ein Sieb und drücken Sie, wenn es etwas abgekühlt ist, soviel Wasser wie möglich mit den Händen heraus; dann wird alles fein gehackt.

Waschen Sie den Reis, lassen Sie ihn abtropfen und geben Sie ihn in eine große Schüssel. Dann werden die in Scheiben geschnittenen jungen Zwiebeln, der gehackte Schinken, die geschnittenen Pilze und die gehackten Kräuter untergerührt, sowie gesalzen und gepfeffert.

Eine Schüssel wird erst mit einem Tuch und dann mit den blanchierten Kohlblättern ausgelegt. Geben Sie die Füllung hinein und binden das Tuch zu, so daß die Füllung völlig von den Kohlblättern eingeschlossen wird. Das Tuch sollte nicht zu eng zugebunden sein, weil der Reis Raum zum Quellen braucht. Heben Sie das Päckchen aus der Schüssel und hängen Sie es in einen großen Topf mit kochender Brühe; es muß 1 Stunde kochen. Nehmen Sie es heraus und legen Sie es einen Moment zum Abtropfen auf ein Sieb. Dann wird das Tuch abgenommen und das Gericht auf eine Platte gestürzt. Reichen Sie dazu Tomatensauce. Dieses gehaltvolle Gericht ist ein kompletter Hauptgang.

KAROTTEN MIT MINZE

750 g junge Karotten
Meersalz
50 g Butter
1 EL Zucker
2 EL gehackte Minze

Putzen Sie die Karotten. Wenn sie dünn genug sind, bleiben sie ganz, sonst halbieren oder vierteln Sie sie der Länge nach. Kochen Sie die Karotten in leicht gesalzenem Wasser, bis sie gar sind. Auf ein Sieb gießen und abtropfen lassen. Die Butter wird mit dem Zucker in einem Topf erhitzt und zusammen mit den Karotten auf sehr kleiner Flamme 3–4 Minuten gerührt, bis der Zucker leicht karamelisiert; decken Sie den Topf zu und lassen Sie ihn noch 2 Minuten auf dem Herd stehen. Dann wird die Minze untergerührt. Das Gemüse ist eine delikate Beilage zu Huhn, Ente, Kalb- oder Lammfleisch.

BLUMENKOHL MIT KERBEL

1 mittelgroßer Blumenkohl

Mayonnaise:
1 Eigelb
1,5 dl Olivenöl
½ EL Zitronensaft
3–4 EL Sahne
3 EL gehackter Kerbel

Der Blumenkohl wird geputzt, in Röschen zerteilt und gekocht, bis er fast gar ist; dann lassen Sie ihn abtropfen. Bereiten Sie vorher eine Mayonnaise zu (dieses Gericht sollte nur mit einer selbstgemachten Mayonnaise serviert werden; siehe Seite 190) und verdünnen diese mit etwas Sahne. Rühren Sie den gehackten Kerbel dazu und heben Sie die Mayonnaise unter den Blumenkohl. Das Gericht muß dann abkühlen. Servieren Sie es kalt, aber nicht gekühlt. Es eignet sich als leichte Vorspeise.

ZUCCHINI MIT TOMATEN

500 g Zucchini
50 g Butter
250 g Tomaten
Meersalz und schwarzer Pfeffer
1 Prise Zucker
2 EL gehacktes Basilikum

Waschen Sie die Zucchini, schälen Sie sie aber nicht. Die Enden werden entfernt und die Zucchini in etwa 1 cm dicke Scheiben geschnitten. Lassen Sie die Butter in einer Pfanne zergehen und dünsten Sie die Zucchini etwa 8 Minuten lang darin. Dann geben Sie die geschälten und in Stücke geschnittenen Tomaten in die Pfanne und garen Sie 7–8 Minuten unter gelegentlichem Umrühren mit. Würzen Sie mit Salz, Pfeffer und einer Prise Zucker. Zum Schluß wird das gehackte Basilikum untergerührt.

ZUCCHINI MIT DILL

750 g Zucchini
50 g Butter
Meersalz und schwarzer Pfeffer
2 EL gehackter Dill

Die Zucchini werden nicht geschält. Waschen Sie sie, trennen Sie die Enden ab und schneiden Sie die Zucchini in 1 cm dicke Scheiben. Sie werden in der erhitzten Butter in zugedeckter Pfanne etwa 12 Minuten gedünstet; schwenken Sie dabei gelegentlich die Pfanne. Wenn die Zucchini gar sind, würzen Sie sie mit Salz und Pfeffer und rühren den gehackten Dill hinein. Dann kann das Gericht serviert werden.

ZUCCHINI MIT SCHNITTLAUCH

500 g Zucchini
Meersalz
4 EL saure Sahne
2 EL gehackter Schnittlauch

Waschen Sie die ungeschälten Zucchini und schneiden Sie sie in 1 cm dicke Scheiben. In einem Topf mit wenig kochendem Salzwasser sollen sie zugedeckt etwa 12 Minuten kochen. Gießen Sie das Wasser ab und rühren Sie die Zucchini auf kleiner Flamme, damit die restliche Feuchtigkeit verdampft. Dann wird die saure Sahne untergerührt. Wenn die Sauce erhitzt ist, geben Sie den Schnittlauch dazu und servieren das Gericht sofort.

Blumenkohl mit Kerbel; Kohl mit Kräuterfüllung; Zucchini mit Tomaten.

GEFÜLLTE ZUCCHINIBLÜTEN

10–12 große Zucchiniblüten
Fritierfett bzw. -öl
Zitronenviertel zum Garnieren

Teig:
100 g Mehl
1 Prise Salz
2 EL Sonnenblumenöl
½ Tasse warmes Wasser
1 Eiweiß

Füllung:
25 g Butter
1 Schalotte oder kleine Zwiebel
100 g Reis (mittlere Körnung)
½ l Hühnerbrühe
Salz und schwarzer Pfeffer
1½ EL gehacktes Basilikum

Waschen Sie die Zucchiniblüten vorsichtig und schwenken Sie sie in einem weichen Tuch trocken.

Für den Teig sieben Sie das Mehl mit dem Salz in eine große Schüssel. Rühren Sie das Öl und das lauwarme Wasser ein. Die Konsistenz der Mischung sollte in etwa der von dicker Sahne entsprechen; eventuell müssen Sie noch etwas Wasser hinzugeben. Stellen Sie den Teig 1–2 Stunden an einen kühlen Platz; kurz vor Gebrauch wird das Eiweiß geschlagen und unter den Teig gehoben.

Für die Füllung erhitzen Sie die Butter in einer Kasserolle und dünsten die gehackte Schalotte darin glasig. Waschen Sie den Reis und lassen Sie ihn gut abtropfen. Dann wird er in die Kasserolle gegeben und unter ständigem Rühren 1–2 Minuten angeröstet. Gießen Sie die Hälfte der erhitzten Brühe an. Der Reis muß zugedeckt solange leise kochen, bis die Brühe fast vollständig verkocht ist. Erhitzen Sie die übrige Brühe noch einmal; sie wird bis auf einen kleinen Rest dazugegossen. Wenn sie verkocht ist, müßte der Reis gar sein; falls nicht, geben Sie auch die restliche Brühe hinzu. Würzen Sie mit Salz und Pfeffer und rühren Sie das gehackte Basilikum hinein. Die Füllung muß jetzt abkühlen.

Um die Blüten zu füllen, öffnen Sie vorsichtig die Blütenblätter und geben in jede Blüte ein wenig von der Füllung (etwa 2–3 Teelöffel); dann schließen Sie die Blüten über der Füllung. Jede Blüte wird in den Teig getaucht und überflüssiger Teig am Schüsselrand abgestreift. Erhitzen Sie Öl in einem Topf auf 185° und geben Sie mehrere Blüten auf einmal hinein. Fritieren Sie sie etwa 4 Minuten in dem Öl, wenden sie einmal, damit sie von allen Seiten goldbraun werden. Die Blüten werden herausgenommen und müssen abtropfen, während die nächsten garen. Servieren Sie sie sofort mit Zitronenvierteln. Sie haben damit eine exquisite Vorspeise.

FENCHEL UND TOMATEN MIT DILL

4 kleine Fenchelknollen
Sonnenblumenöl oder Nußöl zum Braten
Salz und schwarzer Pfeffer
500 g Tomaten
3 EL gehackter Dill

Der Fenchel wird geputzt und die Knolle in sehr dünne Scheiben geschnitten. Bedecken Sie den Boden einer Pfanne mit Öl, erhitzen Sie es und schmoren Sie den Fenchel unter häufigem Rühren darin, bis er fast weich ist. Dann wird er mit reichlich Salz und Pfeffer gewürzt. Die Tomaten werden geschält und in Scheiben geschnitten. Geben Sie die Tomaten zu dem Fenchel und lassen Sie beides 5 Minuten schmoren, rühren gelegentlich sehr vorsichtig um, damit die Tomatenscheiben nicht zerfallen. Zum Schluß kommt der gehackte Dill dazu, und das Gericht muß auf einem Teller abkühlen. Es wird kalt serviert.

Dieses Gericht wird am besten am Vortag zubereitet, da der Geschmack intensiver wird, wenn es einige Stunden durchzieht. Reichen Sie es als ersten Gang, entweder allein, oder mit ein oder zwei anderen Gemüsegerichten.

Fenchel und Tomaten mit Dill.

Gefüllte Pilze; Pilze mit Dill.

KOHLRABI MIT BASILIKUM

3–4 junge Kohlrabi
50 g Butter
3 dl Rindsbrühe oder Wildfond
Salz und schwarzer Pfeffer
2 EL gehacktes Basilikum

Die Kohlrabi werden geschält und in dünne Scheiben geschnitten. Lassen Sie das Fett in einem Topf zergehen und dünsten Sie den Kohlrabi unter gelegentlichem Rühren 8–10 Minuten. Dann erhitzen Sie den Fond und gießen ihn an den Kohlrabi; zugedeckt muß er etwa 15 Minuten kochen. Geben Sie Salz, Pfeffer und das gehackte Basilikum dazu, und lassen das Gericht zugedeckt noch einige Minuten ziehen.

Richten Sie den Kohlrabi auf einer Platte an und gießen Sie die Sauce mit dem gehackten Basilikum darüber. Dazu paßt gebratenes oder gegrilltes Lammfleisch.

PILZE MIT DILL

500 g frische Pilze (Egerlinge oder Champignons)
50 g Butter
3 dl saure Sahne
Salz und schwarzer Pfeffer
2 EL gehackter Dill

Schneiden Sie die Stengel der Pilze ab, putzen Sie die Köpfe und schneiden Sie sie in Scheiben. Die Butter wird in einer Pfanne erhitzt und die Pilze werden unter gelegentlichem Rühren darin 8 Minuten angebraten. Geben Sie die saure Sahne zu und lassen Sie das Ganze noch 2–3 Minuten kochen. Dann schmecken Sie mit Salz und Pfeffer ab und rühren den gehackten Dill hinein. Das Gericht sollte noch einige Minuten zugedeckt ziehen, bevor es serviert wird. Reichen Sie es als Beilage zu Kalbsschnitzeln, Steaks oder gegrilltem Hähnchen.

GEFÜLLTE PILZE

8 flache Pilze von etwa 6 cm Durchmesser
(zum Beispiel große Egerlinge, Täublinge oder Brätlinge)
3–4 EL Olivenöl
350 g Tomaten
1 Knoblauchzehe
1 Bund junge Zwiebeln
3 EL Schnittlauchröllchen
Salz und schwarzer Pfeffer
1 Messerspitze Zucker
½ EL Zitronensaft

Putzen Sie die Pilze und schneiden Sie die Stengel ab. Fetten Sie ein Backblech und legen Sie die Pilze mit der Stengelseite nach oben darauf. Träufeln Sie 1 Teelöffel Olivenöl auf jeden Pilz und backen Sie sie 20 Minuten bei mäßiger Hitze (180° C). Die Pilze sollen dann abkühlen.

Die Tomaten werden mit kochendem Wasser übergossen, geschält und sehr fein gehackt. Schälen und quetschen Sie den Knoblauch und schneiden Sie die jungen Zwiebeln in dünne Ringe. Geben Sie die Tomaten, den Knoblauch und die Zwiebeln auf ein Hackbrett und hacken Sie alles mit einem Wiegemesser. Geben Sie das Püree in eine Schüssel und rühren Sie den gehackten Schnittlauch, Salz, Pfeffer und eine Messerspitze Zucker hinein, zum Schluß kommen 1 Eßlöffel Olivenöl und der Zitronensaft dazu. Von dieser Mischung geben Sie auf jeden Pilz einen Teelöffel voll. Gefüllte Pilze sind eine delikate Vorspeise.

Zwiebeln in Salbeisauce; Kartoffelkuchen mit Petersilie; Bratkartoffeln mit Rosmarin; Tomaten mit Kräuterbutter.

ZWIEBELN IN SALBEISAUCE

350 g kleine Zwiebeln
25 g Butter
1 EL Mehl
1,5 dl Hühnerfond
Salz und schwarzer Pfeffer
½ TL gehackter Salbei
oder 6 Salbeiblätter
2 EL Sahne
1 EL gehackte Petersilie

Die Zwiebeln werden geschält, sollen aber ganz bleiben. Erhitzen Sie die Butter in einem Topf und dünsten Sie darin die Zwiebeln unter ständigem Rühren vorsichtig 5 Minuten. Dann wird das Mehl dazugegeben und 1 Minute angeschwitzt, bevor Sie den erhitzten Fond angießen. Schmecken Sie mit Salz und Pfeffer ab und geben Sie den Salbei hinzu. Zugedeckt sollen die Zwiebeln bei schwacher Hitze unter gelegentlichem Rühren 20–30 Minuten kochen.

Wenn die Zwiebeln gar sind, rühren Sie die Sahne und die gehackte Petersilie hinein. Dieses Gericht eignet sich als Beilage zu Lammkoteletts, Lammbraten, Schweinekoteletts, Leber oder gebratener Ente.

ZWIEBELPÜREE MIT SALBEI

750 g Zwiebeln
30 g Butter
100 g Karotten
3 dl Hühnerfond
Salz und schwarzer Pfeffer
1 EL gehackter Salbei
etwas Zitronensaft
2 EL saure Sahne

Die Zwiebeln werden geschält, in Ringe geschnitten und in der erhitzten Butter gedünstet. Geben Sie nach etwa 8 Minuten die geputzten und fein geschnittenen Karotten hinzu. 5 Minuten später gießen Sie den erhitzten Fond an und fügen Salz, Pfeffer und den gehackten Salbei hinzu. Zugedeckt und bei schwacher Hitze soll alles unter gelegentlichem Rühren 15 Minuten lang kochen. Anschließend etwas abkühlen lassen und im Mixer pürieren. Geben Sie das Püree in einen frischen Topf, erhitzen Sie es und geben Sie reichlich Salz und Pfeffer sowie einen Spritzer Zitronensaft und die saure Sahne dazu.

Wenn es Ihnen nötig erscheint, können Sie auch noch ein wenig gehackten Salbei zugeben, aber verwenden Sie ihn vorsichtig, Salbei hat ein sehr intensives Aroma. Der Salbeigeschmack sollte so zart sein, daß er sich mit dem Aroma der anderen Zutaten mischt, es aber nicht überdeckt. Das Püree schmeckt vorzüglich zu Wild, besonders zu Fasan, aber auch zu Schweinefleisch, Kalbfleisch, Ente und Schweinsbratwurst.

ERBSENPUDDING

1–1,5 kg Erbsen in der Schote
Salz und schwarzer Pfeffer
1 Messerspitze Zucker
3 EL gehackte Minze
40 g Butter

Die Erbsen werden ausgepalt und in eine mit einem Tuch ausgelegte Schüssel gegeben. Nun kommen Salz, Pfeffer und eine Messerspitze Zucker hinzu. Zum Schluß rühren Sie 2 Eßlöffel gehackte Minze darunter und binden das Tuch mit einem Faden zu. Hängen Sie den Beutel in einen großen Topf mit kochendem Wasser oder verdünnter Brühe. Decken Sie den Topf zu und lassen die Erbsen eine Stunde kochen.

Dann wird der Beutel herausgenommen und muß ein paar Minuten auf einem Durchschlag abtropfen. Öffnen Sie das Tuch und geben Sie die Erbsen in einen Mixer oder in eine Gemüsemühle mit grobem Mahlwerk. Die Erbsen werden grob püriert und wieder auf das Tuch gegeben; formen Sie aus dem Püree eine Kugel und stürzen Sie den Pudding auf einen Teller. Die Butter wird mit der restlichen Minze erhitzt und über den Pudding gegossen. Servieren Sie ihn zu Schinken, Schweinebraten oder Bratwürsten.

Dieser Pudding schmeckt auch kalt sehr gut: Dann muß er in dem Tuch nach dem Pürieren abkühlen, wird auf einen Teller gestürzt und in Scheiben geschnitten. Übergießen Sie ihn nicht mit Butter, sondern reichen Sie ihn zu kaltem gekochtem Schinken, Schweinefleisch oder Speck.

KARTOFFELKUCHEN MIT PETERSILIE

350 g frisches Kartoffelpüree
100 g Mehl
Salz
frisch gemahlener schwarzer Pfeffer
50 g Butter
2 EL gehackte Petersilie

Geben Sie das heiße Kartoffelpüree in eine große Schüssel und rühren Sie nach und nach das Mehl unter. Das Püree wird dann mit Salz und frisch gemahlenem schwarzem Pfeffer abgeschmeckt. Schneiden Sie die Butter in kleine Stücke und rühren Sie sie unter die Kartoffelmischung. Zum Schluß kommt auch die Petersilie dazu und die Mischung wird geschlagen, bis sie sämig ist.

Rollen Sie den Teig auf einem bemehlten Brett mit viel Mehl auf etwa 5 mm Dicke aus. Stechen Sie runde Plätzchen aus und braten Sie die Kuchen in einer leicht gefetteten Bratpfanne von beiden Seiten goldbraun. Diese Kartoffelkuchen schmecken sehr gut als Beilage zu feinen Wildgerichten.

VARIATION. Ersetzen Sie in dem Rezept für Kartoffelkuchen die Petersilie durch 1 Teelöffel Kümmel. Dann paßt der Kuchen zu Schweinelendchen, gegrilltem Hähnchen oder Kalbsschnitzeln.

BRATKARTOFFELN MIT ROSMARIN

750 g Kartoffeln
3 EL Olivenöl
1 Knoblauchzehe
2 Rosmarinzweige
Salz und schwarzer Pfeffer

Kochen Sie die Kartoffeln mit der Schale in Salzwasser fast gar. Sie müssen ein wenig abkühlen und werden dann gepellt und in dicke Scheiben geschnitten. Erhitzen Sie das Öl in einer Bratpfanne und geben Sie die Kartoffeln und den gequetschten Knoblauch (wenn Sie welchen verwenden wollen) hinzu. Zupfen Sie die Rosmarinnadeln ab und rühren Sie sie hinein. Unter häufigem Rühren werden die Kartoffeln 15–20 Minuten gebraten, bis sie braun und knusprig sind. Bestreuen Sie sie zum Schluß mit etwas schwarzem Pfeffer. Diese Kartoffeln passen sehr gut zu allen Lammfleischgerichten, gegrillten Steaks oder Schweinekoteletts.

TOMATEN MIT KRÄUTERBUTTER

4 große reife Tomaten
25 g Kräuterbutter (siehe Seite 193–5)

Halbieren Sie die Tomaten und grillen Sie sie, bis sie weich und gut gebräunt sind. Geben Sie ½ Teelöffel von der vorher zubereiteten Kräuterbutter auf jede Tomatenhälfte. Stellen Sie die Tomaten auf den Grill, bis die Butter geschmolzen ist. Anschließend werden sie sofort serviert.

Diese Tomaten passen zu Rührei, gebratenen Schinkenscheiben, Bratwürsten, gegrilltem Fisch und gegrillten Lammkoteletts. Alle Rezepte für Kräuterbutter, die auf den Seiten 193–195 beschrieben sind, eignen sich für dieses Gericht; Basilikum- und Knoblauchbutter passen besonders gut.

Ratatouille mit Basilikum; Kohlrüben mit Petersiliensauce; Gefüllte Tomaten III.

RATATOUILLE MIT BASILIKUM

1 weiße Zwiebel
2 Auberginen
Meersalz
1 grüne Paprikaschote
1 rote Paprikaschote
250 g kleine Zucchini
250 g Tomaten
2 Knoblauchzehen
ca. ½ Tasse Sonnenblumenöl
frisch gemahlener schwarzer Pfeffer
3 EL gehacktes Basilikum

Die Zwiebel wird fein gehackt, die ungeschälten Auberginen werden in Würfel geschnitten und mit Salz bestreut; entwässern Sie die Auberginen 20 Minuten. Würfeln Sie die Paprikaschoten (Stengel und Samen vorher entfernen), schneiden Sie die ungeschälten Zucchini in Scheiben und hacken Sie die enthäuteten Tomaten. Der Knoblauch wird geschält und das Öl in einem schweren Topf erhitzt. Dünsten Sie die Zwiebeln etwa 6 Minuten, dann tupfen Sie die Auberginen mit Küchenkrepp trocken und geben sie samt den Paprikaschoten zu den Zwiebeln. In reichlich Öl wird alles 10 Minuten unter leichtem Rühren gedünstet; lassen Sie dann die Mischung noch weitere 5 Minuten mit den zugefügten Zucchini schmoren. Rühren Sie zum Schluß die Tomaten und den gehackten Knoblauch hinein. Das Ganze muß noch etwa 10 Minuten dünsten, bis alle Zutaten gar und leicht breiig sind. Reichlich salzen und pfeffern und das gehackte Basilikum hineingeben.

Dieses Gericht kann heiß oder kalt serviert werden. Wenn Sie es heiß servieren, lassen Sie es nach dem Unterrühren des Basilikums 4–5 Minuten stehen, damit das Aroma das ganze Gericht durchdringen kann. Reichen Sie es auch mal als hors d'œuvre. Die Menge reicht für 6 Personen.

TOMATEN MIT JOGHURT UND BASILIKUM

500 g Tomaten
50 g Butter
Salz und schwarzer Pfeffer
1 Messerspitze Zucker
3 dl Joghurt
2 EL gehacktes Basilikum
25 g Pinienkerne

Die Tomaten werden enthäutet und in Stücke geschnitten; lassen Sie den überschüssigen Saft ablaufen. Die Butter in einer flachen Pfanne erhitzen und die Tomaten einige Minuten darin dünsten, bis sie gerade weich, aber noch nicht breiig sind. Nehmen Sie die Pfanne von der Flamme. Schmecken Sie die Tomaten mit Salz und Pfeffer ab und geben Sie eine Messerspitze Zucker dazu. Der Joghurt wird cremig geschlagen und untergerührt. Dann kommt das gehackte Basilikum dazu, und das Gemüse wird in eine flache Schüssel geleert. Streuen Sie die Pinienkerne darüber. Wenn Sie wollen, können Sie das Gericht mit Dreiecken von knusprig getoastetem Brot garnieren.

Servieren Sie das Gericht sofort, oder stellen Sie es für kurze Zeit warm; wärmen Sie es aber nicht auf, nachdem Sie den Joghurt hinzugeben haben. Es sollte eher warm als heiß gereicht werden. Die Tomaten passen sehr gut als Beilage zu gegrillten Lammspießen.

GEFÜLLTE TOMATEN I

4 große Tomaten
6 Eier
Salz und schwarzer Pfeffer
25 g Butter
1½ EL Sahne
1 EL gehackter Kerbel

Von den Tomaten wird eine Kappe abgeschnitten, und mit einem Löffel werden sie ausgehöhlt. Stellen Sie sie etwa 15 Minuten auf den Kopf, damit der Saft ablaufen kann. Trocknen Sie sie dann mit etwas Küchenkrepp aus.

Schlagen Sie die Eier mit Salz und Pfeffer in einer Schüssel. Lassen Sie die Butter in einer Pfanne zergehen, und braten Sie die Eier darin auf ganz kleine Flamme, bis sie anfangen zu stocken. Dann werden die Sahne und der gehackte Kerbel untergerührt und die Mischung wird auf einen Teller zum Abkühlen gegeben. Sobald die Eier abgekühlt sind, füllen Sie damit die Tomaten und servieren das Gericht sofort: wenn Sie es stehen lassen, bekommt die Füllung eine Haut.

Reichen Sie die Tomaten als Vorspeise oder zusammen mit anderen Gemüsegerichten als leichtes Mittagessen.

GEFÜLLTE TOMATEN II

4 große Tomaten
100 g Frischkäse
4 EL Joghurt
2 EL feingehackte Gurke
Salz und schwarzer Pfeffer
1 EL gehackte Bibernelle

Schneiden Sie oben von jeder Tomate eine Kappe ab und höhlen Sie die Tomaten mit einem Teelöffel aus. Die Kerne werden entfernt und das Fruchtfleisch in kleine Würfel geschnitten. Schlagen Sie den Frischkäse mit dem Joghurt cremig auf oder mischen Sie beides im Mixer. Dann werden die Tomatenfleischwürfel und die Gurken untergerührt. Schmecken Sie mit Salz und Pfeffer ab und geben Sie die gehackte Bibernelle dazu. Füllen Sie die Tomaten mit dieser Mischung und servieren Sie sie sofort.

Reichen Sie das Gericht als Vorspeise oder mit anderen Gemüsegerichten als Hauptgericht.

GEFÜLLTE TOMATEN III

4 große Tomaten
75 g Langkornreis
15 g Butter
1 EL gehackte Zwiebel
3–4 dl Hühnerbrühe
Salz und schwarzer Pfeffer
1 EL gehacktes Basilikum

Schneiden Sie von den Tomaten Kappen ab und höhlen Sie sie mit einem Teelöffel aus. Stellen Sie sie auf den Kopf, damit der Saft ablaufen kann, während Sie die Füllung zubereiten.

Der Reis wird gewaschen und zum Abtropfen auf ein Sieb geschüttet. Lassen Sie die Butter in einem Topf zergehen und bräunen Sie die Zwiebel darin an; geben Sie den Reis dazu und rösten Sie ihn unter Rühren 2 Minuten an. Mit der Hälfte der erhitzten Brühe wird abgelöscht. Dünsten Sie den Reis bei schwacher Hitze, bis die Brühe verkocht ist. Gießen Sie dann die Hälfte der restlichen Brühe zu. Wenn auch diese verkocht ist, probieren Sie, ob der Reis gar ist; falls nicht, geben Sie auch noch den Rest des Fond hinzu und lassen den Reis noch etwas kochen. Sobald der Reis gar ist, wird der Topf vom Feuer genommen, der Reis mit Salz und Pfeffer abgeschmeckt und das gehackte Basilikum hineingerührt. Lassen Sie den Reis abkühlen. Trocknen Sie die Tomaten innen mit Küchenkrepp und füllen Sie sie mit der Reismischung. Gefüllte Tomaten sollen kalt als erster Gang oder als leichter Hauptgang mit grünem Salat serviert werden.

KOHLRÜBEN MIT PETERSILIENSAUCE

750 g kleine Kohlrüben
50 g Butter
1 EL Dijon-Senf
1,5 dl Sahne
Meersalz und schwarzer Pfeffer
6 EL fein gehackte Petersilie

Die Rüben werden sauber geschabt. Wenn sie sehr klein sind, bleiben sie ganz, sonst werden sie in Hälften oder Viertel geschnitten. Kochen Sie sie in leicht gesalzenem Wasser gar und gießen das Wasser ab. Auf sehr kleiner Flamme sollen sie trocknen, bevor die Butter, der Senf und die Sahne eingerührt werden. Schmecken Sie mit Salz und Pfeffer ab und geben Sie die gehackte Petersilie dazu. Reichen Sie das Gericht zu Lammfleisch, Ente, Rindfleisch oder Huhn.

Tomaten mit Joghurt und Basilikum.

KÜRBIS MIT KRÄUTERFÜLLUNG

1 Gemüsekürbis
Salz
1½ EL gehacktes Basilikum

Füllung:
100 g Langkornreis
1 Zwiebel
40 g Butter
100 g gekochter Schinken
100 g Sauerampfer
50 g gehackte Petersilie
12 Blätter Estragon
6 Blätter Zitronenmelisse
3 Büschel Minze
2 Rosmarinzweige
Salz und schwarzer Pfeffer

Tomatensauce:
1 kleine Zwiebel
25 g Butter
1 EL Olivenöl
1 Knoblauchzehe
500 g Tomaten oder 400 g Tomaten aus der Dose
Salz und schwarzer Pfeffer
½ TL Zucker

Kochen Sie den Reis für die Füllung, bis er fast gar ist; lassen Sie ihn gut abtropfen. Die Zwiebel wird geschält und gehackt und in der erhitzten Butter glasig gedünstet. Der Schinken wird gewürfelt. Entfernen Sie die Stengel des Sauerampfers und hacken Sie die Blätter; auch die übrigen Kräuter werden gehackt. Vermischen Sie alle Zutaten und schmecken Sie die Füllung mit Salz und Pfeffer ab.

Schälen Sie den Kürbis; lassen Sie aber einige dünne Streifen der dunkelgrünen Haut stehen, damit er gestreift wirkt. Halbieren Sie ihn und löffeln Sie aus beiden Teilen das weiche Innere heraus. Bestreuen Sie die Hälften mit Salz und drehen Sie sie 20–30 Minuten zum Entwässern um.

Für die Tomatensauce werden die gehackten Zwiebeln in der erhitzten Butter und dem Öl gedünstet, bis sie weich sind; geben Sie den gequetschten Knoblauch nach der Hälfte der Garzeit ebenso dazu wie die enthäuteten und gehackten Tomaten und lassen Sie alles bei schwacher Hitze 12 Minuten kochen; mit Salz, Pfeffer und ein wenig Zucker abschmecken.

Trocknen Sie den Kürbis mit Küchenkrepp, geben Sie die Füllung in die eine Kürbishälfte und stülpen Sie die andere Hälfte darüber, so daß die Höhle im Inneren ganz gefüllt ist. Legen Sie den Kürbis auf ein großes Stück gefetteter Aluminiumfolie in einen feuerfesten Topf und übergießen Sie ihn mit Tomatensauce. Wickeln Sie die Folie um den Kürbis und verschließen Sie die Enden sorgfältig. Der Kürbis muß 1 Stunde bei mäßiger Temperatur (180° C) garen; übergießen Sie ihn zwei- oder dreimal mit der Sauce. Wenn der Kürbis nicht frisch ist, braucht er zum Garen länger als 1 Stunde; kommt er direkt aus dem Garten, kann er schon nach 45 Minuten gar sein. Wenn er fertig ist, öffnen Sie die Folie, bestreuen den Kürbis mit dem gehackten Basilikum und schließen Sie noch einmal für 2–3 Minuten. Reichen Sie das Gericht als Hauptgang.

KÜRBIS MIT MINZE

1 Gemüsekürbis (ca. 1 kg)
Salz
40 g Butter
frisch gemahlener schwarzer Pfeffer
4 EL Orangensaft
2 EL gehackte Minze

Schälen Sie den Kürbis mit einem scharfen Messer, nicht mit einem Kartoffelschäler, da eine dickere Schicht entfernt werden muß als bei Kartoffeln. Schneiden Sie den Kürbis in etwa 2 cm dicke Scheiben und diese dann in Stücke, wobei Sie die Kerne und das weiche Innere entfernen. Die Stücke werden mit Salz bestreut, um das Fruchtfleisch zu entwässern. Tupfen Sie sie mit Küchenkrepp trocken.

In der erhitzten Butter werden die Kürbisstücke angebraten. Sie sollen zugedeckt etwa 8 Minuten dünsten; rühren Sie währenddessen 2–3 mal. Der Kürbis sollte gerade gar, aber nicht zu weich sein. Geben Sie Salz und Pfeffer, den Orangensaft und die gehackte Minze dazu. Reichen Sie das Gericht zu gebratenem Hähnchen, Kalbsschnitzeln oder gegrillten Lammkoteletts.

PÜREE AUS KÜRBIS UND TOMATEN MIT MINZE

1 Gemüsekürbis (ca. 1 kg)
Salz
50 g Butter
250 g Tomaten
3 EL gehackte Minze
frisch gemahlener schwarzer Pfeffer

Schneiden Sie den Kürbis in ca. 2 cm dicke Scheiben. Sie werden geschält und in Stücke geschnitten. Entfernen Sie das breiige Innere. Bestreuen Sie die Stücke mit Salz und entwässern Sie sie 20 Minuten. Mit Küchenkrepp trocken wischen.

Erhitzen Sie Butter in einer flachen Pfanne und dünsten Sie den Kürbis zugedeckt etwa 8–10 Minuten, bis er gerade gar ist. Dann muß er etwas abkühlen. Die Tomaten werden geschält und in einem Mixer zusammen mit dem Kürbis und der gehackten Minze püriert. Schmecken Sie mit Salz und Pfeffer ab. Wärmen Sie das Püree als warme Beilage nochmals auf oder lassen Sie es im Kühlschrank kalt werden. Am besten eignet es sich kalt zu Fisch, Huhn oder Kalbfleisch.

Salate

Nahezu alle Sommerkräuter, d. h. alle einjährigen Pflanzen, die zarter im Geschmack sind als die mehrjährigen Kräuter, passen gut zu Salaten. Der feine Geschmack von gutem Olivenöl läßt sie ihr volles Aroma entfalten. Zum Säuern bevorzuge ich persönlich einen milden Weinessig oder Weinessig mit Zitronensaft gemischt.

Im Mittleren Osten, in Griechenland und in Italien gibt man zum Würzen von Salaten häufig getrockneten Kräutern den Vorzug vor frischen. Getrocknete Minze zum Beispiel gibt einem Salat aus dünn gehobelten Gurken und Knoblauch in Joghurt einen ganz besonderen Geschmack, während getrockneter Oregano gut zu gemischten Salaten mit Käse, griechischem Schafskäse (Feta) oder italienischem Mozzarella paßt. Getrockneter Thymian, insbesondere die wilde Art, die allgemein in den Mittelmeerländern verwendet wird, eignet sich ebenfalls sehr gut zum Würzen von Salaten und ist fast noch besser als unser Gartenthymian, selbst wenn dieser frisch ist. Wichtig sind getrocknete Kräuter natürlich vor allem im Winter, ebenso wie die gewürzten Öle und Essigsorten, die während des Sommers mit Knoblauch, Basilikum, Dill, Estragon, Bibernelle und Kerbel angesetzt werden.

Viele Gemüsearten schmecken sehr gut, wenn man Sie kurz kocht und warm mit Öl und Essig oder Zitronensaft serviert. Grüne Bohnen, Lauch, Blumenkohl, Zucchini und kleine ganze Zwiebeln lassen sich so marinieren und sind noch feiner, wenn sie mit passenden Kräutern garniert werden. Andere Gemüse wie Tomaten, Gurken, Fenchel und Pilze ißt man besser roh. Pilze verlangen sehr viel Öl, wodurch so ein Salat natürlich ziemlich teuer wird, aber sie schmecken so gut, wenn sie wirklich frisch und mit viel Knoblauch, Petersilie und Schnittlauch gewürzt sind, daß sich der Aufwand lohnt. Tomaten sind sehr dekorativ, wenn man sie schält, die ganzen Tomaten zu einer Pyramide auftürmt und diese mit einer Kräutersauce überzieht. Auch Knollengemüse wie Knollensellerie, Kohlrabi und Kohlrüben sind roh sehr schmackhaft, besonders wenn sie grob gerieben und mit einer Kräuterremoulade angemacht werden. Alle diese Gerichte haben einen hohen Nährwert, sind vitaminreich und, wenn sie mit einem Minimum an Öl gemacht werden, auch während einer Schlankheitskur erlaubt. Sie können als Vorspeise oder mit einigen weiteren Zutaten als leichter Hauptgang gereicht werden. Hartgekochte Eier passen zu den meisten Salaten, besonders zu Vinaigrettes mit Blumenkohl, Kartoffeln und Tomaten. Käsewürfel schmecken gut mit Essig, Öl und Gemüse und erhöhen den Nährwert des Salats ohne großen zusätzlichen Aufwand. Kleine Stücke knusprig gebratener Speck und Brot-Croutons passen gut zu Kartoffelsalat oder Salat aus Löwenzahnblättern.

Avocadosalat mit Oregano.

AVOCADOSALAT MIT OREGANO

2 Avocados
4 große Salatblätter
4 Tomaten
175–200 g Mozzarella
Meersalz und schwarzer Pfeffer
6 EL Olivenöl
2 EL weißer Weinessig
1 TL getrockneter Oregano

Die Avocados werden halbiert, geschält und entkernt. Legen Sie auf jeden Teller ein Salatblatt und darauf eine Avocadohälfte. Schneiden Sie die Avocado der Länge nach in der Mitte mit einem Messer an und dann quer in Scheiben. Schälen und halbieren Sie die Tomaten. Schneiden Sie die Hälften in Scheiben und legen Sie sie auf beiden Seiten neben die Avocados. Der Mozzarella wird in dünne Scheiben geschnitten und zwischen die Tomatenscheiben gelegt. Mit Salz und Pfeffer würzen und eine Mischung aus Öl und Essig auf den Salat träufeln; dann streuen Sie eine Prise Oregano auf jeden Teller. Eine leichte Vorspeise!

KOHLSALAT MIT DILL

¼ Chinakohl oder ¼ fester Weißkohl
½ Salatgurke
½ Bund junge Zwiebeln
Meersalz und schwarzer Pfeffer
3 EL Sonnenblumenöl
1 EL Weinessig
4 hartgekochte Eier
2 EL gehackter Dill

Der Kohl wird gewaschen und in dünne Streifen geschnitten. Schälen und halbieren Sie die Gurke der Länge nach, dann schneiden Sie sie in dünne Scheiben. Von den jungen Zwiebeln verwenden Sie nur die weiße Knolle und die zartesten Teile des Stengels.

Mischen Sie alle Zutaten in einer Salatschüssel und geben Sie Salz und Pfeffer dazu. Mit Öl und Essig begießen. Die Eier werden geschält und der Länge nach in Scheiben geschnitten. Mischen Sie die Eier vorsichtig in den Salat und geben Sie den gehackten Dill hinzu.

KOHLRABI MIT KRÄUTERSAUCE

700 g Kohlrabi
einfache Kräutersauce (siehe Seite 190)

Wählen Sie kleine Kohlrabi, damit die Knolle nicht holzig ist. Der Kohlrabi wird geschält und grob geraffelt. Bereiten Sie die Sauce zu und ziehen Sie sie unter den geriebenen Kohlrabi.

KNOLLENSELLERIE MIT KRÄUTERSAUCE

1 Sellerieknolle (ca. 500 g)
einfache Kräutersauce (siehe Seite 190)

Schälen Sie den Sellerie und raffeln Sie ihn grob. Dann wird die Kräutersauce untergerührt und der Salat als Vorspeise serviert.

GURKENSALAT MIT MINZE

½ Salatgurke
6 dl Joghurt
1–2 Knoblauchzehen
Meersalz und schwarzer Pfeffer
½ TL getrocknete Minze

Schälen Sie die Gurke und hobeln Sie sie in dünne Scheiben. Schlagen Sie den Joghurt cremig und geben Sie den geschälten und zerdrückten Knoblauch dazu. Dann wird die geschnittene Gurke unter die Sauce gemischt und mit Salz und Pfeffer abgeschmeckt. Füllen Sie den Salat in eine Schüssel und streuen Sie die gehackte Minze darüber. Er sollte 1–2 Stunden gekühlt werden, bevor er serviert wird. Er paßt besonders gut zu gebratenem Lammfleisch.

LÖWENZAHNSALAT

150 g Löwenzahnblätter
100 g durchwachsener Speck
2 Scheiben Weißbrot
1 Knoblauchzehe
25 g Butter
Meersalz und schwarzer Pfeffer
3 EL Olivenöl
1 EL Weinessig

Waschen Sie die Löwenzahnblätter und lassen Sie sie gut abtropfen. Wenn sie nicht mehr ganz jung sind, wird die Blattmitte mit den Stengeln entfernt. Dann werden sie in Streifen geschnitten und in eine Schüssel gegeben.

Schneiden Sie den Speck in Streifen und braten Sie ihn in einer Pfanne knusprig. Dann wird er aus der Pfanne genommen. Entfernen Sie die Kruste vom Brot und schneiden Sie es in Würfel. Der Knoblauch wird geschält und zerdrückt. Erhitzen Sie die Butter mit dem ausgelassenen Fett und braten Sie darin die Brotwürfel mit dem Knoblauch goldbraun. Dann werden die Brotwürfel aus der Pfanne genommen und müssen auf Küchenkrepp abtropfen.

Würzen Sie die Löwenzahnblätter mit Salz und schwarzem Pfeffer und wenden Sie sie vorsichtig, aber vollständig in Olivenöl und Essig. Zum Schluß werden Speckstreifen und Croutons hineingegeben und alle Zutaten gut vermischt. Der Salat sollte sofort gegessen werden, weil sonst das knusprige Brot wieder weich wird.

GRIECHISCHER SALAT

250 g Tomaten
½ Salatgurke
1 grüne Paprikaschote
1 große milde Zwiebel
Meersalz und schwarzer Pfeffer
3 EL Olivenöl
1 EL Weinessig
100 g griechischer Schafskäse
1 TL getrockneter Oregano

Die Tomaten werden enthäutet und in ziemlich dicke Scheiben geschnitten. Halbieren Sie die Paprikaschote, entfernen Sie den Stengel und die Kerne und schneiden Sie sie in Streifen. Dann wird die Zwiebel geschält und in Ringe geschnitten. Mischen Sie alle Zutaten in einer Salatschüssel und schmecken sie mit Salz und Pfeffer ab. Dann werden Öl und Essig untergerührt und alles gut vermischt. Schneiden Sie den Käse in Würfel und verteilen Sie diese auf dem Salat. Zum Schluß wird Oregano über das Ganze gestreut und kurz vor dem Servieren untergerührt.

Kohlsalat mit Dill; Griechischer Salat; Sellerie mit Kräutersauce.

GRÜNER SALAT MIT KRÄUTERSAUCE

1 Kopfsalat
100 g gekochter Mais

Kräutersauce:
2 hartgekochte Eier
2 EL Crème fraîche
2 EL Olivenöl
2 EL Weinessig
Meersalz und schwarzer Pfeffer
1 EL Schnittlauchröllchen
1 EL gehackter Dill
1 EL gehackter Estragon

Die Salatblätter werden gewaschen und kleingezupft und in eine Salatschüssel gegeben. Der gekochte Mais kommt auf die Blätter.

Trennen Sie Eiweiß und Eigelb der hartgekochten Eier. Hacken Sie das Eiweiß und streuen Sie es über den grünen Salat. Das Eigelb wird mit der Sahne zu einer Paste gemischt und nach und nach das Öl eingerührt. Geben Sie langsam den Essig dazu und rühren Sie die Sauce, bis alles gut vermischt ist. Mit Salz und Pfeffer abschmecken und die Kräuter unterrühren. Geben Sie die Kräutersauce auf den Salat und vermischen Sie beides gut.

PILZSALAT MIT KRÄUTERN

250 g sehr frische Champignons
Salz und schwarzer Pfeffer
2 EL feingehackte Zwiebeln
1 Knoblauchzehe
4 EL Olivenöl
1 EL Weinessig
½ EL Zitronensaft
2 EL gehackter Kerbel
2 EL Schnittlauchröllchen

Wischen Sie die Pilze mit einem feuchten Tuch ab; entfernen Sie die Stengel und schneiden Sie die Köpfe in dünne Scheiben. In einer Schüssel werden die Pilze mit reichlich grobem Salz und schwarzem Pfeffer vermischt, bevor die gehackten Zwiebeln und der gequetschte Knoblauch untergerührt werden. Geben Sie Essig und Öl, dann den Zitronensaft und die gehackten Kräuter dazu. Reichen Sie den Salat bald nach dem Anrichten, sonst trocknen die Pilze aus und Sie müssen nochmals Öl zugeben.

Grüner Salat mit Kräutersauce; Salat mit Petersilie und Minze; Pilzsalat mit Kräutern.

Tomaten- und Mozzarellasalat mit Basilikum.

TOMATEN- UND MOZZARELLA-SALAT MIT BASILIKUM

500 g Tomaten
250 g Mozzarella
Meersalz und schwarzer Pfeffer
4 EL Olivenöl
1 EL Weinessig
1½ EL gehacktes Basilikum

Die Tomaten werden mit kochendem Wasser übergossen, enthäutet und in dünne, gleichmäßige Scheiben geschnitten. Verteilen Sie sie auf der einen Hälfte eines runden Tellers. Dann schneiden Sie den Käse in dünne Scheiben und legen diese auf die andere Hälfte desselben Tellers. Die Tomaten mit Salz und Pfeffer, den Mozzarella nur mit Pfeffer würzen. Gießen Sie Essig und Öl darüber und bestreuen Sie alles mit gehacktem Basilikum. Lassen Sie den Salat noch eine Weile stehen, bevor Sie ihn servieren.

PETERSILIENSALAT

50 g gehackte Petersilie
2 EL Sonnenblumenöl
1 EL Zitronensaft
frisch gemahlener schwarzer Pfeffer

Die Petersilie können Sie schnell und einfach mit einem Mixstab zerkleinern. Geben Sie sie in eine Schüssel und rühren Sie das Öl und den Zitronensaft dazu. Darüber wird frisch gemahlener schwarzer Pfeffer gestreut.

Dieser köstliche und gesunde Salat schmeckt am besten zu Joghurtkäse (siehe Seite 182–183), Roggenbrot (siehe Seite 198) oder Weizenbrot. Er ergibt zwar nur eine kleine Portion, schmeckt aber umso besser.

SALAT MIT PETERSILIE UND MINZE

2 Bund junge Zwiebeln
½ kleiner Gemüsefenchel (etwa 100 g)
350 g Tomaten
25 g gehackte Petersilie
5 EL gehackte Minze
2 EL Olivenöl
1 EL Zitronensaft

Schneiden Sie die jungen Zwiebeln in dünne Ringe und geben Sie sie in eine Schüssel. Der Fenchel wird in sehr dünne Scheiben geschnitten und mit den Zwiebeln vermischt. Die enthäuteten Tomaten kommen kleingeschnitten dazu. Hacken Sie die Petersilie und die Minze ziemlich grob und vermischen Sie beides mit den anderen Zutaten. Zum Schluß werden Öl und Zitronensaft untergerührt. Dieser Salat ist höchst nahrhaft und vitaminreich.

KARTOFFELSALAT I

750 g neue Kartoffeln
4 EL Sahne
2 EL selbstgemachte Mayonnaise
Meersalz und schwarzer Pfeffer
3 EL gehackter Kerbel

Die Kartoffeln werden mit der Schale in Salzwasser gekocht. Wenn sie ein wenig abgekühlt sind, werden sie abgepellt und in dicke Scheiben in eine Schüssel geschnitten. Verdünnen Sie die Mayonnaise mit der Sahne und rühren Sie diese Sauce unter die warmen Kartoffeln. Mit Salz und Pfeffer abschmecken und den gehackten Kerbel unterrühren. Reichen Sie den Salat bald nach dem Anrichten.

Kartoffelsalat I.

KARTOFFELSALAT II

750 g neue Kartoffeln
4 EL Olivenöl
1 EL Weinessig
Meersalz und schwarzer Pfeffer
2 EL gehackte Petersilie
2 EL Schnittlauchröllchen

Die Kartoffeln werden gewaschen und mit der Schale in Salzwasser gekocht. Sie werden gepellt und, sobald sie etwas abgekühlt sind, in dicke Scheiben oder in Viertel, je nach Größe, geschnitten. Übergießen Sie die heißen Kartoffeln mit Öl und Essig und geben Sie Pfeffer und reichlich Salz hinzu. Rühren Sie die gehackten Kräuter unter und servieren Sie den Salat, sobald er kalt geworden ist. Er sollte nicht im Kühlschrank stehen.

WARMER KARTOFFELSALAT

750 g neue Kartoffeln
2 EL feingehackte Zwiebeln
4 EL Olivenöl
1 EL Weinessig
Meersalz und schwarzer Pfeffer
4 EL Schnittlauchröllchen

Die Kartoffeln werden gewaschen und mit der Schale in Salzwasser gekocht. Pellen Sie sie, sobald sie ein wenig abgekühlt sind und schneiden Sie sie in Viertel oder in dicke Scheiben. Dann werden die gehackten Zwiebeln, Öl und Essig vorsichtig untergerührt; versuchen Sie dabei die Kartoffelscheiben nicht zu beschädigen. Salz und Pfeffer sowie 3 Eßlöffel Schnittlauch untermischen. Der Salat wird in einer Schüssel angerichtet und mit dem übrigen Schnittlauch bestreut.

KARTOFFELSALAT MIT SAUERAMPFER UND EIERN

1 Kopfsalat
250 g neue Kartoffeln
4 EL Olivenöl
4 hartgekochte Eier
4 EL abgezupfter Sauerampfer
Meersalz und schwarzer Pfeffer
1 Messerspitze Zucker
½ TL scharfer Senf
1 EL Weinessig

Waschen Sie den Salat und schleudern Sie ihn trocken. Die Blätter werden in Stücke gezupft und in eine Salatschüssel gegeben. Waschen Sie die Kartoffeln und kochen Sie sie mit der Schale. Dann werden sie gepellt und in dicke Scheiben geschnitten, sobald sie etwas abgekühlt sind. Geben Sie einen Eßlöffel Olivenöl auf die heißen Kartoffeln. Pellen Sie die Eier und schneiden Sie sie in dicke Scheiben. Wenn die Kartoffeln kalt geworden sind, werden sie in der Mitte der mit Salat ausgelegten Schüssel aufgehäuft und mit den Eischeiben garniert. Schneiden Sie den Sauerampfer und streuen Sie ihn über den Salat. Zum Schluß bereiten Sie ein Dressing aus Salz, Pfeffer, Zucker, Senf, Essig und dem übrigen Öl und gießen es über den Salat, kurz bevor Sie ihn servieren.

TOMATEN- UND GURKEN-SALAT MIT FENCHEL

350 g Tomaten
½ Salatgurke
½ kleiner Gemüsefenchel (etwa 100 g)
Meersalz und schwarzer Pfeffer
2 EL Olivenöl
½ EL weißer Weinessig
½ EL Zitronensaft

Die Tomaten werden abgezogen, in dünne Scheiben geschnitten und auf einen flachen Teller gelegt. Schälen Sie die Gurke, hobeln Sie sie in dünne Scheiben und legen Sie diese auf die Tomaten. Dann wird auch der Fenchel quer in dünne Scheiben geschnitten und über die Gurke gelegt; heben Sie das Fenchelgrün auf. Streuen Sie Salz und Pfeffer über den Salat. Öl, Essig und Zitronensaft werden gemischt und der Salat wird damit übergossen. Hacken Sie das Fenchelgrün und streuen Sie es darüber.

TOMATENGELEE MIT DILLSAUCE

3 dl Tomatensaft
1½ EL Gelatine
3 dl Gemüsesaft
250 g halbfetter Frischkäse
1,5 dl saure Sahne
2 EL Zitronensaft
Salatblätter
½ l Dillsauce II (siehe Seite 188)

Nehmen Sie 2 Eßlöffel Tomatensaft und lösen Sie die Gelatine darin auf. Mischen Sie den übrigen Tomatensaft, den Gemüsesaft, den Käse und die saure Sahne in einem Mixer. Auch der Zitronensaft und die gelöste Gelatine werden zugegeben. Dann wird die Mischung durch ein Sieb in kleine Formen gegossen; die angegebene Menge füllt je nach Größe 6–8 Formen. Kühlen Sie das Gelee im Kühlschrank, bis es fest ist. Dann werden die Förmchen auf einen mit einem Salatblatt garnierten Teller gestürzt und mit Dillsauce serviert. Oder garnieren Sie das Gericht mit Brunnenkresse und Tomatenvierteln. Es paßt besonders gut auf ein kaltes Buffet. Die angegebene Menge reicht für 6–8 Personen.

Warmer Kartoffelsalat; Kartoffelsalat mit Sauerampfer und Eiern; Tomaten- und Gurkensalat mit Fenchel; Tomatenaspik mit Dillsauce.

GEMÜSESALAT MIT KRÄUTERSAUCE

250 g neue Kartoffeln
2 EL Olivenöl
175 g Zucchini
175 g grüne Bohnen
1 Bund junge Zwiebeln
1 Kopfsalat

Kräutersauce:
2 hartgekochte Eier
2 EL Sahne
2 EL Olivenöl
2 EL Weinessig
Meersalz und schwarzer Pfeffer
1 EL Schnittlauchröllchen
1 EL gehackter Dill
1 EL gehackter Estragon

Die Kartoffeln werden mit der Schale gekocht, so heiß wie möglich geschält und in Scheiben geschnitten. Übergießen Sie die Kartoffelscheiben mit 1 Eßlöffel Olivenöl und lassen Sie sie abkühlen. Dann schneiden Sie die gewaschenen, aber ungeschälten Zucchini in 1 cm dicke Scheiben. Sie werden in wenig Salzwasser etwa 12 Minuten gekocht und anschließend auf ein Sieb geschüttet. Geben Sie sie in eine Schüssel und träufeln Sie ½ Eßlöffel Öl darüber. Nun schneiden Sie die grünen Bohnen in etwa 2,5 cm lange Stücke. Sie werden knackig gekocht und müssen gut abtropfen. Dann geben Sie ½ Eßlöffel Olivenöl darüber. Putzen Sie die jungen Zwiebeln und lassen Sie dabei die Knollen ganz. Die Salatblätter werden in eine große Schüssel gezupft. Häufen Sie Kartoffeln, Zucchini, Bohnen und Zwiebeln darauf.

Für die Sauce trennen Sie die hartgekochten Eier in Eigelb und Eiweiß. Hacken Sie das Eiweiß und streuen sie es über den Salat. Das Eigelb wird zerdrückt und mit der Sahne vermischt. Gießen Sie nach und nach 2 Eßlöffel Olivenöl, dann den Essig an die Creme und schmecken sie mit Salz und Pfeffer ab. Zum Schluß die gehackten Kräuter einrühren. Gießen Sie die Sauce über den Salat und vermischen Sie die Gemüse leicht.

KRESSESALAT MIT SCHNITTLAUCH

1 Bund Brunnenkresse
500 g Tomaten
4 kleine Frischkäse (z. B. »Petit Suisse«)
4 EL Schnittlauchröllchen
Meersalz und schwarzer Pfeffer
1 Messerspitze Zucker
½ TL Senf
1 EL Weinessig
3 EL Olivenöl

Die Brunnenkresse wird gründlich gewaschen und auf einem sauberen Tuch getrocknet. Garnieren Sie den Rand von vier Tellern mit zarten Blättern der Kresse. Die Tomaten werden enthäutet, in Scheiben geschnitten und in die Mitte der Teller gelegt. Wälzen Sie die kleinen Käse in gehacktem Schnittlauch und legen Sie je einen auf die Tomaten. Bestreuen Sie den Salat mit Salz und schwarzem Pfeffer.

Das Dressing wird aus Zucker, Senf, Essig und Öl bereitet. Reichen Sie es separat oder geben Sie es kurz vor dem Servieren über den Salat. Sie können den Salat auch auf einer großen Platte anrichten.

Gemüsesalat mit Kräutersauce; Kressesalat mit Schnittlauch.

Desserts und Käse

Die meisten Kräuter schmecken am besten in Verbindung mit pikanten Gerichten, aber es gibt einige, deren Aroma gut mit dem süß-sauren Geschmack bestimmter Früchte harmoniert. Viele Desserts, vor allem die mit Zitronensaft zubereiteten, sind mit Minze noch erfrischender. Auch in Grapefruiteis und Melonenkompott schmeckt Minze gut. Sorbets basieren oft auf einem Zitronensirup, der mit verschiedenen Kräutern angereichert werden kann. Holunderblüten und die Blätter der schwarzen Johannisbeere eignen sich dazu besonderns gut; aber auch die verschiedenen Sorten Minze, besonders die Rundblättrige Minze, sollten Sie ausprobieren. Aus den duftenden Blättern verschiedener Geranienarten – Pelargonium x fragrans – kann man ein exquisites Wassereis herstellen, und von teigumhüllte, fritierte Holunderblüten sind ein delikates und nicht alltägliches Dessert. Für ein sommerliches Schaumdessert heben Sie rote oder schwarze Johannisbeeren oder Heidelbeeren unter eine leichte Creme aus Joghurt, Sahne und Eischnee; dazu kommt als i-Tüpfelchen ein wenig sehr fein gehackte Minze. Auch Süßdolde paßt gut zu Fruchtspeisen, sie harmonisiert besonders mit gekochten Früchten. Ich würze damit Kompott und Mus von Äpfeln, Birnen und Aprikosen und gemischte Fruchtsalate. Besonders gut paßt sie zu Äpfeln. Auch gehackte Angelikablätter eignen sich zum Würzen von Kompott aus rohen oder gekochten Früchten und ihre Stengel kann man kandieren und zum Garnieren von Süßspeisen verwenden.

Ich habe u. a. ein Rezept aufgeführt, in dem Hagebutten, die dekorativen Früchte der Hundsrose, verwendet werden. Sie sind reich an Vitamin C und können durch langes Kochen zu Sirup und Saucen verarbeitet werden. Hagebutten sind als Nahrung für Babys sehr wertvoll, Erwachsene sollten diese Speisen nur essen, wenn sie gern Süßes mögen, da man viel Zucker verwenden muß, um diese Früchte schmackhaft zu machen.

Frischkäse und Kräuter kann man delikat kombinieren. Fettarmer Frischkäse kann aus entwässertem Joghurt selbst hergestellt werden; er wird mit gehackten frischen Kräutern oder, wie im Orient, mit einer Mischung aus getrocknetem wilden Thymian und Sesamkörnern angemacht. Festen Frischkäse, wie den französischen „Petit Suisse" oder den amerikanischen „Philadelphia" kann man in gehackter Petersilie und Schnittlauch wälzen; Käsemischungen aus geriebenem Gruyère, Parmesan und Demi-sel können ebenfalls mit frisch gehackten Kräutern überzogen werden. Reichen Sie auch zu Käseplatten immer kleine Schüsseln mit gehackten Kräutern, um Frischkäse damit zu bestreuen, oder kleine Büschel Petersilie oder Kerbel, die Sie zu Hartkäsen wie Cheddar, Gruyère und Parmesan servieren.

ÄPFEL MIT SÜSSDOLDE

750 g Kochäpfel
Zucker zum Abschmecken
2 EL gehackte Süßdolde

Schälen Sie die Äpfel, entfernen Sie die Strünke und schneiden Sie die Äpfel in Scheiben. Dann geben Sie sie in einen großen Topf, dessen Boden mit Wasser bedeckt ist. Je nach Süße der Äpfel wird Zucker zugegeben und die Äpfel werden zugedeckt langsam gargekocht. Rühren Sie die Süßdolde hinein und lassen Sie das Gericht abkühlen. (Die Äpfel können auch durch ein Sieb gegeben oder in einem Mixer püriert werden, wenn Sie ein cremiges Mus vorziehen.) Reichen Sie das Dessert kalt mit Schlagsahne.

Roter Johannisbeerschnee mit Minze.

ROTER JOHANNISBEER-SCHNEE MIT MINZE

2 dl Sahne
2 Eiweiß
2 dl Joghurt
2 EL Puderzucker
500 g rote Johannisbeeren oder Heidelbeeren
2 EL gehackte Minze

Die Sahne wird geschlagen, die Eiweiß ebenfalls. Rühren Sie den Joghurt cremig und ziehen Sie zuerst den Eischnee und dann den Joghurt unter die Sahne. Rühren Sie den Zukker hinein. Die roten Johannisbeeren bzw. die Heidelbeeren werden gewaschen und müssen gut abtropfen. Zupfen Sie die Beeren von den Stengeln und heben Sie sie unter die Sahne. Zum Schluß kommt die gehackte Minze dazu; der Fruchtschnee sollte sofort gegessen werden.

Fritierte Holunderblüten; Holunderblüten-Sorbet.

GERANIENBLÄTTER-SORBET

12 duftende Geranienblätter
75 g Puderzucker
3 dl Wasser
Saft einer großen Zitrone
1 Eiweiß
4 kleine Geranienblätter zum Garnieren

Die Geranienblätter werden gewaschen und getrocknet. Erhitzen Sie das Wasser in einem Topf und lösen Sie den Zucker darin. Dann geben Sie die Geranienblätter dazu und lassen sie in dem Topf zugedeckt ziehen (vom Herd nehmen). Wenn der Geschmack noch 20 Minuten noch zu schwach ist, kochen Sie die Flüssigkeit noch einmal auf und lassen sie weitere 10 Minuten ziehen.

Wenn Sie mit dem Geschmack zufrieden sind, filtern Sie den Sirup in einen festen Behälter, geben den Zitronensaft dazu und lassen die Flüssigkeit abkühlen. Der Behälter kommt für etwa 45–60 Minuten in das Gefriergerät, bis der Sirup halb gefroren ist. Schlagen Sie das Eiweiß steif und heben Sie es unter das Sorbet, bevor Sie es wieder ins Gefriergerät stellen, bis es fest ist. Das dauert 1 Stunde. Servieren Sie das Sorbet in Gläsern und garnieren Sie jedes mit einem kleinen Geranienblatt.

HOLUNDERBLÜTEN-SORBET

1 l Wasser
400 g Puderzucker
16 Holunderblütendolden
Saft von 2 Zitronen
Eiweiß von 1 großen Ei
rote Johannisbeeren oder einige Holunderblüten zum Garnieren

Geben Sie das Wasser und den Zucker in einen Topf. Lassen Sie das Wasser aufkochen und dann leicht brodeln, bis der Zucker gelöst ist. Die Holunderblüten werden gewaschen und trocken geschüttelt. Geben Sie sie nun in den Topf mit dem Zuckerwasser und lassen Sie sie zugedeckt 30 Minuten neben dem Herd ziehen. Filtern Sie den Aufguß und rühren Sie den Zitronensaft hinein. Dann wird die Mischung in einen festen Behälter gegossen und muß abkühlen. Stellen Sie dann den Behälter 1 Stunde in den Tiefgefrierer, bis die Mischung halb gefroren ist.

Schlagen Sie das Eiweiß in einer Schüssel fest, aber nicht steif und heben Sie es unter das Sorbet. Nun kommt es nochmals in den Tiefgefrierer, bis es fest ist; das dauert etwa 1 Stunde.

Servieren Sie das Sorbet in Weingläsern und garnieren Sie jedes Glas mit einigen roten Johannisbeeren oder ganz kleine Büscheln Holunderblüten. Die angegebene Menge reicht für 6 Portionen.

FRITIERTE HOLUNDERBLÜTEN

12 Holunderblütendolden
Öl zum Fritieren
Puderzucker zum Bestreuen

Teig:
100 g Mehl
1 Messerspitze Salz
2 EL Sonnenblumenöl
1,5 dl warmes Wasser
1 Eiweiß

Für den Teig wird das Mehl in eine Schüssel gesiebt und das Salz zugegeben. Geben Sie das Öl und soviel lauwarmes Wasser dazu, daß der Teig dünnflüssig wird. Er sollte dann 1–2 Stunden an einem kühlen Platz stehen. Kurz bevor Sie den Teig verwenden, schlagen Sie ein Eiweiß steif und heben es unter den Teig.

Die Holunderblüten werden abgespült und auf einem Tuch getrocknet. Tauchen Sie jede einzelne Dolde in den Teig, schütteln Sie den überschüssigen Teig ab und geben Sie sie in einen großen Topf mit auf 180° erhitztem Öl. Fritieren Sie nicht alle Blüten auf einmal, da sie nicht zusammengedrückt werden dürfen. Die fertigen Blüten sollen auf viel Küchenkrepp abtropfen; dann stellen Sie das Gebäck auf einem Teller warm, bis alles fritiert ist. Bestreuen Sie die „Hollerküchl" mit Puderzucker und servieren Sie sie sofort.

MINZE-SORBET

6 große Büschel Minze
(grüne Minze, Rundblättrige Minze oder Pfefferminze)
75 g Puderzucker
3 dl Wasser
Saft einer großen Zitrone
1 Eiweiß
4 Minzeblättchen zum Garnieren

Die Minze wird gewaschen und auf Küchenkrepp getrocknet. Erhitzen Sie das Wasser in einem Topf und lösen Sie den Zucker darin. Dann geben Sie die Minze hinzu und nehmen den Topf vom Feuer. Zugedeckt muß der Aufguß 20 Minuten ziehen. Probieren Sie, ob der Geschmack stark genug ist; andernfalls kochen Sie die Flüssigkeit noch einmal auf und lassen sie weitere 10 Minuten ziehen.

Wenn der Geschmack intensiv genug ist, filtern Sie den Sirup in einen festen Behälter und rühren den Zitronensaft hinein. Die Flüssigkeit muß abkühlen und wird dann ins Tiefgefriergerät gestellt, bis sie halb gefroren ist (etwa nach 45–60 Minuten). Heben Sie dann das steifgeschlagene Eiweiß unter und frieren Sie das Sorbet ein, bis es fest ist (ca. 1 Stunde). Es wird in Gläsern serviert und mit je einem Minzeblättchen garniert.

Geranienblätter-Sorbet.

SORBET MIT GRAPEFRUIT UND MINZE

Saft von 2 großen Grapefruit
50 g Puderzucker
1,5 dl Wasser
3 Büschel Minze
1 Eiweiß
4 kleine Minzeblätter zum Garnieren

Pressen Sie den Grapefruitsaft aus und gießen Sie ihn durch ein Sieb. Den Zucker in kochendem Wasser lösen, die Minze zugeben und den Topf vom Feuer nehmen. Lassen Sie die Minze 20 Minuten ziehen. Die Flüssigkeit wird gefiltert und muß abkühlen. Rühren Sie den Grapefruitsaft hinein und füllen Sie die Mischung in einen festen Behälter. Stellen Sie diesen in das Gefriergerät, bis der Sirup nach 45–60 Minuten halb gefroren ist.

Das Eiweiß wird steif geschlagen und unter das Sorbet gehoben. Stellen Sie es wieder ins Gefriergerät, bis es fest geworden ist (nach etwa 1 Stunde). Reichen Sie das Sorbet in Gläsern und garnieren Sie jedes mit einem kleinen Minzeblatt.

MELONE MIT HIMBEEREN UND MINZE

1 Melone
250 g Himbeeren
2 EL Puderzucker
1 EL gehackte Minze

Von der Melone wird eine Kappe abgeschnitten. Entfernen Sie die Kerne, holen Sie das Fruchtfleisch mit einem scharfkantigen Löffel heraus und schneiden Sie es in Würfel oder Kugeln. Die Himbeeren werden gewaschen und in einer Schüssel mit den Melonenwürfeln bzw. -bällchen vermischt. Verrühren Sie den Zucker und die Minze und heben Sie die Mischung vorsichtig unter die Früchte. Die Früchte werden in der Melonenschale oder in einer Glasschüssel serviert. Das Dessert sollte bald nach dem Anrichten gegessen werden, da sonst die Früchte weich werden.

HAGEBUTTENSAUCE

250 g Hagebutten
½ l Wasser
225 g Zucker

Zum Kochen sind die dicken Hagebutten der „Rosa rubiginosa" (Weinrose) am besten geeignet. Halbieren Sie die Hagebutten mit einem scharfen Messer. Lösen Sie den Zucker in kochendem Wasser und geben Sie die Hagebutten dazu. Bei schwacher Hitze werden die Hagebutten etwa 1 Stunde gekocht; geben Sie kochendes Wasser hinzu, wenn die Sauce zu sehr eindickt.

Passieren Sie die Masse durch ein Sieb, pressen Sie dabei das Fruchtfleisch mit einem Löffel aus und lassen Sie es abkühlen. Sie müßten etwa 2–3 dl Sauce erhalten. Sie ist reich an Vitamin C und besonders zur Ernährung von Babys und Kleinkindern geeignet. Älteren Kindern und Erwachsenen schmeckt sie mit Vanilleeis.

GEMISCHTER KÄSE MIT KRÄUTERN

175 g Philadelphia Frischkäse
25 g geriebener Gruyère
25 g frisch geriebener Parmesan
1 Messerspitze Senfkörner
Meersalz und schwarzer Pfeffer
1 Messerspitze Cayennepfeffer
4–6 EL gehackter Kerbel

Schlagen Sie den Weichkäse cremig und rühren Sie die beiden geriebenen Hartkäse unter. Dann geben Sie eine Messerspitze Senfkörner hinzu und schmecken mit Salz und Pfeffer ab. Zum Schluß wird eine Prise Cayennepfeffer eingerührt und der Käse etwa 2 Stunden kühl gestellt.

Formen Sie aus der Käsecreme kleine Bällchen und wälzen Sie diese in den gehackten Kräutern. Die Bällchen werden auf einen flachen Teller gelegt und mit Kräckern, Vollkornbrot oder Pumpernickel gegessen.

JOGHURTKÄSE MIT FRISCHEN KRÄUTERN

6 dl Joghurt
Meersalz und schwarzer Pfeffer
1 EL saure Sahne oder Crème fraîche
¼ Knoblauchzehe
½ EL gehackter Estragon
½ EL gehackter Dill
½ EL gehackter Kerbel oder Petersilie

Legen Sie ein Sieb mit einem Tuch aus und stellen Sie es auf eine Schüssel. Dann wird der Joghurt in das Tuch gegeben und zugebunden. Befestigen Sie das Tuch mit dem Joghurt über einem Abfluß und entwässern Sie ihn so über Nacht.

Am nächsten Tag geben Sie den Joghurt aus dem Tuch in eine Schüssel. Er wird cremig geschlagen und mit wenig Salz und Pfeffer sowie Sahne bzw. Crème fraîche verrührt. Zerdrücken Sie den Knoblauch und geben Sie ihn sowie den Großteil der gehackten Kräuter an den Käse; heben Sie einige Kräuter zum Bestreuen auf. Der Käse wird in eine kleine Schüssel gefüllt, glatt gestrichen und mit den übrigen Kräutern bestreut. Stellen Sie ihn 1–2 Stunden in den Kühlschrank, bevor Sie ihn zu Schwarzbrot oder Kartoffel aus der Folie servieren.

JOGHURTKÄSE MIT GETROCKNETEN KRÄUTERN

6 dl Joghurt
Meersalz und schwarzer Pfeffer
2 TL Olivenöl
1 TL getrockneter Thymian
(nach Möglichkeit wilder Thymian)
1 TL Sesamkerne

Legen Sie ein Sieb mit einem Tuch aus und stellen Sie es über eine Schüssel. Dann wird der Joghurt in das Tuch geleert und zugebunden. Das Tuch wird über einem Abfluß befestigt und der Joghurt über Nacht entwässert.

Am nächsten Tag geben Sie den Joghurt in eine Schüssel und schlagen ihn cremig. Ein wenig Salz und Pfeffer und das Olivenöl unterrühren. Formen Sie den Käse zu einem flachen, runden Laib. Der getrocknete Thymian wird zerrieben, die Sesamkerne werden in einem Mörser gestoßen und beides auf einem Bogen fettundurchlässigem Papier oder Pergament vermischt. Legen Sie den Käse auf das Papier und umhüllen Sie ihn damit, so daß er völlig mit den zerstoßenen Kräutern überzogen ist. Kühlen Sie ihn, bevor Sie ihn servieren.

Dazu schmeckt Roggenbrot (siehe Seite 198) oder ein gutes Weizenbrot. Mit Petersiliensalat (siehe Seite 175) serviert, ist dieser Käse ein leichter, delikater Imbiß.

FRUCHTSALAT MIT SÜSSDOLDE

1 kleine Melone
1 Birne
3 Pflaumen
1 Pfirsich
100 g weiße Trauben
100 g Erdbeeren
Saft von 2 Orangen
Saft von 1 Limone (nach Wunsch)
Saft von 1/2 Zitrone
1 1/2 EL Puderzucker
1 1/2 EL gehackte Süßdolde

Schneiden Sie ein Ende der Melone ab und entfernen Sie die Kerne. Das Fruchtfleisch wird in kleine Würfel geschnitten. Schälen Sie die Birne und schneiden Sie den Strunk heraus. Waschen und entkernen Sie die Pflaumen, schälen und entsteinen Sie den Pfirsich. Birne, Pflaumen und Pfirsich werden in Würfel geschnitten. Ziehen Sie den Trauben die Haut ab und entfernen Sie die Kerne. Halbieren Sie die Erdbeeren.

Alle Zutaten werden in einer Glasschüssel vermischt. Der Saft der Zitrusfrüchte wird mit Zucker gesüßt und über die Früchte gegossen. Zum Schluß rühren Sie die gehackte Süßdolde unter; reichen Sie den Salat bald nach dem Anrichten.

Saucen, Kräuterbutter, Beilagen

Dank vieler verschiedener Kräutersaucen können wir auf einfache Weise Kräuter in unsere tägliche Ernährung einbeziehen. Gekochte Saucen basieren normalerweise auf einem Fond, z. B. Hühner-, Kalbs- oder Fischfond, abhängig von dem Gericht, zu dem sie gereicht werden; der Fond kann mit Sahne verfeinert werden. Er wird entweder mit einem Püree aus gehackten Kräutern eingedickt, oder ganz zum Schluß einfach mit gehackten Kräutern gewürzt. Zu den gekochten Saucen gehören einige klassische Saucen der Haute Cuisine, wie Sauce Hollandaise, die man im letzten Moment mit einer Handvoll eingerührter Kräuter delikat variieren kann, oder Sauce Béarnaise mit Estragon.

Die Zahl der ungekochten Saucen ist sogar noch größer. Hierher gehören alle Saucen, die auf einer Verbindung von Öl und Eigelb basieren, wie Mayonnaise und Remoulade, sowie die Vinaigrettes, denen Mischungen gehackter Kräuter beigegeben werden. In einigen Fällen werden grüne Kräuter und gehackte gekochte Eier unter die Sauce gezogen, wie bei der italienischen Salsa verde, der traditionellen Beilage zu gekochtem Fleisch. Aus dem Bereich der englischen Küche stammt die einfache Minzesauce, die zu gebratenem Lammfleisch gereicht wird, aus der deutschen Küche die Meerrettichsauce zu gebratenem Rindfleisch. Eine weniger bekannte Sauce aus Senf und Dill paßt besonders gut zu Huhn, Kalbfleisch und Kaninchen. Es gibt viele delikate Saucen, die schnell mit dem Mixer aus Mischungen von Joghurt, Frischkäse und Buttermilch zubereitet werden können; alle diese Zutaten verbinden sich perfekt mit dem frischen Geschmack von Kräutern zu leichten, sommerlichen Saucen.

Aus Ländern, in denen traditionell mit viel Kräutern gekocht wird, kommen ausgefallene Saucen, bei denen meist nur eine Kräuterart Verwendung findet. Im Libanon z. B. wird eine Sauce aus gehackter Petersilie und einer Paste aus Sesamkernen zu Fisch gereicht, während Franzosen und Italiener aus den Regionen am Mittelmeer Pistou oder Pesto zubereiten, eine Sauce aus viel frischem Basilikum, die zu Nudeln gereicht oder am Ende der Kochzeit in eine Gemüsesuppe eingerührt wird.

Frische Kräuter passen auch ideal zu Beilagen verschiedener Art. Es gibt kleine Klößchen mit frischen Kräutern, die delikat in Fleisch- oder Fischsuppen oder zu Eintopf oder Hühnerfricassée schmecken. Kleine Kräuterpfannkuchen, kalt in Streifen geschnitten, werden in Österreich als Einlage für klare Suppen verwendet (Fridattensuppe). Alle diese Gerichte sind es wert, ausprobiert zu werden; ich mag wegen seiner Einfachheit gebackene und fritierte Petersilie besonders gern, eine etwas altmodische Beilage zu gebratenem Fischfilet.

APFELSAUCE MIT SALBEI

2 Kochäpfel
½ EL Zucker
schwarzer Pfeffer
1 TL gehackter Salbei

Schälen Sie die Äpfel, entfernen Sie die Kerngehäuse und schneiden Sie die Äpfel in Scheiben. Dann werden sie unter gelegentlichem Rühren in einem Topf gegart, dessen Boden knapp mit Wasser bedeckt ist. Geben Sie Zucker und eine Prise schwarzen Pfeffer hinzu und rühren Sie den gehackten Salbei hinein. Lassen Sie die Sauce 5 Minuten zugedeckt stehen, bevor Sie sie servieren. Die Sauce kann auch durch ein Sieb passiert werden, bevor Sie den Salbei unterrühren. Sie paßt zu gebratener Ente oder Schweinebraten.

KERBELSAUCE I

6 Büschel Kerbel
1,5 dl Sahne
25 g Butter
1 EL Mehl
3 dl Hühnerfond
Meersalz und schwarzer Pfeffer

Wählen Sie die schönsten Kerbelblätter aus (ungefähr 2 Eßlöffel voll) und hacken Sie sie fein. Die Stengel und die übrigen Blätter kommen mit der Sahne in einen kleinen Topf. Lassen Sie die Sahne einmal aufkochen, dann decken Sie den Topf zu und nehmen ihn vom Feuer; die Sahne muß 20 Minuten ziehen und wird dann durchsiebt.

Lassen Sie die Butter in einem Topf zergehen, rühren Sie das Mehl ein und schwitzen Sie es 1 Minute lang an, bevor Sie den erhitzten Fond hineinrühren. Dann wird die Sahne zugegossen und alles bei schwacher Hitze 4 Minuten gekocht. Schmecken Sie mit Salz und Pfeffer ab, und rühren Sie den gehackten Kerbel in die Sauce.

Diese delikate Sauce paßt gut zu gekochtem Huhn, gekochtem Fisch, hart- oder weichgekochten Eiern.

DILLSAUCE I

25 g Butter
1 EL Mehl
3 dl Rinderbrühe oder Hühnerbrühe
1,5 dl Sahne
1 TL Dijon-Senf
Meersalz und schwarzer Pfeffer
3 EL gehackter Dill

Lassen Sie die Butter in einem Topf zergehen und rühren Sie das Mehl hinein. Es soll 1–2 Minuten anschwitzen, bevor Sie die erhitzte Brühe mit der Sahne zugießen; alles wird gut verrührt und muß bei schwacher Hitze 4 Minuten kochen. Rühren Sie den Senf hinein und schmecken Sie mit Salz und Pfeffer ab. Geben Sie den gehackten Dill erst dazu, bevor Sie die Sauce servieren.

Die Sauce wird heiß zu gekochtem Rindfleisch, weichgekochten Eiern oder gekochtem Gemüse serviert. Kalt schmeckt sie zu Tomaten und zu Salaten.

Linke Seite: *Apfelsauce mit Salbei.*

Unten: *Kerbelsauce I; Dillsauce I; Gurken-Dill-Sauce.*

GURKEN-DILL-SAUCE

½ Salatgurke
1 kleiner Bund Dill
15 g Butter
1,5 dl Hühner- oder Fischbrühe
100 g fettarmer Frischkäse
Meersalz und schwarzer Pfeffer

Die Gurke wird geschält und gehackt, 1 Eßlöffel Dillkraut ebenfalls gehackt. Den restlichen Dill hacken und im zugedeckten Topf mit der Butter und der Gurke 5 Minuten dünsten. Verwenden Sie eine Brühe, die zu dem Gericht paßt, zu dem die Sauce gereicht werden soll. Geben Sie die erhitzte Brühe in den Topf und lassen Sie alles noch einmal 5 Minuten bei schwacher Hitze kochen. Die Sauce muß etwas abkühlen und wird dann im Mixer zusammen mit dem Frischkäse püriert. Erhitzen Sie sie wieder und schmecken Sie mit Salz und Pfeffer ab. Zum Schluß wird das restliche gehackte Dillkraut untergerührt.

Wenn die Sauce mit Hühnerbrühe zubereitet wurde, paßt sie zu gekochtem Huhn oder weichgekochten Eiern, wenn sie aus Fischfond ist, servieren Sie sie zu pochiertem Fisch.

SAUCE BÉARNAISE MIT KRÄUTERN

1,5 dl Weißweinessig
1 EL gehackte Schalotten
2 Estragonzweige
1 Kerbelstengel
1 Petersilienstengel
2 Blätter Liebstöckl
3 schwarze Pfefferkörner
175 g Butter
4 Eigelb
1 TL Schnittlauchröllchen
1 TL gehackter Kerbel
1 TL gehackter Estragon

Geben Sie Schalotten, Estragon, Kerbel, Petersilie, Liebstöckl und Pfefferkörner zusammen mit dem Essig in einen Topf. Kochen Sie die Mischung, bis die Flüssigkeit auf 4 Eßlöffel reduziert ist und passieren Sie diese durch ein Sieb. Geben Sie den Essig wieder in den Topf und rühren Sie die Butterstückchen ein.

Der Mixer wird mit heißem Wasser gewärmt, bevor Sie das Eigelb hineingeben. Mixen Sie das Eigelb kurz (nicht länger als 30 Sekunden) und gießen Sie dann die kochende Mischung aus Essig und Butter sehr langsam durch das Loch im Deckel des Mixers; der Mixer wird sofort abgestellt, wenn die ganze Flüssigkeit zugegeben wurde.

Schlagen Sie die Sauce im Wasserbad über heißem Wasser, bis sie leicht eingedickt ist. Sie können nun die gehackten Kräuter einrühren; die klassische Sauce Béarnaise wird allerdings ohne Kräuter zubereitet. Servieren Sie die Sauce sofort. Sie paßt hervorragend zu Steaks und zu Roastbeef.

SAUCE HOLLANDAISE MIT KRÄUTERN

3 Eigelb
1 Messerspitze Salz
100 g Butter
1 EL Zitronensaft
3 EL gehackte, gemischte Kräuter
(Kerbel, Dill, Estragon und Schnittlauch)

Diese etwas heikle Sauce kann in einem Mixer schnell zubereitet werden. Erwärmen Sie den Mixbehälter, indem Sie ihn für ein paar Minuten mit heißem Wasser füllen; dann trocknen Sie den Behälter gut aus.

Eigelb und Salz werden im Mixer gerührt. Erhitzen Sie die Butter, bis sie fast kocht, und geben Sie den Zitronensaft dazu. Schalten Sie den Mixer wieder an und gießen Sie die Butter langsam durch das Loch im Deckel. Ausschalten, sobald alles gut vermischt ist. Die Sauce wird in eine Schüssel gefüllt, die gehackten Kräuter werden eingerührt. Servieren Sie die Sauce Hollandaise sofort.

Die Sauce kann kurze Zeit im Wasserbad warmgehalten werden, wenn es unbedingt erforderlich ist; sie sollte aber nicht aufgewärmt werden. Reichen Sie sie zu pochiertem Fisch, Schalentieren, pochierten Eiern, Spargel, Broccoli oder Artischocken.

PETERSILIENSAUCE MIT EI

25 g Butter
1½ EL Mehl
3 dl Hühnerfond oder Fischfond
4 EL Sahne
Meersalz und schwarzer Pfeffer
3 EL fein gehackte Petersilie
1 hartgekochtes Ei

Lassen Sie die Butter in einem Topf zergehen, rühren Sie das Mehl ein und schwitzen Sie es 1–2 Minuten an. Mit dem erhitzten Fond wird abgelöscht und die Mischung unter ständigem Rühren etwa 3 Minuten bei schwacher Hitze gekocht. Rühren Sie die Sahne ein und schmecken Sie mit Salz und Pfeffer ab. Wenn die Sauce cremig ist, werden die gehackte Petersilie und das gehackte hartgekochte Ei dazu gegeben.

Zubereitet mit Hühnerfond, paßt diese Sauce gut zu gekochtem Schinken oder Speck. Mit Fischfond bereitet, reichen Sie sie zu gekochtem Fisch, geräuchertem Schellfisch oder geräuchertem Kabeljau.

VARIATION. Variieren Sie das Rezept für „Petersiliensauce mit Ei", indem Sie das hartgekochte Ei weglassen und 5 statt 3 Eßlöffel Petersilie verwenden.

SAFRANSAUCE

25 g Butter
1 EL fein gehackte Schalotten
1 EL Mehl
3 dl Hühnerfond oder Fischfond
1 Messerspitze Safran
Salz und schwarzer Pfeffer
2 EL saure Sahne

Lassen Sie die Butter in einem kleinen Topf zergehen und dünsten Sie die Schalotten etwa 3 Minuten darin, ohne sie zu bräunen. Dann wird das Mehl eingerührt und 1 Minute angeschwitzt. Löschen Sie mit dem erhitzten Fond ab; lassen Sie alles 3–4 Minuten bei schwacher Hitze kochen, geben Sie den Safran zu und schmecken Sie die Sauce mit Salz und Pfeffer ab. Zum Schluß wird die saure Sahne eingerührt. Reichen Sie sie zu pochiertem Fisch, hartgekochten Eiern, Reis oder Blumenkohl. (Nehmen Sie immer Hühnerfond, außer wenn die Sauce als Beilage zu Fisch verwendet wird.)

SAUERAMPFERSAUCE I

100 g Sauerampfer
3 dl Hühner- oder Fischfond
15 g Butter
1 EL Mehl
4 EL Sahne
Salz und schwarzer Pfeffer

Entfernen Sie die mittleren Stengel des Sauerampfers und hacken Sie die Blätter fein. Dann wird der Sauerampfer 5 Minuten in dem Fond gekocht; lassen Sie ihn etwas abkühlen und pürieren Sie ihn im Mixer. In der erhitzten Butter wird das Mehl bei schwacher Hitze angeschwitzt, bevor das Sauerampferpüree zugefügt wird und unter Rühren 4 Minuten kochen soll. Rühren Sie die Sahne ein und schmecken Sie die Sauce mit Salz und Pfeffer ab.

Reichen Sie die Sauce zu Kalbfleisch, pochiertem Fisch, hartgekochten Eiern oder Nudeln. (Verwenden Sie stets Hühnerfond, außer wenn die Sauce als Beilage zu Fisch Verwendung findet.)

Sauce Béarnaise mit Kräutern; Sauce Hollandaise mit Kräutern; Sauerampfersauce I; Petersiliensauce mit Ei.

TOMATENSAUCE MIT GEMISCHTEN KRÄUTERN

1 kleine Zwiebel
25 g Butter
1 EL Olivenöl
1 Knoblauchzehe
500 g Tomaten
Salz und schwarzer Pfeffer
1 TL Zucker
1 TL gehackter Zitronenthymian
1 TL gehackter Majoran oder Oregano
1 TL gehackter Schnittlauch oder Petersilie
1 TL gehackter Dill
1 TL gehackter Estragon oder gehacktes Basilikum
½ TL gehackte Liebstöcklblätter

Die Zwiebel wird geschält und gehackt, die Butter in einem Topf mit dem Öl erhitzt. Dünsten Sie darin die Zwiebel 5 Minuten leicht an und geben Sie nach 2 Minuten den gequetschten Knoblauch zu. Schälen und würfeln Sie die Tomaten; geben Sie sie in den Topf; mit Salz und Pfeffer abschmecken und den Zucker zugeben. Lassen Sie die Sauce 10–12 Minuten kochen, so daß der Saft weitgehend verkocht ist, die Tomaten aber noch ihren frischen Geschmack haben.

Nun werden die gehackten Kräuter eingerührt, der Topf wird zugedeckt, und die Sauce muß 5 Minuten ziehen, bevor Sie sie servieren. Sie paßt zu Nudeln, Gnocchi, gedämpften Zucchini und anderen Gemüsen.

TOMATENSAUCE

2 EL Olivenöl
1 mittelgroße Zwiebel
1 Knoblauchzehe
1½ mittelgroße Fleischtomaten
4 EL Tomatenmark
Salz und schwarzer Pfeffer
1 TL Zucker
½ Lorbeerblatt
2 TL gehacktes Basilikum

Das Öl wird in einem breiten Topf erhitzt, die Zwiebel geschält und gehackt und in der heißen Butter langsam weichgedünstet; lassen Sie sie nur blaßgelb werden. Schälen und zerdrücken Sie den Knoblauch und geben Sie ihn gegen Ende der Garzeit zu den Zwiebeln. Rühren Sie die geschälten und gehackten Tomaten und das Tomatenmark ein. Geben Sie Salz und Pfeffer, Zucker und Lorbeerblatt zu und lassen Sie alles unter gelegentlichem Rühren 1 Stunde zugedeckt kochen. Dann wird die Sauce passiert, und zum Schluß rühren Sie das gehackte Basilikum hinein.

Verwenden Sie die Sauce für Pizza (siehe Seite 120); sie kann auch eingefroren werden. Die angegebene Menge ergibt etwa ½ Liter.

DILLSAUCE II

6 Dillzweige
1,5 dl Sahne
1 Eigelb
1 TL Dijon-Senf
1 Messerspitze Salz
1,5 dl Olivenöl
2 TL Weißweinessig

Zupfen Sie etwa 1 Eßlöffel vom Dillkraut ab; es wird gehackt und beiseite gelegt. Geben Sie die Sahne mit den übrigen Dillstengeln und dem -kraut in einen kleinen Topf. Lassen Sie sie aufkochen, decken Sie den Topf zu und nehmen Sie ihn vom Feuer. Die Mischung muß 15 Minuten ziehen, bevor sie durchpassiert und zum Abkühlen beiseite gestellt wird.

Bereiten Sie in der Zwischenzeit eine Mayonnaise (siehe Rezept für Kräutermayonnaise Seite 190). Schlagen Sie das Eigelb in eine Schüssel, geben Sie Senf und Salz und unter ständigem Rühren nach und nach das Olivenöl zu. Wenn die Mischung gebunden ist, rühren Sie den Essig ein.

Die abgekühlte Sahne wird unter die Mayonnaise gerührt und das gehackte Dillkraut zugegeben. Reichen Sie die Sauce zu weichgekochten Eiern, gekochtem Gemüse, neuen Kartoffeln und Salaten.

KRÄUTERSAUCE MIT EI

2 hartgekochte Eigelb
2 EL Sahne
2 EL Olivenöl
2 TL Weinessig
Salz und schwarzer Pfeffer
1 EL Schnittlauchröllchen
1 EL gehackter Dill
1 EL gehackter Estragon

Zerdrücken Sie das Eigelb und mischen Sie es mit der Sahne zu einer Paste. Geben Sie nach und nach unter ständigem Rühren erst das Öl und dann den Essig zu. Mit Salz und Pfeffer abschmecken und die gehackten Kräuter einrühren. Reichen Sie die Sauce zu verschiedenen Salaten; das Eiweiß kann gehackt und unter den Salat gegeben werden.

Tomatensauce; Kräutersauce mit Ei; Kräutersauce mit Knoblauch.

KRÄUTERSAUCE MIT KNOBLAUCH

1 große Knoblauchzehe
1 Messerspitze Salz
1,5 dl Joghurt
schwarzer Pfeffer
2 EL gehackte, gemischte Kräuter
(Petersilie, Schnittlauch, Dill und Estragon)

Zerdrücken Sie den gehackten Knoblauch in einem Mörser zu Brei. Geben Sie eine Messerspitze Salz hinzu und zerkleinern Sie den Knoblauch weiter. Nach und nach wird der Joghurt untergerührt und der Brei so lange geschlagen, bis sich die Zutaten verbunden haben. Würzen Sie die Sauce mit reichlich Salz und schwarzem Pfeffer und rühren Sie die gehackten Kräuter hinein. Sie sollte kühl stehen, bis sie serviert wird.

Diese Sauce paßt zu gegrilltem Hähnchen, gegrillten Lammspießen, Schweinekoteletts, gefüllten Paprikaschoten oder Tomaten oder zu gegrilltem Fisch.

Kräuterremoulade.

KRÄUTERMAYONNAISE

2 Eigelb
1 Messerspitze Salz
½ TL Dijon-Senf
3 dl Olivenöl
1½ EL Weinessig
½ EL Zitronensaft
4 EL gehackte, gemischte Kräuter
(Kerbel, Dill, Schnittlauch, Estragon, Kresse und Petersilie)

Zu Beginn sollten alle Zutaten Zimmertemperatur haben. Geben Sie das Eigelb in eine Schüssel, schlagen Sie es mit einem Holzlöffel und rühren Sie eine Messerspitze Salz dazu. Dann wird der Senf zugegeben und das Eigelb weitergeschlagen. Füllen Sie das Öl in einen kleinen Krug und geben Sie es unter ständigem Schlagen tropfenweise zu dem Eigelb. Nach kurzer Zeit entsteht eine cremige Verbindung, und Sie können das Öl dann in einem dünnen Faden einlaufen lassen.

Wenn die Hälfte des Öls eingerührt ist, kann der Rest noch etwas schneller zugegeben werden. Falls die Mischung zu dickflüssig wird, träufeln Sie ein wenig Essig dazu, aber nicht mehr als einen Teelöffel. Wenn alles Öl eingerührt ist, wird die Sauce mit dem übrigen Essig und dem Zitronensaft abgeschmeckt. (Sollte die Sauce zu irgendeinem Zeitpunkt gerinnen, beginnen Sie noch einmal von vorn, entweder mit einem Eigelb, in das Sie die geronnene Sauce sehr, sehr langsam einrühren, oder mit einem Teelöffel Senf statt des Eigelb.) Wenn die Mayonnaise fertig ist, werden die gehackten Kräuter eingerührt.

Diese grüne Sauce ist eine köstliche Beilage zu kaltem pochiertem Lachs oder Lachsforelle, hartgekochten Eiern oder kaltem Fisch in Aspik.

KRÄUTERREMOULADE

2 hartgekochte Eigelb
2 rohe Eigelb
Salz und schwarzer Pfeffer
1 EL Dijon-Senf
3 dl Olivenöl
2 EL Weißweinessig
1 EL Estragonessig
1 EL Dillessig
6 EL saure Sahne oder Joghurt
4–6 EL gehackte, gemischte Kräuter
(Kerbel, Dill, Schnittlauch, Kresse und Petersilie)
1 EL gehackte Kapern (nach Wunsch)
1 EL gehackte Gewürzgurken (nach Wunsch)

Zerdrücken Sie die hartgekochten Eigelb in einer Schüssel und mischen Sie sie mit den rohen Eigelb zu einer Paste. Mit Salz, etwas Pfeffer und Senf würzen und die Mischung cremig schlagen. Rühren Sie das Öl Tropfen für Tropfen ein und verdünnen Sie die Sauce mit einem Teelöffel Essig, wenn sie zu dickflüssig wird. Die Mischung wird weiter geschlagen, bis das ganze Öl eingerührt ist; dann geben Sie die verschiedenen Essigsorten zu. (Wenn Sie keinen Estragon- oder Dillessig haben, ersetzen Sie diese einfach durch Weinessig.) Wenn die Sauce cremig ist, wird die saure Sahne (oder Joghurt) zugegeben. Zum Schluß die gehackten Kräuter untermischen.

Genau genommen sollte eine Remoulade gehackte Kapern und Gewürzgurken enthalten, aber die hier beschriebene Version schmeckt noch feiner. Sie paßt zu Rohkost-Salaten, Gemüsesalaten, hartgekochten Eiern, kaltem Fleisch oder Fisch.

SCHNELLE KRÄUTERSAUCE

1,5 dl Mayonnaise
1,5 dl Joghurt
2 hartgekochte Eigelb
1 TL Dijon-Senf
Salz und schwarzer Pfeffer
1 EL gehackter Dill
1 EL gehackter Schnittlauch
1 EL gehackte Petersilie

Die Mayonnaise für diese Sauce braucht nicht unbedingt hausgemacht zu sein; ein gutes Fertigprodukt erfüllt den Zweck auch.

Mischen Sie die Mayonnaise mit Joghurt und rühren Sie sie cremig; das Eigelb wird in dem Senf zerdrückt und mit der Mayonnaise verrührt. Wenn die Sauce cremig ist, schmekken Sie mit Salz und Pfeffer ab und mischen die gehackten Kräuter hinein. Die Sauce wird zu geriebenem rohem Gemüse, Rohkost oder gemischten Salaten serviert.

MEERRETTICHSAUCE

3 dl saure Sahne
1½–2 EL geriebener Meerrettich
Salz und schwarzer Pfeffer
1–2 TL Zitronensaft

Schlagen Sie die saure Sahne in einer Schüssel cremig und rühren Sie nach und nach den geriebenen Meerrettich hinein, bis die Sauce die gewünschte Schärfe erreicht hat. Mit Salz, schwarzem Pfeffer und Zitronensaft abschmecken. Die Sauce paßt zu heißem oder kaltem Rinderbraten und allen Arten von geräuchertem Fisch.

LIBANESISCHE PETERSILIENSAUCE

(Tahini)

1,5 dl Tahini
2–3 Knoblauchzehen
1,5 dl Zitronensaft
4 EL Wasser
1 Messerspitze Salz
40 g gehackte Petersilie

Tahini ist eine Paste aus Sesamkernen und Öl; es ist in Reformhäusern und arabischen Läden erhältlich.

Schlagen Sie das Tahini in einer Schüssel cremig. Schälen und zerdrücken Sie den Knoblauch und geben Sie ihn sowie den Zitronensaft, das Wasser und das Salz in die Schüssel. Die Mischung sollte die Konsistenz von Crème fraîche haben; sie wird wenn nötig, noch mit etwas Wasser verdünnt. Rühren Sie die gehackte Petersilie ein und servieren Sie die Sauce zu gebratenem Fisch, gegrilltem Lammfleisch oder Rohkost-Salaten.

PISTOU

1 große reife Tomate
40 g gehacktes Basilikum
2 Knoblauchzehen
4 EL Pinienkerne
50 g frisch geriebener Parmesankäse
1,5 dl Olivenöl

Schneiden Sie Tomate quer durch und grillen Sie sie, bis sie weich und von außen ziemlich schwarz ist. Dann ziehen Sie die Haut ab und hacken das Fruchtfleisch. Das gehackte Basilikum wird in einem Mörser zerstoßen, ebenso die geschälten und zerdrückten Knoblauchzehen und die Pinienkerne, die vorher gehackt wurden. Dann geben Sie die gehackte Tomate zu der Mischung und zerdrücken sie ebenfalls. Zum Schluß kommt der frisch geriebene Parmesan dazu. Wenn die Mischung cremig ist, träufeln Sie nach und nach das Öl hinein, genau wie bei einer Mayonnaise.

Die Sauce sollte so fest wie geschlagene Butter werden. Sie schmeckt gut zu Spaghetti, Gnocchi, Nudeln oder in jeder minestroneartigen Gemüsesuppe.

MINZESAUCE

4 EL fein gehackte Minze
1 TL Zucker
2 EL Zitronensaft
1 EL Weinessig
4 EL kochendes Wasser

Geben Sie die gehackte Minze in einen Mörser und zerstoßen Sie sie mit dem Zucker, bis die Mischung breiig und gut gemischt ist. Dann werden Zitronensaft und Essig, zum Schluß das kochende Wasser eingerührt. Vermischen Sie alles gut und lassen Sie es abkühlen. Die Sauce wird zu gebratenem Lammfleisch serviert.

SENF-DILL-SAUCE

½ EL Dijon-Senf
½ EL Olivenöl
4 EL Joghurt
Saft von ½ Zitrone
2 EL gehackter Dill

Geben Sie den Senf in eine Schüssel und rühren Sie Tropfen für Tropfen das Öl ein, genau wie bei einer Mayonnaise. Wenn Senf und Öl cremig geschlagen sind, wird der Joghurt eingerührt. Schmecken Sie mit Zitronensaft ab und rühren Sie den gehackten Dill ein. Wenn die Sauce zu irgendeinem Zeitpunkt gerinnt, pürieren Sie sie am besten im Mixer, um sie wieder zu binden. Sie paßt zu gegrillten Schweinekoteletts, Hackbraten, gekochtem Fisch oder gegrilltem Hähnchen.

Pistou.

SALSA VERDE

1 Eigelb
1 EL Dijon-Senf
1 TL Zucker
Salz und schwarzer Pfeffer
2 Knoblauchzehen
½ große weiße Zwiebel
40 g gehackte, gemischte Kräuter
(Petersilie, Schnittlauch, Dill und Estragon)
3 EL Weinessig
1,5 dl Olivenöl
2 hartgekochte Eier

Wenn Sie einen Mixer haben, geben Sie alle Zutaten hinein und mixen Sie sie gut durch.

Mit der Hand werden die Zutaten folgendermaßen gemischt: Geben Sie das Eigelb in eine Schüssel und schlagen Sie es mit einem Holzlöffel cremig. Dann werden Senf, Zucker, 1 gute Messerspitze Salz und Pfeffer aus der Mühle sowie der geschälte und zerdrückte Knoblauch, die feingehackte Zwiebel und die gehackten Kräuter zugegeben. Rühren Sie zum Schluß Essig und Olivenöl sowie die hartgekochten und gehackten Eier ein.

Diese Sauce ist eine vorzügliche Beilage zu heißem oder kaltem gekochten Rindfleisch, Artischocken, Spargel, pochiertem Fisch, neuen Kartoffeln, Haricots verts (grünen Bohnen) und vielen anderen Gemüsen.

VINAIGRETTE MIT GEMISCHTEN KRÄUTERN

1 Messerspitze Salz
frisch gemahlener schwarzer Pfeffer
½ TL Dijon-Senf
½ TL Zucker
1½ EL Weinessig
6 EL Olivenöl
½ EL Zitronensaft
½ EL gehackter Estragon
½ EL gehackter Borretsch (nach Wunsch)
½ EL gehackte Zitronenmelisse (nach Wunsch)
1 TL gehackter Kerbel
1 TL gehackter Dill
2 TL Schnittlauchröllchen
1 Knoblauchzehe

Es ist einfacher, dieses Salatdressing direkt in der Salatschüssel anzurühren, aber Sie können es auch in einer separaten Schüssel zubereiten.

Geben Sie eine Messerspitze Salz, vorzugsweise Meersalz, und ein wenig frisch gemahlenen Pfeffer in eine Schüssel. Dann werden Senf, Zucker und Essig hineingerührt, um die Gewürze zu lösen. Träufeln Sie nach und nach unter kräftigem Rühren mit einem Holzlöffel das Öl hinzu, damit sich die Zutaten verbinden.

Zum Schluß kommen der Zitronensaft und die gehackten Kräuter dazu. Sie können praktisch alle Salatkräuter verwenden, die Sie gerade zur Hand haben. Borretsch und Zitronenmelisse können, müssen aber nicht zugegeben werden. Wichtig ist nur, daß möglichst viele und möglichst verschiedenartige Kräuter Verwendung finden. Zum Schluß die geschälte Knoblauchzehe in die Sauce geben und 1 Stunde darin lassen; entfernen Sie den Knoblauch, bevor Sie die Sauce servieren. Sie ist die universellste aller Salatsaucen und paßt zu jeder Art von Salat.

VARIATION. Ersetzen Sie in dem Rezept „Vinaigrette mit gemischten Kräutern“ die gehackten gemischten Kräuter durch 1 Eßlöffel gehacktes Basilikum. Servieren Sie sie zu Kopfsalat oder Tomatensalat.

SAUERAMPFERSAUCE II

10 junge Sauerampferblätter (ca. 20 g, gehackt)
2 EL Frischkäse
4 EL Joghurt
4 EL Sahne
1 TL Zitronensaft
Salz und schwarzer Pfeffer

Schneiden Sie die Stiele aus den Sauerampferblättern und hacken Sie die Blätter. Im Mixer werden sie mit dem Frischkäse, dem Joghurt, der Sahne und dem Zitronensaft püriert. Geben Sie, wenn nötig, Salz und Pfeffer dazu und gießen Sie die Sauce in eine Schüssel. Sie sollte gut gekühlt serviert werden.

Diese säuerliche und delikate Sauce paßt gut zu kalten Fischfilets, hart- oder weichgekochten Eiern oder zu gemischtem oder grünem Salat und Geflügelsalat.

JOGHURTSAUCE MIT MINZE

3 dl Joghurt
1 Salatgurke
1–2 Knoblauchzehen
Salz und schwarzer Pfeffer
24 Minzeblätter

Schlagen Sie den Joghurt in einer Schüssel cremig. Schälen Sie die Gurke und raffeln Sie sie grob. Mit den Händen gut ausdrücken. Den Knoblauch schälen und zerdrücken. Pürieren Sie im Mixer Joghurt, geraffelte Gurken und Knoblauch mit Salz, Pfeffer und den Minzeblättern. Stellen Sie die Sauce kalt, bevor Sie sie servieren.

Diese Sauce paßt zu heißem oder kaltem Lammfleisch oder gegrillten Lammspießen; übergießen Sie damit einen Teller heißer neuer Kartoffeln oder eine Platte mit kaltem Lammfleisch. Eventuell genügt die Hälfte der angegebenen Menge.

KNOBLAUCHBUTTER MIT BASILIKUM

1 Knoblauchzehe
2 EL gehacktes Basilikum
75 g Butter
Salz und schwarzer Pfeffer

Schälen und hacken Sie den Knoblauch und zerstoßen Sie ihn in einem Mörser. Dann geben Sie das Basilikum dazu und zerstoßen es ebenfalls. Die Butter wird in Würfel geschnitten und im Mörser mit den Kräutern gemischt. (Die Butter soll kühl und fest, aber nicht hart sein.) Schmekken Sie mit Salz und Pfeffer ab. (Sie können die Mischung auch schnell in einem Mixer herstellen.) Kühlen Sie die Butter vor dem Servieren. Man kann damit Steaks, Lammkoteletts oder gegrillten Fisch garnieren.

SCHNITTLAUCHBUTTER

75 g Butter
3 EL Schnittlauchröllchen
1 EL Zitronensaft
Salz und schwarzer Pfeffer

Verwenden Sie feste und kühle Butter, die aber nicht direkt aus dem Kühlschrank kommen sollte. Die Butter wird in einem Mörser cremig gerührt, bevor Sie den gehackten Schnittlauch zugeben und untermischen. Rühren Sie den Zitronensaft hinein und schmecken Sie mit Salz und Pfeffer ab. (Die Butter kann auch im Mixer zubereitet werden.) Kühlen Sie die Butter vor dem Servieren und garnieren Sie damit gegrillte Lammkoteletts, gegrillten oder gekochten Fisch.

KRÄUTERBUTTER

75 g Butter
½ EL gehackter Estragon
½ EL gehackter Kerbel
½ EL gehackter Dill
½ EL Schnittlauchröllchen
½ EL gehackte Minze
1 EL Zitronensaft
Salz und schwarzer Pfeffer

Kneten Sie die Butter in einem Mörser cremig. Arbeiten Sie nach und nach die gehackten Kräuter ein. Wenn alles glatt untergerührt ist, wird der Zitronensaft zugegeben und die Butter mit Salz und Pfeffer abgeschmeckt. (Sie können auch alle Zutaten im Mixer vermischen.) Kühlen Sie die Butter, bis sie fest ist. Sie paßt vorzüglich zu gegrilltem Fleisch, gegrilltem Fisch, Nudeln oder gegrillten Tomaten.

Gemischter Salat in einer Vinaigrette mit Kräutern; Joghurtsauce mit Minze zu Lammspießen.

MINZEBUTTER

75 g Butter
2 EL gehackte Minze
½ EL Zitronensaft
Salz und schwarzer Pfeffer

Schlagen Sie die Butter cremig und rühren Sie die gehackte Minze ein. Dann kommt der Zitronensaft dazu, und die Butter wird mit Salz und Pfeffer abgeschmeckt. (Sie können Minzebutter auch im Mixer zubereiten.) Kühlen Sie die Butter, bis sie fest ist. Sie wird zu gegrilltem Lammfleisch mit neuen Kartoffeln, Möhren oder grünen Bohnen serviert.

PETERSILIENBUTTER

75 g Butter
1 Knoblauchzehe
3 EL gehackte Petersilie
1 EL Zitronensaft
Salz und schwarzer Pfeffer

Verwenden Sie kühle, feste Butter, aber nicht direkt aus dem Kühlschrank. Schlagen Sie die Butter cremig und mischen Sie den geschälten und zerdrückten Knoblauch darunter. Die Petersilie hineinrühren und mit Zitronensaft, Salz und Pfeffer abschmecken. (Sie können die Zutaten auch in einem Mixer mischen.) Kühlen Sie die Butter, bis sie fest ist. Sie ist vorzüglich zu Steaks, gegrilltem Fisch oder gegrillten Tomaten.

SALBEIBUTTER

75 g Butter
12 Salbeiblätter (ungefähr 1 EL, gehackt)
Salz und schwarzer Pfeffer
1 TL Zwiebelsaft
2 TL Zitronensaft

Kneten Sie die Butterstücke in einem Mörser cremig. Der Salbei wird gehackt und unter die Butter gerührt. Schlagen Sie die Butter, bis der Salbei gleichmäßig verteilt ist. Mit Salz, Pfeffer und einem Teelöffel Zwiebelsaft (ein Stück Zwiebel in einer Knoblauchpresse ausquetschen) abschmecken. Rühren Sie den Zitronensaft ein. (Sie können die Zutaten für die Butter auch in einem Mixer mischen.) Stellen Sie die Butter kalt, bis sie fest ist. Mit ihr werden Lammkoteletts, Kalbskoteletts oder gegrillte Tomaten verfeinert.

PETERSILIEN-ESTRAGON-BUTTER

75 g Butter
1½ EL gehackter Estragon
1 EL gehackte Petersilie
1 EL Zitronensaft
Salz und schwarzer Pfeffer

Verwenden Sie kühle aber nicht zu kalte Butter. Sie wird in einem Mörser cremig geknetet, dann rühren Sie die gehackten Kräuter ein. Schmecken Sie mit Zitronensaft, Salz und Pfeffer ab. Die Zutaten können auch in einem Mixer gemischt werden. Stellen Sie die Butter kalt, bis sie fest ist. Petersilienbutter mit Estragon paßt zu gegrillten Steaks oder Lammkoteletts, gegrillter Flunder, Nudeln oder gegrillten Tomaten.

FRITIERTE PETERSILIE

1 großer Strauß sehr frische Petersilie
Öl zum Fritieren

Waschen Sie die Petersilie mit kaltem Wasser und trocknen Sie sie gründlich mit einem trockenen Tuch. Das Öl wird in einer Bratpfanne auf ca. 170° erhitzt. Geben Sie jeweils einige Büschel Petersilie (ohne Stiele) hinein und fritieren Sie sie etwa 3 Minuten; zwischendurch umwenden. Die Petersilie kräuselt sich und wird leuchtend smaragdgrün. Nehmen Sie die Büschel heraus und lassen Sie sie auf Küchenkrepp abtropfen. Sie sollte so bald wie möglich gegessen werden, damit sie noch schön knusprig ist.

Diese delikate, ein bißchen altmodische Beilage zu gebratenen Fischfilets wird heutzutage nur noch selten gereicht.

PETERSILIENNOCKERL

50 g Mehl
1 Messerspitze Salz
15 g Butter
1 großes Ei
1 EL gehackte Petersilie

Das Mehl wird in eine Schüssel gesiebt und das Salz zugefügt, die Butter in Flöckchen dazugegeben. Schlagen Sie das Ei mit der gehackten Petersilie und rühren Sie es zu den anderen Zutaten. Mischen Sie die Masse, bis sie glatt ist. Wenn Sie ein Rührgerät verwenden, geben Sie alle Zutaten in die Rührschüssel und schlagen den Teig bei mittlerer Geschwindigkeit, bis er Blasen wirft.

Stechen Sie teelöffelgroße Portionen Teig ab, die Sie in einen Topf mit kochendem Salzwasser geben. Zugedeckt müssen die Nocken 5 Minuten ziehen. Dann werden sie mit einer Schöpfkelle aus dem Wasser genommen und entweder in einer klaren Suppe oder zu einem Eintopf, oder mit gekochtem Rindfleisch serviert.

VARIATIONEN. Ersetzen Sie in dem vorhergehenden Rezept Petersilie durch Kerbel. Servieren Sie die Nocken als Einlage für eine Kerbelbrühe (Seite 99).

Ersetzen Sie die Petersilie durch Dill. Reichen Sie die Nockerl in Dillbrühe (Seite 99) oder zu Huhn in Senf-Dill-Sauce (siehe Seite 140).

Ersetzen Sie die Petersilie durch Fenchel und servieren Sie die Nockerl als Einlage in Fischsuppe mit Fenchel (siehe Seite 100).

Ersetzen Sie 1 Eßlöffel gehackte Petersilie durch ½ Eßlöffel gehackten Liebstöckl. Dann passen die Nocken zur Liebstöcklbrühe (siehe Seite 99).

Ersetzen Sie die Petersilie durch Estragon und geben Sie sie als Einlage in eine Estragonbrühe (siehe Seite 99) oder zu Poulet à l'Estragon (siehe Seite 142).

RINDERMARKKLÖSSE MIT KERBEL

40 g Rindermark
1 Ei
1 Messerspitze Salz
ca. 50 g weiche Weißbrotbrösel
1 EL fein gehackter Kerbel

Wärmen Sie das Knochenmark in einer Pfanne, bis es halb geschmolzen ist, und schlagen Sie es dann in einer Schüssel mit dem Holzlöffel cremig. Nun wird das geschlagene Ei untergerührt und mit Salz gewürzt. Nach und nach geben Sie die Brotbrösel und den Kerbel dazu; rühren Sie die Masse, bis Sie einen weichen, aber festen Teig haben. Er soll 30 Minuten stehen, bevor Sie daraus kleine Klöße formen, die kaum größer sein sollen als Ihr Daumennagel.

Geben Sie die Klöße in einen Topf mit kochendem, leicht gesalzenem Wasser und lassen Sie sie 4–5 Minuten ziehen. (Sie können die Klöße auch in Rinder- oder Hühnerbrühe kochen, die Sie aus den Markknochen, Hühnerklein und Gemüse zubereiten.) Wenn die Klöße gar sind, schwimmen sie an der Oberfläche. Schneiden Sie einen in der Mitte durch und vergewissern Sie sich so, daß sie gar sind. Die Klöße müssen kurz abtropfen und werden als Einlage zu einer klaren Suppe oder zu einem Wildgericht wie Hasenrücken (siehe Seite 148) serviert.

KRÄUTERPFANNKUCHEN

75 g Mehl
1 Messerspitze Salz
1 Ei
1,5 dl Milch
2 EL fein gehackter Kerbel
Schweineschmalz zum Braten

Sieben Sie das Mehl in eine große Schüssel und machen Sie in die Mitte eine Vertiefung, in die Sie 1 Messerspitze Salz und das Ei hineingeben. Mit einem Schneebesen wird das Mehl mit dem Ei verrührt und gleichzeitig nach und nach die Milch zugegeben. Wenn Sie alles eingerührt haben, schlagen Sie den Teig, bis er glatt ist und stellen ihn dann 1 Stunde kühl.

Rühren Sie den Teig noch einmal gut durch und geben Sie gleichzeitig den gehackten Kerbel dazu. Etwas Schweineschmalz wird in einer Pfanne erhitzt und 8 kleine, dünne Pfannkuchen werden aus dem Teig gebacken. Rollen Sie sie auf und schneiden sie in Streifen. Die Pfannkuchen dienen als Einlage für eine klare Brühe. Oder sie bleiben ganz und werden mit Frischkäse gefüllt und als selbständiges Gericht gereicht.

Rindermarkklöße mit Kerbel; Kräuterpfannkuchen als Suppeneinlage.

Brot, Brötchen und Gebäck

Zum Würzen von selbstgebackenem Brot verwenden Sie vor allem die Samen der Kräuter. Kümmel- und Anissamen geben Brot einen besonders guten Geschmack, der genauso gut zu Butter und Marmelade wie zu Frischkäse oder, wenn das Brot getoastet wird, zu Fisch oder Wurst paßt. Diese beiden Gewürzsamen schmecken auch im Roggenbrot sehr gut; allerdings ist reines Roggenbrot nicht ganz leicht zu backen, weshalb in dem hier angeführten Rezept eine Mischung aus einem kleinen Teil Roggenmehl und Weizenmehl empfohlen wird. Knoblauchbrot ist französisches Stangenweißbrot, schräg in Scheiben geschnitten und mit Knoblauchbutter bestrichen; es wird dann in Folie eingewickelt und im Ofen erhitzt. Es ist sehr fett, aber köstlich zu Fischsuppen, Minestrone oder öligen Gemüsegerichten wie Ratatouille. Safranbrot, in England vor allem im Mittelalter gebräuchlich, wird manchmal süß, fast wie ein Kuchen zubereitet, oder ungesüßt, wie nach dem hier angegebenen Rezept. Es paßt besonders gut zu Fischsuppen aus Mittelmeerfischen, zu dicken Gemüsesuppen oder zu einem Fisch-Hors d'œuvre. Es schmeckt aber auch zu Gemüsegerichten, besonders wenn es getoastet ist. Übriges Brot können Sie zu Böseln verarbeiten und zum Beispiel zum Panieren von Fischfilets verwenden.

Die grünen Blätter der Kräuter gibt man nicht in den Teig, sondern verwendet sie am besten als Brotbelag, entweder allein oder zusammen mit Frischkäse. Ein Portulaksandwich und ein Kerbelsandwich mit Käse gehören zu meinen Lieblingsimbissen für ein leichtes Mittagessen, während das Petersiliensandwich und das Kräutersandwich ideal sind für das Schulbrot oder als Zwischendurchmahlzeit. Sie passen auch zu einer Vorspeise aus geräuchertem Fisch. Käsegebäck mit getrockneten Kräutern schmeckt vorzüglich zu jeder der Kräuterbrühen auf den Seiten 99–100, während Kräuterkekse ein kräftiges Abendessen würzig bereichern.

ANISBROT

500 g Mehl
1 Messerspitze Salz
1 EL Trockenhefe
1 EL Zucker
3 dl Milch
1 Ei
2 TL Anissamen

Sie geben das Mehl und das Salz in eine große Schüssel und stellen sie an einen warmen Platz. Hefe und Zucker werden in einer Tasse gemischt. Wärmen Sie die Milch etwas an (nicht heiß werden lassen!) und geben Sie 2 Eßlöffel auf die Hefe. Lassen Sie die Tasse 10 Minuten oder bis die Hefe aufgeht an einem warmen Ort stehen. Inzwischen wird das Ei in einer Schüssel mit der übrigen warmen Milch und den Anissamen verrührt.

Drücken Sie mit einem Löffel in die Mitte des Mehls eine Vertiefung und gießen Sie die Hefemischung hinein. Bedecken Sie sie mit Mehl und rühren Sie auch die Ei-Milch-Mischung ein. Dann wird der Teig mit einem Holzlöffel kräftig geschlagen, bis er Blasen wirft. Geben Sie den Teig anschließend auf eine bemehlte Fläche und kneten Sie ihn mit der Hand weiter. Er wird noch 6–8 Minuten durchgeknetet, bis er glatt und elastisch ist.

Die Backschüssel wird ausgewischt und mit etwas Öl eingerieben. Dann geben Sie den Teig hinein. Drehen Sie ihn ein paarmal, so daß er leicht mit Öl überzogen ist. Nun decken Sie die Schüssel mit einem Tuch ab und lassen den Teig an einem warmen Platz gehen. Es dauert etwa 1 Stunde, bis er seinen Umfang verdoppelt hat. Kneten Sie den Teig noch einmal 4–5 Minuten.

Nun wird aus dem Teig ein Laib geformt und in eine gefettete Form von 25 cm x 10 cm x 7,5 cm gegeben. Lassen Sie ihn in der Form mit einem Tuch bedeckt nochmals 40 Minuten gehen. Er muß dann ca. 40 Minuten bei mittlerer Temperatur (200° C) backen. Dieses nicht alltägliche Brot schmeckt gut mit Butter und Honig, mit Frischkäse oder mit Wurst.

VARIATION. Ersetzen Sie in dem Rezept für Anisbrot die Anissamen durch Kümmelsamen.

KNOBLAUCHBROT

1 französisches Weißbrot
2 Knoblauchzehen
½ TL Meersalz
75 g Butter

Schneiden Sie das Weißbrot schräg auf, ohne die Scheiben ganz abzutrennen. Der Knoblauch wird geschält, mit dem Salz zerdrückt und unter die Butter gemischt. Bestreichen Sie die Brotscheiben von beiden Seiten mit Knoblauchbutter, drücken Sie das Brot wieder zusammen und streichen Sie die übrige Butter auf die Brotkruste. Nun wird das Brot in die Folie gewickelt und 5 Minuten bei mäßiger Hitze (200° C) gebacken.

Anisbrot.

ROGGENBROT

250 g Mehl
50 g Roggenmehl
1 EL Trockenhefe
1 EL Zucker
1 dl Wasser
½ EL Salz
1 dl Milch
1 TL Kümmelsamen
1 TL Anissamen
1 TL geriebene Orangenschale

Mischen Sie die beiden Mehlsorten in einer Schüssel und geben Sie Hefe und Zucker in eine Tasse. 3 Eßlöffel Wasser werden leicht erwärmt und auf die Hefe geträufelt. Lassen Sie die Tasse an einem warmen Platz etwa 10 Minuten stehen, bis die Mischung aufgeht. Geben Sie das Salz in eine Schüssel, erhitzen Sie das übrige Wasser fast bis zum Siedepunkt und gießen Sie 3 oder 4 Eßlöffel davon auf das Salz. Wenn das Salz sich gelöst hat, werden das übrige Wasser und die Milch zugegeben und das Ganze wird in einem Topf leicht angewärmt.

Drücken Sie in die Mitte des Mehls eine Vertiefung und gießen Sie die Hefemischung hinein. Bedecken Sie sie mit Mehl und streuen Sie Kümmel, Anis und Orangenschale darauf. Dann werden Milch und das Wasser eingerührt und die Masse mit einem Holzlöffel geschlagen. (Verschiedene Mehlsorten saugen unterschiedlich viel Flüssigkeit auf; geben Sie kein Wasser mehr zu, wenn der Teig sich zu einem Kloß formt und die Teigreste vom Boden der Schüssel aufnimmt.) Kneten Sie den Teig noch etwa 5 Minuten.

Die Schüssel wird ausgewischt und mit etwas Öl eingefettet. Geben Sie den Teig hinein, decken Sie ihn mit einem Tuch ab und lassen Sie ihn an einem warmen Platz 1 Stunde gehen; während dieser Zeit soll der Teig seinen Umfang in etwa verdoppeln. Danach wird er aus der Schüssel genommen, noch einmal 3 Minuten geknetet. Er muß nochmals zugedeckt in der Schüssel 1 Stunde gehen.

Dann nehmen sie den Teig heraus, kneten ihn kurz durch, formen einen Laib und geben ihn in eine gefettete Form (25 cm x 10 cm x 7,5 cm). Der Teig muß in der Form noch einmal 30 Minuten gehen. Backen Sie ihn 45 Minuten bei starker Hitze (220°).

SAFRANBROT

500 g Mehl
1½ TL Salz
1 EL Trockenhefe
5 EL warmes Wasser
1,5 dl Milch
½ TL Safran
2 Eier

Geben Sie das Mehl mit dem Salz in eine große Schüssel; Hefe und Wasser werden in einer Tasse verrührt und müssen 10 Minuten an einem warmen Platz stehen, bis die Mischung aufgeht. Erhitzen Sie die Milch in einem kleinen Topf und lösen Sie den Safran darin auf; wenn die Milch den Siedepunkt erreicht, nehmen Sie sie vom Feuer und lassen sie unter gelegentlichem Rühren abkühlen. Die Milch soll aber nicht völlig kalt werden, sondern lauwarm bleiben. Schlagen Sie die Eier in eine Schüssel und rühren Sie die Safranmilch ein.

In die Mitte des Mehls wird eine Vertiefung gedrückt und die Hefemischung hineingegossen. Bedecken Sie den Hefebrei mit Mehl, rühren Sie dann die Safranmilch unter das Mehl und schlagen Sie den Teig kräftig mit einem Holzlöffel. Wenn der Teig zu trocken wird, geben Sie noch etwas Milch oder Wasser zu. Dann wird er 5 Minuten geknetet.

Die Schüssel wird ausgewischt und leicht eingefettet. Der Teig kommt hinein und wird mit einem Tuch zugedeckt. Er muß an einem warmen, zugfreien Platz etwa 1 Stunde gehen. Kneten Sie ihn weitere 5 Minuten, formen Sie einen Laib und geben Sie ihn in eine gefettete Form (25 cm x 10 cm x 7,5 cm). Zugedeckt soll er noch einmal 30–45 Minuten gehen. Backen Sie das Brot 30 Minuten bei mäßiger Hitze (190°), bis es hohl klingt, wenn Sie mit dem Knöchel gegen den Boden der Form klopfen. Safranbrot schmeckt köstlich zu Fischsuppen, Gemüsesuppen oder Gemüsegerichten.

Kerbelsandwich mit Käse; Petersiliensandwich; Roggenbrot; Safranbrot.

KERBELSANDWICH MIT KÄSE

2 Scheiben Vollkornbrot
Butter zum Bestreichen
Cheddar oder Frischkäse
1 Bund Kerbel

Bestreichen Sie beide Scheiben Brot mit Butter und legen Sie eine dicke Scheibe Käse auf eines der Brote, bzw. bestreichen Sie es reichlich mit Frischkäse. Auf den Käse wird eine Lage gehackter Kerbelblätter gestreut und die andere Scheibe Brot daraufgelegt. Schneiden Sie das Sandwich in fingerdicke Stücke oder in Dreiecke.

PORTULAKSANDWICH

3 Portulakzweige
2 Scheiben Vollkornbrot
ungesalzene Butter zum Bestreichen
Salz

Die Portulakblätter werden von den Stengeln gezupft, gewaschen und getrocknet. Bestreichen Sie das Brot mit reichlich Butter, legen Sie die Blätter darauf und bestreuen Sie sie mit Salz. Ein nahrhafter und vitaminreicher Imbiß oder ein gesundes Schulbrot.

PETERSILIENSANDWICH

8 halbe Scheiben Vollkornbrot
Butter zum Bestreichen
Frischkäse
4 EL gehackte Petersilie
schwarzer Pfeffer

Bestreichen Sie 4 Scheiben Brot mit Butter und die anderen 4 mit Frischkäse. Streuen Sie die Petersilie auf den Käse und darauf etwas frischgemahlenen Pfeffer. Die Brotscheiben werden übereinander gelegt und geviertelt.

VARIATION. Ersetzen Sie die Petersilie durch 4 Eßlöffel gehackte gemischte Kräuter: Kerbel, Dill, Estragon und Schnittlauch.

Käsegebäck mit Kräutern.

KRÄUTERKEKSE

2 dl Wasser
60 g Butter
150 g Mehl
3 Eier
250 g frisch pürierte Kartoffeln
Meersalz und schwarzer Pfeffer
4 EL gehackte, gemischte Kräuter
(Kerbel, Dill, Schnittlauch und Petersilie)

Erhitzen Sie das Wasser und die Butter in einem Topf. Wenn die Butter geschmolzen ist, nehmen Sie den Topf vom Feuer und rühren das Mehl hinein, bis Sie eine dicke Paste erhalten. Geben Sie nacheinander die Eier zu und rühren Sie, bis die Mischung sich vom Topfrand löst. Zum Schluß werden die pürierten Kartoffeln zugegeben. Mit Salz und Pfeffer abschmecken, die gehackten Kräuter einrühren und den Teig abkühlen lassen.

Erhitzen Sie ein leicht gefettetes Backblech, formen Sie aus dem Teig kleine runde Kuchen und backen Sie diese goldbraun. Die Kekse werden heiß serviert; die angegebene Menge ergibt etwa 16 Stück.

KÄSEGEBÄCK MIT KRÄUTERN

50 g Mehl
25 g Butter
1 Messerspitze Meersalz
1 Messerspitze Cayennepfeffer
50 g geriebener Emmentaler
1/2 EL Kümmel- oder getrockneter Dillsamen
1/2 TL Dijon-Senf
1 Eigelb
1 EL Eiswasser

Sieben Sie das Mehl in eine Schüssel und arbeiten Sie die Butter in kleinen Stücken ein. Dann geben Sie Salz und Cayennepfeffer hinzu und mischen den geriebenen Käse unter den Teig (Sie können diese Zutaten auch mit einem Rührgerät mischen). Nun werden Kümmel bzw. Dill und der mit Eigelb verrührte Senf zugegeben. Gießen Sie soviel Eiswasser zu, daß der Teig die richtige Festigkeit hat.

Der Teig wird in Klarsichtfolie gewickelt und für 1 Stunde in den Kühlschrank gestellt. Rollen Sie ihn auf einem Brett 3 mm dick aus und stechen Sie runde Scheiben aus. Auf einem gefetteten Backblech werden sie 7 Minuten bei mäßiger Hitze (200°) gebacken, bis sie goldbraun sind. Servieren Sie sie sofort, zum Beispiel zu einer klaren Suppe.

Getränke

Es gibt viele erfrischende und nahrhafte Getränke aus Kräutern, deren Basis Mischungen von Frucht- und Gemüsesäften, Joghurt und Buttermilch sind. Diese Getränke eignen sich auch besonders gut für Rekonvaleszenten und kleine Kinder, da sie viele Vitamine enthalten, die leicht aufgenommen werden. Der Vitamingehalt vermindert sich bei längerem Aufheben, deshalb sollten sie immer frisch zubereitet werden. Einige der besten Kräutergetränke kann man nur mit einem Entsafter herstellen, mit dem man Gemüse wie Spinat, Sauerampfer, Karotten, Tomaten, Gurken und Früchte wie Äpfel, Trauben, Pfirsiche, Melonen entsaften kann. Andere lassen sich in einem Mixer zubereiten oder einfach mit dem Schneebesen schlagen.

Minze wird häufig für Getränke verwendet, da sie zu Joghurt, Tee und vielen Gemüse- und Fruchtmischungen paßt. Basilikum und Kerbel schmecken delikat in frischem Tomatensaft oder in einer Mischung aus Karotten- und Tomatensaft. Die Säure des Sauerampfers paßt gut zu Buttermilch oder Joghurt, und Kerbel streut man auf Gurken- oder Apfelsaft. Petersilie liefert selbst nicht viel Saft, schmeckt aber köstlich, wenn man sie in Joghurt, Buttermilch oder Zitronensaft rührt.

APFELSAFT MIT MINZE

8 saftige Äpfel
4 EL Zitronensaft
2 EL gehackte Minze

Vierteln und entsaften Sie die ungeschälten Äpfel (das Kerngehäuse wird nicht entfernt). Mischen Sie Apfelsaft und Zitronensaft und rühren Sie die Minze hinein. Die angegebene Menge ergibt 4 kleine Gläser.

HAGEBUTTENSAFT

125 g Hagebutten
Schale von 2 großen Kochäpfeln
1 l kaltes Wasser
Zucker und Honig zum Abschmecken

Die Hagebutten werden grob gehackt, mit der Apfelschale in einen Topf gegeben und mit Wasser bedeckt. Lassen Sie sie langsam aufkochen und bei schwacher Hitze 30 Minuten ziehen. Passieren Sie den Saft und schmecken Sie ihn mit Zucker oder Honig ab.

BUTTERMILCH MIT SAUERAMPFER UND KRESSE

½ l Buttermilch
1 dl Joghurt
2 Schalen Kresse
12 junge Sauerampferblätter

Mischen Sie Buttermilch und Joghurt in einem Mixer. Die Blätter der Kresse und der Sauerampfer werden zugegeben und ebenfalls gemixt. Gießen Sie die Mischung in Gläser und garnieren Sie jedes Glas mit einem Minzezweig.

BUTTERMILCH MIT BRUNNENKRESSE

½ l Buttermilch
1 dl Naturjoghurt
1 Bund Brunnenkresse
2 EL gehackter Schnittlauch

Buttermilch und Joghurt werden im Mixer gemischt. Dann geben Sie die Blätter der Brunnenkresse dazu und mixen noch einmal. Zum Schluß den Schnittlauch einrühren.

Buttermilch mit Sauerampfer und Kresse; Buttermilch mit Brunnenkresse.

SAFT AUS KAROTTEN UND SAUERAMPFER

1 kg Karotten
250 g Sauerampfer oder eine Mischung aus Spinat und Sauerampfer
1 EL Zitronensaft

Sie putzen die Karotten, schneiden sie in dicke Stücke und geben sie in einen Entsafter. Auch der gewaschene Sauerampfer bzw. Sauerampfer und Spinat werden entsaftet. Mischen Sie die beiden Säfte und rühren Sie den Zitronensaft hinein.

SAFT AUS KAROTTEN UND TOMATEN

500 g Karotten
500 g Tomaten
2 dl Joghurt
2 EL Zitronensaft
1 EL Orangensaft
1 EL gehackter Kerbel

Die Karotten werden geschält, in dicke Stücke geschnitten und entsaftet. Waschen und vierteln Sie die Tomaten und geben Sie diese ebenfalls in den Entsafter. Mischen Sie beide Säfte und rühren Sie Joghurt, die Fruchtsäfte und die gehackten Kräuter ein. Der Saft sollte sofort getrunken werden.

GURKENSAFT MIT SCHNITTLAUCH

1½ große Salatgurken
2,5 dl Joghurt
1½ EL gehackter Schnittlauch

Schneiden Sie die ungeschälten Gurken in große Stücke und geben Sie sie in den Entsafter. Der Saft wird mit dem Joghurt gemischt und der Schnittlauch eingerührt. Servieren Sie das Getränk sofort. Es ergibt 4 kleine Gläser.

Von links nach rechts: *Saft aus Karotten und Sauerampfer; Joghurtdrink mit Minze; Mint-Fizz; Marokkanischer Minzetee; Gurkensaft mit Schnittlauch; Saft aus Karotten und Tomaten; Fruchtsaft mit Petersilie.*

FRUCHTSAFT MIT PETERSILIE

2 Tassen Zitronensaft
¾ Tasse Orangensaft
6 EL gehackte Petersilie

Verwenden Sie frisch gepreßte Fruchtsäfte. Mischen Sie Zitronen- und Orangensaft und rühren Sie die gehackte Petersilie hinein. Das Getränk sollte sofort serviert werden. Es ergibt 4 kleine Gläser.

MINT-FIZZ

4 EL gehackte Minze
1 TL Zucker
1 dl kochendes Wasser
Saft von 1 Orange
Saft von 1 Zitrone
3 dl Mineralwasser
6 Eiswürfel
1 großer Zweig Minze zum Garnieren

Geben Sie die gehackte Minze und den Zucker in einen Krug und gießen Sie das kochende Wasser darauf. Wenn der Aufguß abgekühlt ist, werden die frisch gepreßten Fruchtsäfte zugegeben. Kühlen Sie die Mischung 2–3 Stunden, passieren Sie sie und geben Sie das Mineralwasser und die Eiswürfel zu. Mit einem Zweig frischer Minze wird das Getränk garniert.

MAROKKANISCHER MINZETEE

2 TL chinesischer Tee
4 EL gehackte Minze
1 l kochendes Wasser
Zucker nach Wunsch

Garnierung:
4 Zitronenscheiben
4 kleine Büschel Minze

Erwärmen Sie eine Teekanne und geben den chinesischen Tee und die gehackte Minze hinein. Gießen Sie das kochende Wasser zu und lassen Sie den Tee 5 Minuten ziehen. Dann wird er durch ein Sieb in Gläser oder Teetassen gegossen und nach Geschmack gesüßt. Garnieren Sie jedes Glas mit einer Zitronenscheibe und einem Büschel Minze.

Wenn Sie Eistee machen wollen, geben Sie den Zucker direkt in die Teekanne und gießen den Tee durch ein Sieb auf zerstoßene Eiswürfel, um ihn schnell zu kühlen.

BUTTERMILCH MIT SAUERAMPFER

250 g Sauerampfer
3 dl Joghurt
3 dl Buttermilch

Den Sauerampfer entsaften und den Saft im Mixer mit Joghurt und Buttermilch mischen. Ergibt 4 kleine Gläser eines delikaten und gesunden Getränks.

TOMATENSAFT MIT BASILIKUM

1 kg Tomaten
2 EL gehacktes Basilikum
2 EL Zitronensaft

Waschen, vierteln und entsaften Sie die Tomaten. Rühren Sie das gehackte Basilikum in den Saft und geben Sie den Zitronensaft zu. Das Getränk sollte 2 Stunden gekühlt werden, bevor Sie es servieren. Es ergibt 4 kleine Gläser.

JOGHURTDRINK MIT MINZE

½ l Joghurt
½ l Eiswasser
1 Messerspitze Salz
4 Büschel Minze

Mischen Sie den Joghurt mit dem Eiswasser und einer Messerspitze Salz im Mixer. Gießen Sie die Mischung in 4 Gläser und legen Sie je ein Büschel Minze obenauf. Dieser erfrischende Drink für heiße Tage ist im Mittleren Osten sehr beliebt.

Eingelegtes und Eingemachtes, Kräuteröl und Kräuteressig

Durch Kräuter wird sauer Eingelegtes voller im Geschmack, kräftiger und gleichzeitig milder. Ich verwende ausschließlich Wein- oder Apfelweinessig, um Gemüse einzulegen, und beide werden durch Zusatz von Kräutern interessanter im Geschmack. Dill eignet sich besonders gut zum Würzen von sauren Gemüsen, wie Gurken, Zwiebeln usw.; am besten verwendet man die ganzen Stengel mit den Blütenköpfen und den Samen. Sie können aber auch nur Dillsamen verwenden. Für Fenchel gilt dasselbe wie für Dill und vom Koriander kann man neben den Blättern auch die getrockneten Samen mit einlegen. Minze schmeckt als Zusatz zu Chutneys und kann für den Winter als konzentrierte Minzesauce oder sogar als Gelee eingemacht werden. Andere Kräutergelees werden aus Kombinationen von Kochäpfeln mit Zitronenthymian, Salbei oder Estragon hergestellt. Auch aus Hagebutten und Holunderblüten kann man ein delikates süßes Gelee kochen, oder man bereitet daraus einen Sirup, der, in Flaschen abgefüllt, den ganzen Winter über hält und zu Süßspeisen aus gekochten Früchten paßt.

Wenn bestimmte Kräuter zur Einmachzeit schwer zu bekommen sind, können Sie deren Aroma durch Zugabe von Kräuteressig (siehe Seite 208–209) erzielen, den Sie mit purem Essig mischen. Estragon paßt zu fast allem, was sauer eingelegt wird, vor allem zusammen mit Dill. Besonders dekorativ wirkt es, wenn kleine Büschel Estragon und Dill in Mixed Pickles zwischen die Schichten Gurken, Zwiebeln, Blumenkohl oder Karotten gelegt werden.

Öl und Essig können das Aroma einer Kräuterart oder einer Mischung von ausgewählten Kräutern aufnehmen. Ein Vorrat an verschiedenen würzigen Ölen und Essigsorten gibt Ihnen unzählige Möglichkeiten für ausgefallene und interessante Gerichte. Außerdem kann man mit ihrer Hilfe auf schnelle und einfache Weise die tägliche Nahrung mit Kräutern verfeinern. Olivenöl kann mit Basilikum gewürzt und für Salatsaucen oder auf hausgemachter Pizza verwendet werden. Mit Knoblauch oder Estragon können Sie Essig aromatisieren; aber auch Dillsamen eignen sich dazu. Holunderblütenessig wird in sehr kleinen Mengen an Speisen aus gekochten Früchten gegeben, z.B. gebackene Birnen, geschmorte Äpfel oder Pflaumen, während Bibernelle-Essig selbstgemachter Mayonnaise einen feinen und besonderen Geschmack verleiht.

EINGELEGTE ROTE BETE MIT MEERRETTICH

1 kg mittelgroße rohe Rote Bete
1 Knoblauchzehe
4 EL geriebener Meerrettich
6 dl weißer Weinessig
1 EL Meersalz
2 EL Zucker
6 Gewürznelken
6 Pfefferkörner
6 Koriandersamen

Kochen Sie die Roten Bete etwa 30 Minuten in einem Dampfkochtopf. Dann wird das Wasser abgegossen (heben Sie 4 dl davon auf) und die Roten Bete müssen abkühlen. Sie werden geschält und in Scheiben geschnitten. Der Knoblauch wird geschält und fein gehackt. Füllen Sie die Roten Bete in Gläser und streuen Sie Meerrettich und Knoblauch dazwischen.

Erhitzen Sie den Essig mit dem aufgehobenen Wasser und geben Sie Salz, Zucker, Nelken, Pfefferkörner und Koriandersamen hinein. Die Mischung muß 3 Minuten kochen und wird dann über die Rote Bete gegossen. Verschließen Sie die Gläser und stellen Sie sie 2 Wochen an einen dunklen Platz, bevor Sie das Gemüse essen.

MIXED PICKLES MIT DILL

1 kleiner Blumenkohl
250 g Karotten
250 g grüne Bohnen
100 g kleine Zwiebeln
½ Gurke

Essigsud:
1½ l Wasser
3 dl weißer Weinessig
2 EL Gurkengewürz
25 g Meersalz
50 g Zucker
2 geschälte Knoblauchzehen
1 EL geriebener Meerrettich
1 Scheibe Ingwer
1 Stengel Dill mit Blütenköpfen und Samen (ca. 30 cm lang)
oder 1 TL Dillsamen
1 Estragonzweig

Alle Zutaten für den Essigsud werden 30 Minuten gekocht und müssen dann abkühlen.

Waschen Sie den Blumenkohl und teilen ihn in Röschen. Die Karotten werden geputzt, der Länge nach in Viertel und dann in Stücke geschnitten. Schneiden Sie die Bohnen in 2,5 cm lange Stücke. Schälen Sie die Zwiebeln und schneiden Sie die ungeschälte Gurke der Länge nach in Viertel, dann in Stücke. Nacheinander werden Blumenkohl, Karotten, Bohnen und Zwiebeln in demselben, leicht gesalzenen Wasser gekocht. Das Wasser abgießen, die Gemüse vermischen und in Gläser füllen.

Gießen Sie den erkalteten Essigsud durch ein Sieb über die Gemüse, entfernen Sie dabei Dill, Estragon, Ingwer und Knoblauch. Die Gläser werden verschlossen und sollten 2 Wochen stehen, bevor Sie das Gemüse essen. Mit dem gleichen Sud können Sie auch andere Gemüse einlegen.

EINGELEGTE GURKEN AUF RUSSISCHE ART

2 Knoblauchzehen
1 kg kleine Gurken
8 Estragonzweige
8 Dillzweige
8 kleine Blätter der schwarzen Johannisbeere

Essigsud:
3/4 l Wasser
1/4 l weißer Weinessig
25 g Meersalz
3 Lorbeerblätter
6 schwarze Pfefferkörner
6 Koriandersamen
6 Nelkenpfeffer

Kochen Sie alle Zutaten für den Essigsud in einem Topf 3 Minuten und lassen Sie den Sud dann abkühlen.

Den Knoblauch schälen und in Scheiben schneiden, die kleinen Gurken waschen und mit dem Knoblauch in Gläser füllen. Estragon, Dill und Johannisbeerblätter dazwischenstreuen. Gießen Sie den erkalteten Essigsud auf die Gurken und verschließen Sie die Gläser. Verwenden Sie die Gurken frühestens nach 2 Wochen.

Statt kleiner Gurken können Sie auch Salatgurken verwenden. Schneiden Sie sie der Länge nach in Viertel und dann in 5 cm lange Stücke.

Koriander-Chutney; Eingelegte Gurken auf russische Art; Mixed Pickles mit Dill.

KORIANDER-CHUTNEY

1 kg Kochäpfel
500 g Zwiebeln
2 Knoblauchzehen
1 grüne Paprikaschote
1 rote Paprikaschote
1 l roter Weinessig
500 g brauner Zucker (Rohrzucker)
1/2 EL Koriandersamen
6 Pfefferkörner
6 Gewürznelken
1 EL Meersalz
50 g Ingwer
2 EL gehackte Korianderblätter
2 EL gehackte Minze

Die Äpfel werden geschält und in Scheiben geschnitten, die Zwiebeln geschält und gehackt, die Knoblauchzehen geschält und zerdrückt. Putzen und hacken Sie die Paprikaschoten und geben Sie alle Gemüse mit dem Essig in einen schweren Topf. Sie müssen etwa 30 Minuten bei schwacher Hitze kochen.

Dann geben Sie braunen Zucker, Koriander, Pfefferkörner, Gewürznelken, Salz und den zerdrückten und in ein Tuch eingewickelten Ingwer dazu. Erhitzen Sie alles langsam, bis der Zucker geschmolzen ist und lassen Sie die Mischung dann auf kleiner Flamme kochen, bis sie eingedickt ist; das kann bis zu einer Stunde dauern. Zum Schluß werden die gehackten Koriander- und Minzeblätter eingerührt und das Chutney wird in heiße, sterilisierte Gläser gefüllt. Diese Menge ergibt etwa zwei kleine Gläser.

MINZEGELEE

1 kg grüne Kochäpfel
1 Bund Minze (ca. 15 g)
1 l Wasser
ca. 500 g Zucker
2 EL Zitronensaft
3 EL Weißweinessig
4 EL gehackte Minze

Die Äpfel werden gewaschen und samt Schale und Kerngehäuse in Stücke geschnitten. Kochen Sie die Äpfelstücke mit der Minze in Wasser auf kleiner Flamme, etwa 30 Minuten, bis sie weich und breiig sind. Geben Sie die Masse in ein Tuch und entsaften Sie sie über Nacht.

Am nächsten Tag wird die Saftmenge gemessen; zu je ½ Liter Saft geben Sie ca. 400 g Zucker. Kochen Sie die Flüssigkeit, bis sie nach etwa 20–30 Minuten geliert. Schöpfen Sie den Schaum von der Oberfläche ab und rühren Sie Zitronensaft, Essig und die gehackte Minze hinein. Das Gelee wird in Gläser gefüllt und verschlossen, wenn es abgekühlt ist. Diese Menge reicht etwa für 2 Marmeladengläser. Sie können das Gelee leicht in doppelter oder dreifacher Menge herstellen. Es paßt u. a. zu gebratenem Lammfleisch.

VARIATIONEN. Ersetzen Sie in dem Rezept die Minze durch Zitronenthymian; dann paßt das Gelee vorzüglich zu gebratener Ente, Schweinefleisch und Wild.

Ersetzen Sie in dem Rezept die Minze durch die halbe Menge Salbei. Das Gelee wird dann als Beilage zu Schweinebraten, Ente, Hase und Wildbret serviert.

Ersetzen Sie in dem Rezept die Minze durch Estragon. Das Gelee schmeckt gut zu kaltem Fleisch.

MINZESAUCE

100 g Minzeblätter
3 dl Apfelweinessig
80 g Zucker

Die Minzeblätter werden gewaschen, mit einem Tuch trokken getupft, fein gehackt und in kleine Gläser gefüllt. Kochen Sie den Essig mit dem Zucker, bis der Zucker gelöst ist und gießen Sie den Sud auf die Minze. Rühren Sie die Minze auf und verschließen Sie die Gläser. Die Sauce sollte dunkel gelagert werden. Sie wird bei Gebrauch mit Zitronensaft und Wasser verdünnt.

HOLUNDERBLÜTENSIRUP

Holunderblüten
125 g Zucker
2 dl kochendes Wasser

Füllen Sie ein Glas mit Holunderblüten, die Sie zuvor gewaschen und abgetrocknet haben. Dann gießen Sie kochendes Wasser dazu, lassen es abkühlen, verschließen das Glas und lassen es 24 Stunden stehen.

Der Zucker wird in dem kochenden Wasser gelöst. Seihen Sie den Holunderblütenaufguß ab und mischen ihn mit dem Sirup. Gießen Sie die Mischung in eine Flasche, die fest verschlossen wird. Man kann damit Fruchtspeisen, wie Apfel- oder Birnenkompott und Fruchtsalate abschmecken.

HOLUNDERBLÜTENGELEE

2 kg Kochäpfel
2 l Wasser
ca. 1,2 kg Zucker
6 große Holunderblüten
4 EL Zitronensaft

Die Äpfel werden gewaschen, mit Schale und Kerngehäuse zerschnitten und mit dem Wasser in einen Topf gegeben. Sie müssen etwa 30 Minuten kochen, bis sie weich und breiig sind. Gießen Sie die Äpfel auf ein Tuch und entsaften Sie sie über Nacht.

Am nächsten Tag stellen Sie die Saftmenge fast und geben auf je ½ l Saft ca. 400 g Zucker. Die Mischung aufkochen, die Holunderblüten in ein Tuch eingeschlagen, hineingeben und etwa 5 Minuten mitkochen lassen, bzw. bis das Gelee genügend aromatisiert ist. Nehmen Sie die Blüten heraus und kochen Sie die Flüssigkeit noch weiter, bis sie anfängt zu gelieren. Zum Schluß wird der Schaum von der Oberfläche abgeschöpft und der Zitronensaft eingerührt. Füllen Sie das Gelee in Gläser und verschließen Sie diese, sobald es abgekühlt ist. Die Menge reicht für drei oder vier kleine Gläser.

HAGEBUTTENGELEE

1 kg Hagebutten
1½ l Wasser
ca. 500 g Zucker
3 EL Zitronensaft

Die Hagebutten werden gewaschen, grob gehackt und in dem Wasser etwa 1 Stunde lang gar gekocht. Geben Sie die Früchte in ein Tuch und entsaften Sie sie über Nacht.

Am nächsten Tag wird die Saftmenge festgestellt; auf je ½ l Saft gehen ca. 400 g Zucker. Erhitzen Sie die Mischung vorsichtig, bis der Zucker gelöst ist und kochen sie dann weiter, bis sie geliert. Der Schaum wird von der Oberfläche abgeschöpft, der Zitronensaft eingerührt und das Gelee in kleine Gläser gefüllt. Verschließen Sie die Gläser, wenn das Gelee abgekühlt ist.

KRÄUTERÖL

½ l Olivenöl (vorzugsweise grünes Olivenöl)
2 Rosmarinzweige
6 Thymianzweige
1 große Knoblauchzehe
1 grüner Peperoni
5–6 kleine rote Peperoni
6 schwarze Pfefferkörner
6 Wacholderbeeren

Grünes Olivenöl ist das Öl aus der ersten Pressung der Oliven, es kommt aus der Provence und der Toscana, schmeckt stark fruchtig und hat eine durchscheinend grüne Farbe. Zusammen mit Kräutern sieht es sehr dekorativ aus und eignet sich vorzüglich für würzige Zusätze.

Gießen Sie das Öl in eine hübsche Glasflasche. Die Kräuter werden gewaschen und trocken getupft. Schälen und halbieren Sie den Knoblauch, waschen Sie die Peperoni. Dann kommen Kräuter, Knoblauch, Peperoni, Pfefferkörner und Wacholderbeeren in die Flasche. Sie muß gut verschlossen werden. Verwenden Sie das Öl frühestens nach 2 Wochen. Es wird nicht durchgesiebt. Wenn Sie es verschenken wollen, können Sie die Flasche mit rotem Wachs versiegeln.

Kräuteröl.

BASILIKUMÖL

5 EL gehacktes Basilikum
½ l Olivenöl

Zerstoßen Sie das Basilikum in einem Mörser mit etwas Olivenöl und vermischen Sie es mit dem restlichen Öl. Das Ganze wird in eine Flasche abgefüllt. Verwenden Sie das Öl frühestens nach 2 Wochen und schütteln Sie es in dieser Zeit alle 2 oder 3 Tage. Sieben Sie es nicht durch. Dieses Öl eignet sich vorzüglich für Salatsaucen oder zum Beträufeln von Pizza, bevor sie gebacken wird.

BASILIKUM-KNOBLAUCH-ESSIG

1 Knoblauchzehe
10 EL gehacktes Basilikum
½ l weißer Weinessig

Schälen und hacken Sie den Knoblauch und zerstoßen ihn in einem Mörser. Geben Sie das gehackte Basilikum dazu und zerstoßen Sie es ebenfalls. Die Hälfte des Essigs (oder weniger, wenn der Mörser klein ist) wird erhitzt und kochend auf Knoblauch und Basilikum gegossen. Stampfen Sie die Mischung 1 oder 2 Minuten und lassen Sie sie dann abkühlen. Der Aufguß wird mit dem restlichen Essig vermischt und in eine Flasche gefüllt. Verschließen Sie die Flasche sorgfältig; sie muß 2 Wochen stehen, und sollte alle paar Tage geschüttelt werden. Seihen Sie dann den Essig durch und füllen Sie ihn wieder in die Flasche.

MELISSENESSIG

10 EL gehackte Zitronenmelisse
½ l Weißweinessig

Die Melisse wird in einem Mörser zerstoßen, der Essig erhitzt und kochend auf die Kräuter gegossen. (Wenn der Mörser für den ganzen Essig zu klein ist, überbrühen Sie die Melisse mit weniger Essig und mischen Sie später den Rest dazu.) Stampfen Sie die Mischung 1 oder 2 Minuten und lassen Sie sie abkühlen. Der Essig wird in eine Flasche gefüllt und muß 14 Tage stehen; alle paar Tage sollte er aufgeschüttelt werden. Seihen Sie den Essig durch und füllen Sie ihn wieder in die Flasche.

DILLESSIG

½ l weißer Weinessig
2 EL Dillsamen

Gießen Sie den Essig in eine Flasche auf die Dillsamen. Die Flasche wird sorgfältig verschlossen und für 2–3 Wochen an einen dunklen Platz gestellt. Sieben Sie den Essig in eine saubere Flasche, bevor Sie ihn verwenden.

HOLUNDERBLÜTENESSIG

Holunderblüten
Weißweinessig

Füllen Sie eine Flasche mit weitem Hals mit Holunderblüten und gießen Sie soviel Weinessig darüber, daß die Flasche ganz voll ist. Die Flasche wird sorgfältig verschlossen und 2–3 Wochen an einen dunklen Platz gestellt. Sieben Sie dann den Essig in eine andere Flasche. Würzen Sie damit die verschiedensten Salate.

KNOBLAUCHESSIG

3 große Knoblauchzehen
½ l Weinessig

Der Knoblauch wird geschält und gehackt und in einem Mörser zerstoßen. Erhitzen Sie die Hälfte des Essigs und gießen ihn kochend über den Knoblauch. Stampfen Sie die Mischung einen Moment lang und lassen Sie sie dann abkühlen. Mischen Sie den restlichen Essig darunter und gießen Sie das Ganze mit den Knoblauchstücken in eine Flasche. Sie muß 2 Wochen stehen.

VARIATION. Ersetzen Sie in dem Rezept die 3 Knoblauchzehen durch 5 Schalotten.

ESTRAGONESSIG

10 EL Estragonblätter
½ l Weißweinessig

Die Estragonblätter werden von den Stengeln gezupft, grob gehackt und in einem Mörser zerstoßen. Erhitzen Sie die Hälfte des Essigs und gießen Sie ihn kochend auf den Estragon. Stampfen Sie die Mischung noch einen Moment und lassen Sie sie dann abkühlen. Der restliche Essig wird dazugemischt und das Ganze in eine Flasche gefüllt. Lassen Sie die Flasche mindestens 2 Wochen stehen und schütteln Sie sie ab und zu; dann wird der Essig durchgeseiht und wieder in die Flasche gefüllt. Estragonessig eignet sich besonders für Salsa verde.

Basilikum-Knoblauch-Essig; Melissenessig; Estragonessig; Dillessig; Knoblauchessig.

KRÄUTER UND IHRE ANWENDUNG

Pflanze	Verwendung in der Küche		Heilwirkung
BORRETSCH	Blätter	Gehackt in Salaten und Marinaden; zu Eiergerichten und Gurken.	Aufguß aus frischen jungen Blättern
BEINWELL	Blätter	Gehackt in Salaten; wie Spinat gekocht; junge Blätter kann man in Eierkuchenteig tauchen und fritieren.	Abkochung der Wurzel Packung oder Salbe aus Wurzel oder Blättern
HOPFEN	Sprossen	Leicht gedünstet und als Gemüse gegessen.	Getrocknete Zapfen Aufguß aus getrockneten Zapfen
HOLUNDER	Blüten Beeren	Für Sorbets, Marmeladen, Gelees und Essig. Für Wein, Marmeladen und Gelees.	Beerensirup Blütentee
KAMILLE			Heißer Blütenaufguß
RINGELBLUME	Blütenblätter	Gibt Salaten, Suppen, Käsegerichten Duft und Farbe.	Aufguß aus Blütenblättern Salbe aus Blütenblättern
EBERRAUTE			Aufguß aus Blättern
ESTRAGON	Blätter	Paßt zu Huhn, Fisch und Eiergerichten; gehackt in Saucen und Kräuterbutter.	
SCHAFGARBE			Aufguß aus den Blättern
MEERRETTICH	Wurzel	Gerieben in kalten und warmen Saucen, zu gekochtem Fleisch und Räucherfisch.	Einreibung mit der geriebenen Wurzel Für gesunde Ernährung
BRUNNENKRESSE	Blätter und Stiele	Grundlage für heiße und kalte Suppen; in Salaten.	Aufguß aus Blättern und Stielen
RUNDBLÄTTRIGE MINZE	Blätter	Geben Fruchtsorbets ein feines Aroma.	
BASILIKUM	Blätter	Zum Würzen von Salaten, Gemüsen; zu Fisch- und Fleischspeisen.	Aufguß aus frischen Blättern Pulverisierte, getrocknete Blätter
PFERDEMINZE	Blätter und Blüten	Gehackt in Salaten.	Aufguß aus Blättern und Blüten
YSOP	Blätter	Sparsam zu gebratener Ente und Gans verwenden; in Pasteten.	Aufguß aus den Blättern
LAVENDEL			Blüten und Stiele für Einreibungen Blüten und Stiele für Aufgüsse
ZITRONENMELISSE	Blätter	Gehackt in Dressings, Suppen, Saucen.	Aufguß aus Blättern
ZITRONENTHYMIAN	Blätter	Zu Fischgerichten.	Blätter und Stiele
MAJORAN	Blätter	Zum Würzen von Rindfleisch, Wild, Geflügel und Würsten.	Aufguß aus Blättern und Stielen Packung aus Blättern und Stielen Pulverisierte, getrocknete Blätter
POLEIMINZE			Aufguß aus den Blättern
PFEFFERMINZE	Blätter	Für Fruchtsalate und Sorbets; Pfefferminzsirup.	Aufguß aus den Blättern Pfefferminzöl Frische Blätter
ROSMARIN	Blätter	Zu allen Fleischgerichten, besonders zu Lammfleisch; in Füllungen.	Aufguß aus den Blättern Frische Blätter
SALBEI	Blätter	Für Pasteten und Füllungen; zu Wild und Geflügel, Schweinefleisch, Gemüsen und Saucen.	Aufguß aus den Blättern
GRÜNE MINZE	Blätter	Gehackt in Minzesauce, in Knoblauch-Joghurt-Sauce; zu Salaten und Gemüsen.	Aufguß aus den Blättern
BOHNENKRAUT	Blätter	Gehackt in Füllungen und Wurst; zu Eintöpfen; paßt zu Wildgerichten.	Blätter, im Mörser gestampft
THYMIAN	Blätter	Als kräftige Würze für Lamm-, Kalb-, Wildfleisch; in Tomatensauce.	Aufguß aus den Blättern
LORBEER	Blätter	Zu Rinderbraten, Saucen, Suppen, in Füllungen, Beizen, Marinaden.	Aufguß aus den Blättern Lorbeeröl
SCHNITTLAUCH	Blätter	Nur roh zu verwenden; in Suppen, Eierspeisen, zu Salaten.	Frische Blätter
KNOBLAUCH	Zehen	Als kräftige Würze von Fleisch- und Fischgerichten, Salaten und Gemüsen.	Zehen

	Anwendung für kosmetische Zwecke	
/irkt gegen Fieber; bringt Erleichterung bei Nieren- eschwerden; abführende Wirkung.	Frische Blätter	Für eine Gesichtsmaske gegen trockene Haut.
;etränk bei Husten und Bronchialbeschwerden. ei Prellungen und rheumatischen Beschwerden.	Aufguß von Blättern Im Mörser zerstoßene Blätter	Lotion für trockene Haut. Gesichtsmaske.
issenfüllung für guten Schlaf. chlaftrunk bei Schlafstörungen.		
rank gegen Husten und Erkältungen. ur Nervenberuhigung vor dem Schlafengehen.	Aufguß von Blüten Blütenaufguß als Kompresse	Für eine zarte Haut. Gesichtsmaske gegen Falten, Sonnenbrand, Sommersprossen.
ür einen Gesichtsdampf bei Erkältung; Tee bei 'erdauungsstörungen.	Blütenaufguß	Mundwasser, Augenbad; in Masken gegen fettige Haut; zur Haaraufhellung.
;etränk bei Kreislaufbeschwerden. ;ünstig bei Akne und gegen Narben.	Aufguß aus Blütenblättern Blütenblätterkompresse	Lotion für Hautreinigung. Gegen überanstrengte Augen.
ls mildes Beruhigungsmittel.	Aufguß aus den Blättern	Für eine Haarspülung.
Iarntreibendes Mittel.	Aufguß aus den Blättern	Lotion zur Hautreinigung.
nwendung bei Frostbeulen und steifen Muskeln. eich an Vitamin C.		
ei rheumatischen Beschwerden und Bronchialkatarrh.	Saft aus Blättern und Stielen	Anwendung bei unreiner Haut.
1ildes Abführmittel; gegen Reise- und Morgenübelkeit. ei Erkältung, Kopfschmerzen und Schnupfen.		
indernd bei Halsschmerzen; in heißer Milch eruhigend.		
ei Husten, Erkältungen, Katarrh; wirkt schleimlösend; ompressen bei Muskelschmerzen.		
ösen Muskelverkrampfungen. alte Kompressen gegen Kopfschmerzen und Schwindel.	Aufguß aus den Blüten	Erfrischender Zusatz zum Badewasser; zusammen mit anderen Kräutern Gesichtsdampf.
'erschafft Erleichterung bei Kopfschmerzen.		
ls Füllung für kleine Kissen gegen Kopfschmerzen.	Aufguß auf die Blätter	Zusatz für ein erfrischendes Bad.
um Gurgeln bei Halsschmerzen. /irkt lindernd bei rheumatischen Beschwerden. ei Kopfschmerzen schnupfen.		
ei Verdauungsstörungen, Blähungen, Bronchial- eschwerden.	Aufguß auf die Blätter	Zum Mundspülen für reinen Atem.
Ieiß getrunken bei Verdauungsstörungen. nwendung bei Verstauchungen und Prellungen. um Einreiben der Stirn bei Kopfschmerzen.	Blätter	Für Gesichtsdampf.
ur Verbesserung des Kreislaufs; bei nervösen Kopf- chmerzen und Erkältungen. /ohltuend bei Insektenstichen.	Aufguß aus den Blättern Blätter in einem Beutel	Spülung für dunkles Haar. Stärkender Badezusatz.
Ieiß getrunken bei Husten, Erkältung, Verstopfung; 1undwasser; gegen rheumatische Beschwerden.	Blätter Aufguß aus den Blättern	Gesichtsdampf zur Hautreinigung. Für die Haare.
Ieiß nach den Mahlzeiten für eine gute Verdauung.		
ei Schwellungen und Insektenstichen.		
/irkt antiseptisch bei Schnittverletzungen; als Getränk egen Kopfschmerzen, Husten, Katarrh.	Thymianöl	Salbe gegen Pickel.
;egen Verdauungsstörungen und Kopfweh. ei rheumatischen Beschwerden.		
1ildes Abführmittel.		
erdrückt in heißer Milch lindert Verdauungs- eschwerden und bringt Erleichterung bei heumatischen Beschwerden; kreislaufstärkend.		

Pflanze	Verwendung in der Küche		Heilwirkung
EIBISCH	Blätter und Spitzen	Gehackt in Salaten.	Abkochung der Wurzel Wurzelabkochung für Salben Aufguß aus den Blättern
WACHOLDER	Beeren	In Marinaden, Pasteten und Füllungen, speziell für Wild.	Aufguß auf die Beeren
PORTULAK	Blätter Schößlinge	Gehackt in Salaten, zu Eiergerichten und Gemüsen. Als gedünstetes Gemüse.	Aufguß auf die Blätter
BIBERNELLE	Blätter	Zu Salaten, Saucen, Fleisch- und Eiergerichten, Tomaten.	
HECKENROSE	Hagebutte	Gekocht als Sirup und Gelee.	Aufguß auf die Hagebutten
WALDMEISTER	Blätter und Stiele	Als Zusatz zu Säften und Wein; Waldmeisterbowle.	Aufguß aus der getrockneten Pflanz
AUGENTROST			Aufguß aus den Blättern
KAPUZINERKRESSE	Blätter Blüten Samen	Geben Salaten pfefferähnlichen Geschmack. Garnierung für Salate. Sauer eingelegt; statt Kapern.	Blätter
ANGELIKA	Stiele Blätter	Kandiert zu Kuchen und Desserts. Gehackt zu Salaten und Früchten.	Aufguß aus den Blättern und Stielen
ANIS	Samen	Für Roggenbrot und Kekse.	Aufguß aus den Samen
KÜMMEL	Samen	Für Roggenbrot, Käsegebäck, Kartoffelsuppe, Kartoffelgratin, Kohlgemüse.	Aufguß auf die Samen
KERBEL	Blätter	Zur Verfeinerung von Fisch, Kalbfleisch, Eiergerichten, Suppen.	Saft aus Blättern und Stielen Frische Blätter
KORIANDER	Samen	Zum Würzen von Brot, Fleischgerichten, Fisch, Pasteten.	
KREUZKÜMMEL	Samen	Wird zusammen mit Koriander verwendet.	
DILL	Blätter Samen und Stiele	Zu Fisch, Geflügel, Salaten und mit Senf gewürzten Gerichten. Zum Einlegen von Gurken, Zwiebeln usw.	Aufguß aus den Samen
FENCHEL	Blätter Samen	Vorzüglich zu Fisch und Füllungen. Für Fischfüllungen.	Aufguß aus den Blättern
LIEBSTÖCKL	Blätter Samen	Sellerieartiger Geschmack, geeignet für kräftige Suppen und Saucen. Für Füllungen und Pasteten.	Aufguß aus den Blättern
PETERSILIE	Blätter und Stengel	Kräftige Würze für viele Gerichte: Salate, Gemüse, Saucen, Suppen.	Aufguß aus Blättern und Stielen
SÜSSDOLDE	Blätter	Zu gekochten Früchten.	Samen Aufguß aus den Samen
BALDRIAN			Wurzeln in Salben Abkochung der Wurzeln
ZITRONENSTRAUCH	Blätter	Gibt Früchten und Kompotten einen kräftigen Zitronengeschmack.	Aufguß aus den Blättern

	Anwendung für kosmetische Zwecke	
Zur Linderung von Husten und Katarrh. Wirkt entzündungshemmend. Zum Gurgeln bei Halsschmerzen.	Wurzeln	Gesichtsmaske bei trockener Haut; in Salben gegen Sonnenbrand und aufgesprungene Hände.
Gegen Verdauungsstörungen und Bronchialbeschwerden.	Beeren	Anregende Gesichtsmaske für normale Haut (zusammen mit anderen Zutaten).
Stärkungsmittel zur regelmäßigen Anwendung.		
	Aufguß aus den Blättern Blätter im Beutel	Hautreinigungslotion. Badezusatz.
Reich an Vitamin C.	Hagebutten, gehackt	Gegen geschwollene Augen.
Erfrischendes und entspannendes Getränk.		
Lindert Heufieber; Anwendung bei entzündeten Augen.	Aufguß auf die Blätter	Lotion für die Augenpartie.
Enthalten Vitamin C und Eisen.		
Beruhigender Schlaftrunk; gut bei Erkältungen.	Aufguß auf die Blätter oder Blätter im Beutel	Badezusatz (entspannend).
Lindert Blähungen; Schlaftrunk.		
Wirkt verdauungsfördernd.		
Gegen Insektenstiche. Als Kompresse bei Prellungen.	Aufguß aus den Blättern	Reinigungslotion.
	Aufguß aus den Samen	Erfrischende und würzige Lotion.
Beruhigender Nachttrunk; wirkt verdauungsfördernd.	Samen	Können gegen Mundgeruch gekaut werden.
Beruhigt den Magen; mildes Abführmittel; lindert Krämpfe.	Aufguß aus den Blättern	Ein wirksames Hauttonikum.
Wirkt fiebersenkend; lindert Blähungen.	Aufguß aus den Blättern	Desodorierender Badezusatz.
Reich an Vitamin C; lindert rheumatische Beschwerden.	Blätter	Roh gegessen gegen Mundgeruch.
Kauen bei Verdauungsstörungen. Warm zu trinken gegen Blähungen.		
Gegen Ausschläge. Gegen Schlaflosigkeit.	Abkochung der Wurzeln	Badezusatz (entspannend).
Nach schweren Mahlzeiten verdauungsfördernd.	Abkochung der Blätter Blätter im Beutel	Hautreinigungslotion. Erfrischender Badezusatz.

DIE WICHTIGSTEN PFLANZENNAMEN

(mit * versehene Namen sind giftige Pflanzen)

Deutscher Name	**Botanischer Name**	**Andere bekannte Namen**
ACKERMINZE	*Mentha arvensis*	
AKELEI *	*Aquilegia vulgaris*	Waldakelei
ALANT	*Inula helenium*	Altwurz, Darmwurz, Schlangenwurz, Helenenkraut
ALRAUNE	*Mandragora officinarum*	
AMPFER, STUMPFBLÄTTRIGER	*Rumex obtusifolius*	
ANGELIKA	*Angelica archangelica*	Engelwurz, Gartenangelik, Brustwurz, Dreieinigkeitswurzel
ANIS	*Pimpinella anisum*	Brotsamen, runder Fenchel, Süßer Kümmel
AUGENTROST	*Euphrasia officinalis*	Augenkraut, Augustinuskraut, Zahntrostkraut
BALDRIAN	*Valeriana officinalis*	Augenwurz, Hexenkraut, Dreifuß, Marienwurzel, Tollerjan
BASILIKUM	*Ocimum basilicum*	Basilienkraut, Königskraut, Suppenbasil
BEIFUSS	*Artemisia vulgaris*	Besenkraut, Jungfernkraut, Sonnwendkraut, Weiberkraut
BEINWELL, GEMEINER	*Symphytum officinale*	Beinwurz, Himmelsbrot, Speckwurz
BIBERNELLE	*Sanguisorba minor*	Pimpernelle
BILSENKRAUT *	*Hyoscyamus niger*	Becherkraut, Rindswurz, Teufelsauge, Todesblumenkraut
BOCKSHORNKLEE	*Trigonella foenum-graecum*	Griechisch Heu, Ziegenhornklee, Kuhhorn, Kuhbohnen
BOHNENKRAUT	*Satureia hortensis*	Gartenhysop, Pfefferkraut, Käsekraut, Bauernkräutchen
BOHNENKRAUT, WINTERBOHNENKRAUT	*Satureia montana*	
BORRETSCH	*Borago officinalis*	Gurkenkraut, Wohlmutsblume, Borgelblüten, Liebäuglein
BRAUNWURZ	*Scrophularia spp.*	Pustelkraut, Bachschaumkraut
BRENNESSEL, GROSSE	*Urtica dioica*	Donnernessel, Hanfnessel, Habernessel, Esselkraut
BRUNNENKRESSE	*Nasturtium officinale*	Bornkassen, Wassersenf, weiße Kresse, Bachkresse
CHRISTOPHSKRAUT *	*Actaea spicata*	Ähren-Christophskraut
DILL	*Anethum graveolens*	Gurkenkräutel, Kappernkraut, Till
DOST	*Origanum vulgare*	Oregano, wilder Majoran, Wilder Dost
EBERRAUTE	*Artemisia abrotanum*	Stabwurz, Eberwurzel, Stangenwurzel
EFEU-GUNDERMANN *	*Nepeta hederacea*	
EIBE *	*Taxus baccata*	
EIBISCH	*Althaea officinalis*	Altee, Samtpappel, Eibsche, Hilfswurz
EISENHUT *	*Aconitum napellus*	Blaukappe, Pfaffenmütze, Ziegentod, Venuskutsche
EISENKRAUT	*Verbena officinalis*	
ENZIAN	*Gentiana lutea*	Bitterwurz, Sauwurz, Gelbsuchtwurz, Schnapswurzel
ESTRAGON	*Artemisia dracunculus*	Dragonkraut, Eierkraut, Schlangenkraut
FEDERNELKE	*Dianthus plumarius*	
FENCHEL	*Foeniculum vulgare*	Femis, Frauenfenchel, Fenikel, Langer Kümmel
FINGERHUT *	*Digitalis purpurea*	Waldschelle, Platzblume, Giftglocken, Schwulstkraut
FRAUENMANTEL	*Alchemilla vulgaris*	Löwenfußkraut, Marienkraut, Herbstmantel, Frauenbißkraut
GÄNSEBLÜMCHEN	*Bellis perennis*	Gänsekraut, Margaritenblume, Gänseliese, Tausendschön
GÄNSEFUSS	*Chenopodium bonus henricus*	Dorfgänsefuß, Guter Heinrich
GÄNSEFUSS, STINKENDER	*Chenopodium vulvaria*	
GARTENRITTERSPORN	*Delphinium ajacis*	
GEISSBLATT	*Lonicera periclymenum*	Heckenkirsche

Deutscher Name	Botanischer Name	Andere bekannte Namen
GEISSRAUTE	*Galega officinalis*	Geißklee, Bockshornkraut, Pockenkraut, Ziegenraute
GELBWURZ	*Hydrastis canadensis*	kanadische Orange, Orangenwurzel
GEMEINER ANDORN	*Marrubium vulgare*	Berghopfen, Brustkraut, Marobel, Schwindsuchtskräutel
GEMEINE SCHMERWURZ *	*Tamus communis*	
GERMER *	*Veratrum viride*	Hermer, Brechwurzel, Krätzwurz, Weiße Nieswurz
GOLDREGEN *	*Laburnum anagyroides*	Gemeiner Goldregen
GOLDTHYMIAN	*Thymus citriodorus »Aureus«*	
GROSSE KLETTE	*Arctium lappa*	Haarballe, Kladdelbusch, Wolfskraut
HAMAMELIS	*Hamamelis virginiana*	Zaubernuß, Zauberstrauch, Wunderstrauch
HECKENROSE	*Rosa canina*	Hundsrose, Hagebutte, Arschkitzler, Hagrose, Heideröslein
HEIL-BETONIE	*Stachys officinalis*	
HELMKRAUT	*Scutellaria galericulata*	Kappen-Helmkraut
HERBSTZEITLOSE *	*Colchicum autumnale*	Butterwecken, Giftblume, Hennengift, Wiesensafran
HIMMELSLEITER	*Polemonium caeruleum*	
HOPFEN	*Humilus lupulus*	Heide-, Wald-, Buschhopfen, Hupfenhopf, Bierhopfen
HUFLATTICH, GEMEINER	*Tussilago farfara*	Bachblümlein, Brandlattich, Tabakkraut
HUNDSPETERSILIE *	*Aethusa cynapium*	Wilde Petersilie, Gartenschierling, Faule Grete, Hundsdill
INKARNAT-KLEE	*Trifolium incarnatum*	
JASMIN	*Jasminum officinalis*	
JOHANNISKRAUT	*Hypericum perforatum*	Blutkraut, Frauenkraut, Hexenkraut, Tausendlochkraut
KAMILLE, ECHTE	*Matricaria chamomilla*	Mutterkraut, Kamelle, Kummerblumen, Kindbett-blumen
KAPUZINERKRESSE	*Tropaeolum majus*	
KATZENMINZE	*Nepeta cataria*	
KERBEL	*Anthriscus cerefolium*	Kerbelkraut, Suppenkraut, Kuchelkraut, Kufelkraut
KNOBLAUCH	*Allium sativum*	Knofel, Gruserich
KÖLME	*Calamintha spp.*	
KÖNIGSKERZE, KLEINBLÜTIGE	*Verbascum thapsus*	Brennkraut, Frauenkerze, Wollblume, Unholdenkraut
KORIANDER	*Coriandrum sativum*	
KRAUSEMINZE	*Mentha crispa*	
KREUZDORN *	*Rhamnus catharticus*	Purgierstrauch
KREUZKÜMMEL	*Cuminum cyminum*	Römischer Kümmel, Haferkümmel
KÜMMEL	*Carum carvi*	Brot-, Feld-, Matten-, Wiesenkümmel
LABKRAUT, ECHTES	*Galium verum*	Bettstroh, Stillkraut, Magerkraut, Herrgottsstroh
LAVENDEL	*Lavandula spica*	Balsam, Flander, Schwindelkraut, Zitterbleaml
LEINKRAUT	*Linaria vulgaris*	Flachskraut, Stallkraut, wildes Löwenmaul, Harnkraut
LIEBSTÖCKL	*Levisticum officinale*	Saukraut, Gichtstock, Lobstock, Gebärmutterwurzel
LORBEER	*Laurus nobilis*	Lorbeerbeeren, Lorbeerblätter
LÖWENZAHN	*Taraxacum officinale*	Gemeine Kuhblume, Kuhlattich, Maienzahn, Wilde Zichorie
MAIGLÖCKCHEN	*Convallaria majalis*	Maiblume, Augenkraut, Maienlilie, Schneetropfen, Zaupe
MAJORAN	*Origanum majorana*	Kuchelkraut, Bratenkräutel, Kuttelkraut, Meierankraut
MARIENBLATT	*Tanacetum balsamita*	Balsamkraut, Frauen-, Pfefferblatt
MEERRETTICH	*Cochlearia armoracia*	Kren, Beißwurzel, Greinwurzel, Scharfwurzel
MELISSE	*Melissa officinalis*	Zitronenmelisse, Frauenkraut, Herztrost, Honigblatt, Wanzenkraut
MINZE, GRÜNE MINZE	*Mentha spicata*	

Deutscher Name	Botanischer Name	Andere bekannte Namen
MINZE, KRIECHENDE	*Mentha requienii*	
MINZE, RUNDBLÄTTRIGE	*Mentha rotundifolia*	
MISTEL *	*Viscum album*	Drudenfuß, Hexenbesen, Affalter
MOHN	*Papaver somniferum*	Echter Mohn, Ölmagen, Lichtschnuppen, Schlafmohn
MUSKATNUSS	*Myristica fragans*	Bonda-Nüsse, Papua-Nüsse
MUTTERKRAUT – WUCHERBLUME	*Chrysanthemum parthenium*	
MYRTE	*Myrtus communis*	
NACHTSCHATTEN, BITTERSÜSSER *	*Solamum dulcamara*	Alpranken, Seidelbeere, Teufelsklatten
NELKENPFEFFER	*Pimenta officinalis*	Jamaikapfeffer
ODERMENNIG	*Agrimonia eupatoria*	Ackerkraut, Königskraut, Steinwurzel, Magenkraut
PETERSILIE, GARTEN-PETERSILIE	*Petroselium crispum*	Peterchen, Silk
PFAFFENHÜTCHEN, EUROPÄISCHES *	*Euonymus europaeus*	
PFEFFERMINZE	*Mentha piperita*	Englische Minze, Balsam, Schmeckerts, Odermünze
PFERDEMINZE	*Monarda didyma*	Goldmelisse, Indianernessel
POLEIMINZE	*Mentha pulegium*	Herzminze, Polizeiminze, Froschpoleikraut
PORTULAK	*Portulaca oleracea*	
RAINFARN	*Tanacetum vulgare*	Dreifußkraut, Regenfarnkraut, Weinfarnkraut
RAUTE	*Ruta graveolens*	Gartenraute, Mauerraute, Weinraute
RINGELBLUME	*Calendula officinalis*	Butterblume, Studentenblume, Ringelrose
RÖMISCHE HUNDSKAMILLE	*Anthemis nobile*	Welsch Kamillen, Tüpfelschrut
ROSMARIN	*Rosmarinus officinalis*	Antonkraut, Weihrauchkraut, Brautkraut, Meertau
ROSMARIN, LAVENDELBLÄTTRIGER	*Rosmarinus lavandulaceus*	
SAFRAN	*Crocus sativus*	Saffernblume, Safrich, Zaffran, Suppengelb
SALBEI	*Salvia officinalis*	Scharleikraut, Altweiberschmecken, Zupfblatteln, Muskatellerkraut
SALBEI, DREIFARBIGER	*Salvia tricolor*	
SALBEI, GOLDSALBEI	*Salvia aurea*	
SALBEI, PURPURSALBEI	*Salvia purpurascens*	
SAUERAMPFER	*Rumex acetosa*	Sauergras, Sauerampfl
SCHAFGARBE	*Achillea millefolium*	Blutkraut, Fasankraut, Kachelkraut, Bauchwehkraut
SCHARFER HAHNENFUSS *	*Ranunculus acris*	
SCHIERLING *	*Conium maculatum*	Dollkraut, Mäuseschierling
SCHNITTLAUCH	*Allium schoenoprasum*	
SCHWARZER HOLUNDER	*Sambucus nigra*	Eller, Holder, Holler, Schwitztee
SEIFENKRAUT	*Saponaria officinalis*	Seifenwurzel, Hundsnelkenwurzel, Waschwurzel
SILBERTHYMIAN	*Thymus citriodorus »Silver Queen«*	
SILBERWEIDE	*Salix alba*	
STEINQUENDEL	*Acinos arvensis*	
SÜSSDOLDE, DUFTENDE	*Myrrhis odorata*	
SÜSSHOLZ	*Glycyrrhiza glabra*	Lakritzen, Kauwurzel, Hustenwurzel
TAUSENDGÜLDENKRAUT	*Centaurium erythraea*	Magenkraut, Fieberkraut, Muttergotteskraut
THYMIAN	*Thymus vulgaris*	spanisches Kudelkraut, Demut
TOLLKIRSCHE *	*Atropa belladonna*	Teufelskirsche, Tollkraut, Wutbeere
TRAUBENHYAZINTE, KLEINE	*Muscari botryoides*	
VANILLE, ECHTE VANILLE	*Vanilla fragans*	
VEILCHEN	*Viola odorata*	Veigerl, Viole, Marienstengel
VEILCHEN, DREIFARBIGES	*Viola tricolor*	
WACHOLDER	*Juniperis communis*	Feuerbaum, Knickbusch, Wachandel

Deutscher Name	Botanischer Name	Andere bekannte Namen
WALDMEISTER	*Asperula odorata*	Maikraut, Maßlenkraut, Gliedkraut, Möserich, Magerkraut, Maiblume
WEINROSE	*Rosa rubiginosa*	
WEISSDORN	*Crataegus oxyacantha*	Zweigriffeliger Weißdorn, Mehlbeerdorn, Zaundorn
WERMUT	*Artemisia absinthium*	Absinth, Wiegenkraut, Magenkraut, Gottvergeß
WINTERZWIEBEL	*Allium fistulosum*	Röhrenlauch
YSOP	*Hyssopus officinalis*	Hyssop, Eisenkraut, Ibsche, Josefskraut, Josop
ZIMTBAUM	*Cinnamonium zeylanicum*	Ceylon-Zimtbaum, Echter Zimtbaum
ZINNKRAUT, ACKERZINNKRAUT	*Equisetum spp.*	Ackerschachtelhalm, Schachtelhalm, Fegekraut, Kuhtod, Katzenstiel
ZITRONENTHYMIAN	*Thymus* x *citriodorus*	
ZYPRESSENKRAUT	*Santolina chamaecyparissus*	

SACHREGISTER

REZEPT-REGISTER

Bildnachweis

Alle Fotos, außer den unten aufgeführten Abbildungen, wurden von Melvin Grey (Styling Carolyn Russell) fotografiert.

Heather Angel (Biofotos) 28; Tommy Blank 10, 58; The Bodleian Library 9 unten, 63; British Library 9 oben; Camera Press Limited 34, 34–35, 64; Iris Hardwick Library 23; Angelo Hornak 59, 61 oben und unten, 62 oben und unten; Bill Mason 12, 13, 14, 25, 32; Allen Paterson 10; The Shaker Museum 11; Harry Smith Collection 21, 29, 65.